JN411642

여흥 민씨의 연구

민덕식 저

백산자료원

여흥 민씨의 연구

초판 인쇄 : 2021년 3월 25일
초판 발행 : 2021년 3월 29일

지은이 | 민 덕 식
디자인 | 손 영 섭
펴낸곳 | 백산자료원

등록 1991년 2월 11일(제2-1125호)

주소 | 서울특별시 중구 116 (을지로 3가 334-1)
전화 | 02) 2267-2090 010-5126-0300
팩스 | 02) 2267-7710
E-mail : gando2090@naver.com

값 23,000원
ISBN 978-89-6194-052-8-93910

〔기려문로도〕 (16세기)

목 차

제1부 고려시대의 여흥 민씨

제1장 여흥 민씨의 인물

머 리 말

고려시대 문헌상에 나타나는 민씨의 가장 오래된 인물은 閔剛과 閔郃이다. 태조 1년 6월에 태봉의 철원경에서 정변이 일어나 왕건이 고려를 건국하자, 태조는 즉위하여 백관들을 임명할 때 순군랑중 민강을 내군장군으로 임명하였다.[1] 민강은 내군장군이라는 위치로 보아 충분히 개국공신에 들 수 있는 인물이었다.[2] 또 태조 1년 8월에는 견훤이 일길찬 민합을 고려에 보내 왕의 즉위를 축하하면서 공작선과 지리산 竹箭을 바쳤다.[3] 태조는 광평시랑 韓申一 등을 보내 감미현에 가서 그를 맞게 하고, 민합이 온 후에는 환대하여 보냈다.[4]

---

1) 『高麗史』 권1 世家1 太祖 1년 6월 戊辰.
2) 2등공신이 된 광평랑 能寔이 민강의 후임으로 순군랑중에 임명된 것을 보면, 민강의 당시 위치를 가늠하여 볼 수가 있다(『高麗史』 권1 世家1 太祖 1년 7월 壬申).
3) 『三國史記』 권50 열전10 甄萱傳.
4) 『高麗史』 권1 世家1 太祖 1년 8월 辛亥.

양광도 충주목 황려현[5]에 본관을 둔 여흥 민씨는 황려현의 土姓으로, 고려 전기에 上京從仕하여 관인가문이 되었으나, 전기에는 아직 귀족가문으로는 성장하지 못하였다. 전기에는 閔可擧 家系가 대표적이었다. 민가거는 덕종 즉위년에 공부상서,[6] 동왕 2년 1월에 예부상서,[7] 10월에 형부상서,[8] 동왕 3년에 좌복야가 되었다.[9]

후기에는 閔令謨 가계가 대표적이었다. 부는 閔懿(초명은 懋)로 호부원외랑의 벼슬을 하고,[10] 검교상서도성 좌복야에 추봉되었다.[11] 민의의 좌복야의 증직은 아들인 민영모와 관련이 있다고 볼 수가 있다.[12] 조부는 閔世衡으로 어사대 감찰어사의 벼슬을 하고,[13] 검교태자소보에 증직되었다. 증조부는 閔稱道로 상의국 봉어의 벼슬을 하였으며, 민영모 가계의 1세가 된다.[14] 민칭도의 출생시기는 현종대 무렵으로 추정된다, 여기서 민영모에서부터 증조부인 민칭도까지의 세계는 정확하다고 보여 지고,[15] 이들은 황려현 사람들로 중앙에 진출하여, 6품직 정도의

5) 여주는 고려 초에 황려현이 되었다가, 고종 때 영의현으로 바뀌고, 충렬왕 31년에 순경태후 김씨의 고향이라 하여 여흥군이 되었다(『新增東國輿地勝覽』 驪州牧 建置沿革).
6) 『高麗史』 권5 世家5 德宗 즉위년 9월 庚戌.
7) 『高麗史』 권5 世家5 德宗 2년 1월 己卯.
8) 『高麗史』 권5 世家5 德宗 2년 10월 己亥.
9) 『高麗史』 권5 世家5 德宗 3년 7월 丙申.
10) 『高麗史』 권101 列傳14 閔令謨傳.
11) 閔鼎重이 찬한 行狀이 있다(『老峰先生文集』 권8 閔懿行狀).
12) 封贈制에서 숙종 5년 2월에는 4품 이상 관리의 부모에게 작위를 주었고, 예종 3년 2월에는 兩京의 문무 양반에게 관직의 높고 낮음에 따라 부모와 처에게 작위를 봉하도록 하였다(『高麗史』 권75 志29 選擧3).
13) 『氏族源流』 驪興閔氏에는 행감찰어사라고 하였다.
14) 『閔思平墓誌』에도 민사평의 9대조인 민칭도로부터 시작된다고 하였다(『霽亭集』 권3 閔思平墓誌銘).
15) 『閔思平墓誌』에서 집안에 족보가 있다고 한 것을 보면, 이미 系譜牒이 작성되어 있었음을 알 수가 있다. 조선 성종 9년에 교리 閔奎가 지은 「驪興閔氏族譜舊序」에는 이러한 가계와 관직을 고서에서 보았다고 하였다.

벼슬을 하였음을 알 수가 있다. 민영모를 기준으로[16] 관행에 따라 三代親인 증조부까지만 한정하여,[17] 증조부인 긴칭드를 1세로 삼았다고 보여 진다.

본고에서는 고려 여흥 민씨 가문을 분석하기 위해 그들의 인물을 선정하여 살펴보려고 한다.

Ⅰ. 무신집권기

1. 閔令謨

민영모는 본관이 황려현으로, 예종 10년에 출생하였다. 文憲公徒 출신이다.[18] 중하층 관리의 가문이었던 그가 어려서부터 학문을 좋아하여, 인종 16년에 을과 2위(亞元)로 과거에 급제하였다. 벼슬이 여러 번 올라 이부원외랑이 되고, 명종이 즉위한 후 형부시랑이 되었다. 명종은 민영모를 크게 등용할 생각을 가지고, 순차를 가리지 않고 추밀원부사로 삼았다가, 후에 판병부사로 임명하였다. 이에 어사대에서 병부의 銓注가 부당하다고 탄핵하자, 민영모는 글을 올려 중서문하성과 重房들의 예를 열거하며 반박하므로, 어사대의 전원이 공동으로 죄를 청하였다. 왕이 모든 사람들에게 간곡히 타이르고 모두 다 나와서 일을

16) 卞季良이 찬한 태종의 신도비명에도 원경왕후의 선대 世系를 민영모로부터 시작하였다(『太宗實錄』 권36 太宗 18년 11월 甲寅. 헌릉신도비명. 『春亭集』 권12 獻陵神道碑銘).

17) 고려 태조도 3대를 기준으로 삼아 증조부를 시조 元德大王, 조부를 懿祖 景康大王, 부를 世祖 威武大王으로 추존하였다(『高麗史』 권1 世家1 太祖 2년 3월 辛巳). 후대에는 조상의 추증도 3대를 하였다(『高麗史』 권116 列傳29 沈德符傳).

18) 민명기, 『여흥민씨 이야기』(도서출판 뿌리정보미디어), 2019, 26쪽. 『海州崔氏大同譜』 권1.

보라고 명하였다. 얼마 후에 중서시랑평장사에 임명되었다.[19]

명종 9년 5월에 동중서시랑평장사 판이부사가 되었다. 이때 정중부의 사위인 송유인을 동중서시랑평장사 판병부사로, 정중부의 아들인 鄭筠을 지도성사로 임명하였다.[20] 전에 정중부가 문하시중으로 중서성에 있을 때에는 송유인은 親嫌으로 재상 지위에 오르지 못하고 수년간 추밀원에 있었는데, 은밀히 내시에게 부탁해서 수사공 상서복야가 되었으며, 정중부가 명종 8년에 致仕하자 문하시랑평장사의 벼슬을 받았다. 그런데 그때 민영모가 먼저 번에 중서시랑평장사로 되어 있었으며, 송유인은 무신이라 객기를 피웠고, 정중부의 사위였으므로 명종은 심중에 꺼렸다. 그런 형편에서 민영모의 윗자리를 주니, 송유인이 굳이 사양하므로 민영모를 문하시랑평장사로 임명하였다고 한다.[21] 한편 이해 11월에는 康仁殿의 중수가 완공되었다. 이전에 정문 현판을 嚮福이라고 하였는데, 그 정문이 중방 동쪽 모퉁이와 접근해 있었으므로, 무신들의 의견에 향복은 항복과 음이 비슷하니, 대개 문신들이 이것으로써 무신을 위압하여 항복시키는 것이라고 생각하여 왕에게 그 현판을 고치자고 청하였다. 이에 왕이 평장사 민영모에게 명하여 永禧로 고치게 하였더니, 무신들이 또 말하기를 문신들의 생각을 추측할 수 없으니, 영희에 따로 깊은 뜻이 함축되어 있음을 어찌 알겠느냐고 하면서, 희는 복희자이나 영자 뜻의 길흉을 알 수 없고, 重字는 중방의 명칭이니 重禧로 고치기를 바란다고 하자, 왕이 이 제의를 좇았다는 우스운 일화가 전한다.[22] 동왕 10년 12월에는 본직을 겸하면서 태자태사가 되었다.[23] 李齊賢이 찬한 『閔漬墓誌』에는 벼슬이

19) 『高麗史』 권101 列傳14 閔令謨傳.
20) 『高麗史』 권20 世家20 明宗 9년 5월 丙寅.
21) 『高麗史』 권128 列傳41 叛逆2 鄭仲夫 附 宋有仁傳.
22) 『高麗史』 권20 世家20 明宗 10년 11월 壬子. 『高麗史節要』 권12 明宗 10년 11월.

금자광록대부 개부의동삼사[24] 특진 수태자태사 상주국[25] 문하시랑 동중서문하평장사 집현전태학사 감수국사 판이부사[26]에 이르렀다고 하였다.[27] 이처럼 민영모는 국가의 정책을 결정하는 재상의 반열에까지 올랐던 문신으로, 경대승의 집권기에는 이부의 銓選을 장악하면서 세력을 떨쳤다. 그는 과거 예부시의 試官을 두 번이나 맡았다.

70세에 맞추어 왕에게 요청하여 치사하는 것이 관례였으나,[28] 70세가 되지 않은 명종 13년에 왕에게 요청하여 치사하였다. 그러나 아직 70세 미만이어서 미결로 되어 있었는데, 사졸출신 무신인 李光挺이 규정상 그 후임으로 되어 있었다. 그러나 이광정이 먼저 글을 올려서 사직을 청원하였다고 한다. 이는 민영모의 치사를 재촉한 것이다.[29] 이광정은 12월에 곧 민영모의 후임으로 수태부 판이부사가 되었다.[30] 민영모는 명종 24년 3월에 80세로 졸하였다.[31] 시호는 文景이다.

하여튼 민영모가 과거에 급제하여 벼슬길에 오르던 때는 묘

---

23) 『高麗史』 권20 世家20 明宗 10년 12월 乙巳. 태자궁의 관작은 太子太師, 太子太傅, 太子太保, 太子少師, 太子少傅, 太子少保가 있었다.

24) 개부의동삼사는 1품으로, 성종 14년에 대광을 고친 것이다. 문종대에는 종1품 개부의동삼사, 정2품 특진, 종2품 금자광록대브로 개정하였다(『고려사』 志31 百官2 文散階).

25) 勳에는 上柱國과 柱國이 있었다. 문종대에 상주국은 정2품, 주국은 종2품이었는데, 충렬왕이후 폐지되었다((『고려사』 志31 百官2 勳).

26) 문하시중이 없을 때에는 판이부사를 겸임하는 재상이 서열 1위로 首相(冢宰)이 되고, 판병부사가 亞相이 된다.

27) 金龍善, 『高麗墓誌銘集成』(한림대학교 출판부). 2012, 458~460쪽.

28) 관례에 의하면 연로 퇴직 청원은 대개 그해 10월에 하고(『高麗史』 권128 列傳41 叛逆2 鄭仲夫 附 李光挺傳), 치사는 12월 말 政事 때 하는 것이 상례였다.

29) 『高麗史』 권128 列傳41 叛逆2 鄭仲夫 附 李光挺傳. 『高麗史節要』 권12 明宗 13년 7월.

30) 『高麗史』 권20 世家20 明宗 13년 12월 庚寅.

31) 『高麗史』 권20 世家20 明宗 24년 3월 丁丑.

청의 난이 평정된 2년 후로써 난을 평정한 김부식이 권력을 잡고 있던 시기였다. 인종과 의종대는 귀족문화의 극성기로 문치주의에 입각한 귀족정치는 무신의 사회적 열세를 초래하여, 무신들은 정치적으로 문신보다 하위였고, 경제적으로도 열세에 놓여 있었다. 무신들에 대한 천대는 太平好文의 主라는 의종대에 극도에 까지 달하였다. 이러한 문무차별, 무신멸시 풍조의 팽배는 마침내 민영모가 55세가 되던 의종 24년에 鄭仲夫 · 李義方 · 李高 등에 의한 무신난을 연출하고 말았다. 이처럼 민영모의 노년기는 무신난후 정중부 · 송유인 · 정균을 제거하고[32] 집권한 청년 장군 慶大升의 집권 시기까지 무신간의 정권쟁탈 과정을 보면서 관직생활을 하였으며, 치사하던 해도 경대승이 30세의 젊은 나이에 사망하던 해였다.[33] 이성을 잃은 무자비한 살육이 자행되던 무신난을 직접 겪은 그는 조심성이 많은 성품으로 인해, 살벌한 시기에도 어느 정도 평탄한 관직생활을 하였던 것으로 여겨진다.

민영모는 명종과는 특별한 인연이 있었다. 명종이 王弟 翼陽公으로 潛邸에 있을 때 꿈에 한 재상이 많은 추종들을 데리고 廣化門으로부터 나오는 것을 보았는데, 어떤 사람이 말하기를 이 사람이 당신의 재상이라고 하였다. 명종이 즉위한 후 민영모가 형부시랑으로서 南省試(國子監試)를 맡아 급제자의 방을 발표할 때,[34] 명종이 문득 보니 그의 모습이 꿈에 보던 사람과 같았다. 이때부터 크게 등용할 생각을 가지게 되어 순차를 가리지 않고 선발 등용하였다고 한다.[35] 하여튼 그는 기존의 문벌귀족

32) 『高麗史』 권20 世家20 明宗 9년 9월 辛未.
33) 『高麗史』 권20 世家20 明宗 13년 7월 丁丑. 『高麗史』 권100 列傳13 慶大升傳.
34) 민영모는 명종 5년 6월에 국자감시를 보여 시부에서 承丘源 등 12인, 십운시에서 方希進등 60인을 선발하였다(『高麗史』 권74 志28 選擧2).
35) 『高麗史』 권101 列傳14 閔令謨傳.

대다수가 몰락한 정치적 공백상태에서, 문신의 입장에서 무신들과 타협하고, 그들을 무마시키면서 왕실의 안녕과 온존을 위해 노력하는 가운데 정치적 성장을 이룰 수 있었던 것 같다.[36]

2. 閔湜

민영모의 1남이다. 명종대에 과거에 급제한 후,[37] 내시에 배속되었다가 신종 1년에 우산기상시가 되었다.[38] 이에 앞서 최충헌과 최충수 형제는 집권한 다음 해인 명종 27년에 명종이 28년간 왕위에 있었고, 늙고 일에 권태증이 생겼으며, 小君들이 항상 왕의 곁에서 권세를 잡고 국정을 어지럽히고, 여러 소인들을 총애하여 금과 비단을 많이 주었으므로 국고가 비었기 때문에 백성과 신하들의 왕이 될 수 없다고 하여 폐위시켜 昌樂宮으로 내쫓고, 왕의 아우인 平涼公을 맞아 신종으로 삼았다. 또 이때 최충헌과 최충수는 군사를 데리고 추밀원으로 들어가서 각 衛의 장군들을 毬庭에 주둔시키고, 왕에게 청하여 내시 민식 등 70여 명을 내쫓았다.[39] 이 당시 민식은 왕의 곁에서 일을 하던 수석급의 내시였던 것으로 보여 지며, 부에이어 명종과 친밀한 관계였음을 알 수가 있다. 그는 신종 4년 12월에 형부상서 재임시 졸하였다.[40] 『민지묘지』에는 태중대부 병부상서 보문각학사 지제고를 지냈다고 하였다.

이규보가 신종 1년에 우산기상시 민식에게 드린 시에는

36) 閔賢九, 「閔漬와 李齊賢—李齊賢 所撰 〈閔漬墓誌銘〉의 紹介 檢討를 중심으로—」, 『斗溪李丙燾博士九旬紀念韓國史學論叢』(知識產業社), 1987, 338쪽.
37) 한국학중앙연구원, 「한국역대인물종합정보시스템」 고려문과 급제자명단.
38) 『高麗史』 권101 列傳14 閔令謨 附 閔湜傳. 명종 19년 12월에는 예부시랑 민식이 금나라가 생일을 축하해준데 대하여 사례하려고 금에 갔다(『海東歷史』 권35 交聘志3 朝貢3).
39) 『高麗史』 권128 列傳41 叛逆3 崔忠獻傳. 『高麗史節要』 권13 明宗 27년 9월 庚申.
40) 『高麗史』 권21 世家21 神宗 4년 12월 戊子.

世家傳閥閱(옛날부터 대대로 양반집으로 내려와)
系出費侯賢(조상은 費侯같은 현인으로부터 나왔네)
蘭玉雙枝秀第爲承宣(蘭玉에 쌍 가지 빼어나(아우가 承宣이 되었다)
虹蜺一氣連(무지개처럼 한 기운이 연했구나)
雲梯同坦步(벼슬길에 형제가 순탄히 승진되어)
仙省迭相遷(좋은 자리 서로 번갈아 하네)
樹代雞新舊(나무에 닭이 교대해 깃들고[41])
天分鴈後先今年省郎皆遷舍弟出省公繼入(하늘에는 기러기가 앞뒤로 나는구나(금년에 省郎이 모두 갈렸는데, 아우가 省에서 나오고, 공이 이어 들어갔다[42])
右貂榮最劇(右散騎는 가장 영광스러운 자리인데)
旁乘寵何偏(旁乘[43]하는 은총 한 몸에 듬뿍 받았네)
五色絲縫袞(오색실로 임금의 곤룡포 꿰맺으며)
三條雪入篇(詩篇은 三丈의 눈처럼 청신하구나)
鑄金從踴躍(鑄金이 이제부터 뛰어 나오게 되었으니[44])
翼鷇助騰騫(새 새끼가 날아다니도록 도와주오)
爲愛蹊成下(桃李 밑에 나있는 오솔길이 사랑스러워[45])
叨將璧至前(和璧을 가지고 외람되게 앞에 바치오[46])
囊錐容早晚(조만간에 송곳을 주머니에 넣어 주시고[47])
紈扇豈中捐(紈扇은 제발 중도에 버리지 마시오[48])
況接葭莩行(더구나 우리는 戚分이 있는 처지니)
平生恃淺緣(평생에 그 인연만은 믿으렵니다)

---

41) 『三國志』 魏志 劉放傳을 인용한 것으로, 중서성을 鷄樹라고 하였다.
42) 雁行은 상대방을 높이어 그의 형제를 이르는 말이다.
43) 임금을 모시고 수레 옆에 타는 것을 말 한다.
44) 『莊子』 大宗師를 인용한 것으로, 自薦하여 벼슬길에 나오는 것을 비유한 말인데, 훌륭하게 됨을 말 한다.
45) 문하에 많은 사람들이 모여드는 것을 비유한 말이다.
46) 楚나라 사람 和氏가 楚山에서 璞玉을 얻어 文王에게 바친 고사로, 여기서는 자기를 알아달라는 뜻이 내포되어 있다.
47) 『史記』 平原君傳에서 나오는 말로, 발탁시켜 줄 것을 비유한 말이다.
48) 漢成帝의 후궁 班婕妤가 총애를 받다가 趙飛燕에게 밀려나서 지은 怨行歌에서 나온 말로, 버리지 말고 영원히 보살펴 달라는 말이다.

라고 하였다.49) 이규보다운 十韻詩이다.50)

그는 천성이 활달하고 큰 도량이 있어서, 비록 귀하게 되었지마는 옛 친구를 대할 때는 차별을 아니 하며 평시와 다름없이 대하였다. 그래서 사람들이 그와 내왕하는 사람이 많았다. 30대초 연하였던 이규보와는 고향 사람으로 가깝게 지냈다. 민식과 이규보는 사돈 간이다.51) 명종의 서자인 승려 小君52) 洪機53) 등이 권세를 부리며 뇌물을 받으니, 조정 관리들이 다투어 그에게 아부하였다. 그러나 민식 만은 찾아가지 않았다. 그의 아우 공규가 어째서 찾아보지 않느냐고 물으니, 찾아가지 않는 것도 나의 지조다라고 답하였다. 하루는 그의 아우가 함께 찾아가자고 청하므로 함께 갔었는데, 술이 취할 무렵에 불쑥하는 말이 무지개 승려의 무리가 나라를 망칠 거라고 하였다. 이에 아우가 깜작 놀라서 진땀을 흘렸다. 무지개는 한 끝이 하늘에 속하고, 한 끝은 땅에 연접된 것이므로, 소군이 왕의 아들이면서 어머니가 미천한 것을 비유하여 한 말이다. 이처럼 그는 구속없는 말을 많이 하였다.54)

3. 閔公珪

49) 『東國李相國集』 권8 呈內省諸郎幷敍戊午年. 『東國李相國集』 권9 閔常侍令賦雙馬圖도 이 무렵에 지은 것으로 보인다.

50) 이규보는 명종 19년 5월에 柳公權이 보이는 국자감시에서도 십운시에서 장원으로 뽑혔다 (『高麗史』 권74 志28 選擧2).

51) 『驪州李氏文順公派世譜』 卷之一.

52) 당시 고려의 제도에 宮人이 왕을 모시고 있다가 아들을 낳게 되면, 그 아이의 머리를 깎고 승려로 삼게 하였는데 이들을 소군이라고 불렀다(『高麗史』 권26 世家26 元宗 6년 4월 己未).

53) 최충헌은 왕자로서 僧小君이 된 洪機, 洪樞, 洪規, 洪均, 洪覺, 洪貽 등이 내전에 있으면서 정사에 간섭하였다하여 섬으로 유배보냈다(『高麗史』 권128 列傳41 叛逆3 崔忠獻傳).

54) 『高麗史』 권101 列傳14 閔令謨 附 閔湜傳. 『治平要覽』 권134. 『自著』 卷之一 賦 廣韓賦.

민영모의 2남으로, 초명이 嗣忠이다. 명종 7년에 을과 2위로 과거에 급제하여, 벼슬은 문하평장사 수문전태학사 판병부사에 이르렀다.[55] 『여흥민씨세보』에는 금자광록대부 수태보[56] 문하시랑평장사 수문전태학사 판병부사 태자소보라고 되어 있다. 관직이 부에이어 재상에까지 올랐는데, 수문전태학사를 역임한 것을 보면 그의 유학적 소양을 짐작할 수가 있다. 수문전은 문신중에서 재질과 학식이 높은 사람을 선발하여 왕을 시종하던 기관인데, 태학사는 수문전의 수장이었다. 그는 세 번이나 과거예부시의 시관을 맡았다. 시호는 定懿이다. 88세(米壽)까지 장수를 하였다고 전한다.[57]

이규보가 우간의대부 민공규에게 드리는 시에는

青紫名家幾世臣(青紫의 名門에 몇 째의 世臣이던가)
錦爲肝臟水爲神(錦繡같은 심장에 물 같은 정신일세)
誰知淸切中書地(누가 알랴 淸切한 中書省에)
還有風流外監身公本官秘書監(풍류다운 外監이 있는 줄을(공이 본래 秘書監에 있었다)
美行已登銀筆麗(아름다운 행실은 이미 銀筆에 올랐고)
遒詞曾奪錦袍新(힘찬 문장은 벌써 錦袍를 빼앗네)
漢皇若問相如賦(漢帝가 만약 相如의 賦를 묻는다면)
何幸楊公薦邑人予與公同郡(楊公처럼 한 고향 사람인 나를 천거하리(나는 공과 같은 郡의 태생이다))

라고 하였다.[58]

한편 민공규는 전술한 형과의 일화에서 보면, 성격이 비교적 원만했던 것 같다. 이 때문에 재상에까지 오를 수가 있었다고

---

55) 『高麗史』 권101 列傳14 閔令謨 附 閔公珪傳.
56) 太師, 太傅, 太保를 三師라고 한다.
57) 『氏族源流』 驪興閔氏. 『列聖王妃世譜』 권1 彰德昭烈元敬王后.
58) 『東國李相國集』 권5 呈內省諸郞.

볼 수가 있다. 특히 민공규가 관직에 있던 시기는 정중부 · 경대승 · 이의민 집권기를 거쳐, 명종 26년에 장군 최충헌이 이의민을 죽이고 세운 최씨집권까지 이어졌다.[59] 이 동안 그는 살벌한 무신들의 횡포를 직접 보면서 관직생활을 하였다.

4. 閔光鈞

민공규의 3남이다. 신종대에 과거에 급제하여 좌사간을 지냈다.[60] 「登第」라는 칠언율시에서

四子同遊翰墨中(네 아들이 함께 글공부를 하여서)
爭先高折桂林叢(앞을 다퉈 桂樹를 높이 꺾었네)
二兄早得成龍器(두 형은 일찌감치 큰 그릇을 이루고)[61]
一弟曾收中鵠功(한 아우도 진작 과녁 쏘아 맞췄네)[62]
縱蔫萱堂慈母祿(萱堂 어머님의 녹 받들긴 넉넉하여도)
誰承金榜大人風(金榜 아버님의 풍을 누가 이으리)
瘦鵬尙有圖南翼(大鵬이 여위었어도 南溟[63] 갈 날개 있으니)
遙望雲宵萬里通(雲宵를 멀리 바라매 만 리에 활짝 트였네)[64]

라고 하였다.

또 무신집권기에 翰林諸儒가 지은 『翰林別曲』에는[65] 兪升旦의 文, 李仁老(민영모의 문생)의 詩, 李公老의 四六, 李奎報와

59) 『高麗史』 권20 世家20 明宗 26년 4월 戊午. 『高麗史』 권128 列傳41 叛逆2 李義旼傳 · 叛逆3 崔忠獻傳.
60) 「月南寺址眞覺國師碑」.
61) 두 형은 閔康鈞과 閔迪鈞이다.
62) 한 아우는 閔仁鈞이다.
63) 『莊子』에 北冥(北海)에 있는 大鵬이 南冥으로 옮기는데 9만 리를 날아오른다고 하였다.
64) 『東文選』 卷之十五 七言律詩 登第.
65) 『한림별곡』은 고종 3년에 최충헌의 栢井洞宮에서 연회를 베풀 때, 琴儀의 문생인 민광균이 지은 것으로 보는 견해가 있다(민명기, 『여흥민씨 이야기』, 573~591쪽).

陳澕의 雙韻走筆, 劉冲基의 對策, 閔光鈞의 經義, 金良鏡(민광균의 사돈)의 詩賦로서 과거시험장에 나가면 어떨까라고 하였는데,66) 세상에서 부러워함이 이와 같았다.67)

5. 閔仁鈞

민공규의 4남으로, 초명은 洪貴이다. 희종 1년에 을과 3위로 과거에 급제하였다. 『여흥민씨세보』에는 벼슬이 정의대부 판대부사 삼사사 충사관수찬 지제고 태자좌유덕에 이르렀다고 하였다. 崔瀣가 찬한 「閔頔行狀」에는 정의대부 한림학사 사관수찬 지제고를 지냈다고 하였다.68) 이제현이 찬한 『閔頔墓誌』에도 한림학사를 역임한 것으로 되어 있고, 『신증동국여지승람』에서도 판삼사사, 한림학사를 하였다고 하였다. 이밖에도 경상도안찰사,69) 대사성,70) 대복경71)을 지냈다. 그는 재주와 학식이 넉넉하여, 비록 높은 벼슬에 이르러서도 외고 익히는 것을 철폐하지 아니하기를 학생들의 공부하는 것과 같이 하였다. 평시에 태만한 거동이 없었고, 속된 말을 안했으며 움직일 때마다 예법을 따랐다. 문생이나 옛 관속이나 신학 후진이 나아가 뵈면, 반드시 의관하고 띠를 띠고 대하기를 손님같이 하고, 경서를 이야기 하고 도를 논할 뿐이었다.72) 조선 성종 9년에 서거정이 과거의 우리나라 시문을 뽑아 편집한 『동문선』에는 민인균이 지은 재신 崔宗峻(민공규 밑에서 장원급제, 매제의 형), 金仲龜, 金良鏡에게 관직을 제수하는 麻制,73) 전 萬德山 白蓮社主 了世

---

66) 『高麗史』 권71 志25 樂2 翰林別曲.

67) 『高麗史』 권71 志25 樂2 翰林別曲. 『東史綱目』 十下 高宗 7년 3월.

68) 『拙藁千百』 권2 閔頔行狀.

69) 고종 19년에 경상도안찰사를 지냈다(『慶州先生案』, 亞細亞文化社, 1982).

70) 고종 29년에 대사성을 지냈다(『高麗史』 권74 志28 選擧2). 만일 20대초에 과거에 급제하였다고 가정하면, 이때 50대말의 노년이었다.

71) 『高麗史』 권74 志28 選擧1.

72) 『新增東國輿地勝覽』 驪州牧 人物.

를 圓妙國師로 贈諡하는 敎書[74]와 官誥[75]가 실려 있다. 「除宰臣崔宗峻金仲龜金良鏡麻制」는 고종 19년에서 22년 사이에 강도에서 지어진 것으로 추정되고, 萬德山白蓮社主了世贈諡圓妙國師敎書」와 「官誥」(王旨)는 고종 32년경에 지어진 것으로 추정된다.[76] 학문은 古今을 삼키고도 남음이 있고, 뜻 밖에 나오는 새로운 글은 필묵으로는 그 지경에 갈 수 없고, 글 한편을 듣게 되면 조정에 있는 문사들은 손을 모아 찬탄하고, 시 한 구절이 나오게 되면,[77] 사림들은 입을 모아서 떠들었다는 김양경이 당시 모든 制誥의 큰 글은 다 지었다고 한 것을 보면,[78] 민인균이 이처럼 제고를 지은 것은 그의 학문적 위치를 짐작할 수가 있고, 그의 문장을 볼 수 있는 귀중한 자료이다. 그는 고종 29년 3월에 대사성으로 국자감시를 주관하여 76인을 선발하고,[79] 고종 35년 3월에는 지공거 洪均과 함께 대복경으로 동지공거가 되어 金鈞 등을 급제시켰다.[80]

그가 벼슬길에 오른 지 얼마 후에는 최충헌이 희종을 폐위시키는 일이 발생하였다. 희종 7년 12월에 내시낭중 王濬明, 참정 于承慶 등이 수창궁에서 최충헌을 죽이려다 실패하였다. 희종은 이와 연루되어 폐위되고, 명종의 태자였던 한남공이 강종으로 추대되었다.[81] 그 후 권세가 왕을 압도하고 위엄이 일국을

---

73) 『東文選』 卷之二十六 制誥 除宰臣崔宗峻金仲龜金良鏡麻制. 麻制는 宰臣을 임명할 때 희거나 노란 빛의 麻로 만든 종이에 임명 사실을 기록하여 관리들 앞에서 공표하는데 이를 宣麻라 하고, 그 임명장을 마제라고 한다.

74) 『東文選』 卷之二十七 制誥 萬德山白蓮社主了世贈諡圓妙國師敎書.

75) 『東文選』 卷之二十七 制誥 官誥.

76) 원묘국사는 속성은 徐氏이고, 법명은 了世로 경남 합천 출신이다. 천태종을 중흥시켜 百蓮結社 운동을 전개하였으며, 고종 32년 5월에 입적하였다.

77) 김양경은 近體詩賦를 잘 지어 세상에서 良鏡詩賦라고 불렀다고 한다(『高麗史』 권102 列傳15 金仁鏡傳).

78) 『東文選』 卷之二十六 制誥 除宰臣崔宗峻金仲龜金良鏡麻制.

79) 『高麗史』 권73 志27 選擧2.

80) 『高麗史』 권73 志27 選擧1.

흔들던 최충헌이 고종 6년에 죽고,[82] 그의 장남인 최이가 뒤를 이어 집권하면서 나라의 주권과 명령을 제 마음대로 처리하는 등 무신집단의 악순환은 지속되었다. 또 대외적으로도 몽고가 금나라를 공격해 나가는 과정에서 만주에서도 혼란이 일어나면서, 고종 3년 8월에 수만 명의 거란군이 압록강을 건너 침입하여 중부지방까지 유린하다가,[83] 동왕 6년 1월에 가서야 고려 · 몽고 · 동진의 연합군에 의해 江東城에서 격파되었다.[84] 또 동왕 18년 8월부터,[85] 28년간 몽고와 여몽전쟁을 벌렸다. 당시 고려는 군사조직이 크게 와해되고 중앙정부조차 강화로 옮겨진 상황에서 전면적인 방어전선이 형성되지 못하고, 본토에서의 몽고군에 대한 항전은 지방민들의 자발적인 참전이 큰 비중을 차지하고 있었다.[86] 오랜 전란으로 국토는 황폐화 되고, 백성들은 몽고군의 무자비한 약탈과 살상을 당하고, 농사조차 제대로 지을 수 없는 상황에서 그들의 참상은 형언할 수가 없었다. 이처럼 민인균은 대내외적으로 고난의 시기에 관직생활을 하였다.

6. 閔曦

閔仁徹의 2남으로, 민식의 손자이다. 고종 18년에 몽고의 대군이 침입하자 3군을 보내어 이를 방어하였는데, 몽고병이 예성강까지 도달하자 개경이 공포에 쌓였다. 이에 최이는 북계분대어사 민희, 내시랑중 宋國瞻을 보내서 몽고군을 위문토록 하였

81) 『高麗史』 권21 世家21 熙宗 7년 12월 庚子. 『高麗史』 권128 列傳41 叛逆3 崔忠獻傳.

82) 『高麗史』 권22 世家22 高宗 6년 9월 壬子.

83) 『高麗史』 권22 世家22 高宗 3년 8월 乙丑.

84) 『高麗史』 권22 世家22 高宗 6년 1월 辛巳. 閔德植, 「高麗時代의 外侵과 楊根城」, 『年報』 18(충북대학교박물관), 2009, 68~78쪽.

85) 『高麗史』 권23 世家23 高宗 18년 8월 壬午.

86) 閔賢九, 「高麗의 對蒙抗爭과 大藏經」, 『韓國學論叢』(國民大), 1978, 41쪽.

는데,[87] 이어 11월에 민희는 병마판관원외랑 崔桂年과 몽고군 병영에 가서 음식을 대접하고, 몽고군 원수 撒禮塔을 만나고 돌아왔다.[88] 12월에는 몽고군이 개경 4문 밖에 와서 주둔하고 흥왕사를 공격하자, 어사 민희를 다시 그들에게 보내서 음식을 먹이고 강화를 맺게 하였으며, 이튿날에도 민희가 몽고군 병영에 가서 몽고 사절 2명과 수행원 20명을 데리고 왔다.[89] 동왕 19년에 고종은 후군지병마사 우간의대부 崔林壽와 감찰어사 민희를 귀주성으로 보내서, 몽고군과 강화하였으니 朴犀에게 항복하라고 권하자, 박서도 왕명을 거역하기가 어려워 할 수 없이 항복하였다.[90] 8월에는 서경 순무사 대장군 민희가 사록 崔滋溫과 함께 비밀리에 장교들을 시켜 몽고에서 이곳에 파견한 達魯花赤(다로가치)들을 죽이려고 하였더니, 서경 사람들이 이 소식을 듣고 몽고군의 후환이 두려워 반란을 일으키자, 서경유수 최림수 등 관속들은 모두 楮島로 도망하였다.[91] 이때는 강화로 천도한 직후였다.[92] 동왕 20년 5월에는 서경인 畢賢甫, 洪福源 등이 선유사 대장군 鄭毅와 朴祿全을 죽이고 온 성을 들어 배반하였다.[93] 이에 12월에는 최우가 家兵 3천 명을 보내어 북계병마사 민희와 함께 서경 반란군을 치게 하였는데, 반란의 주모자인 필현보는 체포되어 개경으로 보내져 저자에서 허리를 잘라 죽이고, 홍복원은 요양으로 도망하여 동경총관이 되어 몽고군의 앞잡이로서 고려에 많은 해독을 끼쳤으며,[94] 나머지 백성들은 모두 바다 섬으로 옮기니 서경은 폐허가 되었다.[95] 그 후 선유사

87) 『高麗史』 권128 列傳41 叛逆3 崔忠獻 附 崔怡傳.
88) 『高麗史』 권23 世家23 高宗 18년 11월 癸巳.
89) 『高麗史』 권23 世家23 高宗 18년 12월 壬子.
90) 『高麗史』 권103 列傳15 朴犀傳.
91) 『高麗史』 권23 世家23 高宗 19년 8월 己酉.
92) 『高麗史』 권23 世家23 高宗 19년 7월 乙酉.
93) 『高麗史』 권23 世家23 高宗 20년 5월.
94) 『高麗史』 권130 列傳43 叛逆4 洪福源傳.

를 파견하여 서경인들을 위무하고, 반란을 평정하는데 공을 세운 군인들에게 상을 주었다. 이는 역사상 중요한 사건으로, 그 중심에 대장군 민희가 있었다. 또 동왕 30년 2월에 각 도에 순문사를 파견할 때 민희는 경상주도에 파견되었다.96) 최항이 집권한 후 최항은 지추밀 민희, 추밀부사 金慶孫(민식의 외손)97)이 여러 사람들의 인심을 얻고 있는 것을 꺼려서, 이들을 섬으로 유배 보냈다.98) 동왕 45년 12월에는 죽은 추밀원부사 민희가 나라에 공로가 있었다고 하여, 처자에게 은 한 근과 쌀 3섬을 주었다.99) 충렬왕 8년 5월에도 민희가 갑오년(고종 21년)에 서경병마사로서 공이 있었다고 하여, 그의 내 외손에게 初職을 서용토록 하였다.100) 하여튼 민희는 여몽전쟁 중 여흥 민씨 중에서 가장 활약이 컸던 인물이었다.

II. 원 간섭기

1. 원종~충선왕

1) 閔滉

민인균의 1남이다. 고종 31년에 을과 3위로 과거에 급제하였다. 4대가 연이어 과거에서 을과 2~3위를 차지 한 수재들이었다. 호는 洲東이다. 고모부 任景肅 밑에서 공부한 문하생이다.

95) 『高麗史』 권23 世家23 高宗 20년 12월.
96) 『高麗史』 권23 世家23 高宗 30년 2월 戊辰. 『高麗史』 권79 志33 食貨2.
97) 『高麗史』 권103 列傳16 金慶孫傳.
98) 『高麗史』 권128 列傳41 叛逆3 崔忠獻 附 崔沆傳.
99) 『高麗史』 권24 世家24 高宗 45년 12월 丁丑.
100) 『高麗史』 권75 志29 選擧3.

『여흥민씨세보』에는 벼슬이 조산대부 상서이부시랑이라고 하였고, 『閔宗儒墓誌』에는 호부시랑이라고 하였으며, 『閔思平墓誌』에도 조산대부 호부시랑이라고 하였다. 정4품인 호부와 이부의 시랑을 지낸 것이다.

그가 벼슬을 하던 시기는 대내적으로는 고종 36년 11월에 최이가 사망하고,[101] 뒤를 이어 집정한 그의 아들 최항도 동왕 44년 윤 4월에 사망하였으며,[102] 뒤를 이은 그의 아들 최의도 다음해 3월에 柳璥 · 金仁俊(金俊) 등에 의해 제거되고, 정권은 다시 왕에게로 넘어 갔다.[103] 이로써 60여 년의 최씨집권도 막을 내렸다. 그러나 최의를 제거한 무신 김준,[104] 林衍[105]과 임연의 아들 林惟茂가 최충헌이 설치한 무신정치기구의 최고직으로, 자동적으로 이어지며 국왕의 권력보다 상위에서 국정을 마음대로 천단하던 최고 막부인 교정도감의 교정별감으로 권력을 장악하였으나, 원종 11년 5월에 임유무가 제거되면서,[106] 100여 년의 무신집권이 종식되었다. 대외적으로는 고종 46년 4월에 몽고군의 군사적 압력을 이지지 못하고 태자가 몽고에 입조를 하여 강화의 뜻을 표시하고,[107] 몽고의 강요로 강화의 내성과 외성을 헐어 강화를 표시하였으며,[108] 원종 1년 3월에는 문무 양반과 여러 제 領府를 3교대로 개경에 왕래시켜 수도를 옮긴다는 뜻을 표시하였다.[109] 이때 왕과 문신들은 몽고와 강화하여 主戰派

---

101) 『高麗史』 권23 世家23 高宗 36년 11월 壬申.
102) 『高麗史』 권24 世家24 高宗 44년 윤4월 丁亥.
103) 『高麗史』 권24 世家24 高宗 45년 3월 丙子.
104) 『高麗史』 권130 列傳43 叛逆4 金俊傳.
105) 『高麗史』 권130 列傳43 叛逆4 林衍傳.
106) 『高麗史』 권26 世家26 元宗11년 5월 癸丑.
107) 『高麗史』 권24 世家24 高宗 46년 4월 甲午.
108) 『高麗史』 권24 世家24 高宗 46년 6월 癸未 · 庚寅.
109) 『高麗史』 권25 世家25 元宗 1년 3월 乙未. 실제로 강화(강도)로부터 개경으로 환도한 것은 원종 11년 5월이었다(『高麗史』 권26 世家26 元宗 11년 5월 丙寅).

인 무신정권을 타도하려고 하였는데, 전술한 것처럼 문신들은 일부 무신들과 결탁하여 최씨을 타도하고 대몽강화의 길을 열어 놓았던 것이다. 하여튼 쿠비랄이(忽必烈)가 몽고황제(世祖)로 즉위하면서 여몽관계는 급선회하여, 원종 1년 8월까지 몽고군을 철수하겠다고 약속하면서 28년간의 여몽전쟁은 막을 내렸다.[110] 이로써 고려에 엄청난 피해를 안겨준 기나긴 전쟁도 끝이 나고 고려는 원나라 간섭기로 접어들게 되었다. 어쨌든 무신정권을 중심으로 막강한 몽고군에 맞서 용감하게 싸웠기 때문에, 몽고제국 영향권 내에서 드물게 독립을 유지할 수 있었으나, 원의 제후국으로 원나라의 간섭을 피할 수 없게 되었고, 전쟁에 따른 백성들의 피해는 상상을 초월하는 것이었다.

2) 閔昉

閔迪鈞의 1남이고, 민공규의 손자이다. 전 대경 민방은 법에 걸려 면직 당하고 廢錮를 받은 지 여러 해가 되었는데, 몽고황제 세조가 足疾이 있다는 말을 듣고, 몽고에서 파견된 達魯花赤 沈渾을 만나 의술에 능하다고 장담을 하였다. 이에 심혼이 이를 황제에게 보고하자 황제는 민방을 몽고로 불러들였다. 이에 원종은 그에게 상서좌승의 벼슬을 주고 파견하였다.[111]

3) 閔萱

閔敷의 2남으로, 민식의 증손이다. 여러 관직을 거쳐 동경유수,[112] 감찰시사,[113] 위위부윤에 있다가, 전라도지휘사,[114] 우승

110) 『高麗史』 권25 世家25 元宗 1년 8월 壬子.
111) 『高麗史』 권27 世家27 元宗 12년 6월 丙申.
112) 충렬왕 6년에 경상도안찰사를 지내고, 충렬왕 9년에 동경유수를 지냈다(『慶州先生案』).
113) 『高麗史』 권123 列傳36 嬖幸1 權宜傳.
114) 『高麗史』 권30 世家30 忠烈王 16년 9월 癸丑.

지가 되었다.[115] 그 후 부지밀직사사가 되었다가 도첨의참리로 승진하고,[116] 지도참의사가 되었다. 충렬왕 27년 5월에 충렬왕은 충선왕비인 원나라 晋王의 딸 薊國大長公主(寶塔實憐)를 개가시킬 생각으로 도첨의사사 민훤을 시켜 표문을 가지고 원나라에 가게 하였다. 그러나 민훤은 공주를 개가시킬 것을 요청하는 글은 감히 제출하지 못하고 돌아 왔다.[117] 충선왕은 공주를 좋아하지 않아 잠자리를 피하였다. 남편의 사랑을 갈구하던 공주는 더 이상 희망이 보이지 않자, 궁 안의 내료들과 난잡하게 어울렸다. 이틈을 타서 충렬왕파는 고려의 왕족 중에서 잘 생긴 서흥후 王琠을 골라 공주에게 들여보내고, 사랑을 나눈 공주는 충렬왕파의 작전대로 충선왕과 이혼을 하려고 하였다. 그러나 궁지에 몰린 충선왕파에서는 결사적으로 맹렬한 반격을 펴 공주의 개가 작전은 수포로 돌아갔다.[118]

왕비를 잃은 충렬왕은 24년 1월에 정치에 뜻을 잃고 아들 충선왕에게 왕위를 선위하였으나,[119] 그해 8월에 원나라에서 충선왕을 강제 퇴위시키고, 충렬왕을 복위시키는 일이 발생하였다.[120] 이때부터 충선왕은 10년 동안 원나라에서 생활을 했고, 원나라에서 장기간 머무르는 동안 고려에서는 즉위 전부터 있던 왕의 부자간 불화가 표면화되었다. 충렬왕 32년에는 충렬왕파에서 王維紹, 宋邦英, 韓愼, 宋麟, 宋均, 金忠義, 石天補 등이 주동이 되어, 부자간을 이간시키면서 충선왕을 머리를 깎아 僧으로 만들고, 충선왕에게 소박을 맞고 원나라에 머물고 있던 공주를 독로화로 원나라에 와 있던 충렬왕의 조카인 서흥후에게

115) 『高麗史』 권30 世家30 忠烈王 17년 7월 壬寅.
116) 『高麗史』 권31 世家31 忠烈王 26년 4월 戊午.
117) 『高麗史』 권32 世家32 忠烈王 27년 5월 庚戌.
118) 『高麗史』 권89 列傳2 后妃2 薊國大長公主傳.
119) 『高麗史』 권31 世家31 忠烈王 24년 1월 丙午.
120) 『高麗史』 권31 世家31 忠烈王 24년 8월 甲子.

개가 시키고, 충선왕의 부마 지위를 빼앗아서, 서흥후에게 왕위를 계승시키려는 음모를 꾸며 원나라 황후에게 참소하고, 좌승상 阿忽台, 평장 八都馬辛에게 충선왕을 중상하였다.[121] 심지어 이들은 충선왕을 독살하려고도 하였다. 그러나 원에서는 서흥후가 왕의 아들이 아니라고 반대하고, 원 황제 계승전에서 충선왕이 승리하고 충렬왕이 패하므로 써 결국 서흥후, 왕유소, 송방영, 한신, 송린, 송균, 김충의, 崔涓 등은 원나라의 문명문 밖에서 처형되었다.[122] 이로써 충선왕은 고려의 국정을 장악하게 되고, 70대의 충렬왕은 허수아비가 되었다.[123] 이때에 충선왕은 成宗이 죽자 太子, 우승상 答剌罕 등과 의논하여 황제의 조카 회령왕을 맞아다가 武宗으로 즉위시킴으로써, 원 황제가 조정 최고의 지위인 승상을 주겠다고 제안할 정도로 원나라에서 위상이 높아졌다.

민훤은 그 후 다시 참리로 있다가,[124] 자의도첨의찬성사로 승진하였다.[125] 그 후 충렬왕이 승하하고 충선왕이 다시 즉위하자, 개가를 청원하는 표문을 원나라 조정에 제출하였다는 이유로 유배되었다. 충선왕 2년에 치사 첨의찬성사로 졸하였다.[126] 시호는 良敏이다. 그는 문서를 초하는 서리 출신으로 세태에 맞추어 출세하였는데, 왕의 곁에서 侍史를 지내고,[127] 경상도안렴

---

121) 『高麗史』 권32 世家32 忠烈王 32년 11월.

122) 『高麗史』 권32 世家32 忠烈王 33년 4월 甲辰. 『高麗史』 권125 列傳38 姦臣1 王惟紹傳.

123) 이어서 충렬왕은 34년 7월에 승하하였는데, 원에서는 忠烈이라는 시호를 내리고, 증조인 고종을 忠憲, 조부인 원종을 忠敬이라 추증하였다(『高麗史節要』 권23 忠宣王 2년 7월).

124) 『高麗史』 권32 世家32 忠烈王 29년 12월 壬申.

125) 『高麗史』 권32 世家32 忠烈王 30년 1월 丙子. 그는 洪子藩, 閔漬 등과 함께 불법행위를 하는 吳潛을 원나라 사신에게 제거해 달라고 요청하기도 하였다(『高麗史』 권125 列傳38 姦臣1 吳潛傳).

126) 『高麗史』 권33 世家33 忠宣王 2년 7월 己亥.

127) 『高麗史』 권29 世家29 忠烈王 6년 3월 乙卯.

사로 있을 때는 왕이 순안현에 들리자 왕을 위하여 연회를 베풀었고,128) 또 제 멋대로 啓奏하여 왕에게 아첨하였으므로, 사람들이 內侍按廉使라고 할 정도로 충렬왕이 총애하던 嬖臣이었다.129) 충렬왕은 측근 중심의 정사를 폈는데, 민훤은 그 중의 한 사람이었다. 하여튼 민훤은 하급관료인 아전에서 재상에까지 오른 인물로, 여기에는 개인의 신분보다는 실용적 능력을 중시하던 원나라의 간접지배를 받던 시대상과도 관련이 있다고 볼 수가 있다.

4) 閔宗儒

민황의 2남으로, 고종 32년에 출생하였다. 호는 草塢子이다. 외가인 문경공 崔璘家에서 성장하였다.130) 어려서부터 영민했기 때문에 최린은 항상 옆에 두고 앞으로 훌륭한 인재가 될 애라고 하면서 사랑하였다고 한다. 그의 나이 11세 되었을 때 취학하여 대의를 통달하고, 門地로 왕자 始陽府의 學友로 선발되고,131) 원종 4년 19세에 음서로 청도감무에 등용되었다. 그 고을에는 대성이 많아서 다스리기가 어려운 곳으로 알려져 있었다. 민종유는 일체 청탁을 들어주지 않고 법을 엄격하게 세웠으므로 우등 성적의 평정을 받았다. 도병마록사를 거쳐 내시부로 들어갔다.

충렬왕대에 문무 여러 관직을 거쳐,132) 충렬왕 9년에 다시

---

128) 『高麗史』 권29 世家29 忠烈王 7년 8월 丙子.

129) 『高麗史』 권123 列傳36 嬖幸1 林貞杞傳. 『高麗史』 권123 列傳36 嬖幸1 林貞杞 附 閔萱傳.

130) 『拙藁千百』 권1 閔宗儒墓誌銘.

131) 시양부는 원종 4년에 원종의 둘째 아들인 始陽侯 王珆를 위해 만든 官府인데. 시양후는 원종 7년에 사망하였다.

132) 충렬왕 1년에는 원나라 齊國公主를 위해 특별히 세운 膺善府에서 牽龍行首로 있기도 하였다.

문관직으로 돌아와 조현대부가 되어 소부윤을 맡고 자금어대를 하사 받았으며, 외직으로 나가 부충주목이 되었다. 동왕 14년에 전법총랑으로 동계안집사가 되었다가, 전리총랑으로 자리를 옮기고, 동왕 15년에 충청도안렴사가 되었다가 태부태복윤으로 자리를 옮겼다. 동왕 18년에 외직으로 나가 동경유수가 되고,[133] 얼마 후 예빈윤, 삼사우윤으로 옮기고, 그 후 여러 차례 자리를 옮겨 지통례문사가 되었다. 동왕 23년에 정헌대부에 오르고 밀직지신사,[134] 지전리감찰사사가 되었다. 동왕 24년에 봉익대부 밀직부사로 승진되었다가 전조상서 숭복관사로 옮기고,[135] 동왕 25년에 세상에 영합하지 않은 탓에 면직되었다.[136] 동왕 33년에 다시 판밀직사사에 제수되었다가, 감찰대부로 자리를 옮기고, 충렬왕이 원나라에 있으면서 찬성사의 관직을 제수하였다.[137] 65세인 충선왕 1년에 첨의찬성사로 치사하고,[138] 그 후 復起하였다가, 69세인 충숙왕 즉위년 9월에 다시 첨의찬성사로 치사하였다.[139]

충숙왕 6년에 중대광[140]에 제수되고, 復興君(福興君)[141]의 봉호를 받았다.[142] 동왕 8년에 異姓封君을 폐지함에 따라 복흥군

133) 『慶州先生案』. 『閔宗儒墓誌』에는 부동경유수라고 하였다.
134) 『高麗史』 권31 世家31 忠烈王 23년 10월 辛卯.
135) 『高麗史』 권33 世家33 忠烈王 24년 5월 庚寅.
136) 『高麗史』 권33 世家33 忠烈王 24년 7월 戊戌. 25년 3월 壬午.
137) 찬성사로 제수된 이 해는 63세였다.
138) 『閔宗儒墓誌』.
139) 『高麗史』 권34 世家34 忠肅王 즉위년 9월 己酉.
140) 충선왕은 정1품은 三重大匡, 종1품은 重大匡이라고 하였다. 후에 앞에 壁上三韓을 三重大匡에 덧붙였으나, 충선왕 2년에는 壁上三韓을 없앴다(『高麗史』 志31 百官2 文散階).
141) 『閔宗儒墓誌』에는 復興君이라고 하였으나, 『高麗史』 列傳과 『여흥민씨세보』에는 福興君으로 되어 있다. 福자는 避諱로 보는 견해가 있다(민명기, 『여흥민씨 이야기』, 65쪽).
142) 『閔宗儒墓誌』.

이 해면되었다.[143] 이해 4월에 충숙왕이 원나라로 불려가고, 10월에 77세로 수첨의찬성사에 임명되고 치사하였다.[144] 『閔宗儒墓誌』에는 중대광 첨의찬성사 상호군 判摠部事를 지냈다고 하였다.[145]

동왕 9년 8월에 전 찬성사 權漢功 등이 왕이 자기들에게 장형을 가하고 유배 보낸 것을 원망하여, 여흥군 閔漬,[146] 영양군 李瑚 등에게 청하여 원나라에 가 있던 충숙왕 대신 원나라 황제의 사랑을 받던 심왕 王暠를 왕으로 세우기를 원나라 중서성에 주청하는 글을 지어서 慈雲寺로 백관들을 불러 서명토록 협박 강요하였다.[147] 결국 청원서는 원나라 중서성에 제출되었으나, 일이 진정되자 중서성에서 돌려보내 왔다.[148]

이처럼 심왕파가 심왕을 고려왕으로 옹립하는 운동을 전개하자, 고려 조정은 고려 국왕 지지세력과 심왕 지지세력으로 나뉘고, 심왕파는 고려국 관료들에게 심왕을 지지하는 서명운동을 전개하면서 정국은 혼란에 빠졌다. 심왕파의 정치공세로 충선왕의 유배 직후 충숙왕은 동왕 8년 1월에 소환명령을 받고,[149] 4월에 개경을 떠나,[150] 연경에 도착하자 곧 억류를 당하고 고려 국왕의 상징인 옥새까지 빼앗겼다. 고려로서는 험난한 시기였다.[151] 이때 원나라는 심왕의 고려왕 즉위를 별로 원하지 않았

143) 『高麗史』 권108 列傳21 閔宗儒傳. 『閔宗儒墓誌』.
144) 『高麗史』 권35 世家35 忠肅王 8년 10월 庚戌.
145) 『閔宗儒墓誌』.
146) 민지의 손자와 권한공의 손녀는 혼인을 한 사이였다.
147) 『高麗史』 권35 世家35 忠肅王 9년 8월 丙戌 · 9월 乙未.
148) 『高麗史』 권109 列傳22 尹宣佐傳.
149) 『高麗史』 권35 世家35 忠肅王 8년 1월 己亥.
150) 『高麗史』 권35 世家35 忠肅王 8년 4월 丁卯.
151) 柳淸臣 등은 원나라의 都省에 고려에 行省을 설치하고 원나라 내지와 같이 하여 주기를 청원하였으나, 도성에서 들어주지 않았다(『高麗史』 권35 世家35 忠肅王 10년 1월). 이렇게 고려 왕조를 없애고 원나라의 行中書省으로 만들자는 立省 策動은 충렬왕대로부터 충혜왕대의 기철에까지 7~8회에 거쳐 줄

고, 고려왕과 심왕의 대립을 이용하여 고려를 쉽게 통제하려는 분열정책을 쓰고 있었다.[152] 이는 충선왕이 동왕 복위 5년에 아들인 충숙왕에게 고려왕의 자리를 물려주고, 형 강양공 滋의 아들인 자식처럼 사랑하며 궁중에서 키웠던 연안군 王暠를 세자로 삼았다가, 충숙왕 3년에 심왕 자리를 물려줌으로써,[153] 그 禍端이 몇 대까지 내려가도록 그치지 않고 정국에 파란을 일으켰다. 여기에는 아들인 고려왕과 조카인 심왕을 대립시켜 막후에서 자신이 권력을 행사하려는 고도의 정치술이 담겨 있다고 한다.[154] 원나라는 충숙왕 11년 1월에 가서야 충숙왕에게 돌아가라는 명령을 하고 옥새를 돌려주었으며,[155] 동왕 12년 5월에 공주와 함께 귀국하였는데, 마침 이날 충선왕이 연경에서 세상을 떴다.[156]

하여튼 그때 종이를 가지고 와서 서명하라고 달래자, 민종유는 그를 꾸짖어 말하기를 신하가 왕을 위하여 허물을 숨기는 것은 바른 도리이니, 내가 어찌 감히 우리 주인을 보고 짖을 수가 있단 말인가 내가 비록 늙었으나 너에게 팔리지 않겠다고 하면서 서명을 거절하므로, 그 사람은 부끄러워서 물러갔다고 한다.[157] 이렇게 민종유는 국왕이 원나라에서 억류되어 있는 어려운 시기에, 나라의 國老로서 바른 처신을 보여줌으로써 후세에까지 칭송되었다.[158] 공교롭게도 이때 민종유와 함께 이를 반

기차게 진행되었다.

152) 김창현, 『신돈과 그의 시대』(도서출판 푸른역사), 2006, 40~41쪽.

153) 『高麗史』 권91 列傳4 宗室2 瀋王暠傳.

154) 김창현, 『신돈과 그의 시대』, 39쪽.

155) 『高麗史』 권35 世家35 忠肅王 11년 1월 甲寅.

156) 『高麗史』 권35 世家35 忠肅王 12년 5월 辛酉.

157) 『高麗史節要』 권24 忠肅王 9년 8월. 『高麗史』 권108 列傳21 閔宗儒傳. 『高麗史』 권125 列傳38 奸臣1 權漢功傳.

158) 『大東韻府群玉』 卷之三. 『立齋先生遺稿』 卷之十 雜著 東史評証 高麗. 『自著』 卷之一 賦 廣韓賦. 『海東雜錄』 卷之五.

대했던 金倫은 손자 閔思平의 장인이 되었다.

충숙왕 11년 5월에 80세로 졸하였다.159) 시호는 忌順이다. 민종유는 이제현, 이달존, 박충좌, 김영돈, 안돈, 김영후, 이곡, 이인복, 백문보, 김광철 등과 같이 白上黨門人 24인의 일원으로 白頤正의 문인이다.160)

민종유는 타고난 자질이 장중하며 풍채가 아름답고 명랑하였다. 典故에 밝았으며, 관료로서의 뛰어난 재간이 있었고,161) 망령되게 교제하지 않았으며, 친척들에게 돈목하고, 형제자매들에게 대해서도 두루 은혜를 베풀었다. 청탁하는 일이 없었으며, 퇴근하면 곧 대문을 닫고 손님을 사절하고 집안을 깨끗이 청소하였다. 말(馬)를 좋아하는 성벽이 있어서 남에게 좋은 말이 있다는 말을 들으면 어떻게 해서든지 그 말을 사다가 항상 문 앞에 매어두고 아침저녁으로 사랑스럽게 보았다. 만년에는 거문고와 퉁소를 좋아하였으며, 화초를 많이 가꾸어 놓고 풍류와 노래로 낙을 삼았다고 한다.162)

5) 閔漬

閔輝의 1남으로, 민식의 증손이다. 고종 35년에 출생하였다. 자는 龍涎이고, 호는 默軒이다.163) 태몽에 별과 용이 감응하는

---

159) 『高麗史』 권35 世家35 忠肅王 11년 5월 己丑. 민종유의 묘는 긴인균, 민황과 함께 예성강 벽란도에 인접한 甘露寺가 있는 오봉산에 있었을 가능성이 있다(『新增東國輿地勝覽』 開城府 上 佛宇 甘露寺重創記(權近)). 『陶庵先生集』 권30 閔氏先山碑文).

160) 민명기, 『여흥민씨 이야기』, 68쪽.

161) 음서 출신으로 吏幹으로 능력을 인정받아 출세하였다. 그는 안으로는 비록 핵심인 僉議府와 密直司에 있던 기간은 오래지는 않았지만, 刑曹와 憲府에서 일을 많이 하고, 밖으로는 수령을 안찰하고 백성을 다스렸는데, 가는 곳마다 사람들이 모두 그 능력을 칭찬하였다고 한다(『閔宗儒墓誌』).

162) 『高麗史節要』 권24 忠肅王 11년 5월 閔宗儒卒記. 『高麗史』 권108 列傳21 閔宗儒傳. 『閔宗儒墓誌』.

163) 『驪興閔氏文仁公派譜』 권1 知先錄(1929년). 閔賢九, 「閔漬와 李齊賢—

용꿈을 꾸고 태어났으며, 어려서부터 총명하였다. 8세에 능히 글을 지었고, 독서를 하다 탈자와 오자가 있으면, 뜻으로써 늘림과 줄임을 밝혀내므로 보는 사람들이 善本을 가져다 대조해 보면 과연 맞음으로, 모두들 경탄할 정도로 보기 드문 수재였다. 원종 7년에 을과 1위(壯元)로 과거에 급제하였다. 동왕 10년 12월에는 22세로 통문원록사로 처음으로 왕을 수행하여 원나라에 갔다.[164] 이는 임연의 원종폐립사건에 뒤이은 왕의 입조를 수행한 것으로,[165] 학식이 깊은 젊은 文翰官이 필요한 때문이었다.[166] 충렬왕대에는 합문지후를 거쳐 전중시사로 전입되었고,[167] 여러 관직을 거쳐 예빈시윤이 되었다. 예빈시윤으로 정당문학 鄭可臣과 함께 충선왕이 세자로서 원나라에 갔을 때 스승으로 따라 갔는데,[168] 황제가 대신들에게 월남의 交趾를 정벌하는 대책을 논의토록 할 때에 민지 등도 함께 참석토록 명하였다. 이때 군사를 동원하기보다는 사신을 보내 항복하도록 하는 것이 可當하다는 민지 등의 대책이 황제의 뜻에 맞았음으로, 민지에게 원의 한림직학사 조열대부의 벼슬을 주었다.[169]

그 후 원나라가 다시 일본을 정벌하려고 하면서 고려로 하여금 전함들을 건조하라고 하였음으로, 충렬왕이 원에 입조하여 정벌의 불편을 진술하려고 하였다. 민지는 좌부승지[170]로서 왕

李齊賢 所撰 〈閔漬墓誌銘〉의 紹介 檢討를 중심으로―」, 335쪽. 金龍善, 『高麗墓誌銘集成』 閔漬墓誌銘(翰林大學校出版部), 2012, 458~460쪽.

164) 『閔漬墓誌』.

165) 『高麗史』 권26 世家26 元宗 10년 12월 庚寅.

166) 閔賢九, 「閔漬와 李齊賢―李齊賢 所撰 〈閔漬墓誌銘〉의 紹介 檢討를 중심으로―」, 340쪽.

167) 『高麗史』 권29 世家29 忠烈王 6년 3월 乙卯.

168) 『高麗史』 권30 世家30 忠烈王 16년 11월 丁卯. 『高麗史』 권105 列傳18 鄭可臣傳.

169) 『閔漬墓誌』. 『閔漬妻申氏墓誌』.

170) 『高麗史』 권30 世家30 忠烈王 18년 윤6월 辛亥.

을 따라갔다.171) 이때 민지는 杜佑의 『통전』에 당이 고구려를 정벌하려 할 때 위징이 당 태종에게 간한 내용을 홍복원의 아들인 첨원 洪君祥에게 보이면서, 지난 연간에 일본정벌(東征) 때문에 고려 백성들은 있는 힘을 다하였는데, 지금 만약 동정을 중지시키지 않으면 고려 백성들은 어떻게 할 것인가. 당신이 잘 처리해 달라고 간청을 하였다. 이에 홍군상은 고려왕도 그런 말씀을 하였는데 내가 감히 그대로 하지 않을 수 있겠는가라고 승낙하였다. 민지가 이를 전하면서 왕을 따라갔던 신하들과 의논하여 전함 건조를 중지시키려고 하자, 印侯와 張舜龍은 이것은 원나라 조정에서 결정할 큰 문제인데, 어찌 첨원의 말만 듣고 중지하겠는가라고 하였다. 이에 민지는 후일에 만약 원에서 책임 추궁이 있게 되면 내가 자진해 나가서 감당하겠으니 여러분들은 알 바 아니라고 하면서, 그 길로 왕에게 말하여 중지시켰다. 그리하여 사람들이 민지가 굳세고 강직한 사람이라고들 하였다. 이로써 일본정벌을 잠재우게 하는 커다란 외교적 성과를 거두었다.

그 후 우승지를 거쳐,172) 동왕 21년 8월에 밀직학사로 승진되었다가,173) 얼마 후 충선왕(세자)과의 갈등으로 세자의 요청에 따라 파직되었다.174) 오랜 시일이 지나서 동수국사,175) 집현전태학사 첨광정원사가 되었다가,176) 동지밀직사사, 감찰대부, 사림학사 승지가 되고,177) 다시 첨의참리,178) 판밀직사사로 승진하였다.179) 충선왕과의 갈등으로 60세를 갓 넘은 충선왕 초년에 첨

171) 『高麗史』 권30 世家30 忠烈王 19년 10월 己亥.
172) 『高麗史』 권31 世家31 忠烈王 21년 1월 己巳.
173) 『高麗史』 권31 世家31 忠烈王 21년 8월 癸丑.
174) 『高麗史』 권31 世家31 忠烈王 21년 9월 乙未.
175) 『高麗史』 권31 世家31 忠烈王 25년 9월 己亥.
176) 『高麗史』 권31 世家31 忠烈王 24년 5월 庚寅.
177) 『高麗史』 권31 世家31 忠烈王 24년 7월 戊戌.
178) 『高麗史』 권32 世家32 忠烈王 28년 6월 乙亥.

의정승으로 치사하였다. 이후 12년간 정치적 활동이 중지되었다. 사실 충숙왕 5년까지도 충선왕은 원에 있으면서, 전지를 통해 고려의 국정을 장악하는 傳旨政治를 펴고 있었다. 충선왕이 토번으로 유배된 74세인 충숙왕 8년에 수첨의정승에 임명되고 치사하였다.[180]

충숙왕 10년 1월에는 許有全, 金琚 등과 함께 원나라에 가서 동왕 7년 이후 토번에 유배되어 있는 충선왕을 소환하여 줄 것을 요청하였는데,[181] 민지 자신이 황제에게 올리는 표문을 지었다. 이 표문 속에서는 우리 왕이 다만 실수를 하였을 뿐이요, 다른 뜻은 없음을 가긍히 여기고, 늙은이들이 제 일신을 생각하지 않고, 이 먼 곳까지 왔음을 가련히 여기어 우리 왕으로 하여금 고국으로 돌아가게 하여 달라는 애절한 내용을 담고 있었다. 그는 원나라 도당에도 글을 보내 애원하며 반년 동안이나 원나라에 머물러 있었으나, 심왕 일당의 방해로 뜻을 이루지 못하고 돌아 왔다.[182] 즉 충선왕은 충숙왕 7년에 원나라의 仁宗이 죽자, 英宗의 총애를 받던 고려출신 환관 任伯顔禿古思의 모략으로, 10월에 형부에 갇혔다가 얼마 후 머리를 깎이고 石佛寺로 유치되고, 12월에는 불경을 공부하라는 명목을 붙여 토번의 撒思結(현 사캬)로 유배되었다. 사실 충선왕은 원나라에 체류하면서 무종과 인종을 황제로 옹립하는데 큰 기여를 한 덕에 고려의 왕이면서 원제국 2인자의 직위를 누리다가 인종이 죽자 유배된 것이다. 원제국의 권력투쟁에 너무 깊이 빠졌다가 이러한 화를 초래한 것이다. 충숙왕 10년 2월에는 西蕃의 朶思麻 지방으로

179) 『高麗史』 권32 世家32 忠烈王 29년 12월 壬申.

180) 『高麗史』 권35 世家35 忠肅王 8년 10월 庚戌. 여기서 수첨의정승은 첨의정승 서리의 의미이다.

181) 『高麗史』 권35 世家35 忠肅王 10년 1월 壬子. 『高麗史節要』 권24 忠肅王 10년 1월. 『高麗史』 권109 列傳22 許有全傳.

182) 『高麗史』 권107 列傳20 閔漬傳. 『閔漬墓誌』.

옮겨지고, 8월에 영종이 피살되고 晋宗(泰定皇帝)이 즉위하여 대사령이 내려져 9월에 유배에서 풀려나, 11월에 연경으로 돌아왔다. 이처럼 충선왕은 민지 등이 귀국한 후 곧 풀려난 것이다.

충선왕을 소환하여 줄 것을 요청하기 위해 원나라에 다녀온 공로로, 동왕 12년에 추성수정보리공신 벽상삼한삼중대광 첨의정승 우문관대제학 여흥군으로 봉해지고, 다음해에 판첨의부사 여흥부원군으로 加封되었다.[183]

충숙왕 13년에 79세로 졸하였다.[184] 충숙왕은 부음을 듣자 슬퍼하고, 유사에게 장사를 주관토록 명하였다. 시호는 文仁이다. 청렴하고 검소하였으며, 모가 나지 않았고, 소나무 같은 수염과 학과 같은 기골로 멀리서 바라보면 신선과 같았다고 한다.[185] 그는 충렬왕대에 외교문서를 전담하여, 원나라에 상주하기 곤란한 것들을 모두 도맡아 글을 지어 올려 승낙을 받았고,[186] 入元外交에서도 중요한 역할을 하였다. 하여튼 그는 여흥민씨가 권문세족으로 가문의 성세를 떨치게 하는데 중심인물이었으며, 文翰 담당자로서의 정치적 역할이 중요한 의미를 지닌다고 평가되고 있다.[187]

2. 충숙왕~공민왕

1) 閔頔

민종유의 1남이고, 원종 11년에 출생하였다.[188] 자는 樂全, 호

183) 『閔漬墓誌』.
184) 『高麗史節要』 권24 忠肅王 13년.
185) 『閔漬墓誌』.
186) 『閔漬墓誌』.
187) 閔賢九, 「閔漬와 李齊賢—李齊賢 所撰 〈閔漬墓誌銘〉의 紹介 檢討를 중심으로—」, 340쪽.
188) 『閔頔墓誌』(『朝鮮金石總覽』上, 483~485쪽). 『拙藁千百』 권2 閔頔行

는 芸齋居士이다. 그는 나서부터 외모가 출중하였다. 사람을 잘 알아보기로 이름이 났던 외조부 兪千遇가 그를 보고 기특하게 여겨 후일에 귀하게 되겠다고 하였다. 이에 광정대부 도첨의참리로 재상을 지낸 이모부 언양인 金頵(金賆의 형)이 그 말을 듣고 자기가 기르겠다고 간곡히 청하여 그 집안에서 성장하였다. 나라 풍속에 어린 아동들은 의례히 스님에게서 句讀法을 배우게 되어 있었다. 그리고 面首란 것이 있어서 스님이든 속인이든 간에 모두 그를 받들어 仙郎이라고 불렀는데, 따르는 자가 때로는 천 명에 이르는 때도 있었다. 그 풍속은 신라에서 시작된 것이다. 민적은 10세 때에 집에서 나와 절에 가서 글을 배웠는데, 천성이 영민하여 한 번 배우면 곧 그 뜻을 환하게 알았다. 눈썹이 그린 듯하였고, 풍채가 아름다웠으므로 모든 사람들이 모두 그를 사랑하였다. 자질과 외모가 아름다워 멀리서 보면 神人과도 같았고, 그가 말을 타고 나타나면 그를 보러 오는 사람들로 수레 덮개가 하늘을 덮을 지경이었다. 충렬왕이 그 소문을 듣고 궁중으로 불러다 보고는 國仙이라고 불렀다고 전한다.[189]

충렬왕 11년 16세에 병과 2위로 과거에 급제한 수재였다.[190] 이 당시 충선왕이 태자로 있었는데, 뽑아서 東宮僚屬으로 삼았다. 얼마 후 비서교서를 임시로 맡았다가 보문각교감으로 옮기고, 여러 관직을 거쳐 첨의주서가 되었으며, 예빈승으로서 통례문지후를 임시로 맡았다가 비서랑으로 전임되었다. 동왕 23년에 군부정랑, 판도정랑 겸 세자궁문랑을 하고 金紫를 하사 받았다.

동왕 24년에 충선왕이 왕위를 물려받자 조산대부, 비서소윤, 지제고가 되었다. 가을에 충선왕이 원으로 불려 들어가고 충렬왕

狀.

189) 『高麗史』 권108 列傳21 閔宗儒 附 閔頔傳. 『拙藁千百』 권2 閔頔行狀.

190) 충렬왕 11년 乙酉榜의 제술업에는 31명이 급제를 하였는데, 급제 순위는 郭麟, 李兆年, 민적 등 이었다. 이 중에서 1위인 곽린 만이 을과이고, 2위 이조년과 3위 민적은 병과였다.

이 복위하자 예에 따라 면직되었다. 이듬해에 충선왕을 따라 연경에 가서 왕의 관저에 머물면서 숙위하다 4년 단에 돌아오고.191) 이때부터 5년 동안 관직을 떠나 한가롭게 지냈다. 충렬왕 33년에 다시 기용되어 나주목사가 되었다. 충렬왕이 승하하고 충선왕이 다시 왕위를 계승하자 소환되어 봉상대부 전의부령이 되었다가, 선부의랑, 지제고로 전임되고, 이듬해에 봉순대부 밀직우승지, 전의령 겸 사헌집의, 지선부사로 승진되었다. 겨울에 외직으로 나아가 통헌대부로 평양윤으로 나갔다가,192) 얼마 후 파직되어 통헌대부 겸 검교대사헌으로 집안에서 4년을 한가한 세월을 보냈다. 충선왕 2년 8월에는 검교재신으로 녹봉을 받았다.193)

충숙왕이 즉위하자 선부전서, 헌부전서194)가 되었는데, 모두 보문각제학의 직임을 겸대하였다.195) 동왕 3년에는 밀직부사, 민부전서, 대사헌이 되었다. 모두 동지밀직사사를 겸하였다.196) 동왕 5년 12월에 하정사로 원나라에 갔을 때,197) 충선왕이 원나라 서울에 있었는데, 예전에 요속이라 하여 비할 바 없는 대우를 받았다. 충선왕은 옛 신하들을 말할 때마다 민적은 장중하고 자잘하지 않으며, 故家의 풍류가 있다고 하고, 이때 하정사로 연경에 오자 민적을 인견하여 앞자리 가까운 곁에 앉게 하고 서로 말하면서 布衣의 交를 나누었다고 한다. 동왕 6년 2월에 다시 동지밀직사사가 되고,198) 동왕 14년에 파직되었다가, 여흥군

191) 민적이 충선왕의 원나라 관저에서 숙위를 하던 충렬왕 25년은 경가군부인 김씨가 졸하고, 부친 민종유도 면직되는 등 어려운 시기였다.

192) 『高麗史』 권33 世家33 忠宣王 1년 12월 甲寅.

193) 『高麗史』 권80 志34 食邑3.

194) 언부는 옛날 廷尉의 직책에 해당되는 곳으로 訟事가 복잡하였으나, 사람들이 민적의 공평한 처리를 칭송하였다고 한다(『拙藁千百』 권2 閔頔行狀).

195) 『高麗史』 권34 世家34 忠肅王 1년 1월 戊戌.

196) 『高麗史』 권34 世家34 忠肅王 3년 4월 丁亥.

197) 『高麗史』 권34 世家34 忠肅王 5년 12월 己丑.

198) 『高麗史』 권34 世家34 忠肅王 6년 2월 戊戌.

에 봉해지니, 품계가 중대광이었다.

충혜왕 1년에 광정대부 밀직사사, 진현관대제학, 지춘추관사 상호군이 되었다. 이때 왕과 공주를 알현할 때 마다 왕과 공주는 예를 갖추고, 민적에게 예의를 표하였다고 한다.[199] 충숙왕 복위 1년에 다시 파직되었다. 동왕 복위 2년에 갑자기 중풍에 걸려 질환이 갈수록 악화되었으나, 1년이 지나서 병세가 나아졌다. 그러나 동왕 복위 4년 겨울에 다시 질병에 걸려 동왕 복위 5년 1월에 67세로 졸하였다.[200] 시호는 文順이다.

이제현이 찬한 『閔頔墓誌』에는 그가 광정대부 밀직사사 진현관대제학 지춘추관사 상호군에 이르렀다고 하였다. 부에이어 재상을 지냈다.

개경의 동남쪽에 터를 잡아 집을 지었는데,[201] 園林이 깊고도 조용하여 이름을 芸齋라고 짓고, 芸齋居士라고 自號하였다. 집에 동산을 만들고 꽃 시절마다 손님을 맞아 술을 마시고 시를 짖고 琴을 타는 것으로 낙을 삼았다.[202] 어진 사람을 좋아하고 선비를 사랑하였으며, 고독하고 빈한한 사람들과 후생들에 대하여 더욱 인정 있게 대하였는데, 꽃이 피면 언제나 이들을 불러다가 술상을 차려 놓고 詩句를 주고받는 것으로 즐거움을 삼았다고 전한다.[203]

---

199) 『高麗史』 권108 列傳21 閔宗儒 附 閔頔傳. 『閔頔墓誌』.

200) 『閔頔墓誌』. 『拙藁千百』 권2 閔頔行狀.

201) 민사평의 「地藏寺詩老杜韻」(『及菴詩集』 권3)이라는 시에서 옛날 내가 이 산에서 놀았다고 한 것을 보면, 집이 개성부의 남쪽 3리에 있었던 지장사(『新增東國輿地勝覽』 開城府上 佛宇)의 인근이 아닌가 싶다.

202) 유천우는 정원을 화려하게 꾸며 놓는 것으로 유명하였다. 원종은 유천우의 집 정원 안에 있는 정자에 놀러갔는데, 이때 세자가 따라가서 놀면서 그 곳의 경치가 깨끗하고 아름다움을 보고 시 한 수를 지어 남기었다. 이에 유천우와 여러 문신들이 세자의 시운에 맞추어 시를 지어 올린 일이 있었다(『高麗史』 권26 世家26 元宗 8년 9월 乙酉). 정원을 가꾸는 전통은 사위인 민종유와 외손인 민적에게로 이어졌다.

203) 『高麗史』 권108 列傳21 閔宗儒 附 閔頔傳. 『閔頔墓誌』. 『拙藁千百』

2) 閔祥正

민지의 1남이다. 충렬왕 7년에 출생하였다. 동왕 27년에 병과 3위로 과거에 급제하고, 그 이듬해에 전시에 급제하였다. 석주, 보성, 강화의 수령을 역임하고, 서해도와 양광도의 안렴사를 지냈는데, 가는 곳 마다 명성과 치적을 올렸다. 양광도안렴사로 있을 때는 어떤 자가 권세 있고 지위 높은 자에게 뇌물을 보낸다는 이야기를 듣고, 아전을 시켜 조사해서 공문과 함께 國贐所에 보내므로 토호의 유력한 자들이 기가 죽어서 감히 법령을 위반하지 못하였다고 한다.

충숙왕대에 장령이 되었는데, 한번은 무슨 일이 있어서 탄핵을 받게 되었으나, 충숙왕은 용서하여 다시 사헌부에 가서 일을 보게 하였다. 풍헌관이 용서를 받고 제 직무를 다시 맡아한다는 것은 사실상 어려운 일인데, 민상정은 충숙왕에게 신임을 받았다.[204]

충숙왕 복위 1년 2월에 원나라 문종이 우수 寶守와 전 리문랑중 蔣伯祥 등을 고려에 보내서 이미 1월 3일에 상왕의 복위를 명하였다고 하자, 충혜왕과 좌우 신하들이 모두 깜짝 놀랐다. 장백상이 국새를 회수하고 모든 창고를 봉하게 되자, 충혜왕은 원나라로 가고 원나라에 있던 상왕인 충숙왕이 복위하면서, 민상정을 지밀직사사로 삼고,[205] 정동행성의 사무를 대행하도록 하였다.[206] 이어 충숙왕과 충혜왕의 사이를 나쁘게 한 죄를 추궁하는 충혜왕의 폐행들인 정승 尹碩, 재상 孫琦 등의 옥사가 일어나자, 충숙왕은 원나라에 있으면서 민상정과 趙炎輝, 장백상, 蔣仁守 등을 보내서, 그들을 순군옥에 가두고 문초하도

권2 閔頔行狀.

204) 『高麗史節要』 권24 忠肅王 10년 10월.

205) 『高麗史』 권35 世家35 忠肅王 복위 1년 2월 甲子.

206) 『高麗史節要』 권25 忠肅王 복위 1년 2월.

록 하였다.207) 그러나 수개월 후에 趙頔의 도당이 원나라 조정에 원통하다고 하소하고 있었기 때문에, 원나라에서 객성태사 都赤에게 재심의를 하라고 보내서 민상정, 장백상 등을 행성에 가두었다.208) 백관들이 서면으로 장백상의 불법행위를 도적에게 고소하자, 장백상 등이 모두 뇌물을 받아서 법을 위반하였다는 죄로 판결되어 법 기관에 이송되고, 장백상은 도적이 잡아 원으로 돌아갔다.209) 민상정 만은 뇌물에 손을 대지 않았기 때문에, 그를 감찰(감찰사)의 장관(대사헌)으로 임명하여 그의 명예를 돋아 주었다.210) 또 그는 충혜왕은 왕의 노릇을 할 수 없다고 원나라 황제에게 신소하기도 하였다.211)

그는 관직이 찬성사에까지 이르러 관리의 선발, 내신, 임명을 주관하였는데, 쓸데없는 관직들은 축소하여 옛 관제를 회복시켰다. 충숙왕 복위 5년에는 찬성사로서 至元으로 開元한데 대하여 하례하기 위하여 원나라에 사절로 파견되었다.212) 공민왕 1년에 72세로 졸하였다.213) 시호는 忠烈이다. 『閔漬妻申氏墓誌』에는 충숙왕 복위 5년 그의 관직이 중대광 첨의찬성사 예문관대제학 지춘추관사 판판도사사 상호군이라고 하였고, 『여흥민씨세보』에는 삼중대광 도첨의찬성사 예문관대제학 지춘추관사 판판도사사 상호군을 지냈다고 하였다. 부에이어 재상을 지냈다.

그는 성품이 억세고 모져서 사람들의 과실을 용서하지 않았

207) 『高麗史』 권35 世家35 忠肅王 복위 1년 2월 戊辰. 『高麗史』 권124 列傳37 嬖幸2 尹碩傳.
208) 『高麗史』 권35 世家35 忠肅王 복위 1년 5월 癸未.
209) 『高麗史』 권35 世家35 忠肅王 복위 1년 5월 乙酉 · 丙戌.
210) 『高麗史』 권107 列傳20 閔漬 附 閔祥正傳.
211) 『高麗史』 권111 列傳24 宋天逢傳.
212) 『高麗史』 권35 世家35 忠肅王 복위 5년 1월 乙亥. 『高麗史節要』 권25 忠肅王 복위 5년 1월.
213) 『高麗史』 권107 列傳20 閔漬 附 閔祥正傳.

고, 친척간이라고 하더라도, 조금도 사정을 봐주지 않았다고 한다.214) 충숙왕대에 찬성사로 많은 활약을 했는데,215) 충숙왕도 성격이 엄하고 굳세어서 측근들도 감히 접근하지 못하였다는 것을 보면, 서로 성격이 부합되었던 것 같다.

3) 閔思平

민적의 1남으로, 충렬왕 21년에 출생하였다. 초명은 丕·子夷이고, 자는 坦夫이며, 호는 及菴이다. 5세에 어머니를 여의고 조부인 민종유의 슬하에서 성장하였는데, 어려서부터 자질이 비범하고 국량이 컸다. 權溥에게서 배웠다. 정렬공 金倫은 평소 사람을 잘 알아보는 명성이 있었는데, 민사평을 사위로 삼았다.216) 김륜은 빈객을 좋아하였으므로 당시의 명사가 많이들 그를 쫓아 교유하였으므로, 이로 인해 보고 느끼는 바가 많았으므로 학업이 날로 발전하였다.217)

처음 봉선고판관으로 보임되었다가 무반으로 옮겨 산원이 되었으며 별장에 승진되었다. 그러나 무관직을 좋아하지 않았으므로, 독서에 더욱 힘써 충숙왕 2년에 병과 2위로 과거에 급제하였다. 충숙왕이 원나라에 오랫동안 머물러 있다가 동왕 12년에야 고려로 돌아왔는데, 예문관과 춘추관의 수찬에 임명되고, 좌우정언과 헌납을 역임하였다. 동왕 13년에는 왕명으로 해인사에서 國史를 暴曬하였다.218) 충혜왕이 즉위하면서 군부정랑과

---

214) 『高麗史』 권107 列傳20 閔漬 附 閔祥正傳.

215) 『高麗史』 권35 世家35 忠肅王 복위 7년 7월 乙卯.

216) 충숙왕 1년으로 민사평은 20세, 김륜의 2녀는 13세였다. 김륜의 仲父인 金頵은 민종유와 동서 간으로 양 집안은 교분이 있었다.

217) 『霽亭集』 권3 閔思平墓誌銘.

218) 『及菴先生詩集』 卷首 及菴先生年譜. 『及菴先生詩集』 卷一 送崔德成史官晒史海印寺. 해인사는 三災가 이르지 못하는 곳이라 하여, 三韓의 서적을 보관하던 곳이다(『及菴先生詩集』 卷一 送崔德成史官晒史海印寺).

예문응교로 조정에 출입하여 관리의 인선을 논의하는데 참여하였는데, 원칙을 굳건히 지킬 뿐 조금도 변함이 없었다. 충숙왕 복위 1년에 충숙왕이 복위하면서 대대적인 관리의 출척을 단행하였는데, 위위소윤, 지제고에 임명되고 봉선대부에 올랐다. 동왕 복위 5년에 봉상대부에 오르고, 판도총랑으로서 경상도염철사가 되어 나가니 백성들이 편안해 하였다. 전교부령, 우문관직제학으로 소환되어 판도총랑에 복직되었으며, 예문관으로 옮겼다가 성균좨주로 승진하였다. 다시 좌사의대부로 옮겼으며, 품계가 중현대부에서 중정대부로 올랐다. 외직으로 나아가 전라도안렴사가 되니 선정을 베풀었다는 칭송이 자자하였다. 내직으로 들어와 성균관대사성에 임명되고, 춘추관수찬이 되었으며, 품계가 정순대부에서 봉익대부로 올랐다. 충혜왕대에는 충혜왕이 유사들을 싫어했기 때문에 큰 활약이 없었으나, 충목왕이 즉위하자 전리판서에 임명되었다가 감찰대부로 자리를 옮겼다.219) 동왕 1년에는 밀직으로 들어가서 제학이 되어 상호군을 겸하였으며, 부사 · 지사사를 거쳐 이듬해에 중대광 여흥군에 봉해졌다.

원나라 황제가 충정왕을 입조하라고 명하자, 원나라에 가게 되었는데 민사평도 수행하였다.220) 7월에 충정왕이 왕위에 오르자 수행한 공로로 첨의참리, 예문관대제학, 지춘추관사로 임명되고, 정방제조,221) 수성병의협찬공신 도첨의참리222), 사부상의223)가 되었다. 이어 찬성사상의회의도감사, 진현관대제학이 되었다. 민사평은 정방제조로 銓選의 권한을 쥐고 인사권을 행사한 것으로 보아 충정왕대의 실력자였다.

기황후와 기씨세력은 위험한 충혜왕의 아우인 강릉대군 王

---

219) 『高麗史』 권37 世家37 忠穆王 즉위년 6월 乙卯 · 10월 甲子.
220) 『高麗史』 권37 世家37 忠定王 1년 2월 甲戌. 여기서 閔評은 민사평이다.
221) 『高麗史』 권37 世家37 忠定王 1년 윤7월 丁卯. 10월 丁酉.
222) 『高麗史』 권37 世家37 忠定王 1년 윤7월 己巳.
223) 『高麗史』 권37 世家37 忠定王 2년 1월 庚辰.

祺(공민왕)보다는 조정하기 쉬운 어린 충정왕을 선택한 것인데, 北殿의 과부인 충혜왕비 德寧公主(원 관서왕의 여)와 禧妃 尹氏, 尹王이라고 불릴 정도로 대단한 권세를 자랑하던 희비의 고종사촌 도첨의 尹時遇,[224] 기황후의 오빠 기철이 어린 충정왕을 대신하여 권력을 행사하였다. 그러나 충정왕 3년에는 于澤, 李承老 등이 충정왕은 나이가 어려 국정을 감당할 수 없으니 폐위해 달라고 원나라에 요청하자, 충정왕파와 강릉대군파의 갈등이 극심해질 경우 고려가 원에게 반기나 들지 않을 까하는 우려, 충정왕 2년부터 심해지기 시작한 왜구문제와 윤시우와 기철과의 갈등 등으로 고민하던 원나라의 순제와 기황후는 10월에 충정왕을 폐위시키고, 강릉대군을 왕으로 책봉하였다. 이는 숙부가 어린 조카의 왕위를 빼앗은 일종의 정변이었다. 왕위에서 물러난 충정왕은 강화에 가서 다음해 3월에 14세에 독살되었다.[225] 충정왕이 폐위되어 강화로 갈 때 전교령 申德麟 등 몇 명의 신하가 따라 나섰으나, 그들을 추격하여 모두 잡아다가 순군에 가두고, 朴思愼만을 따라 가게 하였다. 그러므로 왕은 조석의 끼니도 충분하지 못하고, 왕래까지도 두절되었으므로 괴롭고 시름에 찬 나머지 소리쳐서 울고 있었으며,[226] 부고가 개경에 들려오자 눈물을 흘리지 않는 사람이 없었다고 한다.[227] 충정왕은 12세의 어린 나이로 왕위에 올랐으므로, 희비가 안에서 세도를 쓰고, 간신과 외척이 밖에서 작간을 하였으며, 여러 대

---

224) 『高麗史』 권124 列傳37 嬖幸2 裵佺傳.

225) 『高麗史』 권37 世家37 忠定王 3년 10월 壬午.

226) 충정왕의 모후인 禧妃도 이렇게 되자 공민왕에게 청하여 가서 보고 며칠을 함께 지내다 돌아왔다(『高麗史』 권89 列傳2 后妃2 禧妃尹氏傳. 『高麗史節要』 권26 恭愍王 1년 3월 辛亥). 희비는 우왕 5년까지 살았으므로, 아들을 죽인 공민왕이 비참하게 시해를 당하는 종말을 보았고, 배후에서 조정했던 원나라의 순제와 기황후가 명군에게 쫓겨서 開平(上都)으로 도망가서 패망해 가는 모습도 지켜보았다.

227) 『高麗史』 권38 世家38 恭愍王 1년 3월 辛亥.

신들도 나라의 일을 돌보지 않고 서로 파당을 짓고 사욕을 채우다가 그것이 화단이 되어 나중에 왕이 불행하게 독살을 당하게까지 이르렀다.[228] 이에 충정왕의 사부이며, 희비의 외숙인 민사평은 관직을 버리고 한가로이 8년을 지내다 생을 마쳤다.[229]

문인 李達衷[230]이 찬한 『閔思平墓誌』에는 벼슬이 수성병의 협찬공신 중대광 도첨의찬성사 상의회의도감사 진현관대제학 지춘추관사 상호군에 이르렀다고 하였다. 민종유, 민적에 이어 3대가 재상을 지낸 것이다. 공민왕 8년 7월에 65세로 졸하였다.[231] 공민왕은 부음을 듣고 한탄하며 文溫이라는 시호를 내렸다.[232] 유림들도 눈물을 흘리며 애도하였다.[233] 대개 시와 술로 自樂하였던 마음이 넓은 군자였다고 평가되었다.[234]

4) 閔愉

민적의 2남이다. 초명이 曲出篤이고, 호는 思菴이며, 충혜왕 1년에 병과 1위로 과거에 급제하였다. 충숙왕 복위 5년에 좌우위별장,[235] 한림학사,[236] 판전교시사,[237] 판서,[238] 봉익대부 우상시[239], 밀직좌대언,[240] 밀직제학,[241] 지밀사사,[242], 대제학[243]에

228) 『高麗史』 권37 世家37 忠定王 3년 10월 史臣評.
229) 『高麗史』 권108 列傳21 閔宗儒 附 閔思平傳. 『閔思平墓誌』.
230) 『高麗史』 권112 列傳25 李達衷傳.
231) 『高麗史』 권39 世家39 恭愍王 8년 7월 戊申. 『及菴先生詩集』 卷首 及菴先生年譜.
232) 『閔思平墓誌』.
233) 『及菴先生詩集』 卷首 及菴輓詞(李齊賢).
234) 『高麗史』 권108 列傳21 閔宗儒 附 閔思平傳. 『閔思平墓誌』. 『東史綱目』 권14하 공민왕 8년 7월.
235) 『拙藁千百』 권2 閔頔行狀.
236) 『여흥민씨세보』.
237) 민유의 3남인 閔慶生이 공민왕 4년 과거에 병과 7위로 급제할 때 민유의 관직은 판전교시사였다.
238) 『牧隱詩藁』 권23 詩 閔判書夫人安氏挽詞. 이 만사는 공민왕 6년경으로 추정된다.

오르고, 여홍군에 봉해졌다.

『신증동국여지승람』에는 벼슬이 제학에 이르렀고, 여성군에 봉함을 받고. 공민왕조에 학사 朱(周)士雍과 함께 신돈의 난을 피하여 동성현(공양왕대 통진현에 來屬)에 터를 잡고 살았다고 하였다.[244] 또 李行의 『騎牛先生文集』과 송시열의 『宋子大全』에도 민유는 고려가 장차 망할 줄을 알고 부원군으로서 통진 봉상리로 퇴거하였고, 我朝에 들어와서는 벼슬을 하지 않고 살다가 그대로 봉상리에서 사망하였다고 하였다.[245]

공민왕은 개혁정치의 실시가 권문세족과는 관련이 없는 인물을 등용해야만 가능했기 때문에, 자신을 대신하여 숙청을 지휘할 사람으로 왕권을 위협할 가능성이 가장 적은 미천한 출신의 승려 신돈(遍照)를 선발하여 사부로 삼고,[246] 영도첨의사사사라는 직을 주어 국정을 총괄하게 하였다.[247] 신돈은 權王으로 인식될 정도로 수상인 시중의 위에서 정무권, 군통수권, 감찰권, 승정권을 장악하였다. 공민왕은 자기에게 부담으로 다가온 권세가, 문벌, 주류 무장세력들을 숙청하는 악역을 신돈에게 맡긴 것이다. 신돈의 집권으로 가장 충격을 받은 부류는 유자였으며,

---

239) 「金台鉉妻王氏墓誌銘」(金龍善, 『高麗墓誌銘集成』, 558~560쪽). 이 묘지명의 연대는 공민왕 7년이다.

240) 남양 홍씨 족보에는 洪潛의 장인인 민유가 밀직좌대언이라고 하였다.

241) 『新增東國輿地勝覽』 通津縣 寓居. 순흥 안씨 족보에도 밀직제학 여흥군으로 되어 있다.

242) 『氏族源流』 驪興閔氏.

243) 『氏族源流』 驪興閔氏. 『增補文獻備考』 권50 帝系考11 驪興閔氏. 국립중앙도서관 소장 『여흥민씨가승』에는 상호군을 역임한 것으로 되어 있다.

244) 『新增東國輿地勝覽』 通津縣 寓居.

245) 『騎牛先生文集』 권2 附錄 杜門洞七十二賢錄. 『宋子大全』 권214 傳 閔龍巖埣傳. 『陶菴 先生集』 권35 墓碣篇 龍巖閔公墓碣文. 『研經齋全集』 권58 蘭室史料 羅麗遺民傳.

246) 『高麗史』 권41 世家41 恭愍王 14년 5월.

247) 『高麗史』 권41 世家41 恭愍王 14년 12월 丁丑

노비 출신의 천한 승려가 집권자가 된 것은 유교와 유자에게는 커다란 위기였다. 이에 따라 당시 유학계를 대표하던 이제현, 이인복, 유숙, 원송수 등은 신돈을 반대했다. 이존오와 정추 등은 상소문을 올려 신돈을 탄핵하다 쫓겨났다. 민사평의 외손 金齊顔도 공민왕 17년 10월에 金精, 金興祖(민유의 처외사촌), 趙思恭, 兪思義, 金龜寶, 李元林, 尹希宗 등과 함께 신돈을 처단할 것을 꾀하다가, 사전에 누설되어 순군옥에 갇혔다가 신돈이 사람을 시켜 목을 매여 죽였다.[248] 문사와 유자의 으뜸인 대제학이었던 민유로서도 심적 갈등이 심했을 것이고, 결국 벼슬을 버리고 은둔의 길을 택한 것이다. 이는 유학자들의 신돈에 대한 부정적인 인식이 얼마나 뿌리 깊었는지를 말해주는 것이다.

민유는 한림학사를 지낸 周士雍과의 두 집 거리는 10여 리였는데, 지팡이와 짚신으로 서로 방문하여, 날마다 시와 술로 즐거워하였다.[249] 이때 그가 지은 시에는[250]

秋來秋去興無窮(가을이 왔다 가니 흥이 무궁한데)
香稻肥魚處處同(향기로운 벼 살찐 고기 곳곳이 같구나)
皤腹瓦瓶盛白酒(배 불룩한 항아리에 막걸리를 담아 놓고)
南村翁對北村翁(남촌의 늙은이가 북촌의 늙은이를 대하네)

그는 李集, 李裕, 具鴻, 尹珪, 金浚 등과 함께 八淸의 한 사람으로,[251] 당시 사류들로부터 신망을 받았던 것으로 보여 지며, 여기에는 그의 처가가 安珦의 후손이라는 점도 고려되었을 것

---

248) 『高麗史』 권104 列傳17 金方慶 附 金齊顔傳. 『高麗史』 권132 列傳45 叛逆6 辛旽傳.

249) 민유가 살던 杜谷洞(현 하성면 두곡리)에는 직접 심었다는 은행나무(公孫樹) 한 구루가 남아 있어, 1972년에 보호수로 지정되었다. 높이 19m, 둘레 8m로 樹年은 500여 년이다.

250) 『新增東國輿地勝覽』 通津縣 寓居.

251) 『農隱先生實記』 권2 行狀.

으로 보인다. 그는 사림들의 공론에 의해 송경 두문동 표절사에 배향되어 향사되었다. 하여튼 민유는 공민왕대에 제도권에서 벗어나 은거하며, 후진들의 양성에도 힘쓴 여말의 대표적인 隱逸之士 중에 한 사람이고, 신왕조를 부정한 節義之士로 두문동 72賢이었다.[252]

5) 閔忭

민적의 3남이다. 초명은 金剛이고, 호는 捿閒堂이다. 충혜왕 1년에 병과 2위로 과거에 급제하여, 충혜왕대에 여러 관직을 거쳐 좌사의대부가 되었다가, 충정왕 초에 밀직좌부대언,[253] 밀직대언으로 임명되고, 공민왕대에 여흥군으로 봉해졌다.[254] 전리판서를 지내고,[255] 우왕 3년에 졸하였으며,[256] 시호는 文度이다.[257] 대광에 추증되었다.[258] 한편 세종은 동왕 29년 1월에 민변의 표석을 세우도록 명하였다.[259] 묘는 개성 서쪽 熊谷 錢浦(예성강 벽란도 옆 전포리)에 있는 甘露寺(예성강가 오봉산)의 동쪽 쌍수리에 있었다. 이곳 오봉산은 선대의 묘소가 있던 곳이기도 하였다. 앞에는 장인인 문정공 許伯의 묘가 있고, 뒤에는 배인 양천현부인 허씨의 묘가 있어, 이 묘역을 許相國의 묘역이라고 전해져 왔다고 한다.[260] 현종 3년 봄에 허택의 후손인 배

---

252) 金貞子, 「소위 '杜門洞72賢'의 정치성향」, 『釜大史學』 15 · 16(釜山大學校史學會), 1992, 366~373쪽.

253) 『高麗史』 권37 世家37 忠定王 1년 10월 戊子.

254) 『高麗史』 권108 列傳21 閔宗儒 附 閔忭傳.

255) 『太祖實錄』 권10, 太祖 5년 12월 丁亥. 閔開卒記.

256) 『高麗史節要』 권30 禑王 3년 5월.

257) 세종대까지는 시호에 대한 기록이 없고, 『신증동국여지승람』에서 처음으로 보이므로, 시호에 대한 문제가 있다(민명기, 『여흥민씨 이야기』, 512~513쪽).

258) 「閔霽墓誌銘」. 獻陵誌文」.

259) 『世宗實錄』 권115, 世宗 29년 1월 癸酉.

260) 민사평도 장인 金倫의 묘역인 경기 장단군 송서면 아미촌 大德山에 묻혔

천군수 許崙이 이곳을 찾아와서, 「大匡驪興君閔忭」이라고 새겨진 비편을 땅속에서 파내었다고 한다.[261] 이것이 앞서의 표석이다. 또 동왕 29년 7월에는 개성유수에게 유시하여 외가 여흥군 민변의 분묘에 딸린 원찰인 北神寺가 무너졌으므로, 호조판서 閔伸의 건의에 따라 가까운 곳의 亡廢된 절의 목재와 기와를 거두어 실어다 다시 짓도록 명하였다.[262] 세종은 민변이 어머니 원경왕후의 조부이기 때문에 이런 조치를 취해 준 것이다.

민변은 사람됨이 엄격하고 정직하여 정실에 끌리지 않았고, 꼭 법에 째이게 행세하였다고 한다.[263]

6) 閔煥

민적의 4남이고, 초명은 忙哥篤이다. 충혜왕의 폐신으로 여러 벼슬을 거쳐 대언에 올랐으며, 또 희비의 외숙으로서 그 권세를 믿고 횡포한 행동을 많이 하였다. 충혜왕 복위 4년에 기황후는 순제를 움직여 특수요원들을 고려에 파견하여, 원나라와 기황후에 반항하는 충혜왕을 원나라로 납치하여,[264] 계양현으로 유배 도중에 악양현에서 살해하였다.[265] 이때 민환도 왕의 폐행으로서 檻車(죄인이 타는 수레)에 실려 원나라로 압송되어,[266] 진주로로 유배되었다.[267] 충혜왕대의 악정의 원흉은 康允忠이

고, 閔璿도 장인인 崔文度의 묘역인 개성 남쪽 풍덕 덕수현 중연리 玉金山에 묻혔다. 이처럼 고려 말에는 장인의 묘역에 묻히는 경향이 있었다.

261) 『記言』 권41 許氏先墓碑文石誌 文正公墓碣陰記.

262) 『世宗實錄』 권117, 世宗 29년 7월 己亥.

263) 『高麗史』 권108 列傳21 閔宗儒 附 閔忭傳.

264) 『高麗史』 권36 世家36 忠惠王 복위 4년 11월 甲申.

265) 『高麗史』 권36 世家36 忠惠王 복위 5년 1월 戊辰.

266) 전 대언 印璫이 閔煥, 林信, 朴良衍, 林以道, 南宮信, 崔安義(崔和尙), 金添壽, 王碩, 承申 등 9명을 함거에 싣고 원나라로 압송하였다(『高麗史』 권36 世家36 忠惠王 복위 4년 12월 辛丑. 『高麗史』 권124 列傳37 嬖幸2 康允忠傳).

267) 『高麗史』 권37 世家37 忠穆王 즉위년 5월 丁巳.

며,[268] 민환 등은 하나의 지엽에 불과하였다고 한다.[269] 민환은 후에 귀국하여 동지밀직사사가 되었다.

공민왕 10년 홍건적의 2차 침입 때 상호군(상장군)으로 원수가 되었으나, 11년에 총병관 鄭世雲을 죽이고, 李芳實과 함께 처형당하였다.[270] 이때 도원수 安祐, 원수 金得培 · 李芳實 · 민환 · 金琳[271] 등이 처형되었다.[272] 공민왕 측 입장에서 기록한 사관들의 기록으로 본 이 사건의 전말은 공민왕 11년 1월에 金鏞이 "정세운을 죽여라. 정세운은 평소에 경들을 꺼렸다. 적을 격파한 후 경들은 반드시 화를 면하지 못할 것이다. 어찌 먼저 도모하지 않겠는가" 라는 왕의 밀서를 위조하여 몰래 안우, 이방실, 김득배에게 지시하여 본디 왕의 총애를 다투던 홍건적을 평정한 총병관 정세운을 죽였던 것이고,[273] 또 이대 김용은 안우, 김득배, 이방실 등 3원수가 큰 공을 세워 왕의 신임이 두터워질 것을 두려워하여, 안우 등을 시켜 정세운을 죽이게 한 후 그것을 빙자하여 이들에게 죄를 씌워 모두 죽일 것을 꾀하였다는 것이다.[274] 그러나 공민왕은 신하들이 지나친 권세를 지니거나 대중의 지지를 받는 영웅으로 부각되는 것을 바라지 않았고, 김용에게 밀지를 써주고 친위정변을 일으키도록 유도했다고 추정되고 있다.[275] 공민왕은 의심과 시기심이 많아, 심복이나 대신이라도 권력이 너무 커지면 반드시 꺼려서 제거하였다. 『여흥

268) 『高麗史』 권124 列傳37 嬖幸2 康允忠傳.
269) 『高麗史』 권124 列傳37 嬖幸2 康允忠傳.
270) 『高麗史』 권124 列傳37 嬖幸2 閔煥傳.
271) 김림은 김용의 조카로 밀서를 안우 등에게 전달한 사람인데, 김용은 비밀을 누설할까 싶어 밀서를 전달한 김림을 살해하면서까지 임무수행에 만전을 기하였다.
272) 『高麗史』 권40 世家40 恭愍王 11년 3월 丁未.
273) 『高麗史』 권40 世家40 恭愍王 11년 1월 己巳.
274) 『高麗史』 권113 列傳26 安祐傳. 『高麗史』 권131 列傳44 叛逆5 金鏞傳.
275) 김창현, 『신돈과 그의 시대』, 148쪽.

민씨세보』에는 그의 관직이 은청광록대부 추밀원부사 상호군에 이르렀다고 하였다.

7) 閔璿

민상정의 5남이고, 자는 仲玉이다. 20여 세에 원나라에 가서 성균관 유생으로 편입되었는데 강습한지 얼마 되지 않아서 동료들의 칭송을 받았고, 잠시 귀국하여 省親을 하고 다시 돌아갔다.[276)]

충혜왕 복위 1년에 과거에 급제하여,[277)] 판도정랑[278)]을 지내고, 우왕 2년에 졸하였다. 문하찬성사 봉익대부 판도판서에 추증되었다.[279)]

한편 민사평이 민선을 임지로 떠나보내는 「送閔按部」라는 律詩 한 수가 전한다.[280)]

春軒之壻默軒孫(춘헌의 사위이자 묵헌의 손자)
重意難亡歿與存(죽건 살건 두터운 정의를 잊기 어려우니)
曉出都門望行色(새벽에 도성 문에 나가 길 떠나는 행색을 바라보니)
階辭猶自在宣醞(조정을 떠나면서 아직도 임금이 내린 술을 가지고 있네)[281)]

이 시는 민사평이 여흥 민씨에 대해 읊은 시로서는 유일하게 남아 있는 것이다.

8) 閔伯萱

---

276) 민선이 원나라로 돌아가려고 할 적에 민사평 등 鉅儒들이 그를 보내면서 지어준 시를 모은 것이 이색이 발문을 붙인 「還學詩卷」이라는 別章帖이다(『牧隱文藁』 권13 跋仲玉還學詩卷). 이때 이색은 3수의 시를 남겼다(『牧隱詩藁』 권18 跋閔仲玉還學燕都詩卷因成三首).
277) 『東文選』 권21 七言絶句 寄同年閔執義璿.
278) 『益齋亂藁』 권7 墓誌銘 崔文度墓誌銘.
279) 『陽村先生文集』 권39 墓誌類 閔安仁墓誌銘.
280) 여기서 按部는 지방관인데, 按廉使로 추정된다.
281) 『及菴先生詩集』 卷二 送閔按部璿.

閔咸啓[282]의 1남이다.[283] 우왕 즉위년에 밀직사사 張子溫과 함께 전공판서로 명나라에 가서 공민왕의 부음을 고하고, 시호를 내려줄 것과 왕위계승을 청하러 가던 중,[284] 명나라 사신 林密과 蔡斌이 임무를 마치고 돌아가다 개주참에서 호송관 金義(胡人)가 채빈과 그의 아들을 살해하고 임밀을 붙잡아 가지고 북원으로 달아났다는 소식을 듣고,[285] 두려워서 돌아왔다.[286] 동왕 6년에는 왜구가 능성, 화순 등지에 침입하자 원수 崔公哲, 金用輝, 李元桂, 金斯革, 鄭地, 吳彦, 王承寶, 都興 등과 함께 전라도에서 왜구를 방어하였고,[287] 이해 10월에는 밀직부사로 서경도부원수가 되어 왜구를 방어하였다.[288] 동왕 9년 5월에 지문하상의로 재임 중 졸하였다.[289]

Ⅲ. 교체기

1. 閔霽

민변의 1남이고, 충숙왕 복위 8년에 출생하였다. 자는 仲晦, 호는 漁隱이다. 글 읽기를 좋아하였으며 한 번 본 글은 잊지 않

282) 민함계는 충혜왕이 三峴에 새 궁전을 신축할 때 閔煥과 함께 참여한 서운부정 閔瑊季와 동일 인물로 추정된다(『高麗史』 권124 列傳37 嬖幸2 盧英瑞傳).
283) 『氏族源流』 驪興閔氏에는 世系失傳類에 들어 있다.
284) 『高麗史』 권133 列傳46 辛禑 즉위년 11월.
285) 이인임이 공민왕의 시해에 대해 입을 막으려고 김의에게 지시하여 명나라 사신 채빈을 죽이도록 한 것이라 한다(『高麗史』 권126 列傳39 姦臣2 李仁任傳).
286) 『高麗史』 권133 列傳46 辛禑 즉위년 11월.
287) 『高麗史』 권134 列傳47 辛禑 6년 3월.
288) 『高麗史』 권134 列傳47 辛禑 6년 10월.
289) 『高麗史』 권135 列傳48 辛禑 9년 5월.

을 정도로 수재였다. 공민왕 6년에 을과 3위로 과거에 급제하여 국자직학에 보직되고, 동왕 11년에 예문관에 선입되고, 동왕 12년에 통례문지후, 동왕 15년에 전리좌랑, 동왕 20년에 예부직랑, 동왕 21년에 전리정랑 지제교, 동왕 22년에 성균사예, 우왕 1년에 전의총랑, 동왕 2년에 성균사성, 동왕 8년에 판전교시사, 동왕 13년에 지춘주사, 동왕 14년에 판소부시사, 밀직제학,[290] 예문관제학, 봉익대부, 전공판서, 예의판서, 동지춘추관사, 상호군, 창왕 1년에 판도판서, 전리판서, 개성윤,[291] 상의밀직사사 겸 예의판서, 공양왕 2년에 첨서밀직사사 겸 도평의사사, 세자좌빈객, 동왕 4년에 한성윤을 지냈다.[292]

조선이 건국하자 자헌대부, 예문춘추관태학사, 태조 3년에 정당문학, 판도평의사사, 수문전학사, 정당문학으로 하정사로 명나라를 다녀오고,[293] 돌아오자 삼사우복야, 보문각대제학이 되었다. 태조 7년에 보국숭록대부에 특진되고 여흥백에 봉해지고, 전예조사가 되고, 판봉상사농시사, 수문전태학사를 겸하였다. 정종 1년에 지공거가 되고,[294] 판삼사사가 되었다. 동왕 2년 2월에 태종이 세자가 되고 원경왕후가 貞嬪으로 봉해지자, 3월에 수충보조공신, 보국숭록대부, 문하우정승, 판도평의사사병조사로 승진하고, 판상서사사, 보문각태학사 등을 겸하였다. 4월에는 동덕좌명으로 改賜하고, 녹군국중사를 겸하였다. 9월에는 좌정승이 되었다. 11월에 태종이 즉위하고 원경왕후가 靜妃로 봉해지자 국구로서 순충을 加賜하고, 다시 여흥백으로 봉해지고, 태종 1년에 순충동덕보조찬화공신의 호를 받고, 여흥부원군으로 고쳐

290) 『高麗史』 권137 列傳50 辛禑 14년 3월.
291) 『高麗史』 권137 列傳50 辛昌 1년 9월. 『高麗史』 권46 世家46 恭讓王 4년 3월 癸酉.
292) 『春亭集』 권12 閔霽墓誌銘.
293) 『太祖實錄』 권6, 太祖 3년 10월 乙亥.
294) 『定宗實錄』 권1, 定宗 1년 4월 乙巳.

봉해졌다. 태종 8년 9월에 병에 걸려 병세가 위독해지자, 태종이 문병하니 의관을 정제하고 말하는 바가 평시와 같았는데, 3일 만에 70세로 졸하였다. 왕이 슬퍼하여 조회를 정지하고 친임치제하였으며, 文度라는 시호를 내렸다.295) 그의 관직은 순충동덕보조찬화공신 대광보국숭록대부 여흥부원군 수문전대학사 영예문춘추관사였다.296)

세종 29년 7월에는 경기감사에게 유시하여 여흥 신륵사에는 문도공의 영정을 모셨는데, 의지 없는 잡승들이 잘 수호하지 못하여 형편없이 되었다기에 전라도 장성의 백암사 승려인 學蒙을 들어가 살게 하였으니, 잘 안접시켜 주게 하라고 명하였다.297)

그는 타고난 자질이 어질고 검소하였다. 資稟이 온인청검하였으며, 가산을 일삼지 않았다. 존귀와 영화가 극진하였으나, 조금도 부귀한 티가 없이 날마다 바둑판과 더불어 스스로 즐기고,298) 시를 잘 평론하여 숙연히 出塵의 정취가 있었다고 한다.299)

2. 閔開

민변의 3남이고, 초명은 致康이다. 공민왕 9년에 출생하고, 우왕 3년에 병과 6위로 과거에 급제하였다. 공양왕 2년 1월에 처음으로 경연을 개설할 때 참찬관이 되고,300) 5월에는 지신사가 되었으며,301) 12월에는 밀직부사가 되었다.302) 동왕 3년 9월

---

295) 『太宗實錄』 권16, 太宗 8년 9월 庚申. 閔霽卒記. 『春亭集』 권12 閔霽墓誌銘. 『列聖王妃世譜』 太宗大王妃彰德昭烈元敬王后.

296) 『太宗實錄』 권36, 太宗 18년 11월 甲寅 獻陵神道碑銘. 『春亭集』 권12 獻陵神道碑銘. 『春亭集』 권12 閔霽墓誌銘.

297) 『世宗實錄』 권117, 世宗 29년 7월 己亥.

298) 『陽村集』 卷十 驪興府院君閔公霽輓詞.

299) 『太宗實錄』 권16, 太宗 8년 9월 庚申 閔霽卒記. 『春亭集』 권12 閔霽墓誌銘.

300) 『高麗史』 권45 世家45 恭讓王 2년 1월 丙子.

301) 『高麗史』 권45 世家45 恭讓王 2년 5월 辛未. 『高麗史』 권116 列傳29

에 세자 奭이 명나라에 가서 신년을 축하할 때 시중 沈德符, 찬성사 偰長壽 등과 함께 밀직부사로 수행하였다.[303] 동왕 4년 4월에는 사헌부 겸대사헌이 되었다.[304] 조선에 들어서는 태조 1년 7월에 대사헌으로 기강을 수립할 것, 상벌을 명확히 할 것, 군자를 가까이 하고 소인을 멀리 할 것, 간쟁하는 말을 수용할 것, 참소를 근절 할 것, 안일과 욕심을 경계할 것, 절약과 검소를 숭상할 것, 宮衛를 엄격하게 할 것 등 8개 조항을 상소하였다.[305] 또 대사헌으로 고려왕조의 왕씨를 外方分居하기를 청하자, 태조는 순흥군 王昇과 그의 아들 康은 나라에 공이 있으며, 정양군 王瑀[306]와 그의 아들 珇와 琯은 장차 고려왕조의 제사를 받들게 될 것이니 논하지 말고, 나머지는 모두 강화와 거제에 나누어 두게 하였다.[307] 태조가 이달 17일에 수창궁에서 왕위에 올랐기 때문에,[308] 이러한 상소는 즉위 초에 이루어진 것이다. 동왕 2년 9월에는 경상도관찰출척사가 되고,[309] 동왕 3년 3월에는 경상도관찰사로서 경상도 일부지역에 대한 행정구역의 재조정을 청하여 윤허를 받았다.[310] 동왕 5년 12월 한성윤에 재직시 37세로 졸하였다.[311]

沈德符傳.

302) 『高麗史』 권45 世家45 恭讓王 2년 12월 丙子.

303) 『高麗史』 권46 世家46 恭讓王 3년 9월 丙午.

304) 『高麗史』 권46 世家46 恭讓王 4년 4월 丁巳.

305) 『國朝寶鑑』 권1 太祖朝 1년 7월.

306) 왕우의 딸은 무안대군 芳蕃의 부인이 되었기 때문에 면죄되고, 歸義君으로 改封되었다 (『燃藜室記述』 권1 太祖朝 流配諸王氏).

307) 『太祖實錄』 권1, 太祖 1년 7월 己亥. 공양왕을 죽이고, 왕씨를 몰살시킨 조치들은 건국 이후의 상황이 태조에게 반드시 우호적인 것이 아니었음을 말해준다.

308) 『太祖實錄』 권1, 太祖 1년 7월 丙申.

309) 『太祖實錄』 권4, 太祖 2년 9월 乙卯.

310) 『太祖實錄』 권5, 太祖 3년 3월 丙午.

311) 『太祖實錄』 권10, 太祖 5년 12월 丁亥 閔開卒記.

그는 천성이 총명하고, 뜻이 강개하여 대간을 지냈고, 지신사가 되어서도 임금의 말을 잘 출납하였으며, 조선에 들어 경상·충청도관찰사가 되어서도 모두 성적이 좋았다. 그가 죽음에 사림들이 아깝게 여겼다. 그가 관찰사로 있을 때 自奉이 너무 박해서 병이 나게 되었기 때문에, 태조는 각 도의 관찰사로 하여금 四時進饌을 명하여 恒式으로 삼게 하였다고 한다.312)

한편 그가 대사헌으로 개국백 이성계와 문하찬성사 조준을 찬양하면서, 정몽주가 야망에 꺼림 없이 자기 도당을 부식하고 반란을 도모하여, 만일에 그의 계획이 성취되어 국가 권력을 독차지하게 되었다면, 조정을 혼란시켰을 뿐만 아니라 사직에 위해가 되었을 것이라 하여, 정몽주의 죽음을 정당화한 점, 정몽주의 당파인 판삼사사 설장수, 지밀직사사 李茂, 동지밀직사사 李彬, 예조판서 李履, 병조총랑 安魯生, 여조총랑 崔關, 친어군 호군 金瞻 등을 탄핵하여. 주자성리학의 근본이념인 의리명분론에 위배되는 역성혁명을 용인하지 않던 정몽주 세력을 제거토록 한 것은 그의 큰 오점이었다.313)

3. 閔汝翼

여흥군 閔玹의 외아들로 공민왕 9년에 출생하였다. 자는 輔之(또는 德甫), 호는 正齋이고, 원천석의 문인이다. 우왕 6년에 동진사 7위로 급제하여, 후덕부승에 제수되고 여러 번 옮겨서 성균사예가 되었다가 부친의 상을 당하였다. 이성계가 그의 어진 것을 알고 기복시켜 군부경력을 삼아 예조, 병조의 의랑과 우간의 등을 지냈다.314) 개국할 때 협찬하여,315) 병조의랑으로

312) 『太祖實錄』 권10, 太祖 5년 12월 丁亥 閔開卒記.
313) 『高麗史』 권46 世家46 恭讓王 4년 5월 丁酉.
314) 『世宗實錄』 권52, 世宗 13년 5월 己巳. 閔汝翼卒記.
315) 『太祖實錄』 권1, 太祖 1년 7월 丙申.

개국공신(3등)이 되었다.316) 그 후 우부승지, 도승지, 사헌부대사헌, 전라도도관찰사, 참지의정부사, 충청도관찰사, 공조판서, 의정부참찬, 판한성부사, 예조판서, 판우군도총제부사, 호조판서 등을 역임하였다. 태종 8년에 사은부사,317) 동왕 12년에 하성절사로 북경에 갔다.318) 원경왕후가 승하하자 수릉관을 맡았다. 대광보국숭록대부에 오르고, 여천부원군에 봉해졌다.

세종 13년 5월에 관아에 나왔다가 아침에 갑자기 병에 걸려 별안간 72세로 졸하였다.319) 세종은 부음을 듣자 사흘 동안 조회를 철폐하고, 사신을 보내어 조문하고 부의를 내렸다. 시호는 良敬(또는 景定)이다. 성품이 평이 온아하고, 몸가짐이 근신하였으며, 산업을 경영하지 않았다.320) 훈척이었으나, 결단력이 부족하여 의정에까지 오르지는 못하였다.

맺음말

민영모를 비롯하여, 민식 가계는 민식, 민희, 민훤, 민지, 민상정, 민선, 민백훤, 민여익 등 8명, 민공규 가계는 민공규, 민광균, 민인균, 민황, 민방, 민종유, 민적, 민사평, 민유, 민변, 민환, 민제, 민개 등 13명, 총 22명의 여흥 민씨 인물들을 살펴보았다. 이들은 무신집권기가 6명, 원 간섭기가 13명, 교체기가 3명이다.

여흥 민씨는 고려 전기에 官人을 배출하기 시작하여, 무신집권기 동안에 이미 세족으로서의 기반을 갖추었던 가문이었다. 여

---

316) 『太祖實錄』 권2, 太祖 1년 9월 乙巳.
317) 『太宗實錄』 권16, 太宗 8년 10월 庚辰.
318) 『太宗實錄』 권23, 太宗 12년 1월 癸丑.
319) 『世宗實錄』 권52, 世宗 13년 5월 己巳. 閔汝翼卒記.
320) 『世宗實錄』 권52, 世宗 13년 5월 己巳. 閔汝翼卒記.

홍 민씨는 고려 후기에 많은 과거 급제자와 재상을 배출한 명문이었는데, 재상으로는 민영모, 민공규, 민훤, 민종유, 민지, 민상정, 민적, 민사평, 민유 등이 배출되었고, 이중에서 민지는 정승에까지 올랐다. 무신난 이후 能文能吏의 新 官人層으로 대두하여 성장한 여흥 민씨는 민영모 · 민식 · 민공규가 기반을 마련한 이래, 충렬왕대에 8촌간인 민지 · 민종유와 같은 인물들의 활약에 힘입어 宰相之宗으로 공인되어 권문세족이 될 수 있었다.

민영모가 여흥 민씨의 기반을 마련하고, 민공규는 아들 다섯이 모두 과거에 급제하고, 예부시에서 시관을 세 번씩이나 맡았으며, 장수를 하는 등 여흥 민씨 중에서 가장 복이 많았던 사람이었다. 민지는 巨筆로 문한가 · 역사가로 명성을 떨쳤고, 민사평은 시인으로 유명하고, 민제는 典禮에 밝았다. 민유는 고려말 八淸의 한 사람으로, 신왕조를 부정한 비중 있는 반체제인사 중에 한 사람으로 절개를 지닌 인물이었다. 형인 민사평은 고조부인 민인균을 닮아 도량이 넓은 군자와 같은 사람이었는데, 민유는 민식처럼 불의를 보지 못하는 성품이었다. 민변은 원경왕후의 조부로 죽은 후 조선에서 예우를 받았다. 음서출신은 민훤이 아전에서 재상에까지 오른 충렬왕의 측근이고, 민종유는 吏幹으로 능력을 인정받아 재상에 까지 올랐다. 민환은 형들이 모두 과거에 급제하였으나, 젊어서 악소배들과 어울리며 과거를 거치지 않았기 때문에 왕권에 이용만 당하며 艱難한 삶을 살았다. 무장출신은 여흥 민씨에서 극히 드문데, 민희는 여몽전쟁기에 활략했던 역사적 인물이고, 민백훤도 고려 말 외구의 침입을 막는 데 전공을 세웠다.

제2장 여흥 민씨의 활동

머 리 말

여흥 민씨의 出自는 중국에서 들어왔다고도 하고, 驪水에서 나왔다고도 하는 이야기들이 전해오고 있었다.[1] 전자는 이규보가 우상기상시 민식에게 드린 시에 "조상은 費侯같은 현인으로부터 나왔네."라는 구절에서 나온 것이다.[2] 비후는 공자의 제자 10哲 중의 한 사람인 閔子騫을 가리킴이며, 『논어』 옹야편에 季氏가 민자건에게 사신을 보내서 費宰를 삼으려고 했다는 데서 연유한 것이다. 비후는 민자건의 관직으로 비는 노나라의 고을 이름이고, 후는 그 고을 장관이다. 이는 여흥 민씨의 시조를 중국의 현인 민자건에 붙여 미화시킨 中國渡來說로 우리나라 성씨에서 흔히 있는 일이다.[3] 『고려사』에는 고려 초에 중국에서 많은 사람들이 고려에 귀화했다는 기록이 있는데, 고려 초에 중국에서 민씨 성을 가진 사람이 귀화했다는 기록은 전혀 찾아 볼 수가 없다. 이와는 달리 태조 23년경에 책정한 郡縣土姓[4]은 唐代의 성씨관계 자료인『氏族志』,『郡望表』,『通

---

1) 閔奎가 지은 「驪興閔氏族譜舊序」. 『列聖王妃世譜』 권1 彰德昭烈元敬王后. 『增補文獻備考』, 권50 帝系考 11 驪興閔氏.

2) 『東國李相國集』 권8 呈內省諸郞幷敍戊午年.

3) 중국도래설에 의해 여흥 민씨를 遙遙華胄, 汶水華閥, 汶水後裔 등으로 표현하기도 하였다.

4) 토성은 고려 초 성씨의 分定時 그곳에 토착하면서 지배적인 위치에 있던 유력

志略』 소재 유명 성씨를 모방한 것으로 보고 있다.[5] 閔이라는 성씨는 국가에서 『군망표』 등 당대의 성씨관계 자료를 바탕으로 정해준 것으로, 중국도래설과는 전혀 관계가 없는 것이다.[6] 후자는 閔窟說이다. 여수는 여주 옆으로 흐르는 남한강인 驪江을 의미하는 것이다.[7] 즉 여수에 있는 민굴에서 시조가 나왔다는 설화인데, 민굴은 馬巖 일대로 전하여 왔다.[8] 穴에서 나왔다는 시조 탄생설화 역시 다른 성씨들에서도 흔히 볼 수가 있다.

조선 초 15세기 전반의 여흥도호부의 토성은 閔, 李, 安, 畢, 尹, 韓, 陰씨였는데,[9] 羅代 이래의 군현조직체계와 후삼국시대

한 씨족, 또는 그곳을 본관으로 하면서 邑司를 구성하였던 성씨집단이다(李樹健, 『韓國中世社會史硏究』, 一潮閣, 1984, 35쪽).

5) 李樹健, 위의 책, 10~12쪽.

6) 물론 민씨는 『군망표』에 들어 있다. 이때 황려의 黃驪閔氏도 민씨성을 분정받았고(『世宗實錄地理志』 驪興都護府), 강주의 剛州閔氏도 민씨성을 분정받았고(『世宗實錄地理志』 榮川郡), 양주의 楊州閔氏도 민씨성을 분정 받았고(『世宗實錄地理志』 楊州都護府), 죽주의 竹州閔氏도 민씨성을 분정 받았고(『世宗實錄地理志』 竹山縣), 동주의 洞州閔氏도 민씨성을 분정 받았고(『世宗實錄地理志』 瑞興都護府), 협계의 俠溪閔氏도 민씨성을 분정 받았고(『世宗實錄地理志』 新恩縣), 해주의 海州閔氏도 민씨성을 분정 받았다(『世宗實錄地理志』 海州牧).

7) 驪江은 여주의 고을 이름으로 되었다. 이 때문에 이색은 閔安仁 형제를 여강인이라고 하였고(『牧隱詩藁』 권26 閔子復閔由義閔進士三昆季 以酒食來餉 適廉東亭至喜之甚 乃邀韓柳巷同席). 또 한명회의 처는 여강 민씨로 고려의 大儒로 문하시중을 지낸 문인공 민지의 5세손인 가정대부 한성부윤 봉조청 閔大生의 딸이라고 하였다(『世祖實錄』 권27, 世祖 8년 2월 庚寅). 민대생은 민지의 2남인 閔祥伯의 증손이다. 민규도 성종 14년에 그가 지은 「驪興閔氏族譜舊序」에서 자기를 여강인이라고 표현하였다. 이처럼 여흥 민씨는 고려시대에는 황려 민씨라고 많이 부르다가, 조선 초에는 여강 민씨라고 많이 불렀던 것 같다. 이밖에 여흥 민씨, 여성 민씨라고도 불렀다(『氏族源流』 驪興閔氏)』.

8) 민굴은 마암(여주향토유적 20호) 일대라고 전한다. 여주군에서 2012년에 민굴을 찾으려고 수중탐사를 하였으나, 찾지 못하고 다음으로 미루었다고 한다.

9) 『세종실록지리지』 여흥도호부. 1읍의 평균 토성 수는 4~5성이었는데, 7성 이상은 53읍으로 12.74%였다. 이는 군현토성이 분정되던 고려 초의 邑格과

호족의 군읍 지배기구를 이어받은 태조 왕건은 후삼국을 통일한 후 태조 23년에 전국적으로 군현 개편을 실시하였고, 대부분 토성 分定 역시 이때에 이루어졌다. 여기서의 토성은 고려 초기 이래 전래되어 오던 중앙 소장의 군현성씨관계 자료에 기재되어 있던 성씨를 지칭하는 것이다.[10] 여홍도호부에는 7개의 토성이 있었는데, 토성의 수는 각 읍의 규모에 따라 차이가 있지만, 대체로 주나 부와 같은 대읍은 7~8개의 토성이 있었다. 이들 각 읍의 토성 수는 고려 초기 그 군현이 설립될 당시 참가한 구역 수 내지, 그 구역에 토착했던 族團의 수와 비례한다고 보고 있다.[11] 고려시대 토성 중에서 민씨와 이씨가 황려현의 대성으로서 세력을 펼치고 있었다.

Ⅰ. 과거급제

양광도 충주목 황려현에 기반을 둔 여흥 민씨에서도 여러 명의 과거급제자를 배출하였다. 민영모는 인종 16년에 24세로 을과 2위[12]로 급제를 하였는데,[13] 을과 1위인 장원은 李大有였

비례하는 것이다. 한편 고려시대 황려현의 대성 중에 하나였던 金鳳毛 가계의 경주 김씨가 빠진 것을 보면, 이들은 토성 분정 후에 경주에서 황려현으로 옮겨온 것으로 보이는데, 이렇다면 來(接)姓으로 기록되지 않은 것이 이상하다. 『신증동국여지승람』 여주목 성씨조에는 들어 있는 것을 보면 혹시 빠뜨린 것은 아닌가도 의심되나, 토성의 기록이 古籍 등 고려의 성씨 관계자료와 각 도에서 보고한 關文을 바탕으로 한 것이기 때문에 쉽게 단정하기가 어렵다. 이들 경주 김씨는 여흥 민씨와도 깊은 관련이 있기 때문에 관심을 가질 필요가 있다.

10) 신호철, 「고려 초 청주의 '토성'과 호족세력」, 『청풍명월의 역사와 인물』, 2013, 28~30쪽.

11) 신호철, 위의 논문, 30쪽.

12) 갑과는 숙종대까지는 있었으나 이후에는 없어졌다. 을과 2위이면 준 장원(亞元)을 한 것이다.

다.[14] 민영모가 東堂監試(禮部試)에 응시할 때 賦를 지었는데, 격식(律格)에 맞지 않아서 同知貢擧 李之氐가 낙제를 시키려고 하였다. 그러나 知貢擧 崔濡가 이 글의 기상이 활달하여 비범한 점이 있으니, 榜의 꼬리에 붙여주는 것이 좋겠다고 주장하였다.[15] 후일 최유가 민영모에게 말하기를 그대가 지은 부가 비록 격식은 틀렸으나, 문구에 원대한 기상이 보였는데 노력하기 바란다고 격려하여 주었다고 한다. 지공거였던 최유는 어려서부터 영민하고 글을 잘 지었으며, 19세에 급제한 수재로서, 공정하고 청렴하다는 평을 받았던 인물이었다.[16] 후일 민영모가 銓注를 맡았을 때 최유의 손자인 崔祇元 · 崔祇禮를 선발 등용하였다.[17] 이처럼 試官(지공거 · 동지공거)과 급제자의 관계는 단순한 시관과 수험생의 관계가 아니라, 일생을 통하여 각별한 사제관계를 맺어 시관(座首)을 恩門 또는 座主라 하고,[18] 급제자를 門生이라고 하여 학계 내지 정계에서 운명을 같이 하다시피 하였다. 고려 후기에는 좌주, 문생간의 유대관계를 세력기반으로 하는 문벌이 형성되고, 이들 문벌에 의한 정치가 주도되었다. 좌주가 영달하면 그의 문생도 출세하게 마련이고, 좌주가 출세하지 못하면, 그의 문생도 출세하지 못하는 것이 보통이었다.

---

13) 인종 16년 3월에 지공거는 평장사 최유, 동지공거는 상서우승 이지저였고, 李大有 등 29명이 급제하였다(『高麗史』 권74 志28 選擧1).

14) 한국학중앙연구원, 「한국역대인물종합정보시스템」 고려문과 급제자명단.

15) 고려에서는 과거의 등급이 乙科 3명, 丙科 7명, 同進士 23명을 뽑게 되어 있었다(『高麗史』 권74 志28 選擧1).

16) 『高麗史』 권98 列傳11 崔濡傳.

17) 『高麗史』 권101 列傳14 閔令謨傳. 명종 22년에 崔祇義가 병과 4위로 급제를 하였는데, 그의 형인 崔祇元, 崔祇禮, 崔祇忠은 이미 급제를 하였었다. 구제에는 세 아들이 급제하면 어머니에게 쌀 27석을 주었는데, 이들은 네 아들이 급제하였기 때문에 加常하였다는 일화가 전할 정도로 수재들이었다(『高麗史』 권74 志28 選擧2).

18) 지공거는 방을 붙인 후 축하하러 오는 손님을 위하여 3일간 찬치를 베푸는 것이 관습이었다고 한다(『高麗史』 권123 列傳36 嬖幸1 林貞杞傳).

閔瑛의 2남인 閔光文은 인종 22년에 지공거 韓惟忠, 동지공거 崔惟淸 밑에서 을과 4위로 급제하였다. 이때 장원은 김부식의 아들 金敦中이었다.

민영모의 1남인 閔湜은 의종 21년에 김돈중이 주관한 국자감시에서 장원으로 뽑혔고,[19] 명종대(試年未詳)에 예부시에 급제하였다. 2남인 閔公珪도 명종 7년에 지공거 文克謙, 동지공거 廉信若 밑에서 을과 2위로 급제하였다.

민공규의 아들 康鈞,[20] 迪鈞,[21] 光鈞,[22] 仁鈞,[23] 良鈞[24] 등 5형제는 모두 급제를 하였는데, 민공규의 처가 官致月祿하는 영화를 누렸다고 한다. 封號도 높였을 것이다. 조선시대에는 세조대에 檢參判 安環의 아들 寬厚, 仁厚, 重厚, 謹厚, 敦厚 등이 五子登科를 하고,[25] 중종대에도 牧使 李宜茂의 아들 菴, 芑, 荇, 芃, 苓 등이 오자등과[26]를 하는 등 여러 예가 있으나, 고려시대에는 민공규의 아들 5형제가 급제한 것과 고려 말 禹玄寶의 아들 洪壽, 洪得, 洪康, 洪富, 洪命 등 5형제가 급제한 것뿐이다.[27] 민공규의 아들 다섯이 모두 과거에 급제한 일은 당시 화제가 되었으며, 후세에까지 사람들에 의해 회자되었다.[28] 한편 金覲

---

19) 『高麗史』 권74 志28 選擧2.
20) 민강균은 신종대(試年未詳)에 급제하였다.
21) 민적균은 신종대(시년미상)에 급제하였다.
22) 민광균은 신종대(시년미상)에 급제하였다.
23) 민인균은 희종 1년에 을과 3위로 급제하였다.
24) 민양균은 희종대(시년미상)에 급제하였다.
25) 『世祖實錄』 권22, 世祖 6년 윤11월 辛未. 세종대에는 李士寬의 아들 李義長은 무과에 오르고, 李禮長, 李智長, 李誠長, 李孝長은 문과에 오른 예가 있다(『世宗實錄』 권118, 世宗 29년 10월 戊子). 沈守慶의 『遣閑雜錄』에는 이효장의 아우인 李恕長도 문과에 급제하였다고 하였다.
26) 『中宗實錄』 권23, 中宗 11년 1월 癸卯.
27) 허흥식, 『고려의 과거제도』(일조각), 2005, 531~538쪽.
28) 『牧隱文藁』 卷之八 序 賀竹溪安氏三子登科詩序. 『竹溪志』 竹溪行錄一 賀竹溪安氏三子登科詩序. 『東文選』 卷之八十六 賀竹溪安氏三子登科詩序. 『大東韻府群玉』 卷之三. 『海東雜錄』 卷之五.

은 4남인 富轍이 숙종 2년에 급제함으로써 富弼, 富佾, 富軾, 富轍(富儀) 등 4형제가 모두 급제하는 영광을 얻었다. 예로부터 한 집에서 세 아들의 급제자를 낸 어머니에게는 나라에서 매년 양곡 30석을 주는 제도가 있었는데,[29] 이들은 4형제가 모두 급제하였기 때문에 10석을 더 주었는데, 이것이 전례가 되었다고 한다.[30] 尹瓘의 아들 尹彦頤도 아들 3형제가 급제하였으므로, 나라에서 매년 윤언이의 처에게 양곡을 주었다고 하는데,[31] 3형제가 급제한 집안은 여러 집안이 있었다.[32]

閔滉도 고종 31년에 지공거 任景肅, 동지공거 洪均 밑에서 을과 3위로 급제하였다. 지공거 임경숙은 민황의 고모부였다. 이로써 민영모의 후손들은 민영모이래 4대에 걸쳐 연이어 급제하는 영광을 누렸다.

閔漬는 19세인 원종 7년에 지공거 洪縉, 동지공거 郭汝益 밑에서 을과 1위로 급제하였다.[33] 이어서 1남인 민상정은 충렬왕 27년에 지공거 權永, 동지공거 趙簡 밑에서 21세에 병과 3위로 급제를 하였는데, 이때 이제현은 병과 1위를 하였다. 다음해에는 왕이 친히 보이는 殿試(親試)를 거쳤다.[34] 민상정의 1남인 閔濡(瑊)는 충숙왕대(시년미상)에 급제를 하고, 5남인 閔渚도 충혜왕 복위 1년에 지공거 金永旽, 동지공거 安軸 밑에서 급제하였다.[35] 민선의 2남인 閔由義(誼)도 공민왕 18년에 지공거 李仁復, 동지공거 李穡 밑에서 同進士 16위로 급제하였다. 이로써 4대가 연이어 급제를 하는 영광을 누렸다. 閔安仁의 1남인 閔進

29) 稟粟으로 찧지 않은 벼이다.
30) 『高麗史』 권97 列傳10 金富佾 附 金富儀傳.
31) 『高麗史』 권96 列傳9 尹瓘 附 尹彦頤傳.
32) 『牧隱文藁』 卷之八 序 賀竹溪安氏三子登科詩序.
33) 『高麗史』 권26 世家26 元宗 7년 5월 丙午. 『高麗史』 권73 志27 選擧1.
34) 『陽村先生文集』 권35 東賢史略. 여기서 盧承綰은 장원급제자이다.
35) 『東文選』 권21 七言絶句 寄同年閔執義渚.

도 창왕 1년에 지공거 柳源, 동지공거 李種學 밑에서 병과 7위로 급제를 하였다. 또 민상정의 7남인 閔玹의 아들인 閔汝翼도 우왕 6년에 지공거 廉興邦, 동지공거 朴形 밑에서 21세에 동진사 7위로 급제하였다.

閔頔은 충렬왕 11년에 지공거 薛公儉, 동지공거 崔守璜 밑에서 16세로 병과 2위로 급제하였다. 장원은 郭麟이고, 병과 1위는 李兆年이었다. 즉 이조년과는 同年同庚(과거에 급제하여 榜目에 같이 오른 사람)이었다. 지공거 설공검은 증조부인 민인균의 사위였다. 이어서 아들 思平, 愉, 忭 등 3형제가 급제를 하는 영광을 누렸다. 3형제가 급제를 하였기 때문에 어머니 원주 원씨에게는 官致月祿이 내려졌을 것이다. 이중에서 민사평은 충숙왕 2년에 21세에 병과 2위로 급제를 할 때 東菴 文定公이 과거를 주관하였는데, 답안을 매우 정밀하게 살펴 급제한 자가 정원도 채우지 못하였으며, 선발된 급제자들은 모두 훌륭하였다고 한다.[36] 여기서 동암은 李瑱으로 이제현의 부친이다. 기이하게도 후일 이때 을과 2위를 한 金昴는 민사평의 사위가 되고, 병과 3위를 한 安牧은 아우인 민유의 장인이 되었다.[37] 이번 과거와 관련이 있는 듯하다. 급제 동기인 이들 同年은 당파를 이루며 사사로운 정에 휩쓸리기도 하였으며, 장원 급제자가 同年會를 이끌며 이들 간의 유대를 강화시켰다.[38] 특히 민유와 민변은

36) 『閔思平墓誌』. 충숙왕 2년 1월에 실시되었는데, 지공거는 李瑱, 동지공거는 尹奕으로 朴仁幹 등 33인을 급제시켰다(『高麗史』 권73 志27 選擧1).

37) 민사평이 안목에 대해 지은 시가 남아 있고(『及菴先生詩集』 卷二 安政堂牧村居, 『及菴先生詩集』 卷三 賀謙齋子元崇拜代言安牧), 또 안목의 집안인 安軸과도 가깝게 지냈다(『及菴先生詩集』 卷四 順興郡大夫人輓章謹齋母氏).

38) 이와 같은 현상은 성균관시에서도 있었다. 우왕 8년에 성균관시에서 閔伯萱의 1남인 閔壽山은 장원을 하고, 이방원도 함께 급제를 하였다. 태종 17년에 사헌부에서 지개천군사 민수산이 아내가 있으면서 아내를 취하여 임의로 직임을 떠난 죄를 청하자, 태종은 민수산은 同年同庚이라하여 용서하여 주었다(『太宗實錄』 권34, 太宗 17년 12월 丙戌).

충혜왕 1년에 동시에 급제를 하였다. 공교롭게도 형인 민유는 병과 1위, 아우인 민변은 병과 2위를 차지하였다. 과거는 대체로 3년에 2회가 열렸고, 충렬왕대에서 공양왕대까지는 1회 평균 급제자는 30명 내외였는데,[39] 여기서 형제가 함께 급제를 한다는 것은 극히 드문 일이며,[40] 이 때문에 이제현은 민적의 묘지명에서 이 사실을 언급한 것이다. 이때 지공거는 韓宗愈, 동지공거는 李君侅(李嵒)였다.

민유의 3남인 閔慶生은 공민왕 4년에 지공거 李公遂, 동지공거 安輔 밑에서 병과 2위로 급제하였다.

閔霽는 공민왕 6년에 지공거 李仁復, 동지공거 金希祖 밑에서 19세에 을과 3위로 급제를 하였다. 이때 을과 1위는 廉興邦, 을과 2위는 成石麟이었다. 동지공거 김희조는 민사평의 처남이었다. 그의 아우인 閔開(閔致康)도 우왕 3년에 지공거 安克仁, 동지공거 權仲和 밑에서 18세로 병과 6위로 급제를 함으로써 형제가 10대에 급제를 하여, 사람들의 주목을 받았다. 민적·민변에 이어 3대가 연이어 과거에 급제를 한 것이다. 이처럼 민적 가계에서 7명이나 집중적으로 과거 급제자를 배출하고, 이중에서 민적, 민사평, 민유, 민제 등 4명이나 재상에 오른 것은 여흥민씨 가문의 영광이 최고조에 달했다는 것을 말해 주는 것이다.

閔瑾의 1남인 閔中立은 공민왕 23년에 지공거 李茂芳, 동지공거 廉興邦 밑에서 동진사 23위로 급제하였다. 2남인 閔中理는 공민왕 17년에 九齋親試에서 3위로 급제하여, 진주목사,[41] 판도판서[42]를 지냈다. 그는 특이하게도 과거에 급제한 儒者였으나,

39) 허흥식, 『고려의 과거제도』, 319쪽.

40) 명종 10년에 민영모의 은문인 최유의 1남인 崔祗元은 을과 3위, 2남인 崔祗禮는 을과 2위로 급제를 하고, 충숙왕 2년에는 형인 朴仁幹이 장원급제를 하고, 아우인 朴仁遇도 을과 3위로 급제를 하였다.

41) 『高麗史』 권137 列傳50 辛禑 14년 3월.

42) 『高麗史』 권137 列傳50 辛昌 1년 3월.

여말선초에 풍수지리에 밝은 유명한 術者였다. 우왕 4년에 천도지로 도선의 秘記에 있는 北蘇 箕達山인 峽溪를 추천하고,43) 태조 3년에 도읍지로 파주 都羅山 일대를 추천하였으며,44) 태종 4년에는 한양과 毋岳 중에서 어느 곳을 도읍으로 정할만한 것인지 논의가 있을 때, 태종의 어가를 따라 무악 일대를 살펴보기도 하였다.45)

閔安世도 공민왕 18년에 지공거 李仁復, 동지공거 李穡 밑에서 동진사 10위로 급제하였다. 閔珇46)도 동왕 20년 3월에 지공거 李穡, 동지공거 田祿生 밑에서 병과 4위로 급제를 하였는데, 이들은 6월에 親試까지 거쳤다. 閔頤도 동왕 23년에 지공거 李茂芳, 동지공거 廉興邦 밑에서 동진사 24위로 급제를 하였는데, 이들 역시 친시를 거쳤다.

황려현에 본관을 둔 여흥 민씨 중에서 현재 확인할 수 있는 예부시 급제자는 민영모, 민광문, 민식, 민공규, 민강균, 민적균, 민광균, 민인균, 민양균, 민황, 민지, 민상정, 閔濡, 민선, 민유의, 민진, 민여익, 민적, 민사평, 閔愉, 민변, 민경생, 민제, 민개, 민중립, 민중리, 민안세, 민조, 민이 등 모두 29명이었다.47) 이는 조선시대 문과급제자 233명의 12%이다. 이들 급제자 중에서 을

---

43) 『高麗史』 권133 列傳46 辛禑 4년 11월. 도선의 秘記에는 세 곳에 서울을 두고 왕이 순행하라는 말이 있는데, 三京(서경, 동경, 남경)이 기능을 상실하고, 그 대안으로 제시된 개경 주변의 三蘇는 북쪽 서해도 곡주의 기달산, 남서쪽 예성강 하구의 백마산, 동쪽 단주(장단)의 백악산을 지칭한다.

44) 『太祖實錄』 권6, 太祖 3년 8월 乙酉.

45) 『太宗實錄』 권8, 太宗 4년 10월 壬申.

46) 閔祥伯의 2남인 閔祚와 음이 같기 때문에 동일인인지 여부가 검토되어야 한다.

47) 민광문, 민안세, 민조, 민이는 황려현에 본관을 둔 같은 여흥 민씨였으나, 민영모의 후손이 아니므로 『여흥민씨세보』에서 빠졌기 때문에 그 계보를 알 수가 없다. 단, 민광문은 閔瑛의 아들로 閔可擧 후손이다. 한편 여흥 민씨의 급제자 29명은 급제자를 많이 배출한 경주 이씨 25명, 순흥 안씨 20명, 광산 김씨, 안동 권씨, 양천 허씨 19명, 경주 김씨, 인천 이씨 18명, 전주 최씨 17명, 해주 최씨 15명, 동주 최씨, 밀양 박씨 14명보다 많다.

과 1위 민지, 을과 2위 민영모 · 민공규, 을과 3위 민인균 · 민황 · 민제, 을과 4위는 민광문이 차지하였다. 또 이들 급제자 중에서 과거급제 연령을 알 수 있는 사람은 민적 16세, 민개 18세, 민지 · 민제 19세, 민상정 · 민사평 · 민여익 21세, 민영모 24세로 평균 연령은 19.9세였다.[48] 이중에서 민적이 가장 어려서 급제를 하였다. 과거급제는 드물게는 이제현 · 이조년 · 李岡처럼 15세에 급제하는 경우도 있었으나, 공민왕 20년 3월에는 문벌귀족의 나이 어린 자제들이 과거에 급제하는 경우가 많아서, 응시 연령을 25세로 올렸으나 제대로 이행되지 않았다.[49] 또 이들 급제자 중에서 재상에까지 오른 이는 민영모, 민공규, 민지, 민상정, 민적, 민사평, 민유, 민제, 민여익 등 9명이었다. 음서출신으로 재상에 오른 閔萱 · 閔宗儒 등 2명에 비하면 과거출신자가 훨씬 많이 재상에 진출한 것이다. 급제자 중에서 재상에까지 오른 비율이 31%를 차지한 것은 여흥 민씨가 권문세족이었기 때문이었다. 이는 유력한 씨성 일수록 가문의 배경이 개인의 현달에 적지 않은 영향을 미치고 있음을 말해준다고 하겠다. 이러한 고위직 역임자들은 개인의 영달은 물론 가문의 위상을 크게 높였다. 특히 민영모 · 민공규 · 민인균 · 민황 및 민지 · 민상정 · 민선 · 민유의는 4대가, 민적 · 민변 · 민제, 민적 · 민유 · 민경생은 3대가 연이어 급제하는 영광을 얻었다. 또 민공규의 아들 5명, 민적의 아들 3명이 급제를 하고, 민영모 · 민공규 · 민근의 아들들은 모두 급제를 하였다. 한편 이들 중에서 민공규 가계는 14명, 민식 가계는 10명으로 민공규 가계가 4명이 많다. 좀 더 내려와서 민지 가계는 9명, 민종유 가계는 7명

---

48) 李存吾의 『石灘集』에 실린 同年錄의 공민왕 9년 급제자의 평균 연령은 26.37세인데(『石灘集』 卷下 附錄 榜目), 허흥식은 고려의 평균 급제 연령을 26.4세로 보았다(허흥식, 『고려의 과거제도』, 325쪽).

49) 『高麗史』 권73 志27 選擧1.

으로 민지 가계가 2명이 많으며, 과거출신 재상으로는 민종유 가계는 5명이고, 민지 가계는 3명이다.

하여튼 고려 왕조를 이끈 사람들은 대대로 벼슬하는 가문인 士族이었고, 그 중에서도 유교와 문장을 공부해 과거에 급제한 유자였다. 이들 양대업의 급제자는 文班 관인의 핵심을 이루며 진출하였다. 여홍 민씨에게도 대대로 벼슬하고 권세가 있는 世臣大族으로 성장하는데, 과거는 결정적인 역할을 하였다.[50]

한편 여홍 민씨에서는 여러 명의 과거시험 시관이 배출되었다.

1. 國子監(成均館)試

민영모는 명종 5년 6월에 국자감시를 보여 詩賦에서 承丘源 등 12인, 十韻詩에서 方希進 등 60인을 선발하였고,[51] 민인균은 고종 29년 3월에 대사성으로 국자감시를 주관하여 76인을 선발하였다.[52] 민사평은 충혜왕 복위 3년에 판전교로서 성균관시[53]를 주관하여 金仁琯 등 93인을 뽑았고,[54] 민개는 공양왕 2년 윤4월에 지신사로서 성균관시에서 李遜 등 99인을 뽑았다.[55] 이처럼 여홍 민씨 중에서 과거의 예비시험인 국자감(성균관)시의 시관이 된 이는 민영모, 민인균, 민사평, 민개가 있었다.

2. 禮部試

민영모는 명종 5년 10월에 추밀부사로 지공거가 되어 白龍夔 등을 급제시켰고, 동왕 10년 6월에도 문하평장사로 지공거가

50) 金光哲, 『高麗後期世族層硏究』(東亞大學校出版部), 1991, 66쪽.
51) 『高麗史』 권74 志28 選擧2.
52) 『高麗史』 권73 志27 選擧2.
53) 충선왕 2년에 국자감을 성균관으로 개칭하였다.
54) 『閔思平墓誌』. 민사평의 연보에도 이해에 판전교시사가 되고, 監試試員이 되었다고 하였다(『及菴先生詩集』 卷首 及菴先生年譜).
55) 『高麗史』 권74 志28 選擧2.

되어 李得玉(李仁老) 등을 급제시켰다.[56] 민공규는 명종 27년 5월에 지공거 崔讜과 함께 좌간의대부로 동지공거가 되어 房衍寶 등을 급제 시켰고, 신종 4년 5월에도 첨서추밀원사로 지공거가 되어 崔宗埈 등을 급제시켰고, 동왕 7년 10월에도 추밀원사로 지공거가 되어 印得侯 등을 급제시켰다.[57] 이처럼 민공규는 禮圍(春場, 科擧場)를 세 번이나 맡은 것이다. 민인균은 고종 35년 3월에 지공거 洪均과 함께 대복경으로 동지공거가 되어 金鈞 등을 급제시켰다.[58] 민지는 충렬왕 20년 10월에 지공거 安珦과 함께 동지공거로 尹安庇 등 33인을 급제시켰다.[59] 이처럼 여흥 민씨 중에서 과거의 본시험인 예부시의 시관이 된 이는 민영모, 민공규, 민인균, 민지가 있었다. 正試官인 지공거는 민영모와 민공규 뿐이고, 민공규 · 민인균 · 민지는 副試官인 동지공거를 맡았다. 민영모와 민공규는 2번씩이나 지공거를 맡았고, 민공규는 3번이나 시관을 맡는 영광을 얻었다. 특히 민영모 · 민공규 · 민인균은 3대가 연이어 시관을 맡았다.

Ⅱ. 혼인

閔令謨의 配는 경주 배씨로 추밀사 裵裕의 딸이다[60]. 배씨 부인의 부탁으로 이규보가 대신 지은 남편에 대한 제문이 남아 있다.[61]

---

56) 『高麗史』 권73 志27 選擧1.
57) 『高麗史』 권73 志27 選擧1.
58) 『高麗史』 권73 志27 選擧1.
59) 『高麗史』 권73 志27 選擧1.
60) 『昆山裵氏族譜』 권1. 『星山裵氏按廉使公派世譜』. 허흥식은 예종11년 丙申榜에서 장원급제한 裵祐를 배유와 동일인으로 보았다(허흥식, 『고려의 과거제도』, 492쪽).

1. 閔湜 家系

민식의 배는 민씨로 예빈경 閔志寧의 딸이다. 1녀는 평장사 경주 김씨 金台瑞[62]에게 출가하였다. 김태서의 부는 평장사 정평공 金鳳毛였다. 김태서는 황려현에 세거하던 경주 김씨로 신라 왕실의 후손이었다.[63] 고향 사람 사이에 혼인이 이루어진 것이다. 김봉모는 음서출신으로 문하시랑평장사에까지 올랐다. 胡語와 漢語에 통하여 매번 금나라 사신이 오면 접대사를 맡았다. 경주 김씨 가문은 고려전기 이래의 문벌귀족이었으나, 김봉모 가계는 김봉모가 평장사의 고위직을 역임하면서 가계를 일으키게 되었다. 김태서는 과거에 급제하여 명종, 신종, 희종, 강종, 고종 등 5대 왕조에서 벼슬을 하고 문하시랑평장사에까지 올랐다. 그는 고종 19년 5월에 지공거 金仁鏡과 함께 한림학사로 동지공거가 되어 文振 등을 선발하였다.[64] 그는 유교를 숭상하였으나 글을 좋아하지 않았고, 탐욕스럽고 비루하며 호화로운 생활을 하고, 남의 토지를 많이 강탈하였으므로 사람들의 지탄을 받았다고 한다.[65] 김태서의 아들 장익공 金若先은 권신 崔怡(崔瑀)의 사위로,[66] 민식의 외손이 된다. 김약선의 여는 원종비인 순경태후인데, 순경태후는 고종 22년 1월에 원종이 관례를 치루고 태자가 되면서 2월에 태자비가 되어,[67] 충렬왕을 낳고 사망하자 원종 3년에 정순왕후로 추봉되고,[68] 충렬왕이 즉위하면서 순경태후로 추존되었다.[69] 2녀는 황려 이씨 서대비원록사 李濟

61) 『東國李相國集』 권37 哀詞祭文 祭閔平章文代夫人行.
62) 『高麗史』 권101 列傳14 金台瑞傳.
63) 「金鳳毛墓誌」(『朝鮮金石總覽』 上, 430~433쪽).
64) 『高麗史』 권73 志27 選擧1.
65) 『高麗史』 권101 列傳14 金台瑞傳.
66) 『高麗史』 권101 列傳14 金台瑞 附 金若先傳.
67) 『高麗史』 권23 世家23 高宗 22년 6월 乙酉.
68) 『高麗史』 권25 世家25 元宗 3년 11월 乙卯.

에게 출가하였다.[70] 부는 문하시랑평장사 문순공 李奎報이고, 조부는 호부랑중 李允綏이다.

閔敷는 閔仁徹의 1남으로, 민식의 장손인데, 강종 1년 5월에 우간의대부 崔甫淳이 주관하는 국자감시의 시부에서 장원에 뽑혔다.[71] 閔曦의 형이다. 그의 1남은 祖暉스님이고, 2남인 閔萱의 배는 문화 류씨로 첨의중찬 문정공 柳璥의 딸이다. 유경은 정당문학 柳公權[72]의 손자로, 고종대에 과거에 급제하였다. 그의 집안은 삼한의 거부라고 불릴 정도로 큰 부자였다. 유경은 사람들이 그를 대하게 되면 엄숙하게 되리만큼 인품이 높았으며, 현명하고 민활한 품성을 지니고, 도량이 크고 깊었으며, 큰일을 잘 처리 하였고, 사람들과의 교제에 능하여 말과 웃음으로 항상 상대자의 호감을 주었고, 사람을 잘 알아보았다고 한다. 元傅[73]와 許珙[74]은 그가 추천하여 높은 관작에 오른 사람들이고, 李尊庇, 安珦, 安戩, 李混은 그가 예부시 시관(3번)[75]으로 급제시킨 문생들이었다. 또 그는 史館을 주관하여 신종, 희종, 강종, 고종 4대 실록을 편찬하였다. 특히 그는 무신 김인준(金俊)과 함께 최의를 죽이고, 정권을 왕실에 돌려준 역사적으로 중요한 인물이었다.[76] 유경은 민훤이 출세하는 데 큰 역할을 하였을 것으로 짐작된다.

閔敷의 1녀는 전라도안찰사 교하 노씨 盧景倫(綸)에게 출가하였다. 노경륜의 부는 판사 盧演이다. 노경륜은 충렬왕 1년에 전라도안찰사가 되었다.[77] 2녀는 판도판서 해주 최씨 崔瑞에게

69) 『高麗史』 권28 世家28 忠烈王 즉위년 12월 丙午.
70) 『驪州李氏文順公派世譜』 卷之一.
71) 『高麗史』 권74 志28 選擧2.
72) 『高麗史』 권99 列傳12 柳公權傳.
73) 『高麗史』 권107 列傳20 元傅傳.
74) 『高麗史』 권105 列傳18 許珙傳.
75) 『高麗史』 권73 志27 選擧1.
76) 『高麗史』 권105 列傳18 柳璥傳.

출가하였다.[78] 『氏族源流』 驪興閔氏에는 后室이라고 표기하였다. 최서의 조부는 판병부사를 지낸 崔洪胤이고, 부는 병부시랑을 지낸 崔諄이다. 해주 최씨는 고려 전기 이래의 문벌귀족이었다. 최서는 고종 41년에 과거에 급제하고, 판비서성사를 지내던 중 충렬왕 20년에 원나라가 목마장으로 사용하던 탐라를 고려에 돌려줌으로써, 동왕 21년에 탐라를 제주로 고쳐 부르게 되고, 이해에 제주목사가 되었다.

閔命莘의 여는 동지추밀 당성 홍씨 洪裔에게 출가하였다.

閔輝의 배는 진주 이씨 사재경 李世華의 딸로, 하원군부인이다. 외조는 예빈소경 공암 허씨 許京이다. 이세화는 신종 5년에 을과 3위로 과거에 급제하였다. 고종 19년에 강화로 천도를 하려고 할 때, 광주가 中道의 巨鎭이므로 방어를 위해 어사잡단 이세화로 하여금 진수토록 하였는데, 11월에 몽고 대병이 남한산성을 수십 겹으로 포위하여 공격하자, 이세화는 수개월 동안 방어하여 몽고군을 격퇴시킨 것으로 유명하다.[79] 1녀는 평장사 문경공 철원 최씨 崔璘에게 출가하였다. 閔翼洙의 『家乘記略』에도 최린은 위위경 閔暉의 사위라고 하였다. 閔暉는 민지의 부인 閔輝이다.[80] 崔惟淸의 1남인 崔證의 손자가 최린이고, 5남인 崔詵의 아들이 민공규의 사위인 최종재이다. 즉 최린은 최종재의 조카이다. 이런 관계 속에서 혼인이 이루진 것이 아닌지 모르겠다. 최린은 상서 崔臣胤의 아들로 궁량이 크고 속이 깊었다. 어려서부터 사소한 일에 구애치 않고 호협한 자제들과 교유하며 도박판이나 술집에 종사하였다고 한다. 거의 30세에 이르

---

77) 『高麗史』 권106 列傳19 金晅傳. 『高麗史』 권123 列傳36 嬖幸1 李汾禧傳.

78) 『여흥민씨세보』. 『氏族源流』 驪興閔氏. 「崔瑞墓誌銘」에서는 비서감 閔徽의 딸이라고 하였다(金龍善, 『高麗墓誌銘集成』, 한림대학교 출판부, 2012, 421~423쪽). 고려에서는 개명이 많은 것이 문제가 된다.

79) 『李世華墓誌』(『朝鮮金石總覽』 上, 582~584쪽).

80) 輝와 暉는 음과 훈이 같기 때문에 예부터 통용되었다.

러서 정신을 차리고 글을 읽기 시작하여 강종대에 과거에 급제하였다.[81] 고종 33년 4월에는 추밀원부사로 지공거가 되어 梁貯 등을 선발하였다.[82]

閔漬의 배는 천안 신씨[83]로 첨의시랑찬성사 순간공 申思佺의 딸로 동한국대부인이다. 신사전은 무반으로 관직에 나간 듯하며, 원종 1년에 상장군에 오르고,[84] 동왕 4년 11월에 병부상서가 되었다.[85] 동왕 5년 10월에 상장군으로 조서를 가지고 몽고로부터 돌아와서 至元으로의 改元을 통보하였다.[86] 동왕 9년 12월에 지문하성사로 몽고의 사신 黑的과 함께 일본에 가서 通好를 요구하고,[87] 동왕 11년에는 원나라에 있으면서 林衍의 원종 폐위를 사실대로 고함으로써 원종이 복위하는데 이바지 하였고,[88] 또 같은 해 9월에 삼별초가 봉기하자 참지정사로 전라도토적사가 되었다.[89] 충렬왕 15년에 치사 찬성사로 졸하였다.[90]

閔祥正의 배는 전의 이씨로 대제학 문의공 李彦忠의 딸이다. 이언충의 부는 증 성균관대사성 李子蔵이고, 조부는 응양군대장군 李仟이다. 이언충은 충렬왕 18년에 성균관시에서 장원을 하고, 동왕 20년에 을과 2위로 과거에 급제를 한 수재였다. 충숙왕 8년에 하정사로 원나라에 다녀왔다.[91] 벼슬이 대사성, 밀직부사, 정당문학, 첨의평리, 예문관대제학에 이르렀다.[92]

---

81) 『高麗史』 권99 列傳12 崔惟淸 附 崔璘傳.
82) 『高麗史』 권73 志27 選擧1.
83) 「閔漬妻申氏墓誌銘」(金龍善, 『高麗墓誌銘集成』, 497~499쪽).
84) 『高麗史』 권25 世家25 元宗 1년 4월 庚子.
85) 『高麗史』 권25 世家25 元宗 4년 11월 丙寅.
86) 『高麗史』 권26 世家26 元宗 5년 10월 戊申.
87) 『高麗史』 권26 世家26 元宗 9년 12월 庚辰. 『高麗史』 권26 世家26 元宗 10년 3월 辛酉.
88) 『高麗史』 권130 列傳43 叛逆4 林衍傳.
89) 『高麗史』 권26 世家26 元宗 11년 9월 己亥.
90) 『高麗史』 권30 世家30 忠烈王 15년 9월 丙午.
91) 『高麗史』 권35 世家35 忠肅王 8년 10월 己亥.

민지의 1녀는 첨의참리 양절공 나주 나씨 羅益禧에게 출가하였다. 나익희의 부는 회원대장군, 관군상만호, 지밀직사사, 상장군 羅裕이고, 조부는 수사공, 상서좌복야, 판호부사 羅得璜이다. 나유는 勇悍이 출중하여 대장군으로 김방경을 따라 진도와 제주도의 삼별초를 토벌하고, 일본 정벌에 참여하였으며, 합포(마산)만호부의 만호로서 出鎭하는 과정 속에서 출세하여 재상이 되고 가문을 크게 일으켰다.[93] 나익희는 나유의 외아들로 부의 작위를 이어받아 관군상만호가 되고, 상의평리, 금성군에 봉해지고, 충혜왕대에 첨의참리에 올랐으며,[94] 청렴하고 근면하며 자혜롭고 은혜로웠던 인물로 평가되었다.[95] 이처럼 민지는 장인과 큰 사위 가문이 무장 출신인 점이 독특하다. 2녀는 판삼사사 진현관대제학 안산 김씨 金元祥에게 출가하였다. 김원상은 충렬왕대에 과거에 급제하였다. 성질이 뻣뻣하고 모나며 간악 교활하고, 일을 겁 없이 해치웠다. 曺迪, 蔡河中[96] 등과 심왕 王暠를 도와서 왕위 탈취를 도모하였고,[97] 충렬왕에게 아첨하여 왕을 음탐한 길로 이끌었던 사람들의 지탄을 받던 인물이었다.[98] 3녀는 판도정랑 朴允鏐에게 출가하였다.

閔璿의 배는 전주 최씨로 첨의평리 양경공 崔文度의 딸로, 완산군대부인이다. 최문도는 민지의 사위인 나익희의 사위였다.[99] 최문도는 찬성사대제학 崔毗一의 손자이고, 첨의찬성사

---

92) 『李彦冲墓誌』(『朝鮮金石總覽』 上, 617~618쪽).
93) 閔賢九, 「高麗後期 權門世族의 成立」, 『湖南文化硏究』 6(전남대학교 호남문화연구소), 1974, 35쪽.
94) 『高麗史』 권37 世家37 忠穆王 즉위년 9월 己丑.
95) 『高麗史』 권104 列傳17 羅裕 附 羅益禧傳. 『益齋亂藁』 권7 墓誌銘 羅益禧墓誌銘.
96) 『高麗史』 권125 列傳38 姦臣1 蔡河中傳.
97) 『高麗史』 권131 列傳44 叛逆5 曺頔傳.
98) 『高麗史』 권125 列傳38 姦臣1 金元祥傳.
99) 『閔漬妻申氏墓誌』.

광양군 崔誠之의 아들이다.[100] 호가 春軒이고 일찍이 원나라에 가서 숙위하여 몽고의 말과 글에 능통하였다 충선왕이 토번에 유배되었을 때에 아버지와 함께 다녀왔으며, 귀국 후 전법판서가 되었다. 그 뒤 사신으로 평양과 雙城에 주재하였고, 충목왕 즉위년에 성절사로 원나라에 다녀왔으며,[101] 첨의평리에 이르렀다.[102] 성리학에 밝았으며,[103] 효성이 지극하였다.[104] 1남인 閔安仁의 배는 전의 이씨로 시랑 李道孫의 딸이다. 2남인 閔由誼(義)의 배는 당성 홍씨로 지밀직사사 남양군 洪師範의 딸이다. 부는 문하시중 문정공 洪彦博이고, 조부는 삼사사 洪戎이며, 증조는 중찬 광정공 洪奎이다. 남양 홍씨는 뛰어난 명문은 아니었으나, 홍규가 무신집권의 마지막 집권자였던 임유무의 제거에 결정적인 역할을 하여 크게 출세함으로써, 그의 집안은 권문이 되었다.[105] 공민왕의 모후인 명덕태후(홍규의 여)는 홍언박의 고모이다. 홍사범은 지밀직사사로서 원나라에 가서 蜀지방을 평정한 일을 축하하고 돌아오는 길에 바다 중간의 許山에 이르러 풍파를 만나 물에 빠져 죽었다. 공민왕이 그 죽음을 애도하여 특별히 시호를 내렸다.[106] 홍언박은 충숙왕 17년에 과거에 급제하고, 공민왕 1년에 첨의찬성사, 남양군이 되고, 동왕 3년에 좌정승, 우정승, 남양후가 되었다. 기철을 베인 공으로 1등공신이 되고, 동왕 10년에 문하시중이 되었다. 동왕 12년에 金鏞이 주모한 홍왕사의 난 때 집에서 적에게 피살되었다.[107]

민선의 1녀는 개성 왕씨 충정공 王福命에게 출가하였다. 왕

100) 『崔誠之墓誌』(『朝鮮金石總覽』 上, 607~608쪽).
101) 『高麗史』 권37 世家37 忠穆王 즉위년 3월 癸卯.
102) 『高麗史』 권37 世家37 忠穆王 1년 6월 癸丑.
103) 『崔誠之墓誌』.
104) 『益齋亂藁』 권7 墓誌銘 崔文度墓誌銘.
105) 『高麗史』 권106 列傳19 洪奎傳.
106) 『高麗史』 권111 列傳24 洪彦博 附 洪師範傳.
107) 『高麗史』 권111 列傳24 洪彦博傳.

복명은 무장으로 활약하였다.108) 우왕 9년 9월에는 우왕의 강압에 의해 손녀를 우왕에게 시집보내고 개성군에 봉해졌다.109) 2녀는 경주 이씨 대사성 李存吾에게 출가하였다. 이존오는 공민왕 9년에 동진사 8위로 과거에 급제하였다. 동왕 14년 7월에 좌정언이 되고,110) 동왕 15년 4월에는 좌사의대부 鄭樞(公權)와 함께 우정언으로 辛旽이 나라 일을 그르친 죄를 상소하자, 공민왕이 노하여 정추를 동래현령으로, 이존오를 장사감무로 좌천시켰다.111) 이때 첨서밀직 李穡의 변호로 죽음을 면한 것이다. 이때부터 신돈의 흉악무도함이 심하여지고, 재상과 대간들이 모두 신돈에게 아부하여서, 충직한 말로 건의하는 길이 아주 막히고 말았다고 한다.112) 이때 신돈이 세도를 부리면서 사람들을 능욕하고 불법 행위를 하였으나 감히 말하는 자가 없었는데, 간관인 이존오는 자기 일신을 돌보지 않고 신돈을 논죄하려고 하였다. 그는 소매 속에 상소할 원고를 넣고 동료들에게 보이면서, 요물이 나라를 망치고 있으니 없애지 않으면 안 되겠다고 하였으나, 여러 낭관들은 겁을 먹고 감히 응하는 자가 없었다. 그는 친척인 정추에게 말하기를 형이 이래서야 되겠느냐고 하자, 정추도 그를 따랐다고 한다.113) 동왕 20년 5월에 31세로 불우한 생을 마쳤다.114) 그는 정몽주, 박상충, 이숭인, 정도전, 김구용, 김제안 등과 사귀었고, 사람됨이 단정하고 깨끗하며 행동이 정중하고 말이 적었다고 한다.115) 권근이 그의 사위이다. 3녀는 이성계의

108) 『高麗史』 권40 世家40 恭愍王 12년 11월 壬申. 『高麗史』 권126 列傳39 姦臣2 邊安烈傳. 『高麗史』 권135 列傳48 辛禑 9년 9월 甲辰.

109) 『高麗史』 권135 列傳48 辛禑 9년 9월 甲辰.

110) 『高麗史』 권41 世家41 恭愍王 14년 7월 庚辰.

111) 『高麗史』 권41 世家41 恭愍王 15년 4월 甲子. 『高麗史』 권106 列傳19 鄭瑎 附 鄭公權傳.

112) 『高麗史』 권132 列傳45 叛逆6 辛旽傳.

113) 『高麗史』 권112 列傳25 李存吾傳.

114) 『高麗史』 권43 世家43 恭愍王 20년 5월 甲戌.

4남인 회안대군 李芳幹에게 출가하였다.[116] 이방간은 고려에서 군기시소윤을 역임하고, 태조 7년 8월 제1차 왕자의 난 때 이방원을 도와 정도전 일파를 제거하는데 세운 공으로 정사공신 1등에 책록되고,[117] 12월에는 개국공신에 추록되었다.[118] 정종 1년 11월에는 풍해도와 서북면의 병사를 分領하고,[119] 동왕 2년 1월에는 지중추부사 朴苞의 이간에 충동되어 제2차 왕자의 난을 일으켰으나 실패하고, 정종과 이방원의 관용으로 농장이 있던 토산으로 유배되었다.[120] 그 후 안산, 익주, 순천, 익주, 완산, 홍주 등지로 이치되었다가, 세종 3년에 홍주에서 사망하였다.[121] 閔汝翼의 배는 현풍 곽씨로 개성부윤 郭允明의 딸이다.

閔祥伯의 배는 함양 박씨로 민부상서 朴洪壽(弘秀)의 딸이다. 2남인 閔瑾의 배는 안동 권씨로 화원군 權仲達의 딸이다. 조부는 도첨의정승 문탄공 權漢功이고, 증조는 첨의평리 權頤이다.[122] 李穡과는 동서 간이었다.[123] 민근의 1남인 閔中立의 배는 공암 허씨로 찬성사 許僐의 딸이다. 조부는 좌랑 許冠이고, 증조는 중찬 許珙이다. 민근의 2남인 閔中理의 배는 진주 유씨로, 삼사좌사 진천군 柳之淀의 딸이다. 유지정은 충정왕 1년에 동지밀직사사가 되고,[124] 공민왕 3년에 삼사좌사가 되었다.[125] 조부

---

115) 『高麗史』 권112 列傳25 李存吾傳.

116) 민선 여는 회안대군에게 출가하여 李孟宗을 낳았다(『太祖實錄』 권4, 太祖 2년 9월 庚申).

117) 『太祖實錄』 권15, 太祖 7년 9월 己丑.

118) 『太祖實錄』 권15, 太祖 7년 12월 丁巳.

119) 『定宗實錄』 권2, 定宗 1년 11월 丁卯.

120) 『定宗實錄』 권3, 定宗 2년 1월 甲午.

121) 『世宗實錄』 권11, 世宗 3년 3월 辛未.

122) 『高麗史』 권125 列傳38 姦臣1 權漢功傳.

123) 이모부인 이색은 민중리에게 판도판서 자리를 마련하여 주었다(『高麗史』 권137 列傳50 辛昌 1년 3월).

124) 『高麗史節要』 권26 忠定王 1년 7월.

125) 『高麗史節要』 권26 恭愍王 3년 7월.

는 柳玕으로 검교첨의평리, 개성윤을 지냈다. 외조부는 안동 김씨 金承澤으로 민사평의 사돈이다.

민중립의 1녀는 안동 권씨 부윤 權肅에게 출가하였다.[126] 부는 감찰대부 王重貴이고, 조부는 정승 정헌공 王煦이고, 증조는 영도첨의사사사 문정공 權溥이다. 안동 권씨는 선조가 하급 장교였으며, 권보가 과거에 급제하여 대학자가 됨으로써 권문으로 대두된 가문이다. 왕중귀는 기철의 사위였다. 공민왕 18년에 북원의 첩자라는 무고를 받고 억울하게 처형당했다.[127] 왕후는 초명이 權載로, 충선왕이 아들로 삼고 왕족으로 입적시켰다. 충숙왕 7년에 宦者 伯顔禿古思의 무함으로 충선왕이 西藏으로 귀양을 가자 자신이 가겠다고 하였으므로 황제가 가엽게 여겼다고 한다. 왕후는 유배지인 臨洮에 가서 충선왕을 만났다. 충선왕이 죽자 상복을 입고 시체를 받들고 귀국하여 장례를 치룬 후 매달 초하루 보름마다 분묘에 가서 제사 지내기를 죽을 때까지 하였다. 충선왕이 죽은 후 거의 20년이 되도록 시호를 받지 못하자, 원나라에 가서 왕의 시호를 요구하고, 많은 자비를 들여 교섭을 하여 시호를 받아냈다.[128] 권보는 명성이 높은 학자로, 이제현의 장인이다.[129]

2. 閔公珪 家系

閔公珪의 1녀는 좌복야 철원 최씨 崔宗梓에게 출가하였다.[130] 최종재의 부는 평장사 문의공 崔詵이고, 조부는 평장사 문숙공 崔惟淸이다.[131] 아들이 고종대에 과거에 급제하여 중서

---

126) 민중립의 1남은 한명회의 장인인 민대생이다.

127) 『高麗史』 권110 列傳23 王煦 附 王重貴傳.

128) 『高麗史』 권110 列傳23 王煦傳.

129) 『高麗史』 권107 列傳20 權㫜 附 權溥傳.

130) 최종재는 고종 12년 3월에 지공거 崔甫淳과 함께 위위경으로 동지공거가 되어 林長卿등을 급제 시켰다(『高麗史』 권73 志27 選擧1).

시랑평장사를 지낸 崔昷이다. 철원 최씨는 최유청의 자손들이 눈부신 진출을 하여 무신집권시대에 정안 임씨와 더불어 가장 뛰어난 문벌의 위치를 지키게 되었던 가문이었다.[132] 최종재는 민공규가 지공거로 장원급제를 시킨 崔宗埈(문하시중)의 아우이다. 이는 은문과 문생의 인연으로 혼사가 진행되었을 가능성이 있으며, 이제 여흥 민씨도 이름 있는 권문세가인 철원 최씨와의 혼인을 할 수 있을 정도로 성장을 하였으며, 여흥 민씨가 권문세족으로 성장하는데 눈 여겨 볼 자료이다. 2녀는 평장사 정안 임씨 任景肅에게 출가하였다. 인종비 공예태후가 고모이다.[133] 임경숙의 부는 문하시랑평장사 양숙공 任濡이고, 조부는 중서령 문충공 任元厚이다. 임유는 아들 3명이 과거에 급제하였다. 정안 임씨는 무신집권시대 이전부터 문벌귀족이었는데, 무신집권시대에도 가장 크게 떨친 보수적 문벌귀족으로, 무신난 이전보다 더욱 강력하였다.[134] 임경숙은 고종 25년 4월에 형부상서로 동지공거가 되어 지공거 李方茂와 함께 池珦 등을 선발하고, 동왕 27년 5월에도 추밀원부사로 지공거가 되어 동지공거 崔璘과 함께 張天驥 등을 선발하고, 동왕 31년 4월에도 좌복야로 지공거가 되어 魏珣 등을 선발하고, 동왕 37년 5월에도 평장사로서 지공거가 되어 金應文 등을 선발하였다.[135] 그는 4번씩이나 시관을 맡을 정도로 학식이 높았다. 柳璥이 처음 시관이 되었을 때 그의 座主인 평장사 임경숙이 자기가 띠고 있던 검은 물소

131) 최유청은 태조대의 공신인 崔俊邕의 6대손으로, 예종대에 과거에 급제하여 평장사를 지냈다. 아들 崔證, 崔詡, 崔讜, 崔詵이 과거에 급제하여 처가 나라로부터 녹을 받았다 (『高麗史』 권99 列傳12 崔惟淸傳). 또 최영은 최유청의 5대손이다(『高麗史』 권113 列傳 26 崔瑩傳).

132) 閔賢九, 「高麗後期 權門世族의 成立」, 26쪽.

133) 『高麗史』 권88 列傳1 后妃1 恭睿太后任氏.

134) 閔賢九, 앞의 논문, 25~26쪽.

135) 『高麗史』 권73 志27 選擧1.

가죽으로 만든 띠와 붉은 가죽으로 된 印綬를 풀어서 유경에게 주면서 그대의 문생 중에서 그대와 같은 사람이 있으면 전해 주라고 하였는데, 유경이 시관으로 있을 때 선발한 李尊庇[136]가 시관이 되었으므로,[137] 그에게 전하여 주려고 하였으나 이미 임연의 난 때 잃어버리고 말았다.[138] 시장에 가서 새 것을 사려고 하였더니, 새로 만난 것이 바로 잃어버린 것들이었으므로 사림들이 신기한 일이라고 하였다는 일화가 전한다. 이처럼 민공규의 사위 임경숙과 민휜의 장인 유경은 은문과 문생 사이였고, 훗날 이존비의 현손녀는 민개의 처가 되었다.

閔光鈞의 여는 좌복야 경주 김씨 金軌(초명 鍊成)에게 출가하였다. 김궤는 장원 급제자이다. 부는 詩賦로서 유명한 중서시랑평장사 정숙공 金仁鏡(초명 良鏡)이다.

閔仁鈞의 여는 중찬 문량공 순창 설씨 薛公儉에게 출가하고, 설공검의 부는 추밀원부사 薛愼이다. 설공검은 고종 45년에 을과 3위로 급제를 하였다. 충렬왕 2년 10월에 우부승선으로 동지공거가 되어 지공거 許珙과 함께 李益邦 등을 선발하고, 충렬왕 11년 10월에도 지첨의부사로 지공거가 되어 郭麟 등을 선발하였다. 이에 앞서 그의 부인 설신도 고종 29년 4월에 판예빈성사로 동지공거가 되어 洪之慶 등을 선발한 바 있었다.[139] 장인을

---

136) 이존비는 李嵒의 조부이다. 일찍이 아버지를 여의고 외삼촌인 白文節에게서 공부를 하였는데, 글을 잘 짓고 예서에 능하였다. 판밀직사사, 감찰대부, 세자원빈으로 있다가 사망하였다. 세자는 부음을 듣고 눈물을 흘리면서 이존비는 정직한 사람인데, 이처럼 일찍이 죽었는가라고 탄식을 하였다고 한다(『高麗史』 권111 列傳24 李嵒傳).

137) 이존비는 원종 8년 11월에 지밀직사사로 지공거가 되어 崔伯倫 등을 선발하였다(『高麗史』 권73 志27 選擧1).

138) 임연의 난은 원종 9년에 정권을 장악하고 있던 김준과 원종 사이가 벌어진 것을 알고 임연이 환관 康允紹, 崔媗, 金鏡 등과 함께 김준을 죽이고, 김준의 아들들과 무리들을 죽이거나 유배 보낸 사건을 의미한다.

139) 『高麗史』 권73 志27 選擧1.

닮아 군자와 같은 사람이었다.

閔滉의 배는 철원 최씨로 평장사 문경공 崔璘의 딸로,[140] 창원군부인이다. 최린은 앞에서 언급한 것처럼 閔輝의 사위로, 인척간에서 혼인이 이루어진 것이다. 최린은 강종 1년에 을과 4위로 급제를 하였다. 사간 최린은 고종 20년 3월에 표문을 가지고 금나라에 사절로 가다가 길이 막혀서 돌아왔고,[141] 동왕 28년 4월에는 왕의 조카인 永寧公을 왕의 아들이라고 하여 양반집 자제 10명을 거느리고 몽고에 禿魯花(質子)로 가게 되었는데, 추밀원사 최린은 이들과 동행하였다.[142] 동왕 30년 1월에는 추밀원부사로 비서소감 金之岱 등과 함께 몽고에 가서 토산물을 전달하였다.[143] 하여튼 최린이 대몽외교에 활약하던 시기는 민황이 과거에 급제한 무렵이었다.

閔宗儒의 배는 장사 유씨로 첨의찬성사 문도공 兪千遇의 딸로, 장사군부인이다. 민종유가 19세에 청도감무가 되었다가 임기가 끝난 후 도병마록사가 되었는데, 도병마사였던 유천우가 민종유의 기특함을 보고 사위로 삼았다고 한다.[144] 민종유가 유천우의 사위가 된 것은 원종 8년경으로 추정되는데, 이는 아들 민적이 원종 11년에 태어난 것과도 대체로 일치한다. 이대 유천우는 어사대부로 있었다.[145] 유천우는 고종 19년에 을과 3위로 과거에 급제를 하였다. 특히 유천우는 원종 10년 6월에 몽고와의 강화를 반대하던 임연이 원종을 폐하고 안경공 王淐을 왕으로 세울 때 참지정사로서 혼자서 이를 극력 반대했었다.[146] 유

---

140) 최린은 최유청의 증손으로, 문하시랑평장사를 지내고 고종 44년에 사망하였는데, 그 후 가족들은 몽고군에게 살해되었다(『高麗史』 권99 列傳12 崔惟淸 附 崔璘傳).

141) 『高麗史』 권23 世家23 高宗 20년 3월.

142) 『高麗史』 권23 世家23 高宗 28년 4월

143) 『高麗史』 권23 世家23 高宗 30년 1월 庚子.

144) 『閔宗儒墓誌』.

145) 『高麗史』 권26 世家26 元宗 8년 9월 乙酉.

천우는 원종 3년에 지공거 유경과 함께 동지공거를 맡았는데, 공교롭게도 민훤의 장인과 민종유의 장인이 함께 시관을 맡은 것이다. 유천우는 몸집이 작고 키가 작았다. 총명하고 민활하였으며, 효심이 깊었다.[147]

閔頔의 前配는 안동 김씨로 상락군 金忻의 딸로,[148] 영가군부인이다.[149] 안동 김씨는 가문의 전통이 없는 바는 아니지만, 金方慶이 삼별초난과 일본정벌에 크게 활약함으로써, 크게 부각되어 당시 가장 유력한 권력가가 되고, 그의 자손들도 크게 번창하여 權門 가운데 중요한 위치를 차지하였다.[150] 김흔은 시중 김방경의 아들로 선수진국상장군, 관고려군만호, 찬성사도첨의사사를 지낸 활달하고 인자했던 인물이었다.[151] 민적은 명문세가의 자제로 용모가 수려하고, 16세에 과거에 급제한 수재였기 때문에, 유명한 김방경 집안에서 딸을 준 것으로 짐작된다. 두 가문 사이에서 민사평이 태어났다. 후배는 원주 원씨로 찬성사 元瓘의 딸로, 평원군부인이다. 민유, 민변, 민환이 원주 원씨 소생이다. 조부는 첨의중찬 문순공 元傅이다. 원관은 호가 退翁으로, 원종 7년에 을과 3위로 과거에 급제를 하였는데, 민지와 同年이었다. 충렬왕 5년에는 禿魯花(弓箭陪)로 원에 보내졌고, 그 후 귀국하여 벼슬이 첨의찬성사에 이르렀다. 치사 후에는 원나라에서 생활을 하였으며, 대각국사 의천이 세운 원의 항주 高麗慧因敎寺에 대장경 1부를 절강에서 만들어 시주하였다. 충숙왕 3년에는 재산을 거의 기울여 은니로 『華嚴經 三譯』 1부를 사경하였으며, 만년에는 부처를 섬기는데 힘을 다하였다.[152]

146) 『高麗史』 권130 列傳43 叛逆4 林衍傳.
147) 『高麗史』 권105 列傳18 兪千遇傳.
148) 민적은 이 때문에 김흔의 당류였다(『高麗史』 권123 列傳36 嬖幸1 印侯傳).
149) 『閔思平墓誌』.
150) 閔賢九, 「高麗後期 權門世族의 成立」, 34~35쪽.
151) 『高麗史』 권104 列傳17 金方慶 附 金忻傳.

閔思平의 배는 언양 김씨로 정렬공 金倫의 딸로, 언양군부인이다.[153] 고조는 문하시랑평장사를 지낸 위렬공 金就礪이고, 증조는 문하시랑평장사를 지낸 익대공 金佺이며, 조부는 도첨의참리, 집현전대학사를 지낸 문신공 金賆이고, 외조부는 첨의중찬, 수문전대학사를 지낸 문경공 許珙이다. 김륜의 仲父인 金顗은 민사평의 조부인 민종유와는 동서 간으로 양 집안은 관계가 있었다. 본래 언양 김씨는 미미한 무인 가문 출신인데, 김취려가 고종 초기에 있었던 丹寇의 침입을 맞아 싸워서 큰 공을 세워 시중이 됨으로써, 권문세족으로 성장한 무신 가문이었다.[154] 김륜은 음서로 찬성사를 거쳐 좌정승에 오르고, 언양부원군에 봉해졌다. 충렬왕을 따라 원나라에 갔을 때는 충선왕이 날마다 왕에게 문안을 왔는데, 수행원들은 위축되어 서로 미르기만 하였으나, 김륜은 여러 업무를 보면서 혼자 곁에서 시중을 들었다. 충렬왕은 그의 이러한 성의를 가상히 여겼고, 충선왕도 그를 인사성 있게 대하였다. 충숙왕이 복위 8년 3월에 승하하자 충혜왕이 遺命으로 왕위에 올랐다. 8월에 좌정승 曺頔이 심왕 王暠를 옹립하려고 난을 일으켰는데,[155] 난이 평정된 후 11월에는 원나라 승상 伯顔은 조적 도당들의 참소로 조적의 무리를 비호하여 황제에게 말하여 충혜왕을 원나라로 압송하게 하였다. 김륜은 60세가 넘었는데도 충혜왕을 따라 원나라에 도착하자, 충혜왕 복위 1년 1월에는 백안이 황제에게 말하여 왕을 刑部에 가두었고, 김륜, 韓宗愈 등도 옥에 가두고 중서성, 추밀원, 어사대, 한

152) 『高麗史』 권107 列傳20 元傅傳. 「元瓘墓誌銘」(김용선, 『역주고려묘지명집성』 하, 한림대학교 아시아문화연구소, 2001, 1137~1142). 김흔의 아우인 金恂이 원관의 사돈이었다.
153) 『牧隱文藁』 권16 墓誌銘 彦陽郡夫人金氏墓誌銘.
154) 閔賢九, 「高麗後期 權門世族의 成立」, 24쪽.
155) 『高麗史』 권36 世家36 忠肅王 복위 8년 8월 庚戌. 『高麗史』 권131 列傳44 叛逆5 曺頔傳.

림원, 종정부의 관리들을 시켜 합동심문을 하게 하였다. 조적의 무리들은 구변이 좋은 자가 많았으나 김륜은 단 한마디로 그들을 꺾었는데, 그 말이 간단하고 굳굳하였다. 5부 관원들은 놀라며 김륜을 가리켜 白鬚宰相이라고 하였다. 충혜왕은 귀국한 후 그의 공을 1등으로 평정하여 벽에 그의 초상을 그리게 하고, 언양군으로 봉하고 추성찬리공신의 칭호를 주었다. 또 원나라 황제가 高龍普, 朶赤 등을 보내어 충혜왕을 원나라로 잡아가서 독살하였다. 이때 김륜은 집에 있다가 사변을 듣고 이미 때가 늦은 것을 한탄하고, 고용보에게 달려갔으나 사리로써 통하지 않는 것을 알게 되자, 물러나와 재상들과 원나라에 탄원을 할 것을 논의하고, 김해군 이제현이 초안을 만들었으나 원로들이 많이 서명을 하지 않았으므로 성취되지 못하였다.156) 한편 언양군부인이 자신을 대신하여 李達衷으로 하여금 지은 남편에 대한 제문이 남아 있다. 여기서 그는 나는 어찌 다행히 이분의 배필이 되었는가라고 하면서, 남편의 훌륭했던 점을 추모하고 있다.157) 언양군부인은 아들이 없기 때문에, 직접 나서서 친척인 이달충에게 남편의 묘지명과 제문을 부탁한 것이었다.158)

閔愉의 배는 순안 안씨로 문숙공 安牧의 딸이다. 안목은 검교찬성사를 지낸 安于器의 아들이고, 첨의중찬을 지낸 문성공 安珦의 손자로 과거에 급제하여 밀직부사를 지내고, 공민왕대에 순흥군에 봉해졌고,159) 첨의정승 광주(光山) 金台鉉160)의 사위이다.161) 안우기는 충렬왕대에 과거에 급제하여 검교찬성사를 지

156) 『高麗史』 권110 列傳23 金倫傳. 『益齋亂藁』 권7 墓誌銘 金倫墓誌銘.

157) 『霽亭集』 권3 祭文 閔及菴祭文代夫人行.

158) 민사평이 이달충에 대해 지은 시가 남아 있다(『及菴先生詩集』 卷二 贈李大夫達衷).

159) 『高麗史』 권105 列傳18 安珦 附 安牧傳.

160) 『高麗史』 권110 列傳23 金台鉉傳.

161) 민유의 2남인 閔壽生의 배도 순흥 안씨로 순흥군 安輯의 딸이다.

냈으며, 청렴하고 유능하며 사람들의 물망을 받았던 사람이었다.[162] 그는 충렬왕 27년에 국자제주로 升補試를 주관하고, 동왕 31년에는 우승지로 국자감시를 주관하였다.[163] 안향(초명 安裕)은 어려서부터 학문을 좋아하여 원종 초에 과거에 급제하였다. 그는 장중하고 고요하며, 청렴하고 착실하였으므로 사람들이 모두 존경하였다. 그의 장례날에는 7管(7齋), 12徒의 학생들이 소복을 입고 길가에 나와 제사를 지냈다고 한다. 그는 충렬왕이 복위되자 충선왕을 따라 원나라로 가게 되고, 여러 차례 원나라에 오가면서 우리나라에 최초로 성리학을 도입한 사람으로 유명하다. 충숙왕 6년에 문묘에 從祀되었다.[164] 한편 안목 집안은 증조부 安孚가 홍주(순홍)의 아전으로 의업을 배워 그 것으로 과거를 보아 급제하여 밀직부사에 올랐던 것으로 보건,[165] 지방의 아전 집안에서 전문직 기술관 등용시험인 잡업의 의업에서 급제하여 출세한 집안이었다. 한편 안목의 아들인 정당문학 安元崇의 아들 3형제도 모두 과거에 급제하였는데, 이색은 원의 과거 이래 고려인의 부자형제가 이어서 중국 制科에 등과한 가문은 순흥 안씨와 우리 한산 이씨 뿐이라고 자랑을 하였다.[166]

閔忭의 배는 공암 허씨로 평장사 문정공 許伯의 딸로, 양천현부인이다. 공암 허씨는 본래 명문은 아니었고, 새르운 문벌로 발돋움한 것은 政房三傑로 손꼽혔던 能文能吏의 許珙에 이르러서였다.[167] 허백은 호부산랑 許冠의 아들이고, 첨의중찬 문경공 허공(초명 許儀)의 손자로, 충숙왕 4년에 을과 3위로 과거에 급제하여 평장사를 지내고, 양천군에 봉해졌다. 충목왕 3년 10월

162) 『高麗史』 권105 列傳18 安珦 附 安于器傳.
163) 『高麗史』 권73 志27 選擧2.
164) 『高麗史』 권105 列傳18 安珦傳.
165) 『高麗史』 권105 列傳18 安珦傳.
166) 『牧隱文藁』 권19 墓誌銘 安元崇墓誌銘.
167) 閔賢九, 「高麗後期 權門世族의 成立」, 28~29쪽.

에 지공거로 동지공거 이곡과 함께 김인관 등을 선발하였다.[168] 허관은 대창서승 등 말직을 지내다가 부의 유언에 따라 충렬왕대에 과거에 급제하였다. 호부산랑에 이르렀고, 죽은 후에 찬성사에 추증되었다.[169] 조부인 허공은 어려서부터 총명하고 민활하여 사람됨이 남 달리 총명하였다. 신종, 희종, 강종 등 3대왕의 실록편찬에도 참여하였고, 韓康, 元傅와 함께 『古今錄』을 편찬하였으며, 충렬왕 14년 9월에는 지공거로 동지공거 안향과 함께 尹宣佐 등을 선발하였다.[170] 죽어서는 충렬왕의 묘에 배향되었다. 허공은 민사평의 장인인 김륜의 외조부였다.

민적의 1녀는 정당문학 문강공 朴遠(수정승 朴全之의 자)의 아들인 죽산 박씨 판도정랑 朴仁龍에게 출가하고, 뒤에 대제학 許富(첨의중찬 許珙의 자)의 아들인 직제학 공암 허씨 許信에게 재가하였다.[171] 박인룡은 부를 따라 원나라에 갔다가 일찍 죽었다. 죽산 박씨는 고려전기에 귀족가문으로는 성장하지 못했지만, 무신집권기에 계속 고급관인을 배출하여 원 간섭기 이전에 세족으로서의 기반을 갖추었던 가문이었다.[172] 또 2녀는 찬성사 파평 윤씨 尹繼宗에게 출가하였다. 부는 첨의정승 문현공 尹珤이고, 조부는 감찰어사 尹純이다. 파평 윤씨는 고려전기 이래의 문벌귀족이었다. 윤계종의 딸이 충혜왕의 禧妃가 되어 충정왕을 낳았다.[173] 3녀는 영동정 劉允吉에게 출가하였다.[174] 이들은 모두 원씨 부인 소생이라고 한다.[175]

민사평의 여는 김방경의 손자로 평장사 양간공 金承澤의 아

168) 『高麗史』 권73 志27 選擧1.
169) 『高麗史』 권105 列傳18 許珙 附 許冠傳.
170) 『高麗史』 권73 志27 選擧1.
171) 『家乘記略』 권1.
172) 金光哲, 『高麗後期世族層硏究』, 64~65쪽.
173) 『高麗史』 권89 列傳2 后妃2 禧妃尹氏傳.
174) 『拙藁千百』 권2 閔頔行狀.
175) 『拙藁千百』 권2 閔頔行狀.

들인 안동 김씨 판군기시사 상락군 金昴에게 출가하였다.[176] 이가 여흥군부인 민씨로 金九容의 모친이다. 영흥군부인은 효심이 대단하여 공민왕 10년에 홍건적이 침입했을 때 어머니를 모시고 영남으로 피난을 하였고, 피난 후에는 여흥에서 10여 년을 어머니를 모시고 살았다. 어머니는 우리 손자 齊顔이가 제대로 죽지 못하였으니, 내가 무슨 낯으로 다시 개경으로 돌아가느냐고 여흥에 머물렀다. 어머니가 73세로 세상을 뜨자, 어머니가 살고 있던 여흥에 산소를 모시고, 가족들의 상경하라는 간류에도 불구하고, 여흥에 살면서 어머니의 산소를 돌보다가 56세로 세상을 뜨고, 고을 남쪽 鉢山(명성황후 생가 뒷산, 鉢峰山) 어머니 묘 옆 서쪽 10 數步에 묻혔다.[177] 즉 민사평은 자기의 외가로 딸을 출가시킨 것이다. 6촌간인데, 외가는 사촌끼리도 혼인이 허용되었다.[178] 이러한 이중혼인 형태는 양 가문의 성세보완의 지속적 의미를 더 강하게 하는 것이다.

민변의 여는 서원(청주) 곽씨 찬성사 문량공 郭樞에게 출가하였다.[179] 문하평장사 郭琛의 아들이고, 판개성부사 郭迎俊의 손자이다. 공민왕 9년에 동진사 12위로 과거에 급제하였다. 우왕 14년에 정당문학으로 명나라에 가서 명나라 황제가 우왕이 질병이 있는 것을 알고 약재를 보낸 준 것에 대해 사례하였다.[180] 공양왕 옹립 무렵부터 정권에서 물러난 두문동 72현으로, 태종대에 인척으로 등용되어 예문관대학사, 의정부찬성사를 지내고, 태종 5년에 세상을 떴다.[181]

---

176) 민사평이 김승택에게 바친 시 한 수가 전한다(『及菴先生詩集』 卷二 耆老席上呈大菴金相國承澤).

177) 『牧隱文藁』 권19 墓誌銘 驪興郡夫人閔氏墓誌銘. 민사평은 아들이 없기 때문에 외동딸이 이처럼 어머니를 봉양한 것이고, 외손봉사를 받았다.

178) 『高麗史』 권33 世家33 忠宣王 즉위년 11월 辛未.

179) 『太宗實錄』 권4, 太宗 2년 8월 丁丑.

180) 『高麗史』 권137 列傳50 辛禑 14년 2월.

181) 『太宗實錄』 권10, 太宗 5년 7월 己亥. 卒記.

閔霽의 배는 여량 송씨 중대광 여량군 宋璿의 딸이다. 증조는 정헌대부 군부판서 宋琰이고, 조부는 광정원윤 宋渾이다. 송염은 중찬 정렬공 宋松禮의 아들로, 부를 도와 임유무를 제거하는데 공을 세우고 상장군을 지냈다. 여량 송씨는 태조 7년에 변한국대부인, 태종 5년에 삼한국대부인에 봉해졌다. 세종 6년에 83세로 사망하자, 세종은 소복을 입고 백관을 이끌고 擧哀하고, 6일간이나 친임하였다.[182] 세종 30년 2월에 세종은 전 감찰 安從生을 대구군으로 보내어 원경왕후의 외조부인 증좌의정 송선의 묘를 수리하고 표석을 세우게 하였다.[183]

민제의 1남인 閔無咎의 배는 안동 권씨로 검교찬성사 權鉉의 딸이다. 조부는 첨의찬성사 權廉이고, 증조는 길창부원군 창화공 權準이다.[184] 2남인 閔無疾의 배는 청주 한씨로 한성윤 韓尙桓의 딸이고, 조부는 글씨로 유명한 판후덕부사 문경공 韓脩이다. 3남인 閔無恤의 배는 성주 이씨로 영의정 문경공 李稷의 딸이고, 4남인 閔無悔의 배는 안동 김씨로 우부대언 金益達의 딸이다.

민제의 1녀는[185] 평양 조씨[186] 호조판서 평원공 趙璞에게 출가하였는데, 부는 직제학 趙思謙이다. 2녀는 이성계의 5남인 정안대군 李芳遠에게 출가하였다. 3녀는 교하 노씨 우의정 공숙공 盧閈에게 출가하였는데, 부는 대경 盧均이다. 또 원경왕후의 언니는 완산부원군 양도공 李天佑에게 출가하였다. 부는 이성계의 형인 완풍군 양평공 李元桂이다.[187]

---

182) 『春亭集』 권12 閔霽墓誌銘. 『列聖王妃世譜』 太宗大王妃彰德昭烈元敬王后.
183) 『世宗實錄』 권119, 世宗 30년 2월 己未.
184) 『高麗史』 권107 列傳20 權㫜 附 權準傳. 권준은 權溥의 아들이다.
185) 『氏族源流』 驪興閔氏에는 后室이라고 표기하였다. 前室은 閔慶生의 2녀이다.
186) 평양 조씨는 趙仁規가 몽고어 실력을 발판으로 출세하여 중찬에까지 오르고 권문세족이 되었다.
187) 『淵齋先生文集』 卷之三十一 神道碑銘 完山府院君李公天佑神道碑銘並序.

閔開의 배는 고성 이씨로 문경공 李岡의 딸이고, 이강은 문하시중 문정공 李嵒의 아들이다. 이강은 어려서부터 학문을 좋아하여 충목왕 3년에 15세에 병과 1위로 과거에 급제한 수재였다. 충정왕대에 侍讀으로 있었는데, 충정왕이 폐위된 후 충정왕을 따라 강화도로 갔었다. 경상도안렴사로 있을 때는 공민왕이 동왕 10년에 홍건적을 피하여 남쪽 안동으로 오자, 그는 왕을 마중하는 범절 등이 극진하였고, 후방 공급도 아주 풍족하였다. 왕이 개경으로 돌아 온 후에 지신사가 되어 전선을 주관하였다. 밀직부사로 임명되었다가 36세로 사망하자, 공민왕은 매우 애도하여 많은 부의를 내렸으며, 추밀은 시호가 없었으나, 이강에게는 특히 文敬이라는 시호를 내렸다.[188] 세종대에 좌의정을 지낸 李原은 그의 아들이다. 이암은 어려서부터 보통 아이들보다 유달리 숙성하고, 충선왕대에 17세에 과거에 급제하여, 19세에 이제현과 함께 충선왕의 원의 만권당에서 조맹부에게 공부를 하였다. 충목왕이 즉위하자 찬성사가 되고, 충목왕이 승하하여 충정왕이 원나라에 가 있던 중에 왕위를 계승하게 되자, 나라의 임시국무를 처리하였다. 공민왕초에 수문하시중으로 임명되었다. 홍건적이 침입하자 남쪽으로 왕을 수행하였는데, 평정 후 호종공신 1등과, 철성부원군에 봉해지고, 추성수의동덕찬화익조공신를 받았다. 죽은 후 공민왕은 친히 그의 초상화를 그려 주었고,[189] 충정왕의 묘에 향사되었다. 이암은 글씨로 유명하며, 우리나라에 조맹부의 송설체를 받아들인 사람이다.[190] 한편 특이한 점은 민개의 처조부인 이암과 민개의 부친인 민변과는 은문과 문생 사이라는 점이다. 즉 이강은 민변의 宗伯으로, 이것이 혼인관계로 이어졌을

188) 『高麗史』 권111 列傳24 李嵒 附 李岡傳. 『牧隱文藁』 권18 墓誌銘 李岡墓誌銘.

189) 『牧隱文藁』 권18 墓誌銘 李岡墓誌銘.

190) 閔德植 · 李星培, 「李嵒의 生涯와 書藝」, 『講座美術史』 6, 1994.

가능성이 있다고 보여 진다. 민사평이 「杏村書室梅花」와 「桃村學士見訪辭中其喜有不言之處李嵒弟李嶠」라는 시를 남기고,[191] 이암의 아우인 이교와 형제처럼 지낸 것을 보면, 본래 양 가문 사이에 상당한 교분이 있었던 것 같다.

이처럼 여흥 민씨는 경주 배씨, 철원 최씨, 정안 임씨, 경주 김씨, 교하 노씨, 문화 류씨, 해주 최씨, 장사 유씨, 진주 이씨, 천안 신씨, 전의 이씨, 안동 김씨, 순창 설씨, 나주 나씨, 안산 김씨, 함양 박씨, 언양 김씨, 안동 권씨, 순흥 안씨, 공암 허씨, 진주 유씨, 파평 윤씨, 죽산 박씨, 전주 최씨, 개성 왕씨, 경주 이씨, 당성 홍씨, 여량 송씨, 고성 이씨, 청주 곽씨, 현풍 곽씨, 전주 이씨, 평양 조씨, 청주 한씨, 성산 이씨 등과 혼인을 맺었다.

하여튼 여흥 민씨 혼인의 특징은 첫째, 여흥 민씨는 유력자 및 유력가문과의 혼인관계를 통해 가문의 盛勢를 유지 확대시켜 나아갔다. 둘째, 여흥 민씨에서 동성혼을 한 예는 과거에 급제하고, 형부상서를 지낸 민식 뿐이다. 고려 초에는 지방사회에서 동성혼과 동본혼이 일반적이었는데,[192] 이처럼 여흥 민씨에서도 12세기 후반까지도 동성혼이 행해졌다. 셋째, 민공규 가계가 유명한 권문세족인 철원 최씨 · 정안 임씨와 혼인을 맺은 것은 여흥 민씨가 권문세족으로 성장하는 과정에서 중요하다. 이 밖에도 경주 김씨, 문화 류씨, 장사 유씨, 안동 김씨, 언양 김씨, 공암 허씨, 안동 권씨, 순흥 안씨, 파평 윤씨, 전주 이씨와의 혼인은 여흥 민씨의 성장에 많은 도움을 주었다고 볼 수가 있다. 넷째, 여흥 민씨가 2회에 걸쳐 중첩 혼인을 한 예는 민식 가계가 당성 홍씨 · 문화 유씨[193] · 안동 권씨 가문과, 민공규 가계

---

191) 『及菴先生詩集』 卷三 杏村書室梅花. 『及菴先生詩集』 卷二 桃村學士見訪辭中其喜有不言之處李嵒弟李嶠.

192) 李樹健, 『韓國中世社會史硏究』(一潮閣), 1984, 245쪽.

193) 閔伯萱의 배 문화류씨를 포함하였다.

가 철원 최씨 · 안동 김씨 · 순흥 안씨 · 공암 허씨 가문과 였다. 여흥 민씨 전체로 보면 고려후기 세족 가운데 당성 홍씨 · 공암 허씨 · 철원 최씨 가문과는 3회에 걸쳐, 경주 김씨 · 문화 유씨 · 안동 권씨 · 안동 김씨 가문과는 2회에 걸쳐 충첩된 혼인을 하였다.[194] 다섯째, 고려 후기 여흥 민씨 가문 전체로 파악한 62회의 혼인 가운데, 배우자 또는 부친의 관직이 3품 이상인 자는 36명(58%)이고, 세족 가문과의 혼인 횟수는 31회(50%)였다.[195] 여섯째, 과거를 통한 은문과 문생, 동년의 관계로 인해 혼인이 성사된 경우도 찾아 볼 수가 있다. 일곱째, 민식 가계처럼 황려현에 세거하던 고향사람인 경주 김씨, 황려(여주) 이씨와 혼인을 맺은 경우도 있었는데, 경주 김씨와 황려 이씨와의 혼인 기록은 단지 이 것 뿐이다. 황려현에 살던 在地吏族들은 이씨, 김씨와 邑司의 호장직을 장악하고 호장직을 세습하면서 파를 달리한 가계가 차례로 토족화의 길을 걷고 있었는데,[196] 앞의 상경관인층과는 달리 이들 재지이족과 일반 주민들은 황려 이씨, 경주 김씨와 많은 혼인이 이루어졌을 것으로 짐작된다.

한편 충선왕은 교서를 내려 동성 사이의 통혼을 금하게 하고, 종친들은 여러 대에 내려오면서 재상을 지낸 가문의 딸과 혼인할 것이며, 재상들의 자손도 종실의 딸들과 혼인하는 것을 허락하였다. 왕실과 혼인할 수 있는 가문으로는 경주 김씨, 언양 김씨, 정안(장흥) 임씨, 경원(인주) 이씨, 안산 김씨, 철원(동주) 최씨, 해주 최씨, 공암(양천) 허씨, 평양 조씨, 청주 이씨, 당성(남양) 홍씨, 황려(여흥) 민씨, 횡천 조씨, 파평 윤씨, 평양 조씨 등은 모두 대대로 혼인할 만하다고 하였다.[197] 고려 태조가

194) 정혜순, 「여말선초 여흥민씨 가문의 동향」, 『石堂論叢』47(東亞大學校 石堂學術院), 2010, 197쪽.

195) 정혜순, 위의 논문, 196쪽.

196) 李樹健, 『韓國中世社會史硏究』, 267쪽. 「神勒寺普濟舍利石鐘記陰記」.

197) 『高麗史』 권33 世家33 忠宣王 즉위년 11월 辛未. 이중에서 정안 임씨,

그의 자녀를 혼인시킴으로써 왕실 족내근친혼은 분산되었던 호족들을 재결합시킬 수 있는 구심점을 만들어 주었다. 그러나 광종은 과감한 호족 탄압과 숙청작업을 진행하였고, 그 결과 왕실 내에서는 劉氏系와 皇甫氏系의 두 왕족만이 왕권을 독점할 수 있는 위치가 되었으며, 광종 이후 목종에 이르기까지 이 두 가계는 연속적으로 혼인관계를 맺었고, 한 가계의 왕손이 없으면 상대 가계의 왕족을 女婿로 맞아 왕위를 계위시키는 방법으로 왕권을 강화해 나갔다. 목종이 폐위되고 현종이 즉위하면서, 이 같은 배타적 족내혼 관계는 수정되고 현종 자녀의 결합에 의한 새로운 통혼권이 생성되고, 한편으로 귀족가문의 여를 맞아 이들 귀족녀의 소생자가 왕위를 계승하게 되는 절충식 혼인관계가 형성되어 거의 여말까지 계속되었다.198) 이때에 이르러 원 세조의 충고로 족내혼을 금한 것이다. 여기에는 충렬왕대 중엽경에 자리 잡힌 새 지배세력의 중요한 일면이 宰相之宗으로 나타난 것이며, 이들은 당시 가장 중요한 권문세족이었고, 고려 후기사회를 이끌어나가는 새로운 지배세력으로서의 권문세족의 성립을 알려 주는 것이었다. 이와 같은 새로운 권문세족의 성립은 실로 무신난 이래 약 1세기 가량의 진통기를 겪으면서 이루어졌던 것이다.199)

하여튼 여흥 민씨도 개성 왕씨와의 국혼 대상이 될 정도로 성장한 것이다. 여기에는 여흥 민씨가 민영모 · 민식 · 민공규

철원 최씨, 해주 최씨, 청주 이씨, 파평 윤씨, 경주 김씨, 경원 이씨, 안산 김씨는 고려전기 이래의 문벌귀족이고, 언양 김씨, 평강 채씨는 무신집권시대에 무신으로 득세하여 등장한 가문이고, 공암 허씨, 당성 홍씨, 황려 민씨, 횡천 조씨는 무신난 이후 신 관인층으로 대두하여 성장한 가문 및 이와 가까운 경우이고, 평양 조씨는 對元關係의 전개를 통하여 등장한 가문이었다(閔賢九, 「高麗後期 權門世族의 成立」, 38쪽).

198) 鄭容淑, 「高麗王室 族內婚의 展開와 變質」, 『斗溪李丙燾博士九旬紀念韓國史學論叢』(知識產業社), 1987, 202~244쪽.

199) 閔賢九, 「高麗後期 權門世族의 成立」, 36~39쪽.

가 기반을 마련한 이래, 충렬왕대에 친족관계인 동고조 8촌간인 민지 · 민종유와 같은 인물들의 활약에 힘입은바 컸다.

Ⅲ. 학문

1. 閔漬

민지는 유학자이면서,[200] 이제현이 말한 대로 「高官三筆」로,[201] 시문에 능하였다. 『默軒先生文集』이 있었다고 하나,[202] 아쉽게도 오늘날에는 전하지 않고 있다.

이색은 그의 시가 순수하기가 마치 광석과 璞石 속에서 금과 옥이 금방 나온 듯하고, 俊逸하기가 마치 고기가 냇둘에 있고, 새가 구름 사이에 있는 것 같다고 극찬하였다.[203] 또 이색은 그가 문장을 지으면 인정과 物態가 극진하게 담기고 물이 쏟아지듯이 기세가 거침없으니, 학자가 지금까지 宗主르 삼는다고 하였다.[204] 문장으로는 충렬왕 21년에 왕명으로 세운「麟角寺普覺國師靜照塔碑」의 비문이 대표적이다.[205] 대사성이었던 민지가 왕명으로 찬한 본 보각국사 일연의 탑비문은 일연의 문인이었던 竹虛가 왕명을 받아 왕희지의 글씨로 집자하여 더욱 유명하다. 또 그는 고종대의 이규보, 원종대의 金坵에 이어 충렬왕대에 외교문서 등 文翰 담당자였고,[206] 그를 이어 이제현이 이

200) 그의 논의에는 공자의 학문에 반대되는 것이 있었으며, 주자의 昭穆에 대한 이론을 비평하기도 하였다고 한다(『閔漬墓誌』). 또 그는 유학자이면서 불교에도 관심이 많았다.

201) 『閔漬墓誌』.

202) 『牧隱文藁』 권8 默軒先生文集序. 『東文選』 권86 序 默軒先生文集序.

203) 『牧隱文藁』 권8 默軒先生文集序.

204) 『牧隱文藁』 권8 默軒先生文集序.

205) 『朝鮮金石總覽』 上, 467~473쪽.

206) 『閔漬墓誌』.

를 담당하였다.

그가 역사가로서 『世代編年節要』와 『本朝編年綱目』을 편찬한 것은 유명하다. 민지는 이에 앞서 충선왕이 세자 때에 人主로서 前世의 사실들을 간명하게 이해하도록 왕조의 변천, 定都立號의 내용, 그 治亂의 상태를 하나의 圖上에 표시하고, 여러 가지 색과 표시방법을 통해 일관된 체제를 갖춘 製圖를 통해 역대의 치란을 나타낸 綱目式의 歷代圖를 만들었으며, 충선왕이 이를 매우 귀중하게 여겼다고 한다. 여기에는 고려왕실의 선계가 당 선종에 연결된다는 부분이 들어 있어, 숙종이라는 종래의 오류를 바로잡은 것이라고 이제현은 평가하였다.207)

충렬왕은 민지에게 충렬왕대에 鄭可臣이 찬술한 『千秋金鏡錄』을 증수할 것을 명하였는데, 나라에 사변이 많아서 완료하지를 못하였다. 그 후 權溥와 함께 그 책을 교열하여 편저하고 이름을 『세대편년절요』라고 하였는데, 여기에는 태조의 7대조인 虎景大王으로부터 원종에 이르기까지 7권으로 만들었고, 世系圖가 붙어 있었다.208) 이 책은 충선왕 즉위년 12월에 왕명으로 『천추금경록』과 함께 원에 送出되었는데, 정가신이 死去한 충렬왕 24년 이후에 증수의 왕명이 내려졌다가 이 무렵에 편찬이 완료된 것으로 보인다.

또 충숙왕 4년에는 『본조편년강목』을 편찬하였는데,209) 민지의 단독 저술이었다. 여기에는 國祖 元德大王으로부터 고종에 이르기까지 모두 42권이었다.210) 이 책은 충숙왕 1년에 『세대편년절요』보다 충실한 사서를 편찬하도록 찬자였던 정승치사 민지와 찬성사 권보에게 태조이래의 실록을 略撰하라는 왕명이

---

207) 『閔漬墓誌』.
208) 『高麗史』 권107 列傳20 閔漬傳.
209) 『高麗史』 권34 世家 34 忠肅王 4년 5월 庚子.
210) 『高麗史』 권107 列傳20 閔漬傳.

하달된 것인데,[211] 그 왕명은 상왕으로 물러난 충선왕으로부터 나왔으며, 사정상 민지 혼자서 이 일을 맡아 3년 만에 찬성한 것이다. 이 책은 『세대편년절요』보다 진일보한 사서였으나, 여전히 설화적 성격이 강했다고 보고 있다. 그러나 우리나라에서 綱目體로 편찬된 최초의 사서로 고려 후기를 통하여 중시되었고, 『고려국사』와[212] 『고려사』 편찬에도 參用되었다.[213]

2. 閔思平

민사평은 과거에 급제한 후 10년의 오랜 기간을 학문을 닦는데 힘쓴 유학자였고,[214] 집안에는 萬卷堂이 있어 수많은 서적을 소장하고 있었다.[215] 민사평은 당시 이제현 · 鄭子厚(愚谷) 등과 함께 문명이 높았던 학자였다.[216] 이제현은 그의 부친이 민사평의 은문이고, 이제현의 부친이 아끼던 문생이었다.[217] 나라의 풍속에 진사에 급제한 사람이 그 은문의 아들을 가리켜서 宗伯이라고 하였는데, 민사평은 8세가 연상인 이제현을 종백으

211) 『高麗史』 권34 世家 34 忠肅王 1년 1월 乙巳.

212) 『世宗實錄』 권25, 世宗 6년 8월 癸丑.

213) 『본조편년강목』은 『고려사』의 高麗世系와 지리지에 인용되었다. 「閔漬所撰綱目云尹瓘築九城徙南界民實之(『高麗史』 권58 志12 地理3 東界).

214) 『閔思平墓誌』.

215) 『及菴先生詩集』 卷四 次愚谷詩韻.

216) 민사평은 「送瑚大禪師得身字」, 「興王六具僧統請宋樞相弄毬詩」등 스님에 대한 여러 수의시를 남기고, 또 즉시 따라가서 산속에서 불경을 배우고 싶지만 속세의 인연 아직 다 하지 않아 돌아보며 다시 주저하네라고 한 것처럼 유학자이면서 불교를 좋아하였다(『及菴先生詩集』 卷一 送善住聰法師游楓岳). 특히 충혜왕 5년 8월 13일에 영암 곤미현 古乙未 주민을 중심으로 조직된 彌陀契가 주관한 전남 영암군 서호면 엄길리 철암산 글자바위에 용화세계를 기원하며 미륵신앙에 기초하여 새긴 岩刻埋香銘(보물 1309호)에 化主 及岩이 나오는 것은 주목된다. 이는 원나라에서 독살 당한 충혜왕을 8월 4일에 永陵에 장례를 하고, 9일 만에 생질녀의 남편인 왕의 명복을 빌기 위해 埋香祭의 화주가 된 것이다.

217) 『及菴先生詩集』 李齊賢 序.

로 모시고 한 마을에 살았었다.[218] 정자후는 민사평이 부친처럼 섬겼던 사람이었다.[219] 당시 김륜 · 이제현 · 정자후가 같은 마을에 살아서 鐵洞三菴(岩)이라고 했는데,[220] 충목왕 4년에 김륜이 세상을 떠나자, 사위인 민사평이 그 집으로 이사를 와서 살게 되어 삼암이라는 칭호가 끊기지 않았다고 한다.[221] 이를 반영하듯 민사평은 이제현 · 정자후와 관련한 많은 시를 남겼다.[222] 이색도 부친 이곡이 민사평과 교유를 하고,[223] 외가에서 생장한 민사평의 외손인 金九容과는 성균관에서 같이 공부를 한 친우였기 때문에 민사평의 집에 왕래하면서 많은 영향을 받았다고 한다.[224] 정몽주도 민사평과 관련이 있는데, 정몽주의 부친인 鄭云瓘은 민사평의 문하였고, 정몽주는 김구용과 친우 사이였기 때문에 정몽주를 자식처럼 생각하였다고 한다.[225] 사실

---

218) 민사평은 이제현을 儒宗益齋公, 宗伯益齋公이라고 하였다.

219) 『及菴先生詩集』 卷三 次愚谷銀杯詩韻.

220) 김륜과 이제현은 사돈 사이였다.

221) 『牧隱詩藁』 권13 題惕若齋學吟後. 민사평은 장인인 김륜의 후광도 많이 받았다.

222) 金承澤은 민사평의 사돈이고, 金永煦는 민사평의 외당숙이다. 金希祖는 이제현의 사위로 민사평의 처남이고, 김희조의 형인 金淑明은 김륜의 6남이고, 아우인 金承矩도 김륜의 8남으로 민사평의 처남이며, 金揮南은 김륜의 막내 사위로 민사평의 동서이다. 이밖에 민사평의 시집에는 安軸(謹齋), 崔瀣, 王珣(淮安大君), 李穀, 韓宗愈, 李淩幹, 金仁沇, 洪鐸 (益城府院君), 權準(吉昌府院君), 鄭頫(雪軒), 李培中(雲窩), 鄭誧(雪谷), 李湛(深岳君), 印瑠(碩城府院君), 朴忠佐, 許邕(丹溪), 韓大順, 李嵒, 黃石奇, 柳淑(思菴), 尹奕, 安牧, 尹桓(守常), 南兢, 兪思廉, 閔璿, 金光載(松堂), 辛裔, 安震, 韓中禮(敬齋), 白文寶(淡菴), 高用賢, 朴良桂, 權思復, 方彦暉, 成元揆, 李達衷, 卓光茂, 金光轍(鈍翁), 張沆(訥齋), 季晉(明叔, 중국사신), 金孟堅, 金成挺, 宋天逢, 洪敏求, 李嶠, 鄭寓, 鄭夢周 등 많은 유명 인사들이 포함되어 있다.

223) 『稼亭集』 권18 律詩 灤京紀行 灤京送別一首用閔及菴詩韻.

224) 『牧隱文藁』 卷十三 題惕若齋學吟後.

225) 吾門鄭大學 如今有賢嗣 況與愚孫游 胡不示猶子(내 문하의 鄭太學, 이제 훌륭한 아들을 두었네, 게다가 내 손자와 교류하니, 어찌 자식처럼 보지 않겠나)(『及菴先生詩集』 卷一 示鄭夢周). 정몽주는 공민왕 6년에 성균관시에 급제하고, 동왕 9년 10월에 장원으로 과거에 급제를 하였기 때문에 과거에

예문관대제학과 진현관대제학을 지낸 민사평은 민사평의 묘지명을 찬한 계림부원군 李達衷과 『及菴先生詩集』을 간행한 경상도안렴사를 지낸 李頤, 장원급제한 河乙沚[226] 등 많은 제자들을 배출하였다. 특히 충숙왕 7년 6월에 이제현이 지공거를 맡았을 때에는 민사평의 문하생이 9명이나 급제를 하였다.[227] 제자들 중에서는 이달충과 김구용이 그의 학문을 계승하였다고 볼 수가 있다. 그가 말년에 벼슬을 버리고 8년간 한가로이 여생을 보낼 때에는,[228] 더욱 후학의 교육에 힘썼다.[229]

이때는 우리나라 한문학이 높은 수준에 와 있을 때였다. 그는 특히 시문에 능하였다. 그의 시문은 말년의 작품을 제외하고는 산일되었다. 다행히 외손 김구용이 가장초본을 바탕으로, 공민왕 9년경에 수집 · 편차하여 繕寫한 후 다침 민사평의 문도 李頤가 경상도안렴사로 부임하게 되자, 이제현 · 백문보 · 이색의 서와 이색 · 이인복의 발을 넣어 공민왕 19년에 목판으로 『급암선생시집』을 간행하였다. 다행히 초간본이 성암고서박물관(도서번호 4—529)에 소장되어 있어 보물 708호로 지정되어 있다. 분량은 5권 1책으로 총 88板이며, 反葉은 11행 15자이다. 특히 卷首에는 민사평의 묘지명, 연보, 이제현이 지은 輓詞 1편이 실려 있다. 권1~4는 詩이고, 권5는 牧丹詩, 詞疏가 실려 있다. 이 시집에는 211題 292數의 詩와 10여 편의 詞 · 疏가 수록되어 있다.

급제하기 이전의 일이다.

226) 『及菴先生詩集』 卷一 贈河斯澄. 『及菴先生詩集』 卷三 河斯澄爲壯元及第詩以賀之. 菁川君 하을지는 충혜왕 복위 3년에 민사평이 주관한 성균관시에 급제하고, 충혜왕 복위 5년에 장원급제를 하였다.

227) 『及菴先生詩集』 卷二 奉賀益齋知貢擧.

228) 『及菴先生詩集』 卷二 春帖子. 『及菴先生詩集』 卷三 有贈.

229) 『及菴先生詩集』 卷三 與門生出游東郊. 문생들과 동쪽 교외에 나가 사냥을 할 때 사냥에서 얻은 것을 사람들이 묻는다면 布衣로서 문생들을 거느렸다는 자부심일세라고 하였다.

민사평의 한시에 대해서는 현재 많은 연구가 이루어지고 있다. 이제현은 항상 민사평은 詩法이 天趣를 自得하였다고 칭찬하였고,[230] 이인복은 冲淡高古하다고 평하였다.[231] 이색은 그의 시가 造語가 平淡하고, 用意가 精深하다고 하였다.[232] 또 그의 시는 淡淡한듯 하지만 천박하지 않고, 아름다운 듯하지만 사치스럽지 않으며, 주제를 세운 것이 진실로 원대하여 읽을수록 맛이 나니, 초현히 현묘한 詩法을 얻은 流가 아니겠는가. 그의 시가 후세에 전해질 것은 확실하다고 하였다.[233] 내용적 면에서 백성들의 편에서 그들의 애환을 고발한 민중의식을 가지고, 隱逸 指向과 觀照의 세계를 지닌 그의 시는 이인복의 평대로 冲淡 · 高古하다고 평가되고 있다. 그의 시가 충담 · 고고한 데에는 첫째, 시들이 노년에 지은 것들이기 때문에 인생의 다양한 경험을 통하여 자신을 관조할 수 있는 나이에 지은 것들이고, 그가 평소에 存心養性하는 마음을 지녔기 때문이었다. 둘째, 그의 삶에서 찾을 수 있는데, 존심양성하고 욕심이 없이 살았고, 남에게 겸손할 줄 알았으며, 남의 마음을 헤아렸기 때문이었다. 셋째, 당시의 시풍에 근거한다고 볼 수가 있는데, 그가 생존했던 시기는 唐詩風이 서서히 사라지고 宋詩風이 유행하기 시작했고, 유학자들이 가장 좋은 시로 여기는 것이 바로 전아 · 충담 · 고고한 품격을 지닌 시였기 때문이었다.[234] 하여튼 그의 의식은 시대를 앞서갔을 뿐만 아니라, 그의 시도 또한 당대의 유행을 넘어서 앞으로 전개될 신유학풍의 시를 남겼다는 점에서 문학사상의 의의가 있다고 하겠다. 그는 오언 · 칠언 절구나 율시는 말할 것도 없고, 賦나 詞[235]의 형태를 지닌 장단구도 있

230) 『牧隱文藁』 卷十三 題惕若齋學吟後.
231) 『及菴先生詩集』 李仁復 跋.
232) 『牧隱文藁』 卷十三 題惕若齋學吟後.
233) 『及菴先生詩集』 李穡 序.
234) 李九義, 『高麗漢詩研究』(아세아문화사), 2001, 412~422쪽.

는 등 다양한 詩體를 남겨 당시 시문학 발전에 일조한 사람이었다.[236]

또 민사평은 이제현과 더불어 小樂府나 詞를 남겨서 우리 시문학의 범위를 한 단계 넓히는데 공헌하였다. 특히 독특한 문학 작품인 「소악부」는 주목받고 있다. 악부는 漢詩歌의 기본 형태인 한 句가 5자나 7자로 이루어진다. 그러나 한 편의 악부가 몇 구로 이루어지는 것은 定型性이 없다. 이따금 絶句體를 지키고 있는 악부가 있어 이를 「소악부」라고 하는데, 7언 4구로 다른 악부 작품에 비해 편폭이 짧기 때문에 작은 시(小詩)의 형태라는 것이다. 고려의 「소악부」의 내용은 우리말의 가요인 당시의 고려 俗謠이고, 우리 가요를 七言絶句의 시형식 속에 담은 것이다. 「소악부」는 말과 글이 달랐던 옛 시대에 노래의 말을 그대로 전할 방법이 없자, 노랫말 그대로는 아니라 하더라도 한시로 번안한 것은 그 내용의 보존에 큰 의미가 있는 것이다.

우리 음악에서 처음으로 劉禹錫의 「竹枝歌」와 蘇軾의 「竹枝詞」를 참조하여,[237] 공민왕 1년에서 8년 사이에 창작된 것으로 추정되는,[238] 「소악부」라는 시를 飜解한 사람은 당시 문단의 종주격인 이제현이었다. 이제현의 「소악부」는 모두 11章인데, 前9章은 「長岩」, 「居士戀」, 「濟危寶」, 「沙里花」, 미상, 「處容」, 「五冠山」, 「鄭石歌」, 「鄭瓜亭」이다.[239] 각 장은

235) 우리나라에서 짓기가 어렵다는 송대의 詞를 지은 사람은 6명뿐이며, 이제현, 김시습, 정약용이 잘 지었다.

236) 李九義, 앞의 책, 424쪽.

237) 朴現圭, 「李齊賢 · 閔思平의 小樂府에 관한 硏究」, 『韓國漢文學硏究』 18(韓國漢文學硏究會), 1995, 163~166쪽.

238) 이제현의 「北風船」에는 제주도에서 여러 차례 변고가 일어났다고 하였는데, 이 시기에 제주도에서 민란이 일어난 것은 공민왕 5년 10월에 加乙赤과 忽古托 등이 반란을 일으켜 순문사 尹時遇, 목사 張天年, 판관 李陽吉을 죽였다(『高麗史』 권39 世家39 恭愍王 5년 10월 丙寅).

239) 李佑成, 「高麗末期의 小樂府—高麗俗謠와 士大夫文學—」, 『韓國漢文學

제목, 해설도 없이 連書한 시조처럼 되어 있다. 이 전9장이 발표되자 사대부 사이에 상당한 인기가 있었고, 민사평도 그것을 본떠 화답하려는 의사를 표시하자, 이제현은 그것을 전해 듣고, 제주도 민요인 「水精寺」, 「北風船」이라는 後2章을 지어 민사평에게 화답을 재촉하였다.240) 이에 민사평은 6장을 지어 이제현에게 바쳤다.241) 제목도 해설도 없어 이해하기가 어렵지만, 고려민요의 특유한 情調와 운치가 드러나고 있다. 제1장은 충혜왕이 지었다는 「後殿眞勺」(「北殿歌」)이라고 추정하는 견해가 있고,242) 제2장과 제3장은 추정이 불가능하고, 제4장은 「雙花店」이고, 제5장은 「安東紫靑」이며, 제6장은 「月情花」로 추정된다.243) 이러한 이제현과 민사평의 「소악부」는 대부분 이미 상실된 고려속요의 原歌를 불안전하나마 그 면모를 우리에게 알려주고, 유학자들에 의해 왜곡되었던 내용을 일부분이나마 우리에게 바로 잡을 수 있도록 했다는 공적을 남겼다.244) 하여튼 이로써 보면 이제현이 민사평을 아끼는 마음이 남달랐음을 알 수가 있고,245) 민사평도 종백인 이제현을 섬기는 정성이 보통이 아니었다. 민사평이 죽은 후에도 김구용이 민사평의 시집 원고를 정리하여 이제현에게 보이자, 이제현은 이를 보고 너는 送崔史官의 시를 보지 못했느냐, 이는 장편 가운데 가장 뛰어난 것이라고 일

研究』 1(韓國漢文學硏究會), 1976, 11쪽.

240) 『益齋亂藁』 권4 小樂府.

241) 『及菴先生詩集』 卷三 小樂府六章.

242) 情人相見意如存 須到黃龍佛寺門 氷雪容顔雖未覩 聲音仿佛尙能聞(情다운 님 만나고 싶은 뜻이 있거든, 黃龍 절문 앞으로 오라, 氷雪 같은 맑은 容顔은 뵙지 못하드라도, 그 음성만은 들을 수 있으리).

243) 李佑成, 「高麗末期의 小樂府—高麗俗謠와 士大夫文學—」, 14~16쪽.

244) 李佑成, 위의 논문, 18쪽.

245) 민사평이 이제현에게 올리는 시에는 「白頭門士雖無用 敢忘當年鍛鍊工」(흰머리 문하생은 비록 쓸모가 없지만, 감히 당년에 단련시켜주신 은혜를 잊으랴)이라고 하였다(『及菴先生詩集』 卷五 右呈益齋).

러주자, 김구용은 최덕성에게 청하여 얻었다고 할 정도로 이제현은 민사평의 시집도 일일이 챙겨주었다.[246] 또 민사평은 이제현에게서 부친의 묘지명을 받기도 하였다.

민사평은 남을 잘 허여하지 않기로 유명한 拙翁 崔瀣와 친분이 두터웠는데, 그의 글을 매우 좋아하여 자신의 사재를 털어 그의 문집을 간행하여 주기도 하였다. 최해는 어려서부터 뛰어나게 총명하여 9세에 시를 지었으며, 金台鉉에게서 배웠다. 충렬왕 29년에 고려의 과거에 급제하고, 충숙왕 8년에 원의 제과에 장원급제한 수재로 검교성균관대사성을 지냈다. 글을 읽고 지을 때는 스승이나 친우에게 의존함이 없이 자력으로 허석 저작하였다. 이단에 유혹되지 않고 시속에 젖지 않았다. 자기가 옳다고 인정하는 때에는 상대방이 비록 노성한 스승이거나 박학한 학자라도 따지고 논박하여 자기의 견허를 굽히지 않았다. 벗은 정직한 사람을 택하였고 시를 짓고 술을 마시는 것으로 낙을 삼았다. 평생에 집안 살림에 관심이 없어 가세가 심히 빈곤하여 충혜왕 복위 1년에 54세로 사망하자, 친구들이 부조하여 장례를 치룰 정도였다.[247] 원나라에 있을 때 우리나라에는 시문선집이 없는 것을 애석하게 여겨 후에 최치원에서 충렬왕대까지 본국 명현들의 시문을 수집하여 편집한 『東人之文』25권(충혜왕 1년~충숙왕 복위 7년 편집)[248]과 저서 『拙藁千百』과

---

246) 『及菴先生詩集』 卷一 送崔德成史官晒史海印寺.

247) 최해의 선조인 최치원이 당나라에서 신라로 귀국할 때 顧雲이 그를 위해 「儒仙歌」를 지어 주었고, 이제현도 동갑(同庚)이고, 同鄕(경주)인 최해가 죽어 신선세계에 가 있는 모습을 그린 「後儒仙歌」를 지어 민사평에게 주었다(『益齋亂藁』 권1 詩 後儒仙歌爲崔拙翁作示及菴). 이에 민사평도 최해를 위해 「儒仙歌」를 지었다(『及菴先生詩集』 卷三 儒仙歌崔拙翁). 여기서 이제현 · 최해 · 민사평 사이의 긴밀했던 관계를 알 수가 있다

248) 민사평은 그의 「送鄭諫議之官金海得見字」라는 시에서 『東人之文』이 중국의 屈原이 지은 『離騷』나 蕭統이 엮은 『文選』보다 우수하다고 최해를 칭찬하고 있다(『及菴先生詩集』 卷一 送鄭諫議之官金海得見字). 이때 이제

『猊山隱者傳』249)이 있다.250) 이색은 졸옹의 호기는 대적할 사람이 없다고 하였다.251) 하여튼 민사평은 8세가 연상인 최해와 절친한 사이였고, 민사평의 부친인 민적과 최해의 부친인 崔伯倫252)도 교유하던 사이였다.253) 이 때문에 최해는 민사평의 조부인 민종유의 묘지명254)과 민적의 행장255)을 지어주었다. 특히 민적의 행장은 이제현이 찬한 민적의 묘지명과 『고려사』 열전을 작성하는데 바탕이 되었고, 민적의 연구에 귀한 자료가 되고 있다. 최해에게 바친 시 한 수가 전한다.256)

민사평은 아들이 없이 딸 하나만 두었기 때문에,257) 외손으로 김방경의 현손인 惕若齋 金九容(초명 齊閔)258)을 자기 집에서 키우며 손수 공부를 가르쳤다.259) 김구용은 16세에 성균관시에 급제하고, 이듬해에 예부시에 급제한 수재였다. 성균관 직강이 되

현도 詩酒를 가지고 와서 공민왕 4년에 『東人之文』을 간행하여 준 鄭諫議를 餞別하면서 죽은 최해와의 우정을 나타내었다. 이 시를 통해서도 이제현 · 최해 · 민사평 사이의 깊은 우정을 엿볼 수가 있다.

249) 노년에 城南 獅子山 아래에서 살았으므로 猊山農隱이라고 일컬었다.

250) 『稼亭集』 권11 墓誌銘 崔瀣墓誌銘. 『高麗史』 권190 列傳22 崔瀣傳. 『陽村先生文集』 권35 東賢史略.

251) 『牧隱詩藁』 권17 閔祗候安仁 集諸家詩藁 將續拙翁東文 予喜之甚 作短歌以勖其成.

252) 경주 최씨로 충렬왕 8년에 과거에서 장원급제를 한 수재였으며(『高麗史』 권29 世家29 忠烈王 8년 11월 戊午. 『高麗史』 권73 志27 選擧1), 중현대부 민부의랑을 지냈다(『崔瀣墓誌』).

253) 『拙藁千百』 권2 閔頔行狀.

254) 『拙藁千百』 권1 閔宗儒墓誌銘. 민적은 조문을 온 최해에게 묘지명을 부탁하였다. 그리고 절친한 사이인 아들 사평을 시켜 민종유가 역임한 관직의 전말을 기록하여 최해에게 가서 묘지명을 부탁한 것이다(『閔宗儒墓誌』).

255) 『拙藁千百』 권2 閔頔行狀.

256) 『及菴先生詩集』 卷二 奉呈拙齋.

257) 이제현도 민사평이 아들이 없는 것을 애석하게 여겼다(『及菴先生詩集』 卷首 及菴輓詞).

258) 김구용은 아우인 齊顏이 공민왕 17년에 신돈에게 불행하게 죽임을 당하자, 제민에서 구용으로 개명하였다.

259) 『牧隱文藁』 卷十三 題惕若齋學吟後.

었을 때는 후진들을 힘써 추천하고 가르쳐 주어 피곤한 줄을 몰랐고, 비록 휴일에 집에서 쉬는 날이더라도 질의하러 오는 학생들의 발길이 그치지 않았다. 그 후 성균관대사성, 판전교시사를 지냈다. 外鄕인 여주에서 유배생활을 할 때는 벼슬에 뜻을 두지 않고, 산수가 좋은 곳에서 시 짓기와 술 마시기로 낙을 삼았으며, 처소의 편액을 六友堂이라고 하였다.[260] 經學에 밝아 당대의 명유인 이색, 이집, 정몽주, 이숭인 등과 교수하였다. 시 · 부 · 잡문 등 글짓기를 잘하였는데 특히 시에 능하였다. 일찍이 공민왕이 모란꽃에 대한 시를 지으라고 하였을 때 첫 자리를 차지하여 왕이 기특하게 여겼다는 일화가 전한다. 친우였던 이색은 붓을 대면 시가 구름과 연기처럼 솟아난다고 칭찬하였다. 정종 2년에 그의 아들 金明理가 그의 유작을 수집하여 펴낸 『惕若齋學吟集』이 전한다. 이밖에 『惕若齋集』이 있다. 하여튼 민사평은 외손인 김구용과 金齊顔를 매우 사랑하였고, 이들의 교육에 힘써 모두 과거에 급제시켜,[261] 현달하게 만들었다.[262]

3. 閔霽

민제는 민사평의 조카로, 경사에 밝았으며 특히 사학을 잘하고 시평도 잘하였다. 젊어서부터 예를 잘 안다고 알려져 무릇 국가의 전례는 모두 그가 상정하고 예문을 지었으며, 추부에 올라서도 항상 예조를 겸하였다. 이단을 배척하고 음사를 미워하였는데, 화공을 시켜 하인이 막대기를 들고 스님을 치는 그림과 개를 시켜 스님과 무당을 쫓아내는 형상도를 그리라고 하여 벽에다 붙여 놓고 보았다. 어느 날 왕이 경연에서 민제에게 묻기

260) 『高麗史』 권104 列傳17 金方慶 附 金九容傳.

261) 김구용은 공민왕 4년에 동진사 19위로 급제하고, 김제안은 공민왕 6년에 동진사 2위로 급제하였다. 이때 민사평은 「奉和愚谷賀齊閔齊顔連學進士」라는 시를 남겼다(『及菴先生詩集』 卷二 奉和愚谷賀齊閔齊顔連學進士).

262) 『閔思平墓誌』.

를 들으니 예조에서 복색을 제한하고, 불교 행사를 줄인다고 하는데 사실인가 라고 묻자, 민제는 복색은 외국 물건을 금하려는 것이고, 불교 행사는 봄과 가을의 藏經 모임을 제외하고는 모두 그만 두어야 한다고 대답하자, 왕은 외국 물건을 숭상하지 않는 것은 좋은 일이니 내 역시 면포를 입겠거니와, 불교 행사는 선왕들이 실시해 온 것인데 내 어찌 함부로 그만 둘 수 있느냐고 하였다. 또 고려 말 사전을 혁파하고 과전제를 실시할 때 이를 담당하였고, 조선이 개국되자 『經濟六典』을 수찬하였다. 『경제육전』은 經濟元六典, 元六典이라고도 하는데, 도평의사사의 부속기관으로서 법령의 정비와 법전 편찬 업무를 관장하던 檢詳條例司에서 영의정 조준의 책임 하에 태조 6년 12월에 편찬되었다. 우왕 14년에서 태조 6년까지의 법령과 장차 시행할 법령을 수집해 분류, 편집하였다. 오늘날 전해지지 않는데, 조문의 문장에 이두와 방언이 섞여 있고, 시행 연월일이 붙어 있기 때문에 후에 吏讀元六典, 方言六典이라고도 불렀다. 또 국가의 모든 대소 禮度는 그가 상정하였다. 태조 5년의 한양도성의 축조와 문묘의 제도에도 참여하였다.263)

4. 閔安仁

閔璿의 1남으로 충혜왕 4년에 출생하였다. 자는 子復이다. 일찍이 삼각산의 절에서 정몽주에게 『대학』과 『중용』을 배웠다.264) 이색의 문인이다. 공민왕 14년에 성균관시의 古賦에서 장원을 하고,265) 동왕 23년에 과거에 급제를 하였다.266) 급제한 다음 춘추관검열에 선임되고, 통례문지후, 예의 · 전법총랑, 군

---

263) 『高麗史』 권108 列傳21 閔宗儒 附 閔霽傳. 『春亭集』 권12 閔霽墓誌銘. 『太宗實錄』 권16, 太宗 8년 9월 庚申. 閔霽卒記.
264) 『三峯集』 권3 序 圃隱奉使稿序.
265) 『高麗史』 권74 志28 選擧2.
266) 『陽村先生文集』 권39 墓誌類 閔安仁墓誌銘.

부총랑, 삼사좌윤, 삼사우윤이 되었다. 모두 관직을 띠고 制誥를 관장하였다. 14년 동안이나 文書應奉司를 맡았다.

조선에 들어서는 禹仁烈을 따라 북경에 가고, 돌아와서는 성균제주, 교서감으로 전임되었다가, 平壤教授로 나가서는 문묘를 수리하고 釋奠의 의식을 갖추었다. 이때 성석린이 민안인을 평양으로 보내며 지은 시가 남아 있다.[267] 태조 4년에 한양도성에 종묘가 완성되자 典故에 밝다하여 악기를 수리하게 하였는데, 낡은 것을 새롭게 만들고, 떨어진 것을 보수하되 다 제도에 맞게 하여 大禮가 잘 이루어지게 하였다. 태조 7년에는 자기 집에 있던 前朝의 세자에게 바친 『綱目通鑑』 이 지금의 세자부에 있으므로, 환관 강인부에게 부탁하여 다른 책과 바꾸어내려고 하다가 탄핵을 받은 일이 있었다.[268]

이색은 묵헌의 손자들 중에서 유독 민안인이 古文을 좋아한다고 칭찬을 하였다.[269] 그는 학문을 즐기고 옛것을 좋아하여 서책을 많이 쌓아 놓고, 아침저녁으로 열람하면서 儒道를 독신하고, 伊洛九先生圖를 청사의 벽에 걸어 놓고 아침저녁으로 분향하여 경의를 표하였다. 金子粹와 함께 『禮記集說』을 간행토록 하고,[270] 『默軒先生文集』을 편찬하고, 『訓蒙』 몇 편을 주석하였다. 최해의 『동인지문』을 보완할 『續東人文』을 찬하기 위해[271] 많은 학자들의 逸稿를 수집하여 1백여 질에 이르렀는데, 이를 손수 초록하여 여러 해 동안 부지런히 하다가 미처

---

267) 『獨谷先生集』 卷上 詩 送閔安仁教授西都.

268) 『太祖實錄』 권13, 太祖 7년 3월 甲寅.

269) 『牧隱詩藁』 권19 詩 薦閔安仁改班.

270) 『陶隱集』 권5 文 進重刊陳澔集說禮記箋.

271) 이색도 이 작업을 매우 기뻐하였다(『牧隱詩藁』 권17 詩 閔祗侯安仁集諸家詩藁將續拙翁東文予喜之甚作短歌以勗其成). 이색의 시에도 민안인이 여러 번 등장하는데, 이색을 지극히 섬기고 사랑을 받았다. 이색이 말년에 여주에서 은거할 때도 민안인 형제들은 酒食을 갖고 가서 대접을 해 드렸다.

탈고하지 못하고, 태조 7년에 56세로 졸하였다.[272]

그는 성품이 솔직하고 성실하며 인정이 많고 검소하였다. 남에게 청탁하기를 좋아하지 않고, 가산을 다스리지 않았으며, 언행에도 반드시 옛것을 사모하여 현실과 어울리기를 좋아하지 않았다. 지나치게 부지런하다는 비방이 있어도 조금도 변하는 기색이 없었다.[273] 그는 고려 말에 제고에 기여하였으며, 조선개국 초에는 유학진흥과 의례의 정비, 보급에 기여하였다. 권근과는 절친한 친우였는데, 권근은 민안인의 고모부인 이존오의 사위였다.

Ⅳ. 충절

1. 閔愉

민유는 과거에 급제하여, 지밀직사사, 대제학에 오르고, 여흥군에 봉해졌다. 공민왕대에 신돈의 독재가 심해지자 벼슬을 버리고 통진 봉상리에 우거하며 은둔생활을 하다가, 고려가 망하자,[274] 고려에 대한 충절로 두문동(경기도 개풍군 광덕면 광덕산 서쪽 기슭)으로 들어간 것으로 추정되고 있다.[275] 부사 金椿이 찬한 『海東忠義錄』에는 민유와 민안부가 정몽주, 길재, 이색, 원천석 등과 함께 麗朝忠臣不死自靖之人 속에 들어 있다.[276] 민유는 李集, 李裕, 具鴻, 尹珪, 金浚 등과 함께 고려 말 八淸의 한

---

272) 『陽村先生文集』 권39 墓誌類 閔安仁墓誌銘.
273) 『陽村先生文集』 권39 墓誌類 閔安仁墓誌銘.
274) 민적이 충렬왕 31년 전후하여 재혼한 것으로 추정되므로, 이때 민유는 80대 후반으로 추정된다.
275) 민유는 두문동 72현에 속한다고 한다(金貞子, 「소위 '杜門洞72賢'의 정치성향」, 『釜大史學』 15 · 16, 釜山大學校史學會, 1992, 363쪽).
276) 『貞齋先生逸稿』 권3 摭遺麗史纂錄 海東忠義錄.

사람이다.[277] 신왕조를 부정한 비중 있는 반체제인사 중에 한 사람이었기 때문에, 『고려사』 열전에도 한마디의 언급도 없다.

2. 閔安富

민안부는 자가 榮叔, 호가 農隱으로 閔楠의 아들이고, 민식의 4남인 閔仁傑의 현손이다. 정몽주, 金澍, 徐甄, 安省, 이종학, 南乙珍, 程廣 등과 만월대에 모여 聯句를 지었다.[278] 예의판서를 지내고,[279] 고려가 망하자 두문동으로 들어가 72현이 되었다. 그 후 산청 산음현 대포리에 은거하면서 매월 초하루에 望京臺에 올라 송경을 바라보며 망국의 한을 눈물로 달래고 살았으며, 신왕조에서는 여러 차례 벼슬길에 나오도록 불렀으나 응하지 않았고, 자손들에게도 신왕조에서는 벼슬을 하지 말도록 경계를 하였다고 한다.[280] 순조대에 유생들의 상소로 표절사에 추배되었다.[281]

3. 閔開

민개는 민유의 조카로, 과거에 급제하여 경상도관찰사를 지냈다. 공양왕 4년 4월에 사헌부 겸대사헌이 되었다.[282] 그는 이

---

277) 『農隱先生實記』 권2 行狀.

278) 『圃隱鄭先生文集』 續錄 卷四 拾遺 滿月臺聯句.

279) 민안부는 『여흥민씨세보』에는 공민왕 9년에 別試登文科라고 하였으나, 급제자 명단에는 없다(한국학중앙연구원, 「한국역대인물종합정보시스템」 고려문과 급제자명단).

280) 『夢梧集』 권6 墓表 高麗禮儀判書閔公墓表. 『松沙先生文集』 권24 神道碑銘 高麗禮儀判書農隱閔先生神道碑銘 幷序. 『農隱先生實記』 권2 行狀. 『貞齋先生逸稿』 권3 摭遺麗史纂錄 杜門洞言志錄 · 海東忠義錄. 『高麗名臣傳』 권12 逸民. 『大東奇聞』 附錄 高麗末守節諸臣.

281) 『純祖實錄』 권25, 純祖 22년 12월 丙寅. 『增補文獻備考』 권210 學校考9 祠院總論. 이에 앞서 정조 7년에는 개성유수 徐有防의 장계에 따라 表節祠를 개성의 옛 성균관 옆에 세우고 두문동 諸賢을 제사하였다(『承政院日記』 책 83, 正祖 8년 2월 壬戌).

인임의 죄상을 논하며 尹紹宗 등과 함께 斬棺과 瀦宅을 상소했던,[283] 사류의 신망을 받던 인물이었다. 대사헌으로 공양왕이 왕위에서 물러나던 날,[284] 이를 반대하고자 말과 기색에 이를 나타내었다. 이에 남은 등이 조준에게 민개의 목을 베어야 한다고 하였으나, 조준이 반대하여 죽음을 면하였다.[285] 이때 태조도 민개를 죽이는 것을 제지하였다고 한다.[286] 태조는 민개가 사돈인 민제의 아우이므로, 의리상 죽일 수는 없었을 것이다. 아무튼 촉망을 받던 젊은 민개의 이러한 행동은 당시의 상황으로 보아 목숨을 내 놓아야 하는 것이었다. 민개와 같은 인재가 태조 5년에 37세로 일찍이 세상을 떠난 것은 나라의 큰 손실이었다.

맺 음 말

고려의 권문세족은 고려 전기로부터 그 세력을 이어 내려온 가문, 무신집권기에 등장한 가문, 원과의 관계에서 등장한 가문 등이 있었으나, 여흥 민씨는 고려 전기에 官人을 배출하기 시작하여, 무신집권기 동안에 이미 세족으로서의 기반을 갖추었던 가문이었다.

고려 왕조를 이끈 사람들은 대대로 벼슬하는 집안인 士族이었고, 그 중에서도 유교와 문장을 공부해 과거에 급제한 유자였다. 여흥 민씨에게도 대대로 벼슬하고 권세가 있는 世臣大族으로 성장하는데 과거는 결정적인 역할을 하였다. 황려현에 본관

282) 『高麗史』 권46 世家46 恭讓王 4년 4월 丁巳.
283) 『高麗史』 권126 列傳39 姦臣2 李仁任傳. 『高麗史』 권120 列傳33 尹紹宗傳. 『高麗史節要』 권34 恭讓王 1년 2월.
284) 『高麗史』 권46 世家46 恭讓王 4년 7월 辛卯.
285) 『太祖實錄』 권10, 太祖 5년 12월 丁亥. 閔開卒記.
286) 『太祖實錄』 권1, 太祖 1년 7월 丙申.

을 둔 여흥 민씨 중에서 현재 확인할 수 있는 예부시 급제자는 29명이다. 또 이들 급제자 중에서 재상에까지 오른 이는 민영모, 민공규, 민지, 민상정, 민적, 민사평, 민유, 민제, 민여익 등 9명이었다. 음서출신으로 재상에 오른 민휜 ·민종유 등 2명에 비하면, 과거출신자가 훨씬 많이 재상에 진출한 것이다. 급제자 중에서 재상에까지 오른 비율이 31%를 차지한 것은 여흥 민씨가 권문세족이었기 때문이었다. 특히 민영모 · 민공규 · 민인균 · 민황 및 민지 · 민상정 · 민선 · 민유의는 4대가, 긘적 · 민변 · 민제, 민적 · 민유 · 민경생은 3대가 연이어 급제하는 영광을 얻었다. 특히 민적 가계에서 7명이나 집중적으로 과거급제자를 배출하고, 이중에서 민적, 민사평, 민유, 민제 등 4명이나 재상에 오른 것은 여흥 민씨 가문의 영광이 최고조에 달했다는 것을 말해 주는 것이다. 또 민영모와 민공규는 2번씩이나 지공거를 맡았으며, 민공규는 3번이나 시관을 맡는 영광을 얻었다.

여흥 민씨는 유력자 및 유력가문과의 혼인관계를 통해 가문의 성세를 유지 확대시켜 나아갔는데, 개성 왕씨와의 국혼 대상이 될 정도로 재상지종이었다. 철원 최씨 · 정안 임씨, 경주 김씨, 문화 류씨, 장사 유씨, 안동 김씨, 언양 김씨, 공암 허씨, 안동 권씨, 순흥 안씨, 파평 윤씨, 전주 이씨와의 혼인은 여흥 민씨의 성장에 많은 도움을 주었다고 볼 수가 있다. 여흥 민씨 중에서 학자로는 민지, 민사평, 민제, 민안인이 있었다. 민지는 거필로 문한가 · 역사가로 명성을 떨쳤고, 민사평은 시인으로 유명하고, 민제는 전례에 밝았다. 이들은 고관대작을 지낸 인물들이다. 또 고려에서 대대로 권문세족으로 번영을 누렸던 여흥 민씨도 고려가 망하자 고려에 대한 충절을 보였는데, 민유 · 민안부 · 민개가 대표적이다.

제3장 『여흥민씨세보』의 내용

머리말

여흥 민씨에 대한 연구는 여흥 민씨의 족보인 『여흥민씨세보』가 기본이 된다. 『여흥민씨세보』가 잘못되면 연구자체가 어긋나게 마련이다. 이 때문에 족보의 연구가 우선 되어야 한다.

고려시대의 문헌자료와 금석문자료를 보면 『여흥민씨세보』의 고려시대의 계보는 다른 성씨들 보다는 비교적 정확하다고 볼 수가 있다. 그러나 조선시대에 민영모의 후손만으로 된 『여흥민씨세보』를 만들었기 때문에 민영모의 후손이 아닌 사람들은 빠져 있다. 또 고려시대의 문헌자료나 금석문자료들을 충분하게 섭렵하지를 못 하였기 때문에 잘 못 서술된 부분도 많다.

본고에서는 우선 『여흥민씨세보』의 편찬과정과 수보과정을 살펴보고, 고려시대의 문헌자료와 금석문자료에 나오는 민씨 중에서 『여흥민씨세보』에 없는 인물들을 검출하여 보겠다. 끝으로 『여흥민씨세보』가 잘못 서술한 중요한 부분들을 하나하나 분석하여 보도록 하겠다.

Ⅰ. 『여흥민씨세보』의 수보

태종대에 원경왕후가 同姓諸臣에게 명하여 족보를 찬하도록 명하였는데, 족보 2권을 만들어 1권은 大內에, 1권은 돈령부에 분장하였다.[1] 이를 大內譜라고 하는데, 임진왜란 때 불타버리고 말았다. 또 성종 8년(1477) 8월에 성종은 예종비 章順王后와 성종비 恭惠王后의 외가가 민씨이므로, 세자익위사 우사어 閔泮으로 하여금 8촌 친속에 한하여 譜書를 찬하도록 명하였다 이에 민반은 遠族의 직함은 『고려사』 열전을 참고하고, 近族은 族中 諸老에게 물어서 1질을 완성하여, 다음 해 5월에 대내에 바치자, 성종은 유사에게 예조와 돈령부에 분장토록 명하였다.[2] 이때 內族은 공조참의 韓堰이 편찬하고, 外族은 이처럼 민반이 편찬하여 두 왕후의 內外族譜를 共撰한 것이다. 이것이 『丁酉譜』인데, 이도 임진왜란 때 소실되었다. 성종 9년에도 교리 閔奎가 『戊戌譜』를 만들었고,[3] 그 후 사간 閔定命이 10여권을 撰譜 하였으나 병화로 소실되었다.[4]

광해군 14년(1622)에 여양군 閔仁伯이 姓親만의 자료를 수집하여 派系 1권의 『壬戌譜』를 만들고, 부안현감 閔機와 김제군수 閔大倫이 서로 합력하여 刻板刊行 하였으나, 내용이 너무 소략하였다.[5] 이에 현종 6년에 閔蓍重, 閔鼎重, 閔維重 3형제가 널리 자료를 수집하여 7년만인 현종 12년(1671)에 『辛亥譜』를 완성하였는데, 序例 1編, 正譜 6편, 別譜 1편 등 모두 8편이었다.[6] 본 『신해보』가 현행 『여흥민씨세보』의 기본이 된 것이다. 이처럼 『여흥민씨세보』는 17세기 후반에 完譜가 이루어진 것이다. 그 후 43년이 지난 숙종 39년(1713)에 閔鎭厚, 閔鎭遠 형제가 평양에 있던 『신해보』의 목판을 옮겨서, 구판을 보수

---

1) 「舊譜後跋」(閔仁伯, 광해군 14년).
2) 「章順王后恭惠王后外家閔氏族譜序」(閔泮, 성종 18년).
3) 「驪興閔氏族譜舊序」(閔奎, 성종 9년).
4) 「驪興閔氏族譜序例」(閔進厚, 숙종 39년).
5) 「舊譜後跋」.
6) 「驪興閔氏族譜序例」.

하고 신판을 증각하여 8편으로 『癸巳譜』을 간행하였다.7) 『신해보』와 『계사보』에는 출생년대, 사망년대, 登科, 行職, 贈爵, 墓山所在, 부인의 본관과 4조를 기록하고, 無後인 경우 이름 밑에 기재하며, 출계자는 반드시 繼男이라고 표기하여 밑에 그 자손들을 기록하고, 本生名 밑에도 출계라는 두 자를 표기하고, 전후실의 부인이 있을 경우 반드시 전실과 후실을 기재하고 몇 남 몇 여의 소생을 기록하도록 하였다. 女壻의 밑에는 관직, 성관, 某子, 某孫을 기록하고, 외손은 남녀를 불문하고 曾孫까지만 기재하였다. 그러나 『계사보』에서는 번잡하여 증손은 제외하였다.8)

그 후 부사 閔百準이 閔百謙과 더불어 宗議를 얻어 중간을 시작하였다가 포기하고, 춘추관수찬관 閔昌爀이 이를 인수하여 6년 작업을 거쳐 90년만인 순조 2년(1802)에 12편의 『壬戌譜』를 간행하였다.9) 특히 이때 癸巳修譜에 불참한 자손들의 收單이 많아지므로, 別譜로 작성하여 후일의 재고를 기다리게 하고, 先世碑誌 등을 휴래한 사람도 많아서 믿을 만한 文蹟은 原譜에 첨기하였다.

『임술보』가 나온 지 80여년이 지나자 중간의 필요성으로 수보를 시작하였으나, 마무리를 짓지 못하였는데, 『임술보』가 나온 지 86년만인 고종 24년(1887) 3월에 용양위상호군 閔致序와 관찰사 閔泳商이 收單을 종료하고, 고종 26년(1889) 3월에 正譜 36권, 別譜 2권으로 된 총 38권의 『己丑譜』를 간행하였다.10) 『기축보』는 『임술보』의 범례에 따랐고, 諸派中에서 癸壬譜에 누락된 사람들의 증명할 만한 문적이 있거나, 문적이

7) 「驪興閔氏族譜序例」.
8) 「驪興閔氏族譜序例」. 『신해보』 의 범례는 문정공 민유중이 만든 것이다.
9) 「驪興閔氏族譜後敍」(閔昌爀, 순조 2년).
10) 「驪興閔氏族譜序」(閔致序, 고종 26년). 「驪興閔氏族譜序」(閔泳商, 고종 26년). 「驪興閔氏族譜序」(閔應植, 고종 25년).

없더라도 그 子孫世居 墓下의 族戚故舊가 있어 시실이 인증되는 사람은 入籍을 허용하였으며, 관작은 고치지 못하게 하고, 『임술보』에 단자가 늦게 도착하여 별보에 기록된 사람은 모두 原譜에 錄入하고, 별보에 있는 사람 중에서 碑誌나 文蹟을 가지고 와서 계파를 제시하면 編末에 移錄하였다.[11]

1923년 4월에는 『癸亥譜』가 간행되었다.[12] 『계해보』의 범례는 구보에 따랐고, 女適人者는 婿姓名을 必書하고, 자녀 중 嫡出者가 아니라도 不稱庶配하고, 嫡例에 따르나 嫡出 다음에 기재하며, 上欄의 配氏下에는 몇 남, 몇 여, 無育 등을 구분 기입토록 하였다.[13] 그 후 1962년에 『壬寅譜』, 1973년에 『癸丑譜』, 1992년에 『壬申譜』, 2004년에 『甲申譜』가 간행되었다.

Ⅱ. 『여흥민씨세보』의 누락

고려 후기에 민칭도 가계가 권문세족으로 성장하여 여흥 민씨 가문을 대표하게 되자, 조선시대에 여흥 민씨 족보를 만들 때 이러한 민칭도 가계만으로 족보를 만들었기 때문에, 민칭도의 후손이 아닌 여흥 민씨들은 족보에서 제외되고 말았다. 『고려사』, 『고려사절요』, 『동문선』, 『경주선생안』, 『고려도경』, 고려문과방목, 문집, 족보, 금석문 등을 통해 누락된 여흥 민씨들을 보완하여 보면 다음과 같다.

1. 閔世勣

11) 「己丑凡例」.
12) 「驪興閔氏族譜序」(閔泳徽, 1923년). 「驪興閔氏族譜序」(閔泳奎, 1923년). 「驪興閔氏族譜序」(閔丙奭, 1923년).
13) 「癸亥凡例」.

전의 이씨 족보에 4세 李文景의 군부인 여흥 민씨가 정승 민세적의 딸이라고 하였다. 이문경의 아들 李允冠이 성종대에 활약했다고 한다.

2. 閔忠紹

현종 20년에 延興宮大妃祖母金氏追封和義郡夫人의 制誥를 지었다.[14]

3. 閔可擧 가계

국립중앙박물관에는 개성에서 출토되었다는,[15] 본관이 황려현으로 되어 있는 「閔瑛墓誌」가 있다.[16] 민영은 문종 29년에 출생하여, 의종 4년에 76세로 사망한 인물이었다. 증조는 상서우복야 겸 태자소사를 지낸 閔可擧이고,[17] 조부는 위위경, 지삼사사를 지낸 閔昌素이며, 부는 감찰어사를 지낸 閔孝侯이고, 형은 기거주를 지낸 閔脩였다.[18]

『고려사』에는 민가거는 덕종 즉위년에 공부상서,[19] 동왕 2년 1월에 예부상서,[20] 10월에 형부상서,[21] 동왕 3년에 좌복야가

---

14) 『東文選』 권25 制誥.

15) 민영은 의종 6년에 개성부 界內 海晏寺 북쪽 기슭에 안장되었다(閔瑛墓誌).

16) 「閔瑛墓誌」(『朝鮮金石總覽』 上, 경인문화사 영인본, 1969, 365~366쪽).

17) 崔滋의 『補閑集』 상권에는 東都에는 玉府仙人이 있어서 수백 가지 곡조를 지었는데, 閔僕射 可擧가 그것을 일으킬 수가 있어서 서로 전하여 그 묘를 터득하였다. 일찍이 어느 날 홀로 앉아 거문고를 타는데, 한 쌍의 학이 날아와 선회하였다고 하였다. 민가거가 거문고를 잘 탔음을 알 수가 있다.

18) 閔脩의 묘지명에는 민수가 검교예빈경 행좌사랑중 지제고를 지내고 1남은 彦實, 2남은 彦誠이라고 하였다. 충성스럽고 신의가 있으며, 강직하여 굴하지 않는 선비라고 하였다(김용선, 『역주고려묘지명집성』 하, 한림대학교 아시아문화연구소, 2001, 1133~1134쪽).

19) 『高麗史』 권5 世家5 德宗 즉위년 9월 庚戌.

20) 『高麗史』 권5 世家5 德宗 2년 1월 己卯.

21) 『高麗史』 권5 世家5 德宗 2년 10월 己亥.

되었다고 하였다.[22] 민창소는 태복경으로 문종 17년에 지서북면추동번병마사가 되고,[23] 동왕 18년 3월부터 5월까지 태복경으로 開國寺 남쪽에 음식을 차려 놓고 窮民들을 구휼하였다.[24] 민수는 우정언으로 예종대에 요나라에서 여진을 공격하기 위해 고려에 청병을 요청하자, 김부일, 김부식, 한충, 척준경 등과 출병을 반대하였었다.[25]

민영은 호협하고 어려서부터 매사냥과 격구를 좋아하였으며, 부가 동계병마판관으로 재직하다 전사했기 대문에 부의 원수를 갚고자, 예종 1년 여진을 정벌할 때 神騎軍이 입대하여, 동왕 4년까지 변방을 방어하면서 많은 전공을 세웠다. 그 후 장연현의 수령이 되었다가 합문지후, 영주방어사, 대부사재주부, 군기승, 제능서령을 거쳐 도재고부사와 검교태자소보를 역임하였다.

민영의 1남은 閔利誠으로 직사관을 지내고, 2남은 閔光文으로 인종 22년에 지공거 韓惟忠, 동지공거 崔惟淸 밑에서 을과 4위로 급제하였으며, 양온서령 지냈다. 3남은 閔光和로 지공주사판관을 지내고, 4남은 △秀로 양온사동정을 지냈다.

4. 閔昌壽

문종 10년에 감찰어사로 관내의 동부지방 撫問使로 파견되었고,[26] 동왕 26년에는 호부시랑으로 동북면병마부사가 되었으며,[27] 동왕 27년에는 형부상서가 되었다.[28] 崔沖의 벗이다.[29]

---

22) 『高麗史』 권5 世家5 德宗 3년 7월 丙申.
23) 『高麗史』 권8 世家8 文宗 17년 7월 庚申.
24) 『高麗史』 권80 志34 食邑3.
25) 『高麗史』 권97 列傳10 金富佾傳.
26) 『高麗史』 권7 世家7 文宗 10년 9월 甲申.
27) 『高麗史』 권9 世家9 文宗 26년 1월 丙寅.
28) 『高麗史』 권9 世家9 文宗 27년 12월 丙申.
29) 『海州崔氏大同譜』 권1.

5. 閔慶之

문종 12년 6월에 大常博士로 있었다.[30)]

6. 閔賞濟

문종 14년에 宣德郎殿中丞騎都尉로서 七長寺慧炤國師塔碑의 비문을 썼다.[31)]

7. 閔寧

시합문지후 閔寧의 딸은 좌복야, 참지정사를 지낸 수주(水原) 최씨 화순공 崔繼芳에게 출가하였다. 최계방의 증조부는 내사령 정숙공 崔士威였다. 최계방의 처는 귀성군부인에 봉해졌다. 그런데 민영의 선조는 剛州(지금의 榮州) 사람이라고 한다.[32)] 15세기 전반에 영주의 토성은 閔, 禹, 艾, 彭, 董氏가 있었는데,[33)] 민씨가 가장 먼저 나온다. 강주에는 고려 말 여흥에서 강주로 이거하여 세거지로 삼은 여흥 민씨의 閔宗郁의 아들인 합문지후를 지낸 閔奕의 후손들도 있었다. 민혁의 후손들은 다른 지방에서 옮겨와 고려 초기 이후 그 군현에 새롭게 토착하게 된 來(接)姓에 해당된다. 강주 민씨는 평해와 안동의 鄕職을 맡기도 하였다.[34)] 강주(영주) 민씨는 전에는 있었다고 전해 오나, 현재는 확인할 수가 없다.

8. 閔世倫

예종 6년에 전중시어사가 되었다.[35)]

---

30) 『高麗史』 권61 志15 禮3 諸陵.
31) 「七長寺 慧炤國師塔碑」.
32) 「崔繼芳墓誌銘」(김용선, 『역주고려묘지명집성』 상, 53~58쪽).
33) 『世宗實錄地理志』 慶尙道 榮川郡.
34) 『世宗實錄地理志』.
35) 『高麗史』 권13 世家13 睿宗 6년 12월 丙午.

9. 閔世丛

예종 9년에 경상도안찰사를 지냈다.36)

10. 閔仲衡

인종 1년에 합문지후로서 송나라 사신을 접대하였다.37)

11. 閔慤(角)

의종 4년에 경상도안찰사를 지냈다.38) 동왕 5년 8월에는 간관과 시어사 등이 閤門 밖에서 3일간이나 정책에 대한 의견을 진술하였으나 왕이 대답하지 않자, 省宰 관원들이 모두 벌을 내려 달라고 하면서 정무를 보지 않았다. 이에 왕이 민각 등을 불러서 다시 나와서 정무를 보도록 타일렀다.39) 동왕 6년에는 금나라 황제의 생일인 용홍절을 축하하기 위해 금나라에 사절로 갔다.40) 또 동왕 9년에는 중서문하성의 급사중으로 좌사간 朴得齡 등과 함께 합문 밖에 와서 정책에 대한 의견을 진술하였으나, 왕이 대답을 주지 않았다.41)

12. 閔孝旌

의종대에 어사대의 吏였다.42)

13. 閔志寧

36) 『慶州先生案』.
37) 『高麗圖經』 권8 人物.
38) 『慶州先生案』.
39) 『高麗史』 권17 世家17 毅宗 5년 8월 癸未.
40) 『高麗史』 권17 世家17 毅宗 6년 11월 乙卯.
41) 『高麗史』 권18 世家18 毅宗 9년 2월 丁亥.
42) 『高麗史』 권122 列傳35 宦者 鄭諴傳.

민식의 장인으로, 예빈경을 지냈다.[43] 『氏族源流』 驪興閔氏에는 別派로 표시하고, 1녀는 민식, 2녀는 원외랑 蔡椿에게 출가하였다고 하였다.

14. 閔洪鈞

여주 이씨의 4세인 명종대 李喬의 배는 여흥 민씨로 향공진사 민홍균의 딸인데, 민홍균의 부는 수호장 閔世儒였다.[44]

15. 閔拔

여주 이씨의 5세인 李喬의 아들 李季海의 배는 여흥 민씨로 영사동정 민발의 딸인데, 민발의 부는 진사 閔子恭이였다.[45]

16. 閔瑄

희종 1년에 田元均을 추밀원우승선 겸 태자서자로 삼고 내시 閔瑄을 보내어 궁궐로 불러 드렸다.[46]

17. 閔懷迪

고종 19년 3월에 몽고에서 고려 조정를 감시하기 위해서 개경에 와 있던 都旦이 使館의 迎送判官으로 파견되었던 낭중 민회적이 자기에게 공대를 잘 하지 못한다고 하여 민회적을 죽였다. 도단은 본래 거란 사람으로 성품이 매우 간사하고 교활하였으며, 전일 몽고 군사를 강동성으로 불러 들여서 그 나라 군사를 전멸시킨 자이다.[47]

---

43) 『여흥민씨세보』.
44) 『驪州李氏世譜』 卷之一.
45) 『驪州李氏世譜』 卷之一.
46) 『東國李相國集』 권35 墓誌銘 田元均墓誌銘.
47) 『高麗史』 권23 世家23 高宗 19년 3월 甲寅.

18. 閔光孝

판관을 지냈다. 이규보가 판관 민광효의 집에 머물면서 술을 마시다가 민광효가 시를 청하므로, 시를 지어 기증하였다.48)

19. 閔懷珠

민회주가 斑竹笛을 가지고 있었는데, 이규보에게 이를 두고 시를 지어 주기를 청하였다. 이규보는 이 시에서 "한번 이 피리 불고 먼저 슬퍼하는 것은 湘妃의 한 맺힌 눈물 흔적 때문일세"라고 하였다.49) 『述異記』에는 순임금이 남쪽 지방을 순수하다 죽었으므로 蒼梧에 장사를 지냈다. 순임금의 妃인 娥皇과 女英이 湘江에 이르러 둘이 부둥켜안고 울다가 빠져죽었는데, 그들이 흘린 피눈물이 대나무에 떨어졌음으로 斑竹이 생겼다고 하였다.

20. 閔景咸

고종대에 최이의 외손인 金偫는 최이의 아들 崔沆이 자기를 모해한다는 말을 듣고 먼저 손을 쓰고자 하였다. 당초 최이가 하동으로 유배 보낸 김치를 불러들일 때 장군 劉鼎, 지유 奇洪碩 · 閔景咸 등이 연명장을 최이에게 제출하여 김치를 최이의 후계자로 정할 것을 요청한 바 있었다. 그 때에 최이는 불문에 붙여 두었다가, 이때에 이르러 연명장을 내놓고 거기에 서명한 자들을 모두 잡아 가두고 문초하였다. 민경함 등을 강물에 던져 죽이고, 김치는 고란도로 유배하고, 나머지는 죽이거나 유배 혹은 철칙을 시켰는데 그 수가 40여 명이나 되었다고 한다.50) 무신출신인 민경함이 죽음과 직결될 수도 있는 민감한 무신집권

48) 『東國李相國集』 권3 留醉閔判官光孝家主人乞詩走筆贈之.
49) 『東國李相國集』 권11 閔懷珠蓄班竹笛請予賦之.
50) 『高麗史』 권101 列傳14 金台瑞 附 金敉傳.

의 후계자 문제를 언급한 것을 보면, 최이의 심복 중에 한 사람이었다고 볼 수가 있다.

21. 閔陽宣

고종 32년 5월에 좌승선 庾弘이 주관한 국자감시의 詩賦에서 장원으로 뽑혔다.[51] 동왕 40년 10월에 대신, 퇴직한 원로, 문무 4품 이상 관원들에게 명하여 적병을 물리칠 대책을 논의토록 하였는데, 여러 사람들이 태자가 나가 항복하는 것이 상책이라고 하였다. 왕이 성을 내며 승선 李世材를 시켜 꾸짖기를 태자를 보내면 뒷근심이 없으라고 단정할 수 있는가? 이 의견이 누구에게서 나왔느냐고 하자, 내시 민양선이 왕에게 가서 시중인 최항도 그 의견을 옳게 여겼다고 아뢰자, 왕이 그제야 노여움을 좀 풀고 대신들이 잘 알아서 처리하라고 하였다.[52]

22. 閔仁解

고종 41년 7월에 안경부 전첨 민인해가 몽고로부터 돌아와서 몽고황제가 車羅大로 하여금 우리나라 일을 주간하게 했다고 보고하였다.[53]

23. 閔偁

민칭은 몽고에 인질로 가 있던 永寧公을 고려왕의 아들이 아니라고 몽고황제에게 고발하였는데, 崔璘이 해명하여 무마된 일이 있었다.[54] 고종 44년에는 몽고군 원수 也速達의 병영에서 활동하다 도망쳐 와서, 그가 차고 있던 금패를 崔竩에게 바치면

51) 『高麗史』 권74 志28 選擧2.
52) 『高麗史』 권24 世家24 高宗 40년 10월 辛未.
53) 『高麗史』 권24 世家24 高宗 41년 7월 丁巳.
54) 『高麗史』 권99 列傳12 崔惟淸 附 崔璘傳.

서 내가 몽고에 있을 때 대신들이 비밀히 하는 의논을 들었는데, 금후 다시는 동방을 정벌하지 않겠다고 하였다는 이야기를 보고하였다. 이에 최의는 기뻐서 그에게 집과 미곡, 의복을 주고 산원 벼슬을 주었다.[55] 동왕 46년 4월에는 흑산도로 유배되었다.[56] 이때 야속달은 阿介 등을 파견하여 민칭을 비롯하여 韓洪甫, 尹椿, 張升才, 郭汝益, 松山 등 6명을 돌려 달라고 하였다. 이에 고려에서는 섬에 유배되어 있던 민칭을 소환하여, 한홍보와 함께 야속달에게 압송하였다.[57]

24. 閔脩(修)

고종 46년 4월에 왕의 병이 위독하여 사당동 민수의 관저로 옮겨 있다가,[58] 6월에 柳璥의 관저에서 승하하였다. 閔脩는 閔仁鈞의 2남인 합문지후 閔備로 보기도 한다.[59]

25. 閔洪濟

원종 1년 2월에 원종이 몽고에서 돌아올 때에, 장군 金承俊(金冲), 시랑 李凝, 산원 민홍제 등이 몽고 사신 加勿 등과 함께 먼저 昇天館에 도달하였다.[60]

26. 閔世冲

원종 1년 6월에 원종은 환관으로 어려서부터 질병을 치료하여 준 공로로 민세충에게 6품을 서용하였다.[61]

---

55) 『高麗史』 권128 列傳41 叛逆3 崔忠獻 附 崔竩傳.
56) 『高麗史』 권24 世家24 高宗 46년 4월 丁酉.
57) 『高麗史』 권130 列傳43 叛逆4 韓洪甫傳.
58) 『高麗史』 권24 世家24 高宗 46년 4월 丁酉. 『高麗史』 권123 列傳36 嬖幸1 鄭世臣傳.
59) 민명기, 『여흥민씨 이야기』(도서출판 뿌리정보미디어), 2019, 53쪽
60) 『高麗史』 권25 世家25 元宗 1년 2월 癸亥.
61) 『高麗史』 권75 志29 選擧3.

27. 閔垙

원종 6년에 경상도안찰사를 지냈다.[62)]

28. 閔暉

원종 8년에서 동왕 11년까지 동경유수을 지냈다.[63)] 민지의 부인 閔輝와의 동일인 여부가 검토되어야 한다.

29. 閔甫

충렬왕 20년 9월에 장군으로 원나라에 파견되어 새매를 바쳤고,[64)] 동왕 25년 9월에도 대장군으로 원나라에 파견되어 새매를 바쳤으며,[65)] 동왕 27년 9월에도 대장군으로 원나라에 파견되어 새매를 바쳤고,[66)] 동왕 29년 7월에도 대호군으로 원나라에 파견되어 새매를 바쳤다.[67)] 동왕 31년 6월에도 상호군으로 파견되어 새매를 바쳤다.[68)] 충선왕 2년에는 평양부윤 겸 존무사로 임명되었다.[69)] 민보는 回回國(중앙아시아) 사람이었다. 당시 고려에는 외국인도 많이 거주하였는데, 「쌍화점」에서와 같이 만두 가게를 하는 회회인도 있었다. 鷹坊은 매의 사육과 매 사냥을 맡은 기관으로 對元關係가 성립되고, 원나라가 매의 진공을 요청했기 때문에 설치된 기관이다. 고려는 원의 요청과 관심에 좇아 이 일에 매우 힘을 써서 전국 곳곳에 응방을 두고 토지까지 딸리게 하며 중요시 했는데, 이러한 사정 속에서 기술을 필

62) 『慶州先生案』.
63) 『慶州先生案』.
64) 『高麗史』 권31 世家31 忠烈王 20년 9월 辛酉.
65) 『高麗史』 권31 世家31 忠烈王 25년 9월 己卯.
66) 『高麗史』 권32 世家32 忠烈王 27년 9월 丁巳.
67) 『高麗史』 권32 世家32 忠烈王 29년 7월 丁巳.
68) 『高麗史』 권32 世家32 忠烈王 31년 6월 甲申.
69) 『高麗史』 권33 世家33 忠宣王 2년 10월 戊辰.

요로 하는 응방의 일을 통해 출세하고 득세하는 무리가 생겨났다. 민보는 민씨로 賜姓된 것인데, 본관은 어떻게 賜貫되었는지가 궁금하다.

30. 閔蒔

충렬왕 22년 4월에 어떤 사람이 內旨를 전달한다 하여 전법사에 당돌하게 들어왔으므로, 민시가 그의 무례한 행동을 보고 그 이유를 묻지 않고 붙잡아 가두었다가 왕이 노하여 민시를 자연도로 유배 보냈다.70)

31. 閔丘

충렬왕 26년 9월에 장군으로 원나라에 파견되어 새매를 바쳤다.71) 민보의 인척이 아닌지 모르겠다.

32. 閔季昌

『하동정씨문성공파보』에는 충렬왕대의 3세 鄭乙貴의 군부인이 민계창의 딸이고, 조부는 閔解, 증조는 閔成彦이라고 하였다.

33. 閔元濟

瀋王의 아우인 연덕부원대군 王塤이 내시 민원제의 딸인 위사 金永長의 처를 간음하였다.72)

34. 閔子明

충숙왕 16년 9월에 忽赤(금위병)으로 있었다.73)

70) 『高麗史』 권31 世家31 忠烈王 22년 4월 甲寅.
71) 『高麗史』 권31 世家31 忠烈王 26년 9월 壬寅.
72) 『高麗史』 권91 列傳4 宗室2 王塤傳.
73) 『高麗史』 권35 世家35 忠肅王 16년 9월 辛未.

35. 閔桓

공민왕 1년 9월에 기철 일당을 제거하기 위한 趙日新의 정변에 연루되어 외지로 유배되었다.[74] 공민왕의 측근인 조일신(조인규의 손)의 정변은 공민왕의 사주와 다름이 없는 정변으로, 왕의 심중을 읽고 왕과 자신의 권력 강화를 위해 일으킨 정변이었다. 그러나 공민왕은 기황후가 뻗어 올 복수의 손길을 벗어나기 위해 조일신을 희생시켰다.[75]

36. 閔安世

공민왕 18년에 동진사 10위로 과거에 급제하였다.[76]

37. 閔珇

공민왕 20년에 병과 4위로 과거에 급제하였다.[77] 閔祥伯의 2남인 閔祚와 음이 같기 때문에 동일인인지 여부가 검토되어야 한다.

38. 閔頤

공민왕 23년에 동진사 24위로 과거에 급제하였다.[78] 이해 9월에 재추가 각도의 안렴사를 추천하였는데, 왕의 폐신인 정랑 민이가 그 속에 들어 있었다. 공민왕은 민이가 외직을 요구한 것에 노하여 형장을 쳐서 죽였다.[79]

---

74) 『高麗史』 권131 列傳44 叛逆5 趙日新傳.
75) 김창현, 『신돈과 그의 시대』(도서출판 푸른역사), 2006, 98~100쪽.
76) 한국학중앙연구원, 「한국역대인물종합정보시스템」 고려문과 급제자명단.
77) 한국학중앙연구원, 「한국역대인물종합정보시스템」 고려문과 급제자명단.
78) 한국학중앙연구원, 「한국역대인물종합정보시스템」 고려문과 급제자명단.
79) 『高麗史』 권44 世家44 恭愍王 23년 9월 辛巳.

39. 閔中行

우왕대에 이인임을 모해한 혐의로 곤장을 맞고 유배되었으며,[80] 또 왜구 기병 300여 명이 고부, 태산 등 현을 침범하고 관청에 불을 지르자, 柳實이 이를 추격 할 때 舍人 민중형이 이 전투에서 전사하였다.[81]

40. 閔中達

우왕대에 판관으로 있었는데, 林堅味가 처형될 때 그의 심복으로 죽음을 당했다.[82]

41. 閔芸 등

우왕 5년에 만든 여주 「神勒寺普濟舍利石鐘記陰記」에는 여흥군의 호장 閔芸 · 閔淸, 전호장 閔謙, 기관 閔暢이 보인다.

42. 閔孝直 등

『씨족원류』 여홍민씨에는 世系失傳類에 시대를 알 수 없는 閔孝直, 閔懷發, 閔懷昌, 閔質, 閔思誠, 閔甫河, 閔思義, 閔瑞明 등의 이름이 보이는데, 이 중에는 고려시대 사람도 들어 있을 것이다.

『족보편찬실무집』에 의하면 민씨는 2008년 8월 현재 여흥 민씨 43,887가구(142,572명), 경주 민씨 1,606가구(5,169명), 여주 민씨 1,149가구(3,694명), 대전 민씨 253가구(799명), 영운 민씨 590가구(1,899명), 영원 민씨 230가구(742명), 영인 민씨 204가구(662명), 정선 민씨 189가구(610명), 창원 민씨 211가구(697명), 청주 민씨 267가구(906명), 해남 민씨 338가구(1,112명), 쇄주 민

80) 『高麗史』 권126 列傳39 姦臣2 李仁任傳.
81) 『高麗史』 권112 列傳25 柳淑 附 柳實傳.
82) 『高麗史』 권126 列傳39 姦臣 林堅味傳.

씨 2명, 기타 15명, 미상 11가구(175명)이고, 민씨 전체는 4,8935 가구에 159,054명이라고 하였다.[83)]

고려시대 여흥 민씨 가문의 가계들은 上京從仕하기도 하고, 상경종사하지 못하는 가계는 황려현 邑司에 세습하는 향리직를 맡아서 사는 사람들도 있었으며, 상층 향리는 호장과 부호장을 맡기도 하였다. 이처럼 在京官人과 在地吏族으로 분화되어 갔다. 이들 향리와 그의 자제들은 과거를 통해 중앙관인층으로 진출하는 경우도 많았다. 또 평민 가계들은 황려현에서 농사와 어업에 종사하며 살고 있었다. 여흥 민씨들은 본관인 황려현과는 불가분의 관계에 있었다. 하다못해 지방의 계수관이 실시하는 과거의 예비시험인 界首官試(鄕試)를 보려고 해도 반드시 본관인 황려현에 와서 보아야 하였다.[84)] 고려시대에는 태조 23년에 전국의 군현 개편을 단행하면서 국가에서 본관인 토성을 정해주고, 기성 士族의 出自와 각 邑司를 구성하고 있던 토착성씨를 파악하여 효과적인 지방통치를 수행하려고 통제를 하였다.[85)] 즉 고려시대의 본관은 현재의 본적과 같아 호적제도를 마련하여 인민을 지역별 · 계층별로 戶口成籍함으로써 신분질서를 유지하고, 징세와 調役을 효율적으로 수행하여 일정한 지역에 일정한 주민을 긴박시킴으로써 인민의 유이를 방지하고, 職役賦課는 물론 任官과 選軍에도 활용하였다.[86)] 이에 따라 친고조 8촌간인 친족관계가 시간이 흐를수록 관계가 멀어지면서 여러 가계들이 분파되었지만 본관 자체를 바꾸기는 어려웠다. 이 때문에 고려시대 민씨들은 대부분 황려 민씨이다.[87)] 앞에서 언급한 본관을

83) 뿌리정보미디어, 『족보편찬실무집』, 2008, 803~804쪽.

84) 향시에 합격한 鄕貢들은 국자감시를 보게 되는데, 여기에 급제하면 鄕貢進士라 하여 과거의 본시험인 예부시에 응시할 수가 있었다.

85) 李樹健, 『韓國中世社會史硏究』(一潮閣), 1984, 13~14쪽.

86) 李樹健, 위의 책, 20쪽.

87) 『高麗史』에 나오는 민씨 중에서 본관이 기록된 민씨는 모두 黃驪人이다.

달리한 민씨들은,[88] 조선시대에 와서 고려 후기 권문세족으로 성장한 민칭도 가계만이 여흥 민씨 족보를 만들자, 조선의 본관 제도가 소멸된 일제강점기 이후에 분파해 나간 것으로 볼 수가 있다. 이러한 현상은 다른 성씨들도 마찬가지였다.

한편 고려시대에는 姓字보다는 본관에 다라 성씨의 우열과 신분의 차등이 있었기 때문에 본관의 개선을 위해 노력하였으며, 각 읍의 土姓吏民들은 그들 本貫邑格의 昇降에 지대한 관심을 가졌고,[89] 조선 초 고려의 토성제도가 붕괴되면서, 15세기 이후부터 소멸된 향, 소, 부곡 등의 본관을 主邑의 본관으로 바꾸는 改貫은 활발했지만, 改姓은 특수한 경우를 제외하고는 거의 없었다.[90]

Ⅲ. 『여흥민씨세보』의 오류

『여흥민씨세보』의 고려시대 부분에는 오류들이 확인되고 있는데, 여기서는 몇 가지만 언급하도록 하겠다.

1. 閔令謨의 묘소

『여흥민씨세보』에는 민영모의 墓壇은 충북 음성군 금왕읍 사창리에 있다고 하였다. 閔師毅가 찬한 「文景公閔令謨社倉祭壇奉審記事」에는 朴龜祥의 집 뒤에 古塚이 있어 민정승의 산소라고 전하여 오고, 그 아래 좌우로 두 개의 고총의 흔적이 있

---

88) 고려시대에는 본관을 달리하는 7개의 민씨들이 있었기 때문에 이들이 모두가 황려 민씨는 아니다.

89) 황려현도 충렬왕 31년에 순경왕후 김씨의 고향이라 하여, 여흥군으로 승격되면서 자연 본관의 격도 높아졌다.

90) 李樹健, 『韓國中世社會史硏究』, 111~115쪽.

었다고 하였다. 魚有珍이라는 사람이 이 묘지를 매입하여 집을 짓게 되었는데, 집터 언덕에서 침식부패물이 많이 출토되었다고 하였다. 이 지점이 묘실 바닥으로 추정된다. 영조 24년에 閔景游가 어씨의 집을 찾았더니, 여기서 습득한 묘지석의 파편 1개를 보여 주었다고 한다. 묘지석 파편에는 「閔令謨」라는 3자가 있었는데, 민경유는 이를 보고 깜작 놀라서 이 사실을 諸宗人들에 알리고, 묘지석 파편은 少卿公派 閔孝大의 집에 보관하였다고 하였다. 또 영조 41년 3월에 재경종인들이 발의하여 閔命申과 閔百龜를 충주 사창의 현지에 파견하여 10여 일을 탐색하였다. 이때 조사한 내용은 고총 3기는 魚家의 花砌(민영모의 묘지 추정 지점)와 朴尙健 집 뒤, 劉福萬 집 뒤에 있었음을 확인하였다. 또 유복만은 어씨의 노비로 전에 밭을 갈다가 땅속에서 銀累萬을 발굴하여 부자가 되어 노비를 면하고, 상경하여 衛將의 공명첩까지 얻었다는 것을 확인하였다. 마을 사람들은 이것은 무덤 속에서 얻은 것이라고 하였다고 한다. 또 박구상의 가옥을 지을 때 동쪽 부엌터를 닦다가 亂石中에서 석편 한 개를 얻었는데, 이 비석 편을 조사하여 보니, 비석은 左傍과 상하 양면이 모두 떨어지고 右傍만이 온전한데 중간에 2행 7자가 있었고, 1행에는 민영모의 諱字와 벼슬 4자가 약간 그 머리가 떨어졌으나 字形은 완연하였고, 2행에는 「延延敷」 3자가 있었고, 延字 위에도 一抹點劃이 있었으나 판독할 수가 없었다고 하였다. 이어 민백구가 청풍 수령으로 있던 경암 閔百順을 찾아가 이 사실을 알리자, 민백순이 이곳으로 달려와서 살펴보고, 전 승지를 지낸 閔光遇와 함께 어씨를 찾아가서 그 땅을 사기를 청하였다. 또 예전에 마을 사람들이 古碑를 마구 깨트려서 우물 속에 넣었다고 하므로, 마을 동쪽에 있는 우물을 조사하여, 우물 축석 사이에 끼어 있는 비석 파편 한 개를 찾아냈다. 마모가 심하여 판독이 어려웠고, 氏字 위에 희미하게 裵字로 보이는 글자가 있었다고 한다. 민영모의 配位인 裵氏로 판단 민영모의 묘비편으로 추정하였다. 또 창고 남쪽 우물에 쌓인 돌 사이에서 향로석도 찾아냈다. 이때 민백순은 어씨에게 돈 350緡을 주기로 문권을 작성한 후, 京中의 諸宗人에게 이 사실을 보고하고 성금을 받아 家垈를 지급하였다. 또 영조 42년 3월에 충주에 거주하는 閔赫洙가 현몽으로 인하여 어씨 집터에서 誌石 1편을 찾았는데, 石體와 字樣이 전 것과 같이 바르고 서로 비등하였다. 사방이 결실된 가운데 4행 12자가 확인 되었고, 초행에는 「賜祭賻」가 있고 위에도 1자가 있었으나 판독을 할 수가 없었으며, 또 차행에는 「里之原公」 4자가 있었고, 또 차행에는 「捷慨」 2자가 있었다고 하였다.[91] 이어서 庫墟보다 조금 높은 장소를 택하여 높이 4척, 지름 5척 규모 背丑向未의 묘단을 설치하였다고 하였다.

이상의 내용을 검토하여 보면, 첫째, 민영모의 묘지석 파편이 습득된 어유진의 집터가 민영모의 분묘라고 추정되며, 집터의 언덕 부분에 묘실이 있었고, 석실분이었던 묘실은 이미 파괴되어 없어졌지만, 시신이 안치되어 있던 묘실의 바닥에서 침식 부식물이 출토된 것으로 보인다. 고분을 발굴조사하여 보면 시신이 있던 바닥에서 부식된 유기물들이 많이 출토되고 있다.[92] 즉 민영모의 분묘는 집터의 언덕 부분에 자리 잡고 있었던 것이다. 그 아래 부분에 2기의 고분이 있었다고 한 것을 보면, 이들 고분은 고분의 배치로 보아 민영모의 자손일 가능성이 높으며, 『여흥민씨세보』에 古老相傳에 민영모의 1남인 민식의 묘소가 부친의 묘소 아래에 있었다고 한 것은 주목해 볼 필요가 있다. 또 나머지 한 고분도 민영모의 2남인 민공규의 분묘일 가능성을 추정해 볼 필요가 있다. 이렇게 볼 경우 이곳은 여흥 민

91) 「高麗金紫光祿大夫門下侍郞平章事謚文景閔公令謨之墓壇碑」(閔致庠撰, 閔奎鎬書, 1858년).
92) 필자는 1970년대에 대청댐수몰지역 발굴조사에 참여하여 경험하였다.

씨를 중흥시킨 주인공들이 잠든 묘역인 셈이다.

둘째, 민영모의 분묘가 있었다고 추정되는 곳으로부터 앞쪽의 박구상의 집터에서 민영모의 묘비편이 발견되었다. 묘비가 있던 위치를 알 수 있는 귀한 자료이다.

셋째, 이들 고분은 마을 사람인 유복만에 의해 도굴되었다. 고려의 묘제는 횡혈식 석실분이므로, 입구만 찾으면 연도를 통해 묘실까지 쉽게 들어가 도굴을 할 수가 있다. 도굴품 중에는 고려청자가 포함되었을 것으로 추정되는데, 민영모와 민식의 묘실은 12세기 말에 축조된 것이므로 상감청자의 시대였다. 대체로 문종대에서 의종대까지는 비색 순청자의 시대였고, 상감청자의 시작은 무신란이 일어난 1170년 무렵부터라고 보고 있다. 민공규의 묘실은 13세기 중엽으로 추정되므로, 상감청자의 전성기였다. 즉 비색 순청자시대는 문치주의, 귀족문화, 천태종, 상감청자시대는 무치주의, 하극상, 조계종으로 대표된다. 유복만은 이들 도굴품들을 팔아 거부가 되었고, 이 돈으로 면천은 물론 관직까지 받았다고 한다.

넷째, 민영모의 묘실은 바닥 부분만 남아 있었던 것으로 추정되므로, 묘역의 중심을 이루는 고분이기 때문에 가장 먼저 도굴을 당하고 파괴된 것으로 보이며, 나머지 2기의 고분은 유복만에 의해 도굴을 당할 때까지는 어느 정도 묘실이 남아 있었다가 도굴 후 파괴 된 것으로 추정된다. 파괴 된 고분의 돌들은 마을의 우물을 만드는 용도 등으로 쓰였던 것으로 추정된다.

다섯째, 민영모의 배위는 경주 배씨인데, 이곳에서 출토된 묘비편의 배씨와 일치하고, 『고려사』 열전과도 일치한다.

한편 『씨족원류』와 『열성왕비세보』[93]에는 민영모의 묘소가 평산에 있고, 표석이 있다고 하였다. 앞서의 사창리는 당

---

93) 『列聖王妃世譜』 권1 彰德昭烈元敬王后.

대를 살다 간 사람이 직접 남긴 금석문을 바탕으로 하는 당대의 1차 사료이고, 평산은 후대에 전언이나 추정을 통해 기록한 후대의 2차 사료라고 볼 수가 있는데, 1차 사료가 2차 사료보다 신빙성이 높다는 것은 말할 필요도 없다.

좀 더 부연한다면 고려시대 묘지명은 11세기에 들어 중앙 관료계층을 중심으로 묘지명을 만드는 사례가 급격이 늘어나, 현재 알려진 고려 묘지명 수만 해도 실물과 문집에 실린 것을 통틀어 300여 점이 된다. 본 민영모의 묘지명도 파편이기는 하지만 자료의 하나를 첨가 하는 셈이다. 고려의 묘지명은 대체로 직사각형으로 다듬은 까만색 점판암이나, 시신을 담는 石棺의 안에 글자를 새겨 만드는데, 민영모의 묘지명은 전자의 예이다. 특히 고려의 묘지명은 강화천도기를 제외하고, 대부분 개성, 장단, 파주 등 고려의 수도권 지역에서 출토되었는데,[94] 민영모의 묘지명은 수도에서 멀리 떨어진 곳에서 출토된 것이다.

2. 민영모의 配位

『여흥민씨세보』에는 민영모의 諱字가 경주 배씨 족보에서 보이므로, 본관이 경주인 것은 의심이 없는 것 같으나, 자손으로서 감히 擅記할 수 없기 때문에 『계해보』에 의거하여 기록하고 후대 확실한 고증을 기다린다고 하였다. 본래 신라 경주의 가리촌은 6촌의 하나로 金山을 끼고 있었으며,[95] 금산은 금강산으로 백율사의 북산인데, 가리촌의 촌장은 祇沱(只他)로 경주 배씨의 시조라고 한다.[96] 유리니사금 9년에 6부의 이름을 고치고 성을 사할 때 가리부를 한지부로 하고 그 성을 裵라 하였다

94) 강민경, 「돌에 새겨 미래로 부친 고려의 편지—고려 묘지명—」, 『역사의 窓』(국사편찬위원회), 2018년 상반기(통권 46호), 14쪽.
95) 『三國史記』 권1 新羅本紀1 赫居世居西干.
96) 『三國遺事』 권1 新羅始祖 赫居世王.

고 한다.97) 실제로 배씨라는 성씨를 쓰기 시작한 것은 신라 하대부터라고 볼 수가 있다. 현재 昆山裵氏, 興海裵氏, 星山裵氏, 達城裵氏 등 모든 배씨들이 裵玄慶(?~936)을 중시조로 삼는 것으로 보아, 경주 배씨에서 분파된 것으로 추정된다. 고려 태조 1년 8월에는 궁예를 폐위하고 창업에 공이 있는 사람들에게 공훈을 표창하였는데, 洪儒, 裵玄慶, 申崇謙, 卜智謙을 1등으로 하여 금은 그릇과 비단침구, 능라, 포백 등을 차등 있게 주었다.98) 배현경은 초명이 白玉衫으로 원래 군졸이었으나, 담력이 있어 벼슬이 대광에 이르고, 궁예 때부터 활약했던 인물이며, 마군장군으로 있을 때 신숭겸, 홍유, 복지겸과 함께 혁명을 일으켜 고려 건국에 큰 역할을 하고, 태조를 도와 후삼국 통일에 크게 활약을 했던 인물이었다. 이 때문에 그는 개국공신으로 배씨로 사성된 것이다. 민영모의 배는 경주 배씨로 추밀사 裵裕의 딸이다99). 배유도 배현경의 후손이다.

한편 배씨의 동생은 柳益謙의 처였는데, 민영모가 아직 한미할 때 유익겸은 벌써 요직에 있었다. 관상쟁이가 배씨 자매의 상을 보고 언니는 부귀를 누릴 것이나, 동생은 박명할 상이라고 하였다. 그러나 동생은 자기 남편이 현달하였으므로 이 말을 믿지 않았다. 후에 유익겸은 정중부의 난에 죽고,100) 민영모는 과연 재상 자리에 올랐다. 유익겸의 처는 빈한하고 궁박하여 일상 언니의 도움을 얻어 생계를 유지하였다고 한다.101) 한편 배씨

---

97) 『三國史記』 권1 新羅本紀1 儒理尼師今 9년.

98) 『高麗史』 권1 世家1 太祖 1년 8월 辛亥.

99) 『昆山裵氏族譜』 권1. 『星山裵氏按廉使公派世譜』. 許興植은 예종11년 丙申榜에서 장원급제한 裵祐를 배유와 동일인으로 보았다(허흥식, 『고려의 과거제도』, 일조각, 2005, 492쪽).

100) 의종을 호종하던 지후 유익겸은 정중부의 난이 발생한 普賢院에서 살해되었다. 이때 왕을 호종하던 문신, 대소 신료, 환관들이 모두 살해당하였으며, 그 시체가 산더미처럼 쌓였다고 한다(『高麗史』 권128 列傳41 叛逆2 鄭仲夫傳).

부인의 부탁으로 이규보가 대신 지은 남편에 대한 제문에서 배씨부인은 "보낼 때 문밖에도 나가 보지 못했고, 떠나갈 때 상여줄을 잡아 보지도 못했으며, 어느 산 어느 좌향, 어느 혈에 님의 옥 같은 몸을 묻어 그 빛을 아주 사라지게 하는 지, 아 슬프도다. 그래도 두 아들이 있어 쌍이 되어 조정에서 활약하고 있으니, 첩은 의지할 곳이 있습니다. 부디 돌아보지 말고 가소서. 첩도 늙은 몸이라 산들 얼마나 살겠습니까. 술잔을 올리니 모든 것은 끝났고 슬픔 만 남아 있을 뿐입니다."라고 하였다.[102]

3. 閔湜의 사위

1녀는 평장사 경주 김씨 金台瑞[103]에게 출가하였다. 김태서의 부는 평장사 정평공 金鳳毛였다. 김태서는 황려현에 세거하던 경주 김씨로 신라 왕실의 후손이었다.[104] 고향 사람 사이에 혼인이 이루어진 것이다. 김태서는 과거에 급제하여 명종, 신종, 희종, 강종, 고종 등 5대 왕조에서 벼슬을 하고 문하시랑평장사에까지 올랐다. 김태서의 아들 장익공 金若先은 권신 崔怡(崔瑀)의 사위로,[105] 민식의 외손자가 된다. 김태서는 현재 전주 김씨의 시조이다. 1928년 전주 김씨 족보에 북한 金成柱(김일성)가 김태서의 32세 손이라고 하였다. 2녀는 황려 이씨 서대비원 록사 李濟에게 출가하였다.[106] 부는 문하시랑평장사 문순공 李

101) 『高麗史』 권101 列傳14 閔令謨傳.
102) 『東國李相國集』 권37 哀詞祭文 祭閔平章文代夫人行.
103) 『高麗史』 권101 列傳14 金台瑞傳.
104) 「金鳳毛墓誌」(『朝鮮金石總覽』上, 430~433쪽). 신종 2년에 황주목수 金俊琚가 최충헌을 죽이려는 반란을 획책하다가 실패하여 죽고, 김준거의 부인 평장사 金永存은 늙어서 죽이지 않고 황려현으로 유배를 보낸 일이 있었는데(『高麗史』 권128 列傳41 叛逆3 崔忠獻傳). 김영존이 황려현으로 유배된 것으로 보면, 이들도 경주 김씨였을 가능성이 있다. 이로써 보던 이곳 경주 김씨들도 많이 중앙으로 진출한 것으로 보인다.
105) 『高麗史』 권101 列傳14 金台瑞 附 金若先傳.

奎報이다.107) 『여홍민씨세보』에는 2녀는 록사 李德祐에게 출가하였다고 하였다. 『여주이씨문순공파세보』에는 이제는 아들이 益採, 還檢, 益玹가 있다고 하였는데, 『계사보』, 『여홍민씨세보』에는 이덕우는 无后라고 하였다. 『신해보』에는 없고, 『씨족원류』 여홍민씨에도 기록되어 있지 않다. 『계사보』에서 새롭게 첨가한 것이다. 고려시대에는 개명이 많은 것이 문제이다.

4. 閔公珪의 아들

이색의 『牧隱文藁』에는 민공규의 아들 康鈞, 迪鈞, 光鈞, 仁鈞, 良鈞이 과거에 급제하였다고 하였다.108) 고려시대의 자료이므로 민공규의 아들을 알 수 있는 1차 사료라고 볼 수가 있다. 이는 17세기에 趙從耘이 편집한 『씨족원류』와도 동일하다.109)

『동문선』에 실린 민광균이 과거에 급제하고 지은 시의 二兄早得成龍器(두 형은 일찌감치 큰 그릇을 이루고), 一弟曾收中鵠功(한 아우도 진작 과녁 쏘아 맞혔네)에서,110) 두형은 강균, 적균이고, 한 아우는 인균이라고 볼 수가 있다. 광균은 어려운 明經業에 급제를 하였기 때문에 아우인 인균보다 늦게 급제한 것이다. 광균은 經義로 유명하였다. 무신집권기에 翰林諸儒가 지은 『한림별곡』에는 兪升旦의 文, 李仁老의 詩, 李公老의 四六, 李奎報와 陳澕의 雙韻走筆, 劉冲基의 對策, 閔光鈞의 經義, 金良鏡의 詩賦로서 과거시험장에 나가면 어떨까라고 하였는데,111) 세상에서 부러워함이 이와 같았다.112) 한편 과거는 시험

106) 『驪州李氏文順公派世譜』 卷之一.
107) 『高麗史』 권102 列傳15 李奎報傳.
108) 『牧隱文藁』 卷之八 序 賀竹溪安氏三子登科詩序.
109) 『海東雜錄』에도 동일하다(『海東雜錄』 卷之五).
110) 『東文選』 卷之十五 七言律詩 登第.

보는 과목에 따라 詩, 賦, 頌, 策을 시험하는 製述業과 『상서』, 『주역』, 『모시』, 『춘추』, 『예기』 등 경전을 시험하는 명경업이 있었는데, 과거 급제자 수는 대체로 제술업 30명 전후, 명경업 3, 4명 정도였다. 경학보다는 문학을 숭상하던 풍조에 따라, 고려 전체에서 제술업 급제자의 수는 6,700여명이나, 명경업의 급제자 수는 겨우 449명이었다.

아무튼 『무술보』(성종 9년, 1478), 『계사보』(숙종 39년, 1713), 『여흥민씨세보』의 강균, 적균, 인균, 양균, 광균은 잘못된 것이다.113) 17세기 후반에 여흥 민씨 보첩을 바탕으로 했을 『씨족원류』에도 제대로 되어 있던 것이 어떻게 현행 『여흥민씨세보』에는 잘 못 되어 있는지 의아스럽기만 하다.

5. 閔滉의 아들

『씨족원류』 여흥민씨에는 민황의 아들이 宗郁, 宗儒, 宗瑞, 宗淵, 宗汴이라고 하였다. 『계사보』에는 종욱, 종유, 종연이라고 하고, 종욱은 『신해보』에는 없다고 하였다.114) 『여흥민씨세보』에도 종욱, 종유, 종연이 있다고 하였다. 『家乘記略』에

111) 『高麗史』 권71 志25 樂2 翰林別曲.

112) 『高麗史』 권71 志25 樂2 翰林別曲. 『東史綱目』 十下 高宗 7년 3월.

113) 『雪松家世錄』의 驪興閔氏世系圖에서는 이를 바로 잡아 놓았다(驪興閔氏監察公派雪松宗中, 『雪松家世錄』, 2011, 5쪽).

114) 『여흥민씨세보』에는 민황의 장자인 민종욱은 자가 文汝이고, 고종 45년에 과거에 급제하여 삼사사를 지냈다고 하였다. 삼사사는 三司의 정3품인 三司使이다. 고종 45년의 戊午榜에는 을과 1위 張漢文, 을과 2위 許珙, 을과 3위 薛公儉만 남아 있고, 병과와 동진사의 급제자는 전하지 않기 때문에 급제 여부를 확인을 할 수가 없다. 이 기록이 맞는다고 가정하고 여흥 민씨의 과거급제 평균연령을 19.9세로 보고, 민종유의 출생년대가 고종 32년이기 때문에 민종유와는 6살 정도의 나이 차이가 있었다고 볼 수가 있다. 그리고 민영모, 민공규, 민인균, 민황, 민종욱으로 이어지는 5대가 연이어 과거에 급제한 것이 되고, 민인균의 장손자와 사위인 설공검이 과거에 같이 급제한 同年이 된다. 현재 확인은 할 수 없지만 부와 조부가 을과 3위로 과거에 급제한 수재들이기 때문에 가능성은 높다고 생각된다.

는 종욱, 종유라고 하였다. 종서, 종연, 종변은 후손이 없기 때문에 修譜를 할 때 누락된 것으로 보인다. 후손이 없는 경우 누락되는 경우는 흔히 있는 일이다. 한편 고려시대에는 후손이 없는 경우 출가하여 승려가 된 경우도 있을 수가 있다.

『여흥민씨세보』에는 후사가 없을 경우 양자를 들여 入繼한 경우를 고려시대에는 찾아 볼 수가 없다.115) 고려에서는 남자가 혼인 후 처가에서 생활하는 壻留婦家의 기간이 매우 길었고, 재산상속도 아들과 딸, 장남과 차남을 차별하지 않고 균등분배를 했기 때문에, 조상의 제사도 여러 자녀가 맡는 윤회봉사가 널리 행해졌을 것으로 보인다. 또 불교가 성행했기 때문에 불교식으로 자손들이 경비를 내어 공동으로 사찰에서 齋(제사)를 지내는 경우도 많았을 것이다.

고려시대 여흥 민씨가 제사를 지낸 내용이 하나 전하고 있다. 즉 단오날에는 조상에게 제사하는 풍습이 있었는데, 재상을 지낸 80세의 민종유도 이날 일찍 일어나 세수하고 목욕한 후 평상시와 같이 제사를 지냈다. 제사를 마친 후 피곤을 느껴 옷을 입은 채 잠깐 선잠을 잤는데, 가족들이 오래도록 깨지 않는 것을 의심하여 보니 사망하였다고 한다.116) 민종유는 2남인데도 별도로 조상에 제사를 지낸 것이다. 결국 고려에서는 父系血緣意識이 강하지 않았기 때문에, 『여흥민씨세보』에서 양자를 들여 入繼한 경우를 찾아 볼 수가 없는 것 이다.

6. 閔漬 配 東韓國大夫人의 본관

115) 『文化柳氏嘉靖譜』(명종 20년, 1565년)에도 양자제도가 지극히 제한된 범위에서 이루어져 문화 류씨 19대 동안 7건만이 있을 뿐이다. 양자는 친족 간에만 아니라 타성 간에도 양자를 인정하고, 양자를 기재할 때도 系父 밑에 양자의 이름을 기재하지 않고, 生父 밑에 아들의 이름을 기재하고 누구에게 양자 간 사실을 기록하였다.

116) 『閔宗儒墓誌』.

민지의 배는 찬성사 순간공 申思佺의 딸로 동한국대부인이다. 『여흥민씨세보』에는 민지의 배는 평산 신씨라고 하였으나, 「민지처신씨묘지명」에는 天安府人이라고 하였다.117) 부인 신사전은 현재 평산 신씨 족보에는 없고, 천안 신씨 족보에 들어 있다. 천오위상장군을 지낸 신사전의 부인 申宣胄가 천안 신씨의 시조인데, 이들은 무신집권기에 무장으로 출세한 가문이다. 그런데 태조 23년경 본관이 국가에 의해 정해지고, 고려왕조를 창건하고 후삼국을 통일하는데 적극 참여했던 전국의 大小豪族이 각기 출신지 군현에 토성으로 지정되면서, 『세종실록지리지』 소재 군현토성의 형성이 이때를 기해 시작된 것이라고 한다.118) 『세종실록지리지』 평산도호부조에는 토성이 丁, 朴, 申, 尹, 庾, 金이라고 하였다. 여기서 신씨는 태사 개국장절공 申崇謙의 후손인 평산 신씨이다. 또 『세종실록지리지』 천안군조에는 토성이 全, 河, 申, 沈, 張이라고 하였다. 여기서 신씨는 신선주의 후손인 천안 신씨이다. 동한국대부인은 「민지처신씨묘지명」처럼 천안 신씨라고 보아야 한다.

7. 閔祥正의 아들

『고려사』 열전에는 민상정의 아들이 濡, 琡, 璿, 琇, 賢이라고 하고, 민유는 과거에 급제하여 여러 관직을 거쳐 대언이 되었는데, 민상정이 불효자라고 감찰사(사헌부)에 고발하였기 때문에 감찰사에서 문초를 하자, 민유가 도두 자백하였으나 얼마 후에 도망하여 벌렸다고 하였다.119) 민숙, 민선, 민수, 민현은 모두 죄를 범하여 섬에 귀향을 보냈더니, 그들이 제멋대로 횡포

117) 「閔漬妻申氏墓誌銘」(金龍善, 『高麗墓誌銘集成』, 翰林大學校出版部, 2012, 497~499쪽).

118) 李樹健, 『韓國中世社會史硏究』, 14쪽.

119) 閔濡는 충숙왕대(試年未詳)에 과거에 급제한 인물이기 때문에 실존인물이다(한국학중앙연구원, 「한국역대인물종합정보시스템_ 고려문과 급제자명단).

한 짓을 하면서 섬에 들어가지 않았으므로, 그들에게 곤장을 쳐서 다른 장소로 옮겨서 유배를 보냈다고 하였다.[120]

또 『민지처신씨묘지명』에는 瑊, 珝, 琡, 義存, 璯, 琇, 玹 등 7명이라고 하고, 민감은 군부총랑 예문응교 지제교, 민후는 사복부정, 민숙은 大殿寶馬陪行首郎將, 의존은 출가하여 선사가 되고, 민선은 감찰규정, 민수와 민현은 별장을 하였다고 하였다.

『목은문고』에는 민선이 민상정의 仲子(2남)라고 하였다.[121]

『계사보』에는 珝, 珣, 琡, 璯, 瑞, 玹 등 6명이라고 하고,[122] 민후는 혹은 純誠으로, 좌명공신, 광정대부, 문하평리치사라고 하였다.

『여흥민씨세보』에는 珣, 珝, 琡, 義存, 璯, 瑞, 玹 등 7명이라고 하였다. 여기서 민순은 초명이 閔瑊이고, 민서는 초명이 閔琇라고 하였다. 『고려사』에는 민후는 趙頔이 충혜왕을 제거하기 위해 일으킨 난에 참여하였고,[123] 공민왕 9년 4월에는 홍건적이 황주의 철화포에 침입하였을 때, 황주목사로 적과 싸워서 적 20여 명을 베고, 1명을 생포하였으며 병기를 노획하여 바쳤고,[124] 동왕 12년 윤3월에는 전 판내부시사로 收復京城功臣 2등에 책록되었다고 하였다.[125] 또 閔玹은 공민왕 11년 8월에 전 도관시랑으로 홍건적에 항복한 죄로 자손을 가두었다고 하였다.[126]

여기서 문제는 『고려사』 열전인데, 아들이 5명으로 되어 있다. 물론 여기에는 출가한 의존스님이 생략된 것이다. 그러면 과

120) 『高麗史』 권107 列傳20 閔漬 附 閔祥正傳.
121) 『牧隱文藁』 권13 跋仲玉還學詩卷.
122) 『氏族源流』 驪興閔氏에는 민선을 6남으로 기록하였다.
123) 『高麗史』 권131 列傳44 叛逆5 曹頔傳.
124) 『高麗史』 권39 世家39 恭愍王 9년 4월 丁巳.
125) 『高麗史』 권40 世家40 恭愍王 12년 윤3월 乙酉.
126) 『高麗史』 권40 世家40 恭愍王 11년 8월 庚戌.

연 민유는 누구인가 하는 점이다. 賢은 玹의 오자가 분명하다.

아무튼 민상정의 아들에 대한 1차 사료는 「민지처신씨묘지명」이다.[127] 문제의 민유는 장자인 閔瑊과 동일인으로 추정된다. 하여튼 민상정은 아들이 많고, 개명들을 하였기 때문에 이러한 혼란들이 초래된 것으로 볼 수가 있다.

8. 閔頔의 생몰년대

『여흥민씨세보』에는 민적이 원종 10년에 출생하였다고 하였다. 그러나 『민적묘지』와 『민적행장』에는 원종 11년에 출생하였다고 하였다. 원종 11년이 정확한 것이다. 또 『여흥민씨세보』에는 충숙왕 복위 4년에 사망한 것으로 되어 있으나, 『민적묘지』와 『민적행장』의 충숙왕 복위 5년이 정확한 것이다.

9. 민적의 딸

『씨족원류』 여흥민씨와 『여흥민씨세보』에는 1녀는 민사평과 같이 안동 김씨 소생으로, 찬성사 파평 윤씨 尹繼宗에게 출가하고, 2녀는 원주 원씨 소생으로 판도정랑 죽산 박씨 朴仁龍에게 출가하였고, 3녀는 직제학 공암 허씨 許信에게 출가하였다고 하였다.[128] 그러나 『민적행장』에는 1녀는 문강공 朴遠의 아들인 죽산 박씨 박인룡에게 출가하고, 뒤에 직제학 공암 허씨 허신에게 재가하였다고 하였다. 2녀는 찬성사 파평 윤씨 윤계종에게 출가하고, 3녀는 令同正 劉允吉에게 출가하였다고 하였다. 이들은 모두 원씨부인 소생이라고 하였다. 이는 당대의 자료이므로 정확하다고 볼 수가 있다. 『문화유씨가정보』에도 여자를

127) 특히 동한국대부인 신씨는 충숙왕 복위 6년에 85세로 사망할 때까지 장수를 하였다.

128) 『癸巳譜』에는 허신은 后適이라고 하였다.

기록함에 있어 출가한 내용을 前夫, 또는 後夫 등으로 기재하여 여자의 개가를 인정하고 있다. 하여튼 『민적행장』에는 개가한 사실을 고려의 당시 상황에 맞추어 제대로 기록한 소중한 자료이다.

10. 주사옹의 성씨

『계사보』와 『여흥민씨세보』에는 민유가 공민왕조 신돈의 亂政을 당하여 朱學士 士顒과 더불어 동성으로 퇴거하여 생을 마쳤다고 하였다. 『가승기략』에는 공민왕조에서 신돈이 정사를 어지럽힌 것을 보고, 周學士 士雍과 함께 동성현에 퇴거 하였는데, 두 집이 서로 10여리나 떨어졌는데도 신발이 서로 좇으며 날마다 詩酒로서 즐겼다고 하였다. 여기서 주사옹은 『가승기략』의 周士雍이 옳은 것이다. 주사옹은 철원 주씨 시조로, 충숙왕 복위 7년에 과거에 급제하여 한림학사를 지냈다. 주사옹은 민유보다 7년 늦게 과거에 급제를 한 것으로 보면, 민유보다 몇 살 아래가 아닌지 모르겠다.

11. 『知先錄』의 신빙성

『여흥민씨세보』에는 만졸당 閔景涑이 지은 『지선록』을 인용하여 閔由義(誼)는 고려가 망하자 벼슬을 버리고 평산의 선영 아래 월곡에 은둔하여 신왕조의 신하가 되지 않기를 맹세하고, 끝내 입조하지 않다가 태조 7년에 사망하였다고 하였다. 그러나 민유의의 부인 閔璿의 묘는 덕수현 옥금산에 있었으며,[129] 『계사보』에도 풍덕 옥금산에 있었고, 장인인 崔文度의 묘와 同山이라고 하였다.[130] 최문도는 충목왕 1년 8월에 선영이 있는

129) 『陽村先生文集』 권39 墓誌類 閔安仁墓誌銘. 덕수현은 그 후 폐현이 되어, 풍덕군에 합쳐졌다(『新增東國輿地勝覽』 豊德郡 古蹟).
130) 옥금산에는 閔霽의 묘가 있는 곳이기도 하다.

옥금산에 묻혔었다.[131] 또 민유의는 신왕조에서도 지익주사를 지냈다.[132]

12. 閔霽의 사위

『여흥민씨세보』에는 없으나, 「完山府院君李公天佑神道碑銘並序」에는 민제의 여는 완산부원군 양도공 李天佑에게 출가하였다고 하였다. 부는 완풍군 양평공 李元桂이다.[133] 이 딸은 민제의 2녀로 원경왕후의 언니이다. 이천우는 부인 이원계에게 재산을 얻지 못하여 심히 궁핍하였는데, 그 뒤에 입신하자 아들이 있는 조강지처를 내쫓고, 황보씨를 취하여 봉작을 받고 살았다.[134] 『열성왕비세보』 태종대왕비창덕소열원경왕후의 기록에서도 이천우는 제외되었다.

13. 閔普文의 절의

『여흥민씨세보』에는 민보문은 고려가 망하자 72諸賢과 더불어 두문동으로 들어갔고, 그 후 신왕조에서 충절청백하다는 소리를 듣고 여러 번 불렀으나 끝내 나아가지 않았다고 하였다. 또 『민안부행장』, 『정재선생일고』 권3 摭遺麗史纂錄 杜門洞言志錄. 『고려명신전』 권12 逸民, 『대동기문』 附錄 高麗末守節諸臣에도 민보문이 두문동 72현에 들어 있다고 하였다. 민보문의 딸은 좌의정 문경공 許稠의 2남인 許訥에게 출가하였다.[135] 태종 9년 3월에 강음현에서 양전을 할 때 죽은 결성군 張湛의 아내 信惠宅主 이씨의 기름진 땅을 전 소윤 崔宣의 메마른 땅과 그 표를 바꾸어서 호조에서 절급해준 죄로 전 호조

131) 『益齋亂藁』 권7 墓誌銘 崔文度墓誌銘.
132) 『太祖實錄』 권8, 太祖 4년 12월 甲寅.
133) 『淵齋先生文集』 卷之三十一 神道碑銘 完山府院君李公天佑神道碑銘並序.
134) 『太宗實錄』 권33, 太宗 17년 6월 戊子.
135) 『敬齋遺稿』 권1 墓誌銘 許稠墓誌銘.

좌랑 민보문도 관련되어 옥에 갇히었다.136) 또 세종 5년 2월에도 민보문은 선공부정으로 대비(원경왕후)의 재궁에 쓰다가 남은 칠을 훔쳐서 지신사 원숙, 대호군 원목 등에게 준 죄로 의금부에서 곤장 80대를 맞았다.137) 절의를 지켰던 사람들이 신왕조의 회유로 태종대에는 신왕조에 참여하는 사람들이 늘었으나, 민보문의 태종대와 세종대의 행적은 절의라는 이름을 무색하게 하고 있다. 아무튼 조선 후기의 두문동 72현에 대한 기록들은 사실성이 부족하다고 볼 수가 있다. 두문동태학사의 성명이 전해지는 이는 曺義生, 林先味, 성이 孟哥라는 세 사람 뿐이다.138)

맺 음 말

고려 전기에 양광도 충주목 황려현의 토성이었던 여흥 민씨 가문에는 민가거 가계, 민칭도 가계 등 여러 가계들이 있었다. 이중 민가거 가계, 민칭도 가계, 민충소 가계, 민창수 가계, 민경지 가계, 민세륜 가계, 민상제 가계, 민각 가계 등은 전기에 이미 중앙으로 진출하여 관인층을 형성하고 있었는데, 상서우복야 겸 태자소사을 지낸 민가거 가계는 전기에 여흥 민씨 가문을 대표하게 되고, 민칭도 가계는 후기에 여흥 민씨 가문을 대표하였다. 민칭도 가계의 문하시랑 동중서문하평장사 판상서이부사를 지낸 민영모는 하급관인층에 머물고 있던 민칭도 가계를 권문세족으로 성장하는 기반을 마련하는 데 아들인 병부상서, 보문각학사, 지제고를 지낸 민식, 문하평장사, 수문전태학사, 판병부사를 지낸 민공규와 함께 중요한 역할을 하였던 인물이

136) 『太宗實錄』 권17, 太宗 9년 3월 壬申.
137) 『世宗實錄』 권19, 世宗 5년 2월 壬戌.
138) 『正祖實錄』 권16, 正祖 7년 7월 癸卯.

었다. 이들은 대대로 과거에 급제하면서 여흥 민씨를 대표하는 가계로 성장하였다. 이 때문에 현행 『여흥민씨세보』는 민칭도의 후손만으로 구성된 세보가 되고 말았다.

고려 후기의 권문세족으로 고려시대 가승들이 어느 정도 전해 내려왔을 것으로 추정되는 여흥 민씨의 족보인 『여흥민씨세보』를 분석하여 보면, 과거급제문제나 관직문제를 제외하더라도 많은 오류들이 확인되고 있다. 이는 족보를 만들 때 방대한 자료들을 검토할 수가 없었기 때문일 것이다. 앞으로 우리들이 시간을 두고 연구해 나아가야 할 과제이다. 또 고려는 개가가 허용되고, 서얼의 차별이 적었던 비교적 유연하고, 다양적, 역동적, 개방적인 사회였다. 『신해보』를 만들 때 성리학적 관념에 따라 서얼들을 제외하면서, 고려시대의 서얼들이 족보에서 제외되지 않았을까하는 의심이 든다. 이 문제도 간단하지가 않다.

누락문제는 지금 와서 어떻게 할 수가 없다. 다른 가계들의 계보를 파악할 수 있는 범위 내에서 족보의 마지막에 별보로 수록할 수밖에 없다. 가문의 연구에는 우선 족보에 대한 충분한 분석이 없으면, 오류를 범할 위험이 있다는 것을 이번 『여흥민씨세보』의 분석을 통해 알 수가 있었다. 이러한 『여흥민씨세보』의 분석이 다른 성씨 분들께 조금이라드 도움이 되었으면 다행이겠다.

제2부 조선시대의 여흥 민씨

제1장 민수사옥의 연구

머 리 말

史草는 왕의 잘잘못과 재상들의 어질고 어질지 않음과 정치의 아름다운 것과 악한 것을 기록하는 것이데,[1] 閔粹史獄은 史筆의 독자성과 자주성을 지켜주지 못한 역사적으로 불행했던 사건이었다.

예종 1년에 『세조실록』을 편찬하기 위한 실록청이 설치되고, 사관들이 사초를 제출할 때 훈구대신들의 주장에 따라 사초에 작성한 사관들의 이름을 쓰도록 함으로써 발생한 민수사옥은 힘없는 불쌍한 사관들을 죽음으로 몰고 간 일어나지 말아야할 비극적인 사건이었다. 더구나 『세조실록』은 계유정난으로 어린 왕을 몰아내고 왕위를 빼앗은 찬탈 군주의 실록이라는 특수성을 갖고 있기 때문이다.

민수사옥에 대하여는 웬만한 역사책에는 언급이 되어 있어, 역사를 공부하는 사람들은 잘 알고 있으나, 민수사옥에 대한 논

1) 『世宗實錄』 권56, 世宗 14년 5월 甲戌.

문은 발표된 것이 없다. 본고에서는 우선 사옥에 대한 사료와 본말을 살펴보고, 민수라는 인물에 대해서 구체적으로 살펴보려고 한다. 민수는 사사로이는 필자의 직계 선조이기 때문에 두려움이 앞선다.

Ⅰ. 사옥

1. 사료

1) 『실록』

(1) 4월 24일 국문

예종 1년 4월 24일에 왕은 의금부에 명하여 민수를 잡아오게 하였다. 왕이 丕顯閣에서 한명회, 도승지 權瑊, 동부승지 李崇元 등을 불러 승전환관 李存命과 주서로 하여금 민수의 집에 가서 수색하게 하였는데, 종이를 태운 재가 있어 이존명이 왕에게 아뢰므로, 왕은 민수를 궁정으로 잡아오게 하여 듣기를 너의 사초를 고치고 삭제하였느냐고 하자, 민수는 그렇습니다라고 답하였다. 너는 누구를 시켜서 사초를 빼냈느냐고 하자, 康致誠에게 청하여 빼냈다고 하였다. 이때에 강치성은 부모의 병 대문에 죽산현에 가 있었는데, 의금부로 하여금 잡아오게 하였다.

왕이 민수에게 네가 고치고 삭제한 것은 어떠한 일이냐고 묻자, 민수가 하나하나 진술하고 이들 사항은 그때에 마침 신이 出使했다가 듣고서 썼던 것인데, 이제 다시 생각해보니 史라는 것은 만세에 전하는 글인데. 전해들은 일을 망령되이 기록함은 옳지 못하다고 여겼기 때문에 고치고 지웠다고 진술하였다. 이에 왕이 너는 어찌하여 전해들은 일을 썼느냐. 人君의 일도 전해 듣고 쓸 것이냐고 하자, 민수는 叩頭하며 사죄하기를 신은 본래 다른 마음이 없이 凡人에 관하여도 일찍이 間言한 일이 없는데, 하물며 인군에 관한 일이겠습니까. 다만 사초를 바칠 기한이 핍박하여 미처 수정하고 고치지 못한 것이라고 진술하였다.

전교하기를 네가 고치고 지운 데는 반드시 情由가 있을 것이니, 그것을 모두 다 말하라고 하였다. 이에 민수는 梁誠之가 지금 춘추관에 근무하고 있어, 신이 두려워서 고치었다고 하였다.

민수를 밖으로 내보내게 하고 왕이 내전으로 들어가 한명회 등으로 국문을 하게 하였다. 민수가 말하기를 처음에 富商 數人이 있어 재화를 다투다가 송사가 일어나자 헌부로 하여금 按治하게 하고, 왕이 친히 訟狀을 물으니, 집의 이승원 등이 대답을 잘못하였으므로, 즉시 하옥시켰다가 잠시 후 용서하였는데, 대사헌 양성지가 홀로 苟容[2)]하여 그 일에 관여되지 아니하였으므로 그대로 재직하였다라고 썼는데, 뒤에 苟容 2자를 삭제하였고, 또 처음에는 인산군 洪允成이 父喪 중에 起復되어 함길도절제사가 되었다. 그때 일찍이 한 집에 이르러 잠을 자니, 그 家人이 우리 처녀를 간통했다고 고소하므로, 홍윤성을 하옥하여 추핵하였는데, 그 가인은 誣訴로 坐罪되었으며, 마침내는 홍윤성이 데리고 사는 바가 되었다고 썼는데, 뒤에 居자로부터 時자까지를 削去하고 여기에다가 乘醉 2자를 添書하였으며, 坐자부터 畜자까지를 삭거하였고, 또 처음에 尹士昕이 술기운을 부려 취하면 문득 용렬한 언사로 남을 욕되게 하였다고 섰는데, 뒤에 使자를 제거하고 嗜자를 고쳐 써 넣었으며, 또 처음에는 전첨 申瀞이 超遷되어 예문관직제학이 되었는데, 이때에 신정의 형 申泂은 도승지로서 銓衡에 관한 일을 상주하였으며, 安桑鷄를

2) 구차하게 남의 비위를 맞추다.

전첨으로 삼았다고 썼는데, 뒤에 時자부터 籤자까지를 삭거하였다고 하였다. 또 처음에는 金國光은 성품이 절개가 없어 小節에 구애받지 아니하였고, 貪名이 많았다라고 썼다가 뒤에 無자부터 多자 까지를 삭거하였고, 通徧하여 屑屑한 것을 가지고 어짐을 삼지 않았고, 오래도록 권좌에 있어 비방이 많았다고 고쳐 썼으며, 또 처음에는 이때에 李施愛가 거짓으로 신숙주와 한명회가 康孝文과 더불어 不軌를 함께 도모하였다고 썼는데, 뒤에 불궤 2자를 지우고 爲難 2자로 고쳐 썼다고 진술하였다.

전교하기를 민수가 사초를 지우고 고치는 것뿐 만아니라 태운 흔적도 있으니, 그것을 모두 물어보라 하였는데, 민수는 사초는 慶俊, 朴良, 李仁錫, 崔塽, 李瓊仝에게 빌려서 筆削하여 책을 만들어서 춘추관에 납부하고, 그 초고는 즉시 불태웠다고 진술하였다.

한명회 등이 또 아뢰기를 정언 元叔康이 전날에 사초에 史臣의 이름을 쓰는 것은 옳지 못하다고 말을 하였는데, 반드시 들은 바가 있었을 것이니, 청컨대 묻게 하자그 하여, 원숙강을 불러 물으니, 원숙강이 굳이 숨기므로, 민수는 西所에 가두고, 원숙강은 北所에 가두게 하였으며, 편수관 成俶 및 崔哲寬, 梁守泗 등은 의금부에 가두게 하였다.[3]

(2) 4월 25일 국문

예종 1년 4월 25일에 영의정 한명회, 영성군 최항, 도승지 권감 등이 원숙강을 국문하였는데, 원숙강은 전일 춘추관에 근무할 때 사초를 보니 모두 이름이 쓰여 있어 신은 생각하기를 이와 같이 하면 사관 중 직필할 자가 없을 것이라 여겼으나, 곧바로 아뢰지를 않고 사간원의 여러 동료들과 의논하여 아뢰었다고 하자, 전교하기를 원숙강이 이 말을 반드시 듣고 본 바가

3) 『睿宗實錄』 권5, 睿宗 1년 4월 丁丑.

있고 뜻이 있어 나온 말이라고 하고, 결박하여 杖을 때리라고 하였다. 이에 원숙강은 듣고 본 바가 없고 다만 언관으로서 불편한 일을 보고 감히 입을 다물 수가 없기 때문에 동료들과 더불어 의논하여 아뢴 것이라고 하였는데, 곧 장 30대를 때렸으나 끝내 실정을 다 말하지 않고, 사초에는 이름을 쓰는 것이 옳지 못 했기 때문에 사간 曺幹과 더불어 의론하여 아뢰고, 成俶에게 말 했을 따름이라고 진술하였다. 곧 조간과 헌납 張繼弛를 잡아오게 하였다.

또 민수에게 물으니 사초에는 처음에는 직필이었으나, 고치고 지운 것은 진실로 재상을 두려워했기 때문이라고 하자, 전교하기를 어찌 유독 이들 재상뿐이겠느냐 그 이외에도 두려워한 재상을 모두 물어서 기록하여 아뢰라고 하였다. 민수가 말하기를 무릇 재상이면 어느 누군들 가벼이 할 수 있겠습니까. 그러나 다시 두려운 사람은 없다고 진술하였다. 전교하기를 어찌 두려운 자가 없겠느냐. 민수가 오히려 숨기는 것 같으니 장을 때려서 심문하게 하였다. 마침내 장 10대를 때리니 민수가 말하기를 신이 두려워하는 재상은 정인지, 정창손, 김질, 윤자운, 노사신, 한계미, 임원준, 홍응, 이극증, 서거정, 강희맹, 한계희, 구치관, 성봉조, 성임, 이석형, 유자광, 어유소, 권맹희, 정효상, 한계순, 윤계겸, 김겸광, 어세겸, 어세공, 정난종, 오백창이라고 진술하였다. 최연, 이인석, 박양, 이경동, 경준 등이 민수에게 사초를 빌려 주었다고 잡아와서 국문하니 모두 대답하기를 민수가 사초를 빌려 달라기에 다 같은 史官이었으므로 주었다고 하였다. 왕이 忠順堂에 나아가 조간, 장계이 최연 등 5인이게 項鎖을 풀고 묻기를 기다리게 하였다.

왕이 민수에게 묻기를 네가 대신의 일을 썼다가 도리어 삭제하였으니, 반드시 네가 대신에게 아부하려는 것이라고 하자, 민수가 대답하기를 신이 대신에게 원망을 살까 두려웠을 뿐이며 실제로 아부할 마음은 없었다고 답하였다. 곧 명하여 결박하고 장을 때리게 하였으나, 민수의 대답이 여전하였다. 명하여 장을 때리지 말고 결박을 풀게 한 뒤 묻기를 처음 사초를 납부할 때 어떻게 납부를 하였느냐고 묻자, 민수는 이인석에게 부탁하여 납부를 했다고 답하였다.

즉시 이인석을 국문하니, 이인석은 지난번에 민수가 춘추관[4]에 와서 사초에 이름을 쓰는가 안 쓰는가라고 묻기에 이름을 쓴다고 대답하자, 민수가 사초를 봉하여 춘추관에 납부한 뒤에 민수가 신의 집에 와서 내가 사초에 양성지가 苟容해서 관여되지 않았다는 사실과 任元濬의 의술이 정교하다는 것을 써 넣어 이것이 마음에 걸리는데, 하물며 양성지는 춘추관의 당상이라 마음이 매우 편안치 않으니, 도로 내어다가 고쳐 쓰고 싶다고 하므로, 그대의 사초는 나의 소관이 아니고, 또 국사는 다시 고칠 수 없다고 하자, 민수는 그 사초를 맡은 당상과 낭청이 누구냐고 물었다. 조안정, 성숙, 강치성, 최철관이라고 하자, 민수는 조안정과 강치성은 내가 친히 사귀는 바이니, 내일 강치성에 청하여 고쳐 쓰겠다고 하고, 또 묻기를 그대는 내일 仕進하는가하기에 사진한다고 대답을 하였다. 그러나 그때 몸이 아파 사진하지 못했기 때문에 민수가 사초를 借出한 것을 알지 못했는데, 뒤에 민수를 궐내에서 만나 그것을 고쳐 썼는가를 물으니, 苟容 2자를 고쳐 썼다고 하였다고 진술하였다. 왕은 민수가 사초를 고쳐 쓴 始末을 이인석이 모두 알고 있으니, 반드시 이도 함께 모의하고 지우고 고쳤을 것이라 하고, 장을 때리고 민수와 對辨하게 하니, 민수는 이인석은 단지 그 일만 알뿐이고 더불어 함께 모의하지는 않았다고 진술하자, 단지 장 4대를 때리게 하였으나 이인석의 대답이 모두 다 바르지 않았고, 단지 미혹한 소신이 君父의 앞에서 감히

4) 춘추관은 세종 22년에 경복궁 안에 새로 지었다(『世宗實錄』 권89, 世宗 22년 4월 丙戌).

숨김이 있겠습니까하자, 왕은 네가 참으로 미혹한 사람이라면 군부가 있음을 알 따름인데, 너는 민수가 사초를 고쳐 쓴 것을 알고도 바로 고하지 아니하였으므로 진실로 미혹한 자가 아니라 계교가 없는 사람이라고 하고, 민수, 원숙강, 이인석을 의금부에 가두도록 명하고, 조간, 장계이, 최연, 경준, 이경동, 박양 등은 방면하여 職에 나아가도록 명하였다.5)

(3) 4월 27일 국문

예종 1년 4월 27일에 왕이 한명회, 최항, 권감 등에게 명하여 강치성을 국문하자, 강치성이 신이 춘추관에 있을 때 동료 崔明孫이 신에게 이르기를 민수가 사초를 보고자 하여 그대를 보기를 바란다고 하기에, 내가 민수의 사초를 찾아서 밖으로 나와서 민수에게 이르기를 무엇 하려고 보려하느냐고 묻자, 민수가 양성지의 대사헌 때 일을 고쳐 쓰려 한다고 하므로, 신은 곧 사초를 민수에게 주었는데, 한참 만에 민수가 사초를 가지고 와서 신이 받아 가지고 서리 李貴林에게 주면서 고쳐 쓴 곳에 인장을 찍게 하였다고 진술하였다. 또 최명손에게 물으니 다만 민수가 찾아보려고 한 뜻을 강치성에게 전하였을 뿐이라고 하였다. 또 이귀림에게 물으니, 다만 강치성의 말을 듣고 그가 고친 곳에 인장을 찍었을 뿐이며, 그 사유는 알지 못하였다고 하였다. 또 민수에게 물으니, 신이 춘추관에 이르러 최명손을 보고 말하기를 강치성을 만나 사초를 열람하고자 한다고 하자, 최명손이 사초를 다시 열람함은 어렵다고 하면서, 즉시 강치성에게 말을 전하니, 강치성이 사초를 주었을 따름이고, 고치고 지운 사유는 최명손이 알지 못하였다고 진술하였다.

민수의 일이 발각되어 춘추관에 명하여 모든 사초의 고치고 지운 곳을 搜考하게 하니, 편수관 金季昌이 고하기를 처음에 원

---

5) 『睿宗實錄』 권5, 睿宗 1년 4월 戊寅.

숙강의 사초를 보니 權擘이 졸하였다고 쓴 아래에 임금이 부처를 좋아하였다는 것과 권람이 큰 저택을 지었다는 말이 있었는데, 지금은 그 말을 삭제하고 단지 卒자만 쓰여 있었다고 하고, 편수관 성숙도 또한 이 일을 보았다고 하였다. 이에 성숙을 불러 물었는데 김계창의 말과 같았고, 원숙강에게 물으니 졸자 아래에 다른 일을 썼다고 하였다. 김계창으로 하여금 면질하게 하니, 김계창이 원숙강에게 말하기를 그대가 아무아무 일을 쓰지 않았는가 하자, 원숙강이 비로소 말하기를 내가 처음에는 권람이 졸하였다고 쓴 다음에 계유정난 때의 일등공신으로 歷遷하여 승지가 되고, 다시 이조판서가 되었으며, 白衣에서 재상이 되기까지 10여 년도 채 못 되었다. 이때에 왕이 자못 부처를 좋아하였으나, 권람은 섬기지 않았지만 항상 들어가 곁에서 모시었는데, 왕이 曺錫文에게 이르기를 경의 治財術이 蕭何와 더불어 누가 나은가 하니, 조석문이 말하기를 만약 소하와 같은 시대였다면 누가 더 나을지 모릅니다라고 하니, 왕이 웃었는데, 권람이 말하기를 傳에 이르기를 聚斂하는 신하가 있는 것보다는 도둑질하는 신하가 있는 것이 낫다고 하였으니 조석문은 聚斂之臣이요, 尹師路는 盜臣입니다라고 하였다. 권람은 隱士의 巾(幅巾)과 명아주지팡이(藜杖)로 松柏 사이에서 소요하였으나, 일찍이 남산 아래에 저택을 짓고 呼耶하는 소리가 수년 동안 그치지 않았으므로, 사람들이 기롱하였다. 을유년에 병으로 졸하니 나이가 53세였다라고 써서 춘추관에 바쳤는데, 그 뒤에 이름을 썼으므로, 사람들에게 원망을 살까 꺼려하여 가만히 收取하여 졸자 하나만 썼습니다라고 진술하였다.

한명회가 이로써 아뢰고, 또 말하기를 원숙강이 권람이 졸하였다는 기사 밑에 왕에 관한 말을 써 넣는 것은 매우 옳지 못하다고 하였다. 전교하기를 만약 사람들이 모두 이미 문초에 승복했다면 진실로 마땅히 決罪하여야 할 것이나, 推鞫을 할 때에야 협박으로 供辭를 취함이 없을 수 있겠는냐. 내가 친문한 후에 단죄코자 한다 하자, 한명회 등이 말하기를 이들은 杖을 때리지 않아도 자복할 것입니다라고 하였는데, 조금 있다가 한명회, 최항, 권감을 내전으로 불러들여 왕이 한명회 등에게 묻기를 옛날에도 또한 이와 같은 일이 있었는가라고 묻자, 한명회가 세종조에 權蹈, 安止 등이 또한 이런 죄를 범하였습니다라고 대답을 하자, 왕이 어떤 律로 조치를 하였느냐고 묻자, 부처를 했을 따름이라고 답하였다.

왕이 원숙강을 불러 묻기를 너는 먼저 스스로 사초를 삭제하였으면서, 마침내 사초에는 이름을 쓰는 것이 불가하다고 말한 것은 무엇 때문이냐고 묻자, 직필함이 없을까 저어했기 때문입니다라고 대답을 하였다. 왕이 말하기를 너는 국사를 증감했다가 被誅되는 것을 알지 못하는가라고 하자, 신은 알고 있었지만, 단지 생각이 여기에 미치지 못하였을 뿐이라고 하므로, 왕이 말하기를 그러면 너는 무엇하러 고치고 지웠느냐. 네가 권람의 일을 기록하였다가 삭제하였는데, 그 늙은이가 이미 죽은 사람이 아니냐. 반드시 情由가 있을 것이라고 하자, 신이 조석문의 일 때문에 고쳤다고 답하였다. 왕이 말하기를 너는 재상의 허물을 지우고 쓰지 않으면서 왕의 허물은 썼으니, 무엇 때문이냐고 하자, 인군의 정사는 의정부와 육조의 등록에 실려 있으므로 신이 비록 쓰지 않더라도 자연히 문적에 등재되어 있고, 다만 재상의 일은 모름지기 사초를 기다린 후에 알게 되기 때문에 신이 썼을 따름이라고 대답하였다. 원숙강이 말마다 聖主, 愚臣이라고 칭하니, 왕이 말하기를 지금 네가 나를 聖으로 삼는데, 내가 지금 곧 聖主가 된 것이냐. 너는 愚痴라고 하니, 너는 대신은 두려워지는데, 어찌 우치로서 그렇게 할 수가 있느냐고 하자, 원숙강이 오히려 사실대로 대답하지 아니하므로, 명하여 장 15대를 때리게 하였으나 오히려 숨기었다. 왕이 말하기를 인군의 허물은 또한 쓰고 재상의 허물은 삭제하겼으니, 그 정유가 무엇이냐고 하자, 원숙강이 말하기를 대신을 거스르면 그 화가 빠르기 때문에 신이 삭제하였다고 하므로, 왕이 말하기를 너는 대신에게는 아부하고, 인군은 두려워하지 않는구나하고, 권감에게 원숙강의 供辭는 마땅히 재상을 推誠하고, 인군을 경멸하였다고 쓰라고 하였다. 이에 원숙강이 말하기를 신이 어찌 경멸함이 있겠습니까라고 하므로, 왕이 말하기를 네가 세조조의 허물을 쓰고, 지금 나를 유충이라고 하고, 대신의 허물은 지웠으니, 네가 재상에게 추성하고 왕을 경멸하여 그런 것이 아니냐고 하자, 원숙강이 마침내 服罪하였다.

또 왕이 민수에게 물으니 대답하기를 원래의 사초에 말이 서로 들어맞지 않은 것이 있었기 때문에 신이 그 말을 약간 완곡하게 고쳐 썼으나, 그 실상을 없애지는 않았다고 하므로, 왕이 말하기를 너는 옛날 서연관이었기 때문에 내가 너를 알고 있다. 그러나 너는 대신들의 허물을 헤아려서 쓰지 않았느냐. 너는 儒士로서 어찌 국사를 증감한 죄를 알지 못하느냐고 하자, 민수가 말하기를 신이 알지 못한 것은 아니로되, 단지 용렬하여 생각이 이에 미치지 못하였고, 재상의 원망을 두려워하여 고쳐 썼으나, 그 말은 약간 완곡해 졌고 그 실상은 없애지 않았다고 하였다. 한명회가 아뢰기를 민수는 처음부터 항상 이런 뜻을 말하였다고 하자, 왕이 자못 민수의 말이 정직하다고 하였다.

왕이 강치성에게 묻기를 민수가 사초를 내오길 청하였을 때, 너는 누구와 의논하여 내주었느냐. 네가 민수와 사귄지가 오래니, 반드시 공모하였을 것이다라고 하자, 대답하기를 신은 신진의 士類이기 때문에 국가의 典章을 미처 알지 못하여 잘못 사초를 주었다고 하자, 말하는 것이 매우 정직하지 못하였으므로 명하여 장 5대를 때리게 하였으나, 오히려 말하지 아니하였다. 명하여 圓杖을 가지고 장을 때리게 하여 3대에 이르렀으나 오히려 말하기를 남과는 의논함이 없었고, 또 공모함도 없으며, 다만 민수가 신과 同榜生員으로 장원을 했기 때문에 주었을 따름이라고 하였다. 왕이 말하기를 네가 사초를 꺼내어 주었는데, 공모자가 없다면 어찌 굳이 숨기느냐고 하자, 대답하기를 민수가 개서한 뒤에 단지 성숙과 더불어 말을 했는데, 성숙이 탄식하기를 민수가 왜 이렇게 할까라고 하였다고 하자, 곧 성숙에게 묻자 성숙이 대답하기를 신은 듣지 못하였습니다. 신이 만약 들어 알았다면 성상 앞에 어찌 감히 숨기겠습니까라고 하자, 명하여 강치성과 면질을 시키도록 하였는데, 성숙의 말이 자못 정직하니, 명하여 성숙을 방면하였다. 왕이 말하기를 강치성은 바른 말을 하지 않았으니, 이는 왕을 속인 것이다. 그 죄는 원숙강과 같다고 하고 드디어 의금부에 전지하기를 민수는 장 1백대를 때려서 제주 관노로 영속시키고, 최명손, 이인석은 장 1백을 때려서 본향에 충군시키며, 원숙강과 강치성은 참형에 처하되, 원숙강과 강치성의 아들을 안치하게 하라고 명하였다.[6)]

2) 『점필재집』

기축년[7)] 4월에 비로소 『세조실록』을 수찬하는데, 지난 을해년[8)] 이후로 춘추관의 직무를 띠었던 사람은 모두 사초를 납부하므로, 민수 또한 사초를 납부하였다.

그런데 이윽고 들으니 사초에다 모두 본관과 이름을 다 쓰게 하였다. 그러나 민수가 대신이 그 直書를 보고 미워하여 앙심을 품을까 두려워한 나머지, 은밀히 봉교 이인석 및 첨정 최명손에게 끼어 넣지 말기를 청하고, 또 박사 강치성에게 요구하니 강치성이 그 사초를 빼내 주었다. 그러자 민수가 그 사초를

6) 『睿宗實錄』 권5, 睿宗 1년 4월 庚辰.
7) 예종 1년이다.
8) 단종 3년이다.

허둥지둥 고치어 미처 淨寫도 못한 채 돌려보냈다. 그런데 검열 양수사와 최철관이 그 사초에 고치고 보충한 흔적이 있음을 보고는 이를 참의 李永垠에게 보고하자, 이영은이 이 사실을 여러 당상들에게 두루 고하니, 모두 말하기를 "미세한 일이 아니다." 하고 이에 상에게 아뢰었던 것이다.

당초에 정언 원숙강이 아뢰기를 "사초에 이름을 쓰는 것은 옛 제도가 아닙니다. 그렇게 하면 직필하는 자가 없을 듯하니 이름을 쓰지 말도록 하소서" 하니 상이 노하여 따르지 않았다. 그런데 이때에 이르러 부정 김계창이 원숙강의 사초에도 고친 부분이 많다는 것을 고함으로써, 마침내 민수와 원숙강을 함께 의금부에 가두고 상이 그들을 친국하게 되었다. 이때 민수가 말하기를 "신이 쓴 것은 모두 대신의 일입니다. 그 대신들이 모두 실록각에 있으므로, 신은 신을 중상할까 염려되기 때문에 고치려고 꾀한 것입니다." 라하고, 인하여 대성통곡하며 말하기를 "신은 독자이오니, 원컨대 목숨만 살려 주소서"하니 상이 그를 측은하게 여겨 이르기를 "정직하도다. 내가 書筵에 있을 때에 민수의 사람됨을 알았었다."라고 하고는, 마침내 死罪를 면하여, 장 일백을 쳐서 제주의 관노에 소속시켰다.

강치성은 처음에 사실대로 대답하지 않았고, 또 망령되이 사인 成叔知의 狀을 끌어 들였다가 고문을 받고서야 자복하여 마침내 원숙강과 함께 處斬되었다. 최명손 · 이인석은 알고도 고하지 않은 죄로 장 일백을 맞고 본관에 충군되었다.[9]

2. 사옥의 본말

1) 경위

---

9) 『佔畢齋集』 詩集 권5 詩 駒興驛聞閔同年粹流濟州. 『燃藜室記述』 卷之六 睿宗朝故事本末 閔粹史獄. 군수였던 김종직 자신도 『세조실록』의 편찬에 참여하였었다(『成宗實錄』 권13, 成宗 2년 12월 乙酉).

예종 1년에 『세조실록』을 수찬하기 위한 실록청이 4월 1일 이전에 설치되었는데,10) 여기에는 신숙주, 한명회, 최항, 강희맹, 양성지, 이승소, 김수령, 정난종, 이영은, 이극돈, 예승석, 조안정, 조익정 등이 참여하였다.11)

4월 11일에는 헌납 장계이가 사초의 수찬에 대한 사간원의 견해를 왕에게 주청하였는데, 史는 직필을 귀하게 여기는 것이니, 지금 춘추관에서는 사초를 거두어 놓고 각각 이름을 책에다 쓰도록 하였는데, 사초는 단지 국가의 일만 기록할 뿐만 아니라 관리의 선악, 득실을 모두 기록하는 것이므로, 사람들이 好惡을 할까 두려우며 또 원망을 얻을까 염려해서 직필을 하지 못할 것이라고 하였다. 또 춘추관에 出仕하던 정언 원숙강도 춘추관에 출사하여 사초를 보니 모두 史臣의 이름을 써 놓았는데, 이와 같이 하면 원망을 얻을까 염려해서 직필을 할 수 없기 때문에, 사초에 이름을 써서는 아니 된다고 아뢰었다. 이에 예종은 장계이와 원숙강을 의금부에 가두게 하였다가 방면하고, 원숙강은 춘추관에 출사하지 못하게 하였다.12)

춘추관에서는 『세조실록』을 편찬하기 위한 사초를 거두어 들였는데, 단종 3년 이후 史職에 있었던 자들은 모두 사초를 드리게 하였고,13) 사초의 내용에 책임을 지우기 위해 훈구대신들

10) 『睿宗實錄』 권5, 睿宗 1년 4월 甲寅. 『세조실록』에는 예종 1년 4월에 편찬을 시작하여, 성종 2년 12월에 완성되었다고 하였다(『世祖實錄』 권47 附錄). 완성 날짜는 성종 2년 12월 15일이었다(『成宗實錄』 권13, 成宗 2년 12월 壬午).

11) 『睿宗實錄』 권5, 睿宗 1년 4월 甲寅. 『成宗實錄』 권13, 成宗 2년 12월 乙酉.

12) 『睿宗實錄』 권5, 睿宗 1년 4월 甲子.

13) 사초를 바치지 않으면 자손을 禁錮하고, 은 20냥을 징수하였는데(『太宗實錄』 권19, 太宗 10년 1월 戊寅), 세종은 14년에 교서를 내려 자손의 금고는 너무 중하므로, 본인에게만 은 20냥을 징수하고 서용하지 말라고 하였다(『端宗實錄』 권5, 端宗 1년 1월 己巳). 또 사초를 유실하면 은 20량을 징수하고 서용하지 않으며, 그 자손으로서 전해 받아 유실한 경우도 이에 준하

의 주장에 따라,[14] 家藏史草에는 사관의 이름을 쓰도록 하였다.[15] 세조대를 통하여 사관직을 겸대했던 봉상시첨정이었던 민수도 친분이 있던 예문관봉교 춘추관기사관 이인석[16]에게 兼春秋(兼史職者)의 사초를 춘추관에 납부하였다.[17] 이때 민수는 이인석을 통해 사초에 이름을 쓴다는 것을 알고도, 시간에 쫓기어 서둘러서 납부를 한 것이다. 그러나 의심이 많던 민수는 자기 사초 안에 있는 양성지의 대사헌 때의 일,[18] 윤사흔이 술에 취한 일, 한명회의 불궤도모 등이 밝혀지면 대신들이 그의 직필을 보고 노할까 두려워서 이인석의 집을 찾아가서 사초를 청하였으나, 그는 민수의 사초를 담당하지 않았으므로,[19] 내어 주지를

도록 하였다(『世宗實錄』 권56, 世宗 14년 6월 癸卯).

14) 『仁宗實錄』 권1, 仁宗 1년 3월 乙丑.

15) 『睿宗實錄』 권5, 睿宗 1년 4월 丁丑.

16) 이인석의 딸이 민수의 4촌인 민형의 손자인 양천현령을 지낸 민세투에게 출가를 하였다.

17) 『睿宗實錄』 권5, 睿宗 1년 4월 戊寅. 전임사관을 비롯하여 수찬관이하의 겸사직자는 각기 보고들은 바를 기록하여 사초를 만들어서 1부는 춘추관 時政記의 자료로 사용하기 위해 춘추관에 제출하고, 1부는 집에 보관하였다(『太祖實錄』 권2, 太祖 1년 9월 壬辰). 민수는 사초를 경준, 박양, 이인석, 최연, 이경동에게 빌려서 筆削하여 책을 만들어서 봉하여 춘추관에 납부하고, 그 초고는 즉시 불태웠다(『睿宗實錄』 권5, 睿宗 1년 4월 丁丑). 이처럼 민수는 실록편찬이 시작됨에 따라 춘추관에서 사초를 받아서 정서를 하고, 책으로 만들어서 춘추관에 제출을 한 후, 본래의 사초는 비밀을 유지하기 위해 집에서 소각한 것이다. 사관이었던 鄭泰齊가 『인조실록』을 편찬하기 위해 제출하였던 책으로 만든 사초의 부본이 정태제의 무덤에서 출토된 적이 있었다.

18) 사헌부의 관원들이 옥사를 다스린 일 때문에 모두 좌천되었다. 처음에 富商 몇 사람이 재화를 다투어 송사를 내자, 사헌부에 내려서 조사하여 다스리게 하였다. 왕이 訟狀을 물을 적에 집의 이승원 등이 대답을 잘 못해서 즉시 하옥되었다가 사면되었지만, 대사헌 양성지는 홀로 구차스럽게 변명하여(苟容), 그 사건에 관여하지 않았다고 해서 그대로 관직에 있었다고 하였다가 苟容이란 두 글자를 삭제한 것이다. 이때의 기사는 『世祖實錄』 권38, 世祖 12년 1월 丙午條에 수록되었다.

19) 실록의 편찬방식은 「分年分房」의 원칙에 따라 실록청 안에 다루어지는 왕의 치세기간을 몇 년씩으로 나누어 각 房에서 춘추관 시정기 등 각종자료 가

못하였다.[20] 이에 첨정 춘추관편수관 최명손을 통해,[21] 동방생원으로 평소에 친분이 있던 전교서박사 춘추관기사관 강치성에게 요청하였더니, 강치성이 그 사초를 내어 주었다. 민수는 양성지에 관계된 내용 등의 6事를 수정하고, 강치성에게 돌려주었다.[22] 강치성은 춘추관 서리 이귀림에게 주면서 민수가 고쳐 쓴 곳에 인장을 찍게 하였다.[23]

같은 날 예문관검열 춘추관기사관 최철관이 민수가 지사 양성지의 일을 고쳐 쓰는 것을 보고, 예문관검열 춘추관기사관 양수사에게 일이 만약 누설되면 우리들은 죄를 피할 수가 없다고 하자, 양수사가 참의 춘추관수찬관 이영은에게 밀고를 하였다. 이영은은 크게 놀라 여러 동료들과 상고해 보니 지우고 고친 것이 여섯 가지였다. 영사 한명회, 최항, 동지사 정난종, 김수령, 수찬관 예승석, 조안정, 이영은 등이 최철관의 供辭를 수취하고,

---

운데에서 중요한 사실을 抄出하여 初草를 만들어 이를 都廳에 올리면, 도청에서는 각 방의 당상을 소집하여 함께 去就를 의논하고 고증하여 中草를 만들고, 총재관과 도청당상이 중초의 잘못을 재수정하는 동시 체제와 문장을 통일하여 正草를 만들었다(『燕山君日記』, 권30, 燕山君 4년 7월 乙卯). 『세조실록』의 편찬 때에도 6방으로 하였다가 뒤에 3방으로 줄였다(『成宗實錄』 권1, 成宗 즉위년 12월 甲寅). 또 『세조실록』의 편찬 때에도 실록청에는 總裁官, 都廳堂上, 各房堂上이 임명되었을 것이다. 총재관은 영춘추관사인 신숙주, 한명회, 최항이 맡고, 도청당상은 지춘추관사인 강희맹, 양성지 등이 맡았을 것으로 짐작된다.

20) 『睿宗實錄』 권5, 睿宗 1년 4월 戊寅. 『海東野言』 권2 睿宗.

21) 실록청의 직책은 임시직으로 겸직이었으므로, 최명손은 첨정으로 실록청의 편수관을 겸직한 것이다. 정황으로 보아 민수와 같이 봉상시첨정이 아니었는지 모르겠다.

22) 세종 6년에 병조판서 趙末生이 춘추관에 가서 사사로이 대제학 卞季良에게 청하여 납입한 사초를 내어다가 고쳤는데, 변계량이 여러 사관들을 경계하여 바깥사람들에게 알리지 못하게 한 일이 있었고(『世宗實錄』 권26, 世宗 6년 12월 辛酉), 『세종실록』의 편찬에서도 사관들이 먹으로 사초의 字句를 지우고 고쳐 쓴 것도 있었다고 한다(『文宗實錄』 권12, 文宗 2년 2월 丙戌). 이 때는 춘추관에서 이런 사실을 숨긴 것이다.

23) 『睿宗實錄』 권5, 睿宗 1년 4월 庚辰.

민수가 고친 곳을 모두 적어서 예종에게 아뢰기를 극사는 만세의 공론이니, 민수가 몰래 내다가 고쳤으므로 국문을 하자고 청하자, 예종은 의금부에 명하여 민수를 잡아오게 하였다.[24] 민수는 의금부에 잡힘에 미처 20세인 예종이 매우 곧기 때문에, 장차 사형을 면치 못할 것을 생각하고 자결하려 하였으나, 家人들이 억지로 말려 그만 두었다.[25] 또 예종은 승전환관 이존명과 주서를 민수의 집에 보내 수색하게 하였다.[26]

2) 조사

국문은 예종의 친국으로 이루어졌으며, 推官인 한명회 등이 국문을 할 때도 죄인들의 공사를 왕에게 아뢰고, 이에 대한 왕의 傳旨를 받아 추국이 진행되었다.

(1) 민수

4월 24일 국문에서 민수는 강치성에게 청하여 사초를 빼내어 고치고 삭제하였으며, 양성지가 지금 춘추관에 근무하고 있어 두려워서 고쳤으며,[27] 사초를 고친 부분은 한명회, 양성지, 윤사흔, 홍윤성, 김국광, 신면에 관련된 6건의 기사라는 사실을 진술하였다.[28]

---

24) 『睿宗實錄』 권5, 睿宗 1년 4월 丁丑.
25) 『睿宗實錄』 권5, 睿宗 1년 4월 丁丑.
26) 『睿宗實錄』 권5, 睿宗 1년 4월 丁丑.
27) 영관사 한명회도 민수가 처음에 한명회가 康孝文과 더불어 불궤를 도모했다고 썼다가 지웠는데, 지금 사초가 미납된 것이 많아 뒤에도 이와 같은 자가 있을까 두려우니 춘추관에 근무하기가 마땅치 않다고 하자, 예종은 그 당시 세조의 傳旨는 매우 자상하여 내가 일기에 써 두었으니 의심하지 말라고 하였다(『睿宗實錄』 권5, 睿宗 1년 4월 丁丑). 또 양성지도 실록청의 지춘추관사로 실록 편찬의 핵심에 있었는데(『成宗實錄』 권13, 成宗 2년 12월 乙酉), 4월 25일에는 공조판서 양성지가 민수가 사초에 자기를 苟容하여 관여되지 않았다고 썼음으로, 史局에 仕進함이 마땅하지 않다고 避嫌을 청하였으나 윤허되지 않았다 (『睿宗實錄』 권5, 睿宗 1년 4월 戊寅).
28) 『睿宗實錄』 권5, 睿宗 1년 4월 丁丑.

4월 25일 국문에서 민수는 사초는 처음에는 직필이었으나, 고치고 지운 것은 재상을 두려워했기 때문이라고 하고, 대신의 일을 썼다가 삭제한 것은 대신에게 아부하려는 것이 아니라, 대신에게 원망을 살까 두려웠을 뿐이라고 하였다. 처음에 사초를 납부할 때 이인석에게 부탁하여 납부했고, 이인석과는 함께 모의하지는 않았다고 진술하였다.29)

4월 27일 국문에서 춘추관에 이르러 최명손을 보고 강치성을 만나 사초를 열람하고자 한다고 하자, 최명손이 사초를 다시 열람함은 어렵다고 하면서, 즉시 강치성에게 말을 전하니, 강치성이 사초를 주었을 따름이고, 고치고 지운 사유는 최명손은 더불어 알지 못하였다고 진술하였다.

민수는 왕에게 원래의 사초에 말이 서로 들어맞지 않은 것이 있었기 때문에 신이 그 말을 약간 완곡하게 고쳐 썼으나, 그 실상을 없애지는 않았다고 하므로, 왕이 너는 옛날 서연관이었기 때문에 내가 너를 알고 있다. 그러나 너는 대신들의 허물을 헤아려서 쓰지 않았느냐. 너는 儒士로서 어찌 국사를 증감한 죄를 알지 못하느냐고 하자, 민수는 신이 알지 못한 것은 아니로되, 단지 용렬하여 생각이 이에 미치지 못하였고, 재상의 원망을 두려워하여 고쳐 썼으나, 그 말은 약간 완곡해졌고 그 실상을 없애지는 않았다고 진술하였다. 한명회가 아뢰기를 민수는 처음부터 항상 이런 뜻을 말하였다고 하자, 왕이 자못 민수의 말이 정직하다고 하였다.30)

(2) 원숙강

4월 24일 국문에서 한명회 등이 원숙강이 전날에 사초에 사관의 이름을 쓰는 것은 옳지 않다고 말하였는데, 반드시 들은 바가 있었을 것이니 묻게 하자고 왕에게 청하여 원숙강을 불러

---

29) 『睿宗實錄』 권5, 睿宗 1년 4월 戊寅.
30) 『睿宗實錄』 권5, 睿宗 1년 4월 庚辰.

물으니, 원숙강이 굳이 숨기었다.[31]

4월 25일 국문에서 언관으로 사초에 이름을 쓰면 사관 중에 직필할 자가 없을 것이라 여겨 곧 바로 아뢰지 않고, 사간 조간 등 사간원의 여러 동료들과 의논하여 아뢴 것이라고 진술하였다.[32]

4월 27일 국문에서 편수관 김계창이 고하기를 처음에 원숙강의 사초를 보니 권람이 졸하였다고 쓴 아러에 임금이 쿠처를 좋아하였다는 것과 권람이 큰 저택을 지었다는 말이 있었는데,[33] 지금은 그 말을 삭제하고 단지 졸자만 쓰여 있었다고 하고, 편수관 성숙도 또한 이 일을 보았다고 진술하였다. 원숙강은 이 사실을 인정하고 사초를 춘추관에 바쳤는데, 그 뒤에 이름을 썼으므로, 사람들에게 원망을 살까 꺼려하여 가만히 收取하여 졸자 하나만 썼다고 진술하였다.[34]

(3) 강치성

4월 24일 국문에서 민수가 강치성에 청하여 사초를 빼냈다고 진술하자, 부모의 병 때문에 죽산현에 가 있던 강치성을 의금부로 하여금 잡아오게 하였다.[35]

4월 27일 국문에서 동료 최명손이 신에게 민수가 사초를 보고자 하여 그대를 보기를 바란다고 하기에, 민수의 사초를 찾아서 밖으로 나와서 민수에게 이르기를 무엇을 하려고 보려하느냐고 묻자, 민수가 양성지의 대사헌 때 일을 고쳐 쓰려 한다고 하므로, 신은 곧 사초를 민수에게 주었는데, 한참 만에 민수가 사초를 가지고 와서 신이 받아 가지고, 서리 이귀림에게 주면서

31) 『睿宗實錄』 권5, 睿宗 1년 4월 丁丑.
32) 『睿宗實錄』 권5, 睿宗 1년 4월 戊寅.
33) 『세조실록』에도 권람이 남산아래에 집을 지었는데, 제도가 지나치게 사치하였다고 하였다(『世祖實錄』 권35, 世祖 11년 2월 癸未. 權擥卒記).
34) 『睿宗實錄』 권5, 睿宗 1년 4월 庚辰.
35) 『睿宗實錄』 권5, 睿宗 1년 4월 丁丑.

고쳐 쓴 곳에 인장을 찍게 하였다고 진술하였다.36)

또 왕이 민수가 사초를 내오길 청하였을 때 너는 민수와 사귄지가 오래니 반드시 공모자가 있을 것이라고 하자, 신은 신진의 사류이기 때문에 국가의 전장을 알지 못하여 잘 못 주었다고 하였다. 정직하지 못하다고 하여 장 5대를 맞았으나 말하지 않았고, 또 둥근매(圓杖)로 3대를 맞았으나 역시 남과는 의논함이 없었고, 공모함도 없었으며, 민수가 동방생원으로 장원을 했기 때문에 주었을 따름이라고 진술하였다.37) 왕은 네가 사초를 꺼내어 주었는데 공모자가 없다면 어찌 굳이 숨기느냐고 다그치자, 강치성은 민수가 개서한 뒤 단지 성숙과 더불어 말을 했는데, 성숙이 탄식하기를 민수가 왜 이렇게 할까라고 하였다고 진술하였다. 이에 성숙에게 묻자 성숙은 듣지 못하였다고 하므로, 강치성과 면질을 하였는데, 성숙의 말이 사실이므로 성숙을 방면하게 하고, 강치성에게 바른 말을 하지 않으니 이는 왕을 속이는 것으로 그 죄는 원숙강과 같다고 하였다.38)

3) 처결

사초를 고친 민수는 장 1백에 제주의 관노로 영속되고, 최명손 · 이인석은 알고도 고하지 않은 죄로 장 일백을 맞고 본향에 충군되었다.39) 사초를 고치고, 죄상을 숨긴 원숙강은 참형을 당하고, 사초를 민수에게 내어주고 거짓 진술을 한 강치성 역시 참형을 당하고 말았다.

원숙강은 사초를 고치고도,40) 사초에 사관의 이름을 쓰는 것

36) 『睿宗實錄』 권5, 睿宗 1년 4월 庚辰.
37) 세조 2년의 생원시에서 1위 민수, 2위 鄭蘭宗, 3위 許琮, 4위 강치성이었다.
38) 『睿宗實錄』 권5, 睿宗 1년 4월 庚辰.
39) 『睿宗實錄』 권5, 睿宗 1년 4월 庚辰.
40) 세종 31년 춘추관의 관례에는 춘추관의 사초를 도려내거나 긁어 없애거나, 먹으로 지운 자는 制書를 찢어버린 律로서 논죄하여 참하며, 동료 관원으로

은 불가하다고 죄상을 숨긴 점과 생육신의 손자라는 처지에서 세조의 허물을 써서 선왕을 경멸한 점은[41] 예종에게 크게 미움을 사게 되었고, 狂妄했던 강치성은 무고한 성숙을 끌어들이는 화근을 만들어 원숙강과 동일시되어 죽음에 이른 것이다. 하여튼 이 사건으로 의금부에 하옥되었던 조간, 장계이, 성숙, 최철관, 양수사, 최연,[42] 박양, 이경동, 경준 등은 방면되어 옥사가 확대되는 것을 막을 수 있게 되었다. 아무튼 세종조에 권제와 안지가 사초를 고쳤다가 고신(직첩)을 빼앗긴 것에 비하면,[43] 이번 옥사의 형벌은 가혹했다고 볼 수가 있는데, 여기에는 예종이 법치주의에 입각한 매우 엄격한 통치를 지향하며 개혁정치를 펼쳤던 것과도 관련이 있다고 볼 수가 있다.

죽음을 당한 원숙강은 생육신인 元昊의 손자로, 세조 6년에 별시문과에 을과 3등 1위로 급제를 하였다. 예문관의 검열, 대교, 봉교를 역임하고, 세조 9년에 예문관대교로 『동국통감』의 편찬에도 참여하였다.[44] 예종 1년에 정언에 승진하였고,[45] 실록청이 개설되자 잠시 춘추관기사관을 겸임하고 실록편찬에 참여하였다. 강치성은 세조 14년에 식년문과에 갑과 3위로 급제한 신참이었다. 그는 과거에 급제하였을 때 전교서박사를 除拜하였으나, 동료들이 강치성은 신진으로 行首를 삼는 것은 마땅하지 않다하여 박사 金耋을 추대하여 上官長으로 삼았더니, 강치성이 매우 한스럽게 여겼고, 同列의 약속을 받아드리지 않았으며, 동렬 역시 물리치고 한데 어울리지 아니하였기 때문에 앙심을 품

서 알면서도 고하지 않은 자는 한 등을 감하도록 하였다(世宗實錄』 권123, 世宗 31년 3월 壬午).

41) 예종은 추관인 도승지 권감에게 원숙강의 供辭에 재상을 推誠하고, 人君을 경멸하였다고 쓰라고 명할 정도였다.

42) 최연은 민수와 문과의 동년이다.

43) 『世宗實錄』 권123, 世宗 31년 2월 癸酉.

44) 『世祖實錄』 권31, 世祖 9년 9월 癸未.

45) 『睿宗實錄』 권4, 睿宗 1년 윤2월 丁卯.

고 기사관이 되기를 구하여 춘추관에 仕進하였다가 화를 당한 것이다.[46]

예종은 사관들의 직필을 보장하기 위해 사초에 이름을 써서는 아니 된다는 대간들의 주청을 받아드려야 했을 것이다. 이로 인해 힘없는 아까운 인재들을 희생시킨 것이다. 또 예종은 4월 5일에 『세조실록』의 초권이 완성되자 내전에서 보았고,[47] 4월 18일에도 범례를 본다는 명목으로 춘추관에 魯山 때의 일기[48] 및 계유정난 때의 사초를 내전으로 들여오라고 명한 일도 있었다.[49] 예종은 언로를 막는 일임에도 불구하고 사초에 이름을 써서는 아니 된다는 대간들을 하옥시키기까지 하였을까 하는 점인데, 『세조실록』은 어린 조카의 왕위를 빼앗은 찬탈 군주의 실록이라는 점을 간과할 수가 없다.

이처럼 문제가 되었던 사초에 이름을 기록한 것은 고려시대도 마찬가지인데, 고려시대에는 왕이 죽은 후 상당 기간이 지난 후에 실록이 편찬되었기 때문에 사관들이 자신의 기록으로 말미암아 화를 당하지 않을까하는 걱정을 할 필요가 없었으나, 조선시대에는 왕이 죽은 후 곧바로 편찬되었기 때문에 사정이 달랐다.[50] 사초에 이름을 기입하는 문제는 그 후 신중히 논의되어 인종 때에는 사관들의 청원으로 기입하지 말도록 하였으나,[51] 명종 때에 재론되면서 을사사화를 일으킨 영의정 李芑 등 3의정에 의해 기입하는 것을 恒式化하였다.[52] 이처럼 사관들의 직필을 가장 두려워하고 경계하는 사람들은 비행을 저지른 집권

46) 『睿宗實錄』 권5, 睿宗 1년 4월 庚辰.
47) 『睿宗實錄』 권5, 睿宗 1년 4월 戊午.
48) 이 무렵에 『魯山君日記』의 편찬이 어느 정도 마무리된 것 같다.
49) 『睿宗實錄』 권5, 睿宗 1년 4월 辛未.
50) 鄭求福, 「조선 초기의 역사학」, 『한국사』 26(국사편찬위원회), 1995, 150쪽.
51) 『仁宗實錄』 권1, 仁宗 1년 3월 乙丑.
52) 『明宗實錄』 권9, 明宗 4년 1월 甲申.

자들이었다. 이들은 실록편찬 과정에서도 削筆을 가하려고 하였을 것이나,[53] 실록청 안의 여러 당상과 낭청들의 눈이 부담스러웠을 것이다. 이러한 현상은 『세조실록』 편찬에서의 훈구대신들의 처지도 마찬가지였다. 이렇게 보면 이번 사옥의 비극도 결국은 계유정난에서 비롯된 것이다.

談笑自若하며 전의에 충군된 이인석은 예종 1년 겨울에 赦宥를 입어 풀려나고,[54] 성종 2년 2월에는 고신을 돌려받았고,[55] 이해 12월에는 『세조실록』의 편찬에 참여한 공로로 鄕表裏 1습을 상으로 받았다.[56] 충주에 충군된 최명손도 예종 1년 10월에 석방되고,[57] 성종 1년 1월에 고신을 돌려받고,[58] 성종 2년 12월에 『세조실록』의 편찬에 참여한 공로로 향표리 1습을 상으로 받았다.[59] 이처럼 충군되었던 이인석과 최명손은 예종이 승하하기 한 달 전에 군역에서 풀어준 것이다. 그러나 민수는 사옥의 正犯人이고, 사옥에 관련된 원숙강과 강치성이 처형되었기 때문에, 관노라는 官役에서 풀어주기는 어려웠을 것이다.

민수가 옥사에서 살아남을 수 있었던 것은 예종의 동궁시절 세자시강원의 書筵官[60]을 지낸 점,[61] 독자라는 점, 죄상을 사실

53) 실록을 편찬할 때 재상이 감수함은 옳지 못하다고 하였으나, 세종은 일을 중하게 여겨 宰臣에게 감수토록 하였으나(『世宗實錄』 권80, 世宗 20년 3월 丙戌), 『세종실록』의 편찬에서 황보인과 김종서는 사초를 많이 보고서 자기들에게 이해가 있는 것은 모두 뜻에 따라 증감하였으나, 사람들이 모두 두려워서 감히 반박하여 의논하지 못했다고 한다(『端宗實錄』 권6, 端宗 1년 5월 癸亥) 실록편찬에서 재상들의 감수가 직필을 어렵게 하는 요인이었다(『文宗實錄』 권12, 文宗 2년 2월 丙寅).

54) 『成宗實錄』 권85, 成宗 8년 10월 癸卯.

55) 『成宗實錄』 권9, 成宗 2년 2월 丙午.

56) 『成宗實錄』 권13, 成宗 2년 12월 乙酉.

57) 『睿宗實錄』 권8, 睿宗 1년 10월 壬子.

58) 『成宗實錄』 권2, 成宗 1년 1월 庚子.

59) 『成宗實錄』 권13, 成宗 2년 12월 乙酉.

60) 세자를 모시고 경서와 사서를 강하고, 도의를 올바르게 계도하는 일을 맡았다.

61) 조선시대 서연관은 왕세자의 교육을 맡았던 관리들로서 당상관과 당하관(郎

대로 정직하게 진술한 점, 세조가 아끼며 육성하던 文士라는 점, 공신의 자손이라는 점 등이 고려되었을 것으로 보인다. 이 중에서도 예종의 세자시절 스승인 서연관이었던 인연과 노부모가 생존한 독자라는 동정이 크게 작용하였다. 옥사의 처결에는 추관인 한명회 등의 의견도 반영되었을 것인데, 영의정 한명회의 처가는 민수와 같이 여홍 민씨 집안이었다. 이런 관계로 한명회의 영향도 있었으리라고 추측되는데, 국문에서도 일부 흔적이 보인다.

민수는 국문에서 물을 때마다 눈물로써 대답하기를 신이 無狀하여 범한 죄가 매우 무거우니 법으로 주살됨이 마땅하오나, 다만 신은 독자로서 부모가 俱存하니, 원컨대 성상께서 불쌍히 여겨 주소서하니, 왕이 말하기를 너를 안지가 비록 오래이나 국가 대사를 당해서는 사사로움을 취할 수가 없다고 하였는데, 민수의 눈물이 홍건함을 측연하게 여긴 나머지 마침내 사형을 감한 것이라고 한다.[62]

이때 동지춘추관사였던 李承召는 「睿宗挽詞」에서 燃犀照鬼域(서각 태워 귀신 나라 비추었으며)이라고 하였다.[63] 이 詩句는 민수의 사옥을 의미하는 것으로 보여 진다. 犀角은 무소의 뿔로 이를 태우면 밝은 빛이 난다고 하며, 은미한 것을 환하게 비추었다는 의미이다. 예종이 민수에 대해 사죄를 면해준 조치를 높이 평가한 것으로 볼 수가 있다.

廳)으로 구분 되었다. 당하관은 모두 祿官인데, 輔德(종3품), 弼善(정4품), 文學(정5품), 司書(정6품), 說書(정7품) 등 약 10인이 강의를 전담하였다. 서연관은 문과급제자 가운데 학문과 덕망이 뛰어난 사람들을 선발하였다. 이들은 대개 오랫동안 세자를 가르쳤으므로, 뒤에 세자가 왕위에 오르면 이들의 정치적 영향력도 증대하였다.

62) 『睿宗實錄』 권5, 睿宗 1년 4월 庚辰.

63) 『三灘集』 권5 詩 睿宗挽詞.

Ⅱ. 민수

1. 선대

1) 閔愉

민수의 고조부는 민유이다. 원경왕후의 종조부로 과거에 급제하여, 대제학에 오르고, 여흥군에 봉해졌다.

2) 閔智生

증조부는 민지생이다. 고려 말에 음서로 전농시소경을 지냈다.[64] 李種學, 申彛, 申晏, 민지생이 편집한 이색, 정몽주, 길재, 원천석의 스승인 禹倬의 문하인 대학자 申賢의 문집인 『華海師全』이 있다. 이로써 보면 민지생도 신현에게 수학을 한 것으로 보인다. 조선이 건국되자 벼슬을 버리고, 향리에 은거하며 충절을 지켰다. 아들 민심언으로 인해 호조참판에 추증되었다.[65]

3) 閔審言

조부는 민심언이다. 민지생의 외아들로 공민왕 때에 태어났다. 현량으로 벼슬을 시작하고, 원경왕후와 6촌간으로 외척이었다.

태조 5년 8월에 鄭熙啓의 시호를 정할 때 정희계는 좌명개국공신으로 판한성부사 계림군이었으나, 배우지 못하여 行身하는 것이 조심이 없어서 남에게 경멸을 받았다고 봉상시에서 시호를

---

64) 『列聖王妃世譜』 권6 仁顯王后.

65) 『列聖王妃世譜』 권6 仁顯王后. 병조참판에 증직되었다는 기록도 있다(『老峰先生文集』 권8 行狀. 『氏族源流』 驪興閔氏).

安煬, 安荒, 安惑으로 청하자, 태조는 허물만을 논하고 공을 말하지 않았다고 하면서 시호를 부적절하게 지었다는 이유로 봉상시 관계자들을 모두 투옥하였다. 봉상시 협율랑인 민심언도 순천으로 유배되었다.66) 정희계의 시호는 결국 良景이라고 정해졌다.67) 정희계는 무장 출신으로 신덕왕후 강씨의 질녀의 남편으로 태조와는 특수한 관계였다.

태종 4년 10월에 사헌부지평이 되었다.68) 동왕 8년 3월에 전지를 고쳐 측량하여 절급할 때 軍資에 속해 있던 良田으로 친한 사람의 척박한 전지와 바꾸고, 남의 양전을 빼앗아 친한 사람에게 준 죄로 호조정랑 민심언도 순금사옥에 갇히었다가 파직되었다.69) 동왕 9년 10월에는 사헌부장령으로 李茂를 처형하고, 민무구, 민무질을 제주로 유배시키는데 참여하였다.70)

세종 5년 4월에 첨총제 민심언을 보내서 阿木河, 愁州, 童巾 등지에 사는 여진족 都乙漢, 者羅老, 毛當哈, 里麻安赤 등을 宣慰하였다.71) 동왕 7년 9월에 광주에서 강무를 할 때 광주목사로서 왕을 마중 나와 뵈었다.72) 이어서 행차가 麻田浦를 건너 돌아와 살곶이 냇가에서 晝停하자, 종친, 부마, 부원군, 영돈영, 감사, 경력, 판광주목사 민심언 등이 侍宴하였다.73)

동왕 8년 2월에 강원도 횡성 등지에서 강무를 하였다. 妙寂寺의 북쪽 산에서 몰이를 하고, 時雨峴 아래의 동구에서도 몰이를 하고, 龍津을 건너서 머물렀다. 광주목사 민심언 등이 마중 나와 뵈었다.74) 동왕 9년 10월에도 광주에서 강무를 하였다. 낮

---

66) 『太祖實錄』 권10, 太祖 5년 8월 甲寅.
67) 『太祖實錄』 권10, 太祖 5년 9월 庚申.
68) 『太宗實錄』 권8, 太宗 4년 10월 辛卯.
69) 『太宗實錄』 권15, 太宗 8년 3월 庚戌.
70) 『太宗實錄』 권18, 太宗 9년 10월 癸卯.
71) 『世宗實錄』 권20, 世宗 5년 4월 丙子.
72) 『世宗實錄』 권29, 世宗 7년 9월 甲子.
73) 『世宗實錄』 권30, 世宗 7년 10월 丁卯.

참을 新院洞에서 하고, 검단산에서 몰이하고 돌아와 저녁에 新院平에서 유숙하였다. 경기감사, 도사, 광주목사 민심언이 맞이하였다.[75)]

동왕 10년 2월에 첨지돈령부사가 되었다.[76)] 7월에 정사를 볼 때 판부사 許稠가 아뢰기를 민심언이 일찍이 수원부사가 되었을 때 그의 아들 閔道經[77)]이 본부의 밑에 사람들을 업신여기고 욕보인 것이 몹시 심하였다고 하였다.[78)] 12월에는 동지돈령부사가 되었다.[79)] 또 이달에 진하사 대제학 柳思訥를 따라 부사로 명에 갔다가,[80)] 다음해 4월에 돌아왔다.[81)]

동왕 11년 4월에 사정전에서 소경 韓確에게 연회를 베풀 때 동지돈령부사 민심언이 한확과 함께 왔으므로, 연회에 참여하도록 명하였다.[82)] 7월에는 함흥부윤(함길도관찰사 겸임)이 되었다.[83)] 11월에는 함길도관찰사 민심언이 여진인 堆昆을 잡아 바쳤다고 하여, 의복의 안팎 감 한 벌을 내렸다.[84)]

동왕 12년 12월에는 영흥부 군기고에 불을 지를 자를 관노인 加叱同과 延萬 등의 소행으로 의심하여 체포하고 국문하였는데, 마음대로 압슬형을 실시하여 허위 자백을 받았다. 관노 內隱連은 장에 맞아 죽었다. 민심언 등이 사실을 숨기고 사실대로 보고하지 않았다. 왕이 형조정랑 申自謹을 보내서 추핵하고 민심언 등을 의금부에 넘겼다.[85)] 이로 인해 직첩을 회수당하

74) 『世宗實錄』 권31, 世宗 8년 2월 丁丑.
75) 『世宗實錄』 권38, 世宗 9년 10월 乙卯.
76) 『世宗實錄』 권39, 世宗 10년 2월 己未.
77) 도경은 閔澄源의 字가 아닌지 모르겠다.
78) 『世宗實錄』 권41, 世宗 10년 7월 癸未.
79) 『世宗實錄』 권42, 世宗 10년 12월 辛巳.
80) 『世宗實錄』 권42, 世宗 10년 12월 戊戌.
81) 『世宗實錄』 권44, 世宗 11년 4월 丙戌.
82) 『世宗實錄』 권44, 世宗 11년 4월 己丑.
83) 『世宗實錄』 권45, 世宗 11년 7월 己酉.
84) 『世宗實錄』 권46, 世宗 11년 11월 癸卯.

고,[86] 동왕 15년 5월에야 직첩을 돌려받았다.[87]

동왕 16년 10월에 전라도도관찰사가 되었다.[88] 동왕 17년 8월에는 중추원부사가 되고,[89] 9월에는 호조참판이 되었다.[90]

동왕 18년 6월에 형조참판이 되었다가,[91] 이후 개성부유수가 되었다.[92] 동왕 22년 6월에 개성부유수로 부임하는 李孟畛을 인견하여 전 유수 때에 일의 퇴폐된 것이 많아서 殘弊함이 심하니, 경이 가서 조잔하고 곤폐하게 하지 말아서 故都를 충실하게 하라고 당부한 것으로 보면,[93] 민심언은 형조참판에서 개성부유수로 전직되어, 동왕 22년 5월까지 부임하였다가 고신을 회수당한 것이 아닌가 추측된다. 동왕 23년 10월에 고신을 돌려받았다.[94]

단종 즉위년 12월 7일에 90여 세로 졸하였다.[95] 자헌대부 형조판서에 추증되었다. 세조 6년 5월에 정난원종공신 3등에 책록되었는데,[96] 죽은 사람이기 때문에 규정에 따라 本等에서 한 資級을 올려 추증한 것이다. 묘는 경기도 김포시 월곶면 개곡리 위곡산에 있다. 민심언은 성질이 인색하고, 貨殖을 일삼아서 치부하였다고 한다.[97]

---

85) 『世宗實錄』 권50, 世宗 12년 12월 癸未.
86) 『世宗實錄』 권50, 世宗 12년 윤12월 丙午.
87) 『世宗實錄』 권60, 世宗 15년 5월 庚申.
88) 『世宗實錄』 권66, 世宗 16년 10월 癸酉.
89) 『世宗實錄』 권69, 世宗 17년 8월 乙巳.
90) 『世宗實錄』 권69, 世宗 17년 9월 丙子.
91) 『世宗實錄』 권72, 世宗 18년 6월 丁巳.
92) 『高宗實錄』 권45, 高宗 42년 1월 4일. 純明孝皇后墓誌文.
93) 『世宗實錄』 권89, 世宗 22년 6월 壬申.
94) 『世宗實錄』 권94, 世宗 23년 10월 癸酉.
95) 『端宗實錄』 권4, 端宗 즉위년 12월 乙未. 閔審言卒記.
96) 『世祖實錄』 권20, 世祖 6년 5월 庚子.
97) 『端宗實錄』 권4, 端宗 즉위년 12월 乙未. 閔審言卒記.

4) 閔沖源

부는 민충원으로, 호가 石峰이다. 통진 위곡(현 김포 월곶면 개곡리)에서 어머니 여산 송씨[98]의 묘가 있는 대전광역시 유성구 도룡동 범골(虎洞)로 이거하여, 이곳을 세거지로 삼았다.[99] 이로써 범골이 지금까지 여흥 민씨의 집성촌이 되었다.

민충원의 집안은 단종 즉위년에 민심언이 세상을 뜨자, 오랫동안 민심언의 재산을 놓고 송사가 벌어졌다. 민심언은 아들로 澄源, 沖源, 浚源, 澹源이 있었는데, 징원은 이미 세종 22년에 죽었다. 민징원의 아들로는 亨과 貞이 있었고, 민형의 장남은 孝孫이었다. 이들 간에 송사가 전개된 것이다. 단종 1년 7월에 의금부에 전지하여 전 사직 민충원이 아비를 장사하는 날에 조카 민형을 때렸고, 민형도 함부로 광을 열어 契券을 가져갔으니 아울러 국문토록 하였다.[100] 8월에는 의금부에서 이 일을 조사하여 아뢰기를 아비 민심언이 그 집과 재산을 그 손자 민형의 아들 민효손에게 주고 민충원이 그 문서를 친히 썼는데, 아비가 죽자 민충원은 민효손이 그 문서를 오로지 함을 성내어 무릇 집에 간직한 미포를 葬祭의 비용으로 이미 다 썼다고 하여 억지로 변명하고 복종하지 아니 하였으며, 卒哭祭 날에 喪杖으로

98) 여산 송씨는 부는 판나주목사 宋琠이고, 조부는 宋允蕃으로, 송윤번의 둘째 딸이 영의정 趙浚에게 출가하였다. 증조부는 도첨의정승 여량부원군 宋瑞이다. 여산 송씨는 민지생의 사촌 여흥부원군 閔霽의 配인 여산 송씨와 친척간이므로, 이런 인연으로 혼인이 이뤄진 모양이다. 즉 민제의 배의 증조부인 宋琰과 민심언의 배의 고조부인 宋玢은 형제간으로, 아버지 宋松禮를 도와 林惟茂를 제거한 인물들이다. 한편 『씨족원류』 여흥민씨에는 민지생의 前室이 송씨라고 하였는데, 당시 권문세족이었던 여흥 민씨의 위세로 보아 송씨는 권문세족인 여산 송씨로 추정된다. 즉 민심언은 여산 송씨의 소생으로, 외가와 혼인한 셈이 된다.

99) 이곳 대전은 여산 송씨의 친정과 관계가 있으므로 이곳에 묘를 쓴 것이다. 둘째 아들 민충원도 외가와 처가가 인접한 이곳 대전지역과 관계를 맺게 된 것이다. 이는 母邊·婦邊傳來 재산 및 장기간의 婿留婦家와 관련이 있다.

100) 『端宗實錄』 권7, 端宗 1년 7월 癸亥.

민형을 구타하였으니, 반드시 곡절이 있을 것이므로 민충원을 고신하겠다고 하자 윤허하였다.[101] 9월 17에는 민심언이 손자 민형을 편애하여 노비를 전부 주었는데, 민심언이 죽자 민충원이 아버지의 공평하지 못함을 노여워하여 유명을 따르지 아니하자, 민형이 글을 갖추어서 억울함을 伸訴하였다.[102] 29일에는 의금부제조가 아뢰기를 민심언이 서울 집에 있는 여러 물건을 그 증손 민형의 아들에게 주었는데, 그 문권은 민심언이 기초하고, 민충원이 손으로 쓴 것이라고 하였다.[103]

예종 1년 4월 7일에 장예원에서 민형 등의 노비를 決給한 啓本 안에 민형 등의 等자를 지우고 고쳐 썼으므로, 판결사 梁順石 등을 국문하였다.[104] 17일에는 전의감정 민정, 여산군수 민형 등을 옥에서 석방하고, 민정과 민형을 파직시켰다.[105] 이는 민정이 세자 시절에 서연관으로 시종을 하였기 때문에 배려를 해준 것이다. 민정은 세종 32년에 문과에 급제하였다. 5월에는 승지 이숭원을 의금부에 보내어 민형 등을 국문토록 하였는데, 우선 의금부에서 국문토록 하였다. 이때 민정이 말하기를 숙부 민담원이 형 민형이 노비문서를 위조했다고 하기에 형에게 물어보았더니, 이 노비는 너에게는 관계가 없고, 내가 너와 더불어 함께 갖자고 하여 문권을 追改한 것이라고 하였으며, 문건에 드러난 조부의 서명이 다른 문건의 서명과 다르기 때문에 구별하기가 어렵겠느냐고 하였다.[106] 드디어 8월에는 원상 신숙주, 영의정 한명회, 영성군 최항 등을 불러 민형 등이 노비를 가지고 소송하는 것을 의논토록 하였는데, 장례원으로 하여금 법에

---

101) 『端宗實錄』 권7, 端宗 1년 8월 壬子.
102) 『端宗實錄』 권7, 端宗 1년 9월 庚午.
103) 『端宗實錄』 권7, 端宗 1년 9월 壬午.
104) 『睿宗實錄』 권5, 睿宗 1년 4월 庚申.
105) 『睿宗實錄』 권5, 睿宗 1년 4월 庚午.
106) 『睿宗實錄』 권5, 睿宗 1년 5월 戊戌.

따라 고루 나누어 주게 하고,107) 민형 등이 노비를 차지하려고 꾀하여 서로 헐뜯어서 風敎를 해쳤으니, 모두 고신을 거두도록 하였다.108) 성종 1년 1월에 민형, 민정, 민담원은 고신을 돌려받았다.109)

아무튼 이 송사는 민심언이 당시의 『분재기』을 통하서 보이는 祖業(父邊傳來의 재산과 母邊傳來의 재산)의 토지와 노비에 대한 재산을 장남, 차남, 아들과 딸의 구별 없이 균분상속을 보이는 관행을 따르지 않고,110) 민형의 아들 민효손을 嫡曾孫으로 삼아 노비와 재산을 많이 주고, 민형은 이에 만족하지 않고 더욱 욕심을 부려 민심언의 노비문권을 고쳐 거짓 서명하여 가족 간에 16년 동안이나 불미스러운 송사가 이어졌던 것이다. 처결에 따라 민충원도 노비를 분재 받았고, 이들 노비들은 외아들인 민수에게 전해졌다.

민충원은 세조 1년 12월에 부사직으로 좌익원종공신 3등에 책록되었다.111) 동왕 3년 10월에는 교하현감으로 법을 어기어 濫刑을 한 것을 숨기고 계달하지 않은 것이 문제가 되었다.112) 또 동왕 9년 윤7월에는 겸사헌부장령으로 도에 파견되어 호패

107) 『경국대전』에도 균분상속을 원칙으로 하고 있다. 즉 부모의 노비는 衆子女는 平分이고, 承重子는 (奉祀條로) 5분의 1을 더 주었다(『經國大典』 권5 刑典 私賤).

108) 『睿宗實錄』 권7, 睿宗 1년 8월 己未. 공조판서 權孟孫은 간교하고 재물을 탐하였는데, 便利함으로써 현달하였다. 후처 김씨의 외조인 민심언을 극진히 섬겨서 재물을 빨아 먹고 민심언 부자 사이를 꾸며 얽어서 틈이 나게 하였다고 한다(『端宗實錄』 권7, 端宗 1년 9월 庚午). 민충원의 여동생이 金恥其에게 출가를 하였는데(「閔審言墓表文」), 김치기의 딸이 재가하여 권맹손의 후처가 되었다. 김치기는 광산 김씨로 청주국사 金邁卿의 장남으로, 전농시주부를 지내고 정란원종공신이다.

109) 『成宗實錄』 권2, 成宗 1년 1월 庚子.

110) 崔在錫, 「조선 초기의 가족제도」, 『한국사』 25(국사편찬위원회), 1994, 266쪽.

111) 『世祖實錄』 권2, 世祖 1년 12월 戊辰.

112) 『世祖實錄』 권9, 世祖 3년 10월 辛卯.

의 일을 규찰하고 검문하였다.113) 이어서 사헌부집의를 하고,114) 성종 1년경에는 홍주목사를 지냈다.115)

이처럼 민충원은 유일로 세조 1년에 부사직으로 좌익원종공신 3등에 녹훈된 것을 바탕으로, 세조 3년 교하현감, 세조 9년 사헌부장령를 지내고, 사헌부집의를 거쳐 성종 1년경에는 정3품인 홍주목사를 지낸 것이다. 좌찬성을 지낸 증손 閔齊仁116)으로 인해 가선대부 이조참판 겸 동지의금부사에 추증되었다.

配는 보성 오씨로 강진현감을 지낸 吳傅의 딸이다.117) 이들 보성 오씨는 대전광역시 대덕구 석봉동과 충북 청주시 현도면에 많이 살고 있다. 석봉동은 대덕구 북쪽 신탄진이며, 석봉마을은 현재 신탄진 시장 부근이다. 이곳 산봉우리에는 돌이 많아 그 봉우리 아래에 마을이 자리 잡고 있다하여 석봉이라는 지명으로 부르게 되었다.118) 민충원의 석봉이라는 호도 여기서 유래된 것이다.

민충원과 보성 오씨의 묘는 대전광역시 유성구 도룡동 우성이산 어머니 여산 송씨 묘 바로 아래에 합장되었다.

2. 민수

민수는 세종대에 민충원과 보성 오씨 사이에서 외아들로 태어났다. 자는 聖寅이다. 이름 내기를 좋아하여 짧은 편지에도 반드시 기이한 말과 아름다운 글씨로 사람들에게 특이하게 보였으며, 소소한 장난에도 남의 밑이 되는 것을 부끄럽게 여길

---

113) 『世祖實錄』 권31, 世祖 9년 윤7월 癸亥.
114) 『高宗實錄』 권36, 高宗 34년 11월 22일 明成皇后誌文. 『高宗實錄』 권45, 高宗 42년 1월 4일 純明孝皇后誌文.
115) 『洪城郡邑誌』(일제강점기).
116) 민제인은 중종 15년에 문과에 급제하여 평안도관찰사, 호조판서, 병조판서, 이조판서, 좌찬성을 지내고 여원군에 봉해졌다.
117) 『世宗實錄』 권53, 世宗 13년 7월 戊寅.
118) 민명기, 『여흥민씨 이야기』(도서출판 뿌리정보미디어), 2019, 130쪽.

정도로 자존심이 강했던 인물이었다.119)

세조 2년 1월에 예조판서 金何, 중추원부사 金末, 예조참의 洪允成, 집현전부제학 金禮蒙 · 宋處寬 등이 생원 민수 등 1백인과, 진사 朴詢 등 1백인을 뽑았다.120) 민수는 이번 식년시의 생원시에서 장원을 한 것이다.

동왕 5년 4월에 문과에 高台鼎 등 33인을 뽑았다. 처음에 試官이 민수를 1위로 삼았는데, 세조가 고태정의 策文을 보고 批答하기를 고태정이 재주가 뛰어났으니 1위로 둘만하다고 하였다.121) 이에 따라 민수는 이번 식년문과에서 을과 2위(亞元)을 차지한 것이다.122) 즉 殿試의 세조의 현안문제의 질문인 策問에 대한 對策文에서 세조는 고태정의 것을 더 평가하였다.

筮仕(初授)로 정9품인 예문관검열이 되었다. 예문관의 검열, 대교, 봉교를 한림이라 칭하는데, 이들은 춘추관의 기사관을 겸하여 사관이 되어 입시, 숙직, 사초의 작성 · 수납, 시정기의 작성, 실록편찬, 실록의 포쇄 · 고출 · 분견 등 춘추관의 모든 실무를 담당하였다.

이해 6월에는 인수부승123) 민수는 봉상녹사 어세겸, 성균주부 이극균, 세자우정자 허종, 권지승문원부정자 김종직 등과 함께 湖堂(讀書堂)의 賜暇讀書를 받았다.124)

이해 7월에는 왕이 사정전에서 정사를 볼 때 인수부승 민수 등을 불러서 왕이 친히 『중용』을 강하였다.

동왕 8년 5월에는 사정전에서 선비가 옛만 같지 못함을 염려하여 도승지 洪應에게 명하여 文士 중에서 학술이 있는 자를 가

119) 『睿宗實錄』 권5, 睿宗 1년 4월 庚辰.
120) 『世祖實錄』 권3, 世祖 2년 1월 乙未.
121) 『世祖實錄』 권16, 世祖 5년 4월 壬子.
122) 문과급제자 가운데 1위를 壯元, 2위를 榜眼郞, 3위를 探花郞이라고 하였다.
123) 인수부는 世子府이다.
124) 『世祖實錄』 권16, 世祖 5년 6월 己卯.

려서 아뢰도록 하였는데, 이조좌랑 민수와 승문원저작 김종직도 여기에 선발되어 예문관 職事를 겸하고 매 초하루와 보름의 조회 후에는 경서를 친강하고, 한 달에 두 번씩 詩賦토록 하였다.125)

동왕 10년 7월에 동지중추원사 양성지, 형조참판 임원준에게 명하여 천문, 풍수, 율려, 의학, 음양, 사학, 시학 등 여러 학문으로 나누어서, 학문에 6인을 두고 어린 문신을 여기에 배정하였는데, 여기서 詩學門에는 崔敬止, 민수, 朴詢, 金克儉, 成俔, 李則이 포함되고, 김종직은 史學門에 배속되었다.126)

동왕 11년 10월에 兼藝文 鄭蘭宗, 柳洵, 金季昌, 鄭孝常 등을 좌로 삼고, 柳允謙, 魚世謙, 洪貴達, 민수 등을 우로 삼아 御定한 『주역구결』과 先儒 양촌 권근의 口訣의 다른 곳을 표를 붙이어 좌우로 나누어 주고, 殿講하는 날마다 시비를 논하게 하였다.127)

또 정5품인 이조정랑이 되었다.128) 이조정랑의 인원은 3인이고, 이조의 실무를 관장하여 청요직으로 간주되었으며, 이조좌랑과 함께 인사행정을 담당하여 銓郎이라고 하였다. 인사권을 장악한 이조판서의 영향을 받지 않게 하기 위해서 전랑들에게 그들의 임기와 임명을 전랑의 자의에 맡겼다. 三司 관직의 임명동의권인 通淸權과 銓郎薦代法이라하여 자신의 후임자를 추천할 수 있는 재량권이 있어 권한이 막강하였다. 이조정랑은 명망이 특출한 사람으로 임명하고, 이들은 대개 재상에까지 오르는 길이 트이기 때문에, 선비들에게는 흠모의 대상이었다. 민수는 이미 세조 8년에 이조좌랑까지 역임하였었다.

예종 1년에 봉상시첨정에 있었는데, 전술한 대로 시옥으로

---

125) 『世祖實錄』 권28, 世祖 8년 5월 辛亥.
126) 『世祖實錄』 권33, 世祖 10년 7월 戊寅.
127) 『世祖實錄』 권37, 世祖 11년 10월 癸未.
128) 「閔粹墓表文」(閔鎭厚). 『燃黎室記述』 卷之六 睿宗朝故事本末 閔粹史獄.

인해 제주목의 관노로 유배되었다. 이때 김종직의 「駒興驛聞閔同年粹流濟州」라는 시에서[129)]

作史須人禍(역사 짓는 건 인화를 부르나니)[130)]
全生是聖恩(생명을 보존함은 성상의 은혜로다)
海山佳處住(해산의 아름다운 곳에 살면서)
莫散楚人魂(초인의 넋(임금에 대한 충성)을 흩어버리지 말게나)
非君負良友(그대가 좋은 친구 저버리지 않은 건)[131)]
天鑑自昭融(하늘이 절로 밝게 알고 계시니)
他日重泉下(후일에 저승엘 가더라도)
何曾愧伯恭(어찌 백공[132)]에게 부끄러우리오)

8년간의 관노생활은 고난의 시기였을 것이다. 죄인의 몸이고, 官役을 지고 있었기 때문에 생활이 자유롭지는 못했을 것이다.[133)] 그러나 이조정랑까지 지낸 인물이기 때문에 각대하지는 못했을 것으로 보인다.

예종 1년 2월부터 성종 1년 10월까지의 제주목사는 金好仁이었다. 세종 32년에 신숙주, 서거정과 같이 문과에 급제한 동년이었다. 제주목사를 지낸 아버지 金壽延은 단종 선위에 승복할 수 없어 忠으로 스스로 굶어 죽었으며, 부인 진위 이씨도 따라서 죽었다. 다음 목사는 李約東으로 문종 1년에 문과에 급제하였다. 성종 1년 10월부터 동왕 4년 8월까지 재임하였다. 한라산신제를 정상의 산천단에서 지내면서 백성들이 때로는 동사하는 것을 보고 신단을 산중턱으로 옮겨 폐단을 막았다.[134)] 그가

129) 『佔畢齋集』 詩集 권5 詩 駒興驛聞閔同年粹流濟州.
130) 김종직 자신도 사초 때문에 연산군 4년 무오사화 때 부관참시를 당했다.
131) 민수가 국문에서 최명손과 이인석을 지켜준 것을 말하는 것 같다.
132) 伯恭은 元魏 때 高允의 자이다. 高允이 翟黑子에게 사실대로 자백하면 용서 받는다고 한 고사이다.
133) 제주목사의 집무실인 延曦閣 앞, 절제사 집무실 弘化閣 뒤에 관노, 관비, 악공, 기생 등이 거처하는 건물이 있었다.

이임할 때는 모든 물건을 남겨 두고 말을 타고 이임하다가 채찍마저 성루에 걸어 놓고 빈 몸으로 떠났으며, 바다를 건너는데 풍랑을 만나 짐을 뒤져보니 수행원이 숨겼던 갑옷이 한 벌 있어 바다에 던지고 간 청백리였다. 김종직과 교분이 깊었는데, 민수가 김종직과 동년으로 친분이 깊었기 때문에 더욱 호감을 보였을 것이다.[135] 민수는 이들 목사들로부터 배려가 있었을 것으로 짐작된다. 사실 민수는 반역범이 아니고 일종의 정치범이기 때문에 언제든지 풀려서 중앙으로 나갈 수 있는 사람이었다.

민수가 이때 지은 시에[136]

水國蒹葭雲夢暮(물나라 갈대는 운몽[137]의 저녁이요)
山城橘柚洞庭秋(산성의 귤[138]과 유자는 동정[139]의 가을이로다)
石墻板屋民居僻(돌담과 판잣집은 백성 사는 곳에 궁벽하고)
異服殊音客子秋(다른 옷과 다른 말소리는 나그네 된 사람의 근심이로다)

都近川肥潮長夜(도근천[140]이 살쪘으니 조수가 긴 밤이요)
漢拏山庾葉凋秋(한라산[141]이 야위었으니 잎사귀가 시드는 가을이로다)

이 시는 長律 2편으로 세월이 오래되어 빠져버리고 다만 이 3聯 만이 전하는 것이다.[142] 이처럼 『신증동국여지승람』 의 제

---

134) 「牧使李約東先生神壇紀蹟碑」.
135) 민수의 8촌인 閔除는 金叔滋의 사위로, 김종직의 매제였다. 민제는 양주부사, 한성소윤을 지낸 閔謹의 아들이다.
136) 『新增東國輿地勝覽』 卷之三十八 濟州牧 題詠. 민수는 문장으로 이름이 높았으나, 평일의 저술이 다 산일되어 전하지 않는다. 이 시만이 알려져 있다.
137) 雲夢은 중국에 있는 연못이다.
138) 제주도의 귤에는 金橘, 山橘, 洞庭橘, 倭橘, 靑橘 등 5종이 있었다(『大東地志』 濟州 土産).
139) 동정귤을 중국의 동정호에 비유한 것이다.
140) 도근천은 주의 서쪽 18리에 있으며, 水精川, 朝貢川이라고도 하였다(『新增東國輿地勝覽』 卷之三十八 濟州牧 山川).
141) 관아에서 남쪽으로 20리에 한라산이 보인다.
142) 『家乘記略』 권1.

영조에 민수의 시가 전하는 것을 보면, 민수는 제주에서도 詩作을 계속하였고, 현지 사람들에게도 인정을 받았던 모양이다. 그가 생원에 장원을 차지하고, 문과에서도 준장원을 차지한 수재였기 때문에, 이 지역의 유림들과도 교유가 있었을 것으로 짐작된다.

성종 8년에는 사유가 되어 악몽 같은 8년간의 관노생활에서 벗어나 다시 중앙에서 관직생활을 재개할 수가 있었다.143) 이때는 성종 7년에 대왕대비 정희왕후의 수렴청정이 종식되고,144) 성종 자신이 새롭게 친정을 펴나가던 시기였다. 성종 8년 10월에는 대간 경준 · 金悌臣이 민수와 관련되었던 양성지의 탐오를 탄핵하여 문제가 되었다.145) 이때 어려서 민수사옥을 들어서 알고 있던 성종은 직접 양성지의 사건을 묻기 위해 민수사옥과 관련이 있었던 형조정랑 이인석과 동부승지로 국문에 참여했던 이숭원을 불러 사옥에 대해 물어보았는데, 이들은 본래 민수의 사초 안에 윤사흔이 술에 취하고, 임원준이 의술로서 관직을 임명받고, 양성지의 貪汚한 일 등이 있었다고 증언하였다.146) 결국 여러 사초를 상고하여도 이런 사실이 없으므로, 양성지에게는 혐의스러움이 없다고 종결되었다.147) 민수가 사유된 것도 이와 관련이 있는 것이 아닌가 싶다.

민수는 다시 중앙으로 진출하여 예문관봉교, 정4품인 지제교148) 겸예문관응교를 거쳐,149) 중직대부로 종3품인 사간원사간을 역임하였다.150)

---

143) 『韓國民族文化大百科事典』(한국정신문화연구원).
144) 『成宗實錄』 권63, 成宗 7년 1월 戊午.
145) 『成宗實錄』 권85, 成宗 8년 10월 己亥 · 甲辰.
146) 『成宗實錄』 권85, 成宗 8년 10월 癸卯.
147) 『成宗實錄』 권85, 成宗 8년 10월 戊申.
148) 지제교는 국왕이 하달하는 지시문인 교서를 작성하는 관직으로, 홍문관의 부제학이하 부수찬까지의 관리가 겸직하면 내지제교라 하고, 6품 이상의 관리를 선발하여 겸직시키면 외지제교라 하였다.
149) 『國朝文科榜目』.

민수가 졸한 연도는 전하지 않으며, 11월 29일이라는 기일만 전한다. 민수가 풀려났을 때 장남인 민구손의 나이는 14세였는데, 민구손의 묘표문에 「生而早孤」라고 한 것을 보면, 민수는 오래 살지를 못했던 것으로 보이고,[151] 세상을 떠난 연령은 40대로 추정된다.[152] 이처럼 장수를 하지 못한 원인 중에는 사옥도 한 원인이 되었으리라는 추정을 부정하기는 어려울 것이다.

손자 민제인으로 인해 자헌대부 이조판서 겸지의금부사에 추증되었다. 묘는 아버지 묘소에서 30리 떨어진 대전광역시 대덕구 삼정동의 황산 언덕에 있다.[153]

배는 함안 윤씨로 무과출신으로 사정을 거쳐 장흥부사를 역임한 尹韶의 딸이다.[154] 조부는 진잠현감 尹瀚이고, 외조부는 좌통례를 지낸 전의 李士欽이다. 민수와 합장되었다.

3. 자손

민수의 아들로는 龜孫, 龍孫, 麟孫이 있었다. 이 중에서 장남인 민구손의 자손들이 번창하여 많은 고관대작들을 배출하고, 여흥 민씨를 대표하는 집안으로 성장하였다. 여기서는 민구손

150) 『司馬榜目』(閔龜孫).

151) 성종 23년에 사망한 南孝溫의 「師友名行錄」에는 민구손이 고첨정 민수의 아들이라고 하였다.

152) 고려말 평균 수명은 호구단자로는 47.6세, 국보 제131호 호적으로는 43.2세였다(허흥식, 『고려의 과거제도』, 일조각, 2005, 321쪽).

153) 민수의 묘소 인근에는 원주 변씨 邊堅의 묘가 있다. 邊安烈의 손자로 정종의 부마인 강릉부사 邊尙服의 장남인 변견은 원주 변씨 회덕 입향조인데, 그의 5대손 邊善籌가 자기 5대조의 산소가 먼저 있던 곳에 민수의 묘소가 마련되었다 하여, 민수의 후손인 민광훈과 묘지 분쟁을 하였다. 숙종 1년에 변선주가 왕에게 탄원서를 제출하자, 조정에서는 장사를 지낸 것으로 보면 변씨가 주인이고, 지금의 형세로 논의할 것 같으면 민씨가 옳아 타당성이 있으니, 양가 자손은 犯禁繼葬 문제를 가지고 다투지 말라는 하교가 내려졌다(「邊堅墓表」(1675)). 조상의 묘소를 둘러싼 사대부 간의 이러한 산송은 조선 후기의 큰 사회적 문제였다.

154) 咸安尹氏族譜.

만 서술하도록 하겠다.

민구손은 세조 10년에 때어났다. 자는 瑞卿이다. 사람됨이 단정하고 아담하며, 세상살이에 얽매인 너저분하지 않았다고 한다.[155] 아들 민제인이 자비승이라고 불릴 정도로 온화한 성품을 지녔던 것과도 관련이 있다. 아버지가 제주목의 관노로 갈 때 민구손의 나이는 6세였고, 풀려날 때 나이는 14세였다. 아들 민제인이 중종 17년에 광주로 유배가면서,[156] 호동에 도착하여 고향 친구들을 만나고 지은 다음 시를 보면, 민구손은 대전광역시 유성구 도룡동 범골(虎洞)의 옛 집(儒城 舊舍)에서 살기도 하였던 모양이다.

즉 민제인의 「謫去光州時到虎洞留別鄕友」라는 시에서는[157]

湖海爲遷客(먼 시골로 귀양 가는 나그네 되어)
鄕村逢故人(고향에서 옛 친구 만났네)
開樽酌新釀(술두루미 열어 새로 빚은 술 잔질하고)
籍草展芳茵(풀 깔고 꽃자리 폈네)
鼓響靑山外(북소리는 청산 밖에서 울리고)
歌聲綠水濱(노랫소리는 시냇가에서 들리는 구나)
杜鵑如恨別(두견새 이별을 한스럽게 여긴다면)
能遣我傷神(나의 슬픈 마음을 풀어줄 수 있으리)

이 때문에 『회덕향안』에도 「典籍 閔龜孫 甲申 瑞卿 贈贊成」이라고 올려 있다. 민구손이 鄕員으로, 여흥 민씨로서는 처음으로 『회덕향안』에 등재된 것이다.

민구손은 42세 때에 감역을 하고,[158] 사과를 지냈다.[159] 일찍

155) 『秋江先生文集』 卷之七 雜著 師友名行錄.
156) 『中宗實錄』 권44, 中宗 17년 5월 戊申.
157) 『立巖集』 卷之二 五言四韻 謫去光州時到虎洞留別鄕友.
158) 『中宗實錄』 권1, 中宗 1년 9월 壬午.
159) 『國朝文科榜目』에 전직 사과라고 하였다. 사과는 사마시의 진사시에서 2등으로 급제한 후에 한 것으로 보인다.

아버지를 여의었으나 습속을 벗어나 학업을 익혀서, 중종 2년 44세에 사마시에 급제하고, 중종 12년 54세라는 늦은 나이에 병과 4위로 별시문과에 급제하였다. 이렇게 등과가 늦어진 것도 결과적으로는 사옥과 관련이 있고, 「사우명행록」의 사람들이 과거장에 나아가는 것을 꺼렸던 경향과도 관련이 있는 것은 아닌지 모르겠다. 문과급제 후 경적의 인쇄, 반포 및 향축, 인장전각을 맡은 교서관의 부정자가 되었다가, 그 뒤에 교서관의 박사(정7품)로 陞階하고, 이어서 선교랑으로 성균관의 전적(정6품)으로 승진하였다가, 사헌부 감찰을 역임하였다.[160]

질병이 있어 외직으로 나아가 병을 조리하는데 다소의 편의를 얻고자 전라도 동복현감으로 나아갔다가, 5개월 만인 중종 17년 10월 14일에 임소에서 59세로 졸하였다. 아들 민제인으로 인해 숭정대부 의정부좌찬성 겸판의금부사에 추증되었다.

아버지를 여의었던 민제인의 「重到樂生驛記懷」라는 시에는[161]

……
家君幸爲瓮城宰(아버지는 다행스럽게 동복현의 수령되셨으니)
聖恩似許生相隨(성스런 임금 은혜 생전에 서로 따르도록 허락한 듯)
皇天何奪我所怙(그러더니 하느님 어찌하여 우리 아버지 빼앗아가)
哀呼茫茫終莫追(슬피 울부짖으나 아득하여 마침내 좇을 수 없네)
艱關扶柩返故原(어려움 겪으며 영구를 모시고 고향에 돌아와)
依然丘墓封荒陂(옛 법 따라 산소를 荒山 언덕에 모셨네)
……

160) 「閔龜孫墓表文」(1524). 이 묘표문은 민구손이 사망한지 2년 후에 부인 언양 김씨가 직접 짓고 쓴 것이다. 언양 김씨는 순안현령 金效震의 딸로, 세조 11년에 출생하여, 명종 7년에 88세로 사망하였다. 조부는 金仲行으로 군자주부, 증조부는 金素로 황해도관찰사, 고조부는 金受益으로 지밀직사사를 지냈다. 6대조가 좌정승을 지낸 정렬공 金倫으로 민사평의 장인이다. 외조부는 판한성부사를 지낸 양성 李思任이다.

161) 『立巖集』 권5 七言詩 重到樂生驛記懷.

이때 장남인 민제인은 광주에서 유배 중에 동복에서 영구를 모시고, 고향에서 장례를 지낸 것이다.[162] 묘는 대전광역시 대덕구 삼정동의 황산 언덕의 아버지 묘역에 있다.

민구손은 한훤당 金宏弼에게 학문을 배웠다. 김굉필은 민구손의 아버지와 同年으로 가까운 사이인 김종직의 문인이라는 인연이 있었다. 南孝溫의 「사우명행록」에는 "민구손은 자가 瑞卿이고, 본관은 여주이다. 고 첨정 민수의 아들이고, 子挺(安應世)의 처남이다. 일찍이 자정에게 시를 배워서 조금 뒤에 곧 잘 지었다. 또 正中(李貞恩), 貞之(沈貞), 仲栗(李勣)과 종유하고, 大猷(김굉필)를 사사하였다. 사람됨이 단아하고 俗累가 없었다" 라고 하였다.[163]

또 崔忠成의 『산당집』에도 최충성은 李勣, 朴漢恭, 尹信, 閔龜孫, 金安國, 金定國 諸賢들과 날마다 학문을 배우기 위해 강론하고 연마하였으며, 벗끼리 서로 도우며 학문과 덕을 닦는데 보탬이 되었다고 하였다.[164] 최충성은 자가 弼卿으로 김굉필의 문인이 되어 『소학』을 배웠으며, 뒤에 鄭汝昌의 제자가 되었다. 최충성, 李賢孫, 李長吉, 이적, 박한공, 윤신 등은 김굉필의 문하에서 나온 이들로, 그들의 무성한 재질과 행실은 그의 스승과 같았다고 한다.[165] 이처럼 민구손은 동문들과 벗을 삼아 학문을 연마하였던 것이다.

민구손은 매부인 안응세에게서 시를 배웠다고 하였다. 안응세는 단양군수를 지낸 安仲聃의 아들이다.[166] 단종 3년에 출생하였다. 「사우명행록」에는 "안응세는 본관이 죽산이고, 자는 子挺이다. 호는 月窓이고, 또 鷗鷺主人, 煙波釣徒, 黎藿野人이다.

---

162) 민제인은 이해 5월에 광주로 유배되었다.
163) 『秋江先生文集』 卷之七 雜著 師友名行錄.
164) 『山堂集』 卷之四 附錄 家狀.
165) 『秋江先生文集』 卷之七 雜著 師友名行錄.
166) 안중담의 형이 세종의 부마로 정의공주의 남편인 安孟聃이다.

나보다 한 살 아래이다. 사람됨이 淸澹하고 洒落하며, 가난을 편안하게 여기고 분수를 달게 여겨서 명예와 이익을 구하지 않았다. 仙佛을 배우지 않았다. 장기와 바둑을 좋아하지 않고, 시에 능하였고 樂府에 더욱 뛰어났다. 일찍이 말하기를 의롭지 못한 재물은 집안 살림을 돕는 데에 그치지만, 의롭지 못한 음식은 오장을 돕는 데에 그칠 뿐이니 더욱 범해서는 안 된다고 하였으니, 자정의 마음가짐이 대개 이와 같았다. 백옥이 흠이라면 주색을 좋아한 것이다. 성종 11년에 진사시에 급제하고, 이해 9월에 죽으니 향년 26세였다.[167] 아는 사람이든 모르는 사람이든 간에 애통하지 않는 이가 없었다"라고 하였다.[168] 『한강선생문집』에는 남효온은 김시습, 안응세와 서로 추앙하고 존경하며 형제와 같았다고 하였다.[169] 『국조보감』에도 "남효온은 성품이 맑고 깨끗하여 사욕이 없었다. 일찍이 김종직을 스승으로 섬길 적에 김종직이 감히 이름을 부르지 않고, 꼭 우리 秋江이라고 하였다. 김굉필, 정여창과 교제하였고, 김시습, 안응세와 더불어 세상을 초월한 교제를 하였다"고 하였다.[170] 이들은 모두 「사우명행록」에 있는 사람들이다. 유자광은 이들은 결탁하여 黨援이 되어 古談, 詭說을 일삼아 선비의 기풍을 손상시킨다고 헐 뜯었다[171]

안응세는 「題屛」이라는 시에서[172]

征鴈來時歲事闌(기러기 돌아올 제 이 해는 늦어지고)
一天秋影可江干(하늘 가득 가을 그림자 강가에 내 왔노라)

---

167) 장인인 민수가 관노에서 풀려난지 3년 후이다.
168) 『秋江先生文集』 卷之七 雜著 師友名行錄.
169) 『寒岡先生文集』 卷之十五 年譜.
170) 『國朝寶鑑』 卷之十六 成宗二年.
171) 『燕山君日記』 권31, 燕山君 4년 8월 己卯.
172) 『續東文選』 卷十 七言絶句 題屛.

世間奔走人空老(세간에 분주타가 부질없이 늙었기로)
湖海衡門我獨關(호해 위 싸리문을 내 홀로 닫았다오)

한편 안응세의 처인 민씨 부인이 남편이 죽고 병으로 18개월 만에 세상을 떠나자, 소식을 듣고 남효온이 지은 「聞子挺妻閔氏哀訃」라는 시에는[173)]

烏鴉啼滿林(갈까마귀 떼 숲에 가득 울어)
鳳鳥不可畜(봉이 둥지를 틀 수 없는지라)
一擧一萬丈(한 번 날아 일만 길 솟아오르니)
風翮不可逐(힘찬 나래 쫓아갈 수가 없도다)
凰鳴守孤棲(황이 울며 외로운 둥지 지키다)
午夜風破肉(한밤중 바람이 살갗을 찢으니)
哀百鳥群(온갖 새들 슬퍼하고 슬퍼하여)
有聲動地軸(우짖는 소리 지축을 뒤흔드네)
寧捐一朝命(차라리 일조의 목숨 버릴지언정)
忍堪百年獨(차마 백년의 고독을 견딜 것인가)
冥隨其鳳去(봉을 따라 저승으로 떠나가니)
有雛在空谷(빈 골짝에 어린 새끼만 남았네)[174)]
千年女英是(천 년 전 여영(舜의 비)이 바로 이분이라)
苦淚遺斑竹(괴로운 눈물 자국 반죽(대나무)에 남았네)
棠梨日陰陰(팥배나무 그늘 날로 짙어지는데)
杜鵑晴晝哭(두견새는 맑은 낮에 슬피 곡하네)

민수가 젊은 딸과 사위를 먼저 저세상으로 보내고 당한 슬픔을 짐작할 수가 있다.

민구손은 李貞恩, 沈貞, 李勣과 從遊하며 가까이 지냈다. 이정은은 자가 正中이고, 호가 月湖, 嵐谷, 雪窓이다. 秀泉副正에 제수되었다. 태종의 손자로 익령군의 아들이다. 익령군은 태종

---

173) 『秋江先生文集』 卷之一 詩 五言古詩 聞子挺妻閔氏哀訃.
174) 안응세의 아들은 安千年이다.

의 8째 아들로 선빈 안씨 소생인데, 이원익의 4대조이다. 이정은은 음률이 세상에 으뜸이어서 그윽이 강개한 곡조를 타면, 길가는 사람도 반드시 울었다고 한다. 사람됨이 돈후하고 겸손하며, 식견과 도량이 있고 총명하였다. 덕을 닦음에 있어 내면을 우선하고, 외면을 뒤로 하니 사람들이 알지를 못하고, 처신함에 있어 지위가 높다고 남을 억누르지 않기를 마치 가장 가난한 유생처럼 하였다.[175] 무오사화 때는 성종 13년 봄에 남효온, 홍유손, 이정은, 李摠, 韓景琦, 禹善言, 趙自知 등이 竹林七賢을 만들었다고 하여 추국을 받았다.[176]

심정은 남곤, 홍경주와 기묘사화를 일으켰고 좌의정이 되었으나, 김안로에게 辛卯三姦으로 몰려 사사되었다.

이적은 자가 仲栗이고, 인천인이다. 시에 뛰어났으나, 뒤에 『중용』과. 『대학』을 공부하여 그 도를 맛보고는 이로부터 시를 전공하지 않았다. 지향하는 바가 높고 원대하여 상투적인 일을 일삼지 않았고, 위로 옛 사람을 벗하였다. 평상시에도 의관을 단정히 갖추었다. 김굉필과 李深源(伯淵)을 사사하였다.[177] 그는 서얼 출신으로 벼슬길에 나갈 수 없었으나, 여러 책을 통달하고 가르침에 부지런하여 그에게 수업한 선비들 중에 이름높은 사람이 많았다.[178] 또 그는 갑자사화 때에 朴誾과 친하게 사귀었다고 하여 장 1백을 맞고 유배되었다.[179] 세속에 구애되지 아니하고, 욕심이 없고 담담하며 도학에 심취하였고, 스승인 김굉필의 행장과 묘지를 지었다.

하여튼 민구손은 당시 교류한 이들 인사와 벗들의 삶을 통해서 그의 삶과 성품을 엿 볼 수가 있다.

175) 『秋江先生文集』 卷之七 雜著 師友名行錄.
176) 『燕山君日記』 권31, 燕山君 4년 8월 癸未.
177) 『秋江先生文集』 卷之七 雜著 師友名行錄.
178) 『中宗實錄』 권3, 中宗 2년 5월 丙辰.
179) 『燕山君日記』 권54, 燕山君 10년 6월 戊寅.

맺 음 말

민수의 고조할아버지는 원경왕후의 종조부인 대제학을 지낸 민유이고, 증조할아버지는 전농시소경을 지낸 민지생이며, 할아버지는 함길도관찰사, 전라도도관찰사, 형조참판, 개성부유수를 지낸 민심언이고, 아버지는 사헌부집의, 홍주목사를 지낸 민충원이다. 할아버지와 아버지가 모두 원종공신인 공신의 집안으로, 명문가에서 태어났다. 민수에 이어 아들 민구손과 손자 민제인이 문과에 급제함으로써 3대가 연이어 과거에 급제를 하였다. 민제인은 좌찬성에까지 올랐다. 민수의 후손으로는 인현왕후, 명성황후, 순명효황후가 나왔고, 민제인, 민광훈, 민시중, 민정중, 민유중, 민진후, 민진원, 민백상 등이 배출되고, 조선말 소위 민씨세도에까지 번영을 누리면서 여흥 민씨를 대표하는 집안이 되었다.

민수는 세조 2년에 생원시에 장원급제를 하고, 세조 5년 식년문과에서 준장원을 차지한 수재로, 세조가 아끼며 육성했던 문사였다. 세조 5년에는 사가독서를 받았다. 한림을 거쳐 이조좌랑, 이조정랑을 지낸 장래가 촉망되던 인재였다.

그러나 예종 1년 4월에 『세조실록』을 편찬하기 위해 춘추관의 실록청에서 사관들의 사초를 거두어드리자, 봉상시첨정이었던 민수도 사초를 춘추관기사관 이인석을 통해 춘추관에 제출하였다. 이때에 춘추관에서는 사초에는 작성했던 사관의 이름을 쓰도록 하였다. 민수는 자기의 사초에 쓴 대신들의 비행이 대신들로부터 보복을 받을까 두려워서 평소 친하게 지내던 춘추관기사관 강치성을 통해 자기의 사초를 빼내어 한명회, 양성지, 윤사흔, 홍윤성, 김국광, 신면에 관련된 6건의 기사를 수정하였다. 이 사실을 춘추관기사관 최철관과 양수사가 상부에 보고함으로써 사옥이 일어나게 되었다.

민수는 사옥에서 예종의 세자시절 스승인 서연관이었던 인연과 노부모가 생존한 독자라는 동정 등으로 죽음을 면하고, 제주관노로 영속되어 8년간 제주목의 관노생활을 하였다. 성종 8년에 관노에서 풀려나 지제교 겸예문관응교, 사간원사간을 지냈다.

민수는 사옥의 후유증과 사위 안응세와 딸의 요절에 따른 심적 충격 등으로 오래 살지를 못하고 40대에 생을 마쳤다.

제2장 민진원의 연구

머 리 말

본고는 숙종 · 영조대에 활동하면서 18세기 정치에 큰 영향을 끼쳤던 閔鎭遠(1664~1736)의 생애와 서예를 살펴보려고 한다.

글씨는 당 柳公權이 '心正必正'이라 하고, 청 劉熙載가 '書與其人'이라고 하였듯이 글쓴이의 내면의 수양과 인품을 반영하고 있다. 이처럼 글씨에는 書者의 性情을 투영하고 있기 때문에 전통적으로 실용적인 면만 아니라, 수양적인 면에서 서예를 중시하여 학습하였던 것이다. 그래서 蘇東坡는 '退筆如山未足珍, 讀書萬卷始通神'이라 하여 서예와 함께 독서의 중요성을 강조하였고, 黃山谷은 고인들은 글씨를 학습할 때 단지 기교적인 능숙함만 주장하면 속기가 있다고 하여 격을 낮게 보았고, 때문에 반드시 흉중에 도의가 있어야 하고, 이것을 聖哲의 학문으로 넓혀야 글씨가 귀해진다고 하였다. 또한 조선말의 김정희도 '文字香書卷氣'를 강조한 것도 같은 맥락이라고 본다. 이와 같이 고인들은 서예를 그 사람의 학문과 교양 정도를 반영하고 있음을 강조하여 중시하였다. 이러한 이유들 때문에 인물사 연구에서 묵적에 대한 연구를 함께하는 것이 필요하다고 생각한다. 지금 학계에서 인물연구에서 묵적연구의 필요성을 인식하고 점차 병행하여 기초연구를 하고 있음을 살필 수 있다.

그렇지만 현재 우리 학계의 실정은 아직 묵적에 대한 연구가 활발하게 이루어지지 않고 있어서 아쉬움이 크다. 묵적연구는 우선 한학과 서예에 대한 기본적인 바탕과 그것에 대한 정치적, 문화적, 사상적 이해를 병행하여야 하며, 또한 당대 예술과 서예의 동향과 이론적 추이 등에 대한 식견을 종합적으로 갖추어야 한다. 그렇지만 이러한 조건을 제대로 갖추기가 쉽지 않기 때문에, 묵적연구는 필요성에도 불구하고 활기를 띠지 못하고 있다. 그러므로 앞으로 이에 대한 적극적인 관심이 좀 더 필요하다는 생각이 든다.

본고에서는 민진원의 글씨를 간찰, 비문, 편액 등으로 나누어 고찰하기로 한다. 특히 간찰 중에서 사료적 가치가 있는 것들은 실록자료들을 폭 넓게 인용하여 상세히 살펴보도록 하겠다.

Ⅰ. 생애

민진원은 자는 聖猷,[1] 호는 丹巖[2]· 洗心으로, 민유중[3]의 둘

1) 민진원은 15세 때 관례를 행하였는데, 외재 李端夏가 賓이 되었다. 이단하는 李植의 아들로 송시열의 문인이며 좌의정을 지냈다. 이단하는 이때 聖猷라고 자를 지어주고, 字說을 지어 주면서 축하하였다(『丹巖先生年譜』 권1).

째 아들이고,[4] 좌의정을 지낸 민정중의 조카이다.[5] 또 동춘당

---

2) 민진원은 27세가 되던 5월에 어머니를 모시기 위해 여주로 돌아갔다. 즉 이때 민진후는 폐비를 供奉하기 위해 도성 밖에서 留住하고, 민진원은 어머니를 모시기 위해 여주 蟾樂里로 내려온 것이다. 민유중의 묘 밑 섬악리에서 동쪽 10리 쯤 남한강변에 속칭 火巖이라는 바위가 있는데, 巖壑의 경치가 아름다웠다. 민진원은 이곳에 등람하여 愛賞하였고, 이름을 바꾸어 丹巖이라고 하였다. 또 이곳에 집을 짓고 폐비를 거처토록 하려고 하였으나, 폐비가 결단을 내리지 않았다고 한다. 그 후 민진원은 매 省楸에는 이곳 단암에 와서 저녁이 되도록 돌아가는 것을 잊곤 하였다. 「丹巖」, 「八景」, 「出沒有時厚重不遷」이라는 글씨를 金壽增으로부터 받아 江心 大石에 새겨 놓았다고 한다(『단암선생년보』 권1). 현재 바위에는 「丹巖」이라는 글씨가 새겨져 있고, 바위 부근에는 정자의 주춧돌이 남아 있다. 남한강가로 전에는 이곳에 나루가 있었다고 한다.

3) 민유중은 장원급제하여 강원도관찰사를 지낸 민광훈의 아들이다. 효종 1년에 문과에 급제한 후 영돈영부사에 이르렀고, 여양부원군에 책봉되었다. 항상 예의를 준수하였으며, 송준길에게서 학문을 배우고, 송시열을 스승으로 높였다. 경서에 밝아 사림 간에 명성이 높았다.

4) 민진원은 현종 5년 12월 21일에 한성 서문 밖 車洞 舊第에서 태어났다. 은성부부인이 해가 몸으로 들어오는 태몽을 꾸었다고 전한다(『단암선생년보』 권1).

5) 민정중은 송준길의 문인으로, 송시열과 정치적 행보를 같이 하였다. 인조 27년에 정시문과에서 장원을 하였고, 특히 직언으로 뛰어났으며, 현종이 즉위하자 소를 올려 인조 때 역적으로 논죄되어 죽음을 당한 강빈의 억울함을 호소하기도 하였다. 그는 삼사에 재직할 때에 淸議를 힘써 잡았고, 대사성에 있을 때는 성균관의 증수와 講課에 마음을 다하여 造士의 효과가 매우 많았다. 또 함경도관찰사로 나갔을 때는 그곳의 유풍을 크게 일으키기도 하였다. 숙종 1년에 남인이 집권하자 관직이 삭탈되고, 장흥으로 귀양을 갔다. 숙종 6년 경신환국으로 송시열과 함께 귀양에서 풀려 우의정이 되고, 다시 좌의정에 올라 4년을 지냈다. 또 숙종 15년에 일어난 기사환국 때는 7월에 장령 金元燮 등의 極邊에 위리안치 하여야 된다는 탄액을 받고(『肅宗實錄』 권21, 숙종 15년 7월 癸丑), 평안도 벽동에 栫棘安置되었다. 민진원은 沙村에서 이 소식을 듣고 중부가 있던 楊山으로 달려가고, 민진후 역시 驪鄕으로부터 달려 왔다. 다음날 아침에 중부를 陪從 發行하여 저녁에 양주 녹양역에서 자고, 다음날 아침에 민진원 형제는 泣辭하고 물러왔다. 이는 8월에 행할 아버지의 禫祭가 임박하여 隨往할 수 없었기 때문이었다. 禫祭가 끝난 8월에 민진원은 사촌과 같이 중부를 往省하고 3삭을 머물다 사촌으로 돌아왔다. 또 숙종 17년 4월에 벽동에 가서 중부를 뵙고 6월에 돌아왔다. 辭歸할 때에 중부는 棘籬邊에 나와 앉아 술을 받고 마시기를 명하고, 이어 손을 잡고 내 병이 이와 같으니 다음에 다시 또 보겠는가라고 하자, 민진원은 泣辭하고 돌아왔다. 7월에 민정중이 벽

송준길의 외손자이고,[6] 민진후의 아우이며,[7] 인현왕후의 오빠이다.[8] 소론 집안으로 좌의정을 지낸 尹趾善의 사위이다.[9]

동 적소에서 사망하자 성복을 하고 즉시 赴喪하고, 8월에 奉櫬 發行하여 17일 만에 양주 선산에 장사하였다(『단암선생년보』 권1).

6) 민진원은 2세, 5세, 9세 때 어머니를 따라 회덕에 있는 외가를 다녀왔다. 특히 9세 때 가을에 회덕을 다녀온 후 11월에 어머니가 세상을 뜨고, 이어 5일 만에 외조부의 凶音을 듣는 비운을 맞았다. 어머니의 죽음에 민진원은 살고 싶지 않은 것처럼 슬퍼하니, 민유중은 곡진이 보호하였으며, 이때 민진원은 작은 허리띠에 항상 차고 다니는 것이 있었는데, 곁에 사람들이 몰래 보니 「蓼莪詩」(육아시. 부모를 그리워하는 시로 『시경』 육아편에 있음)가 쓰여 있었다고 한다. 그는 자기를 길러준 어머니인 풍창부부인에 대한 효성도 지극하였다. 여주 섬악리에 살면서 남편의 묘소를 돌보며 살았던 어머니의 봉양을 위해 상당 부분을 이곳에서 기거하였다. 그래서 그는 이곳을 驪鄕이라고 불렀는데, 이처럼 여주는 민진원과는 깊은 인연이 있던 곳이다. 한편 민유중은 어린 민진원의 골상이 奇秀하여 매우 사랑하였는데, 말하기를 이 아이는 비록 제천(제천은 민유중의 조부인 閔機의 묘소가 있어 민유중의 형제가 자주 왕래하면서 머무는 곳이므로 자기를 제천인이라고 함)의 深峽 가운데 놓더라도 반드시 재상이 될 것이라고 하였다. 동춘당도 매번 어린 민진원을 무릎에 앉혀 놓고, 제천 이곳은 깊은 深峽中이니 재상이 될 수 있겠지라고 농담을 하였다고 전한다(『단암선생년보』 권1).

7) 민진후는 송시열의 문인으로, 숙종 12년에 별시문과에 병과로 급제하였다. 기사환국 때 관작이 삭탈되고 귀양살이를 하였다. 1694년 갑술환국으로 인현왕후가 복위되자, 세자시강원설서로 다시 기용되었다. 그 후 충청도관찰사, 대사간, 강화부유수, 한성부판윤, 홍문관제학, 예조판서 겸수어사, 공조판서 등을 역임하고, 1719년 우참찬에 올랐으나 질병으로 사양하고, 그 뒤 개성부유수로 재직 중 세상을 떴다. 1717년에는 동지사로 청나라를 다녀오기도 하였다.

8) 민진원은 24세 때 아버지의 병환이 깊어지자 指血을 올리고, 마침내 세상을 뜨자 몹시 슬퍼하였다. 궁녀들이 인현왕후의 명을 받들어 빈전에 致奠하였는데, 민진원의 哭泣의 소리를 듣고 눈물을 흘리며, 次喪主의 곡성에 우리의 마음이 아프구나 라고 하였다 한다. 숙종 20년 2월에 민진원은 생질인 이재를 데리고 폐후 인현왕후가 기거하고 있던 안국동 사제(현 덕성여고 자리에 있었음)를 찾아갔다. 이때의 상황을 『단암선생년보』 권1에 인용된 이재의 『三官記』에는 다음과 같이 기록하고 있다. "二月에 中舅(중간 외삼촌)께서 驪鄕으로부터 오셔서 12일 저녁에 賠往하고 本第 근처에서 유숙하였다. 이른 아침에 門外에 이르니 시비가 문의 자물쇠를 열어주고 八遂로 하여금 입견토록 하였다. 이때 外廊은 적막하고 聖后는 죄인을 자처하며 정침을 피하여 下舍에서 거처하였다. 성후는 素衣을 입고 素屛을 사용하였는데, 이는 출궁시 장렬대비의 상중이었으므로 그간 세월이 오래되었어도 오히려 상복을 벗지 않았기 때문이었다. 案

송시열의 문인으로,[10] 숙종 17년 증광문과에 을과로 급제하

上에는 단지 『효경』과 『小學解』 등 두 가지 책만 있었고, 눈에 보이는 것이 매우 정제되어 있었다. 宮婢가 따라 나오는 사람은 2명 뿐 이었다. 성후는 오빠와 종일 담소 和樂하였으며, 날이 저물자 비로소 告歸하였다" (『단암선생년보』 권1) 이때 인현왕후는 어머니 은진 송씨의 외가와 가까운 김천시 증산면 불령산 靑巖寺를 원당으로 삼아 신앙생활을 하였다. 드디어 이해 4월에 중궁전이 복위되었다. 민진후가 복위된다는 사실을 알리자 민진원은 여주에서 즉시 입경하였는데, 서울 근교에 이르자 지나가는 사람들이 금일 坤聖이 대내로 환어한다고 모두 기뻐하며 말하였다. 이날 밤에 복위의 명이 내려졌다. 숙종 26년 4월에는 왕후가 寢疾하여 민진원은 형과 함께 명을 받들어 입시하였다. 왕후는 지난달 그믐 간에 갑자기 환후가 있어 허리와 다리가 찌르는 듯이 아파서 가히 견디지 못하다가 드디어 고름이 나고 종기가 터지는 데까지 이르렀다. 숙종이 민진원 형제에게 별입직 할 것을 명하고, 매일 3시에 입직하여 承候토록하였다. 또 本房 諸婦女가 내전 보기를 원하는 자를 모두 들어와 간호토록 하였다. 이때 부부인과 고모, 형제의 처, 자매를 모두 교대로 입시토록하고, 민진원 형제는 조석으로 진료토록 하였으며 혹 특별한 증세가 있으면 하루에도 3~4차 입시하였다. 그러나 인현왕후는 이러한 정성에도 불구하고 민진원이 38세가 되던 다음해 8월에 승하하였다. 춘추 35세였다. 왕후는 병환이 난지 17삭이 되도록 증상이 천 백번 變幻하였으나, 정신만은 뚜렷하여 항상 민진후에게 세자의 천성이 매우 효성스럽고, 조석으로 나의 곁에서 떠나지 않으니 愛敬이 私親보다 더 하다. 지금 나의 병이 매우 괴이하여 사람들은 모두 큰 병이 있다고 할 것이다. 내가 병으로 고통을 받은 것이 두 해가 되었으나 소생할 희망이 없으니, 오직 원하는 것은 빨리 죽는 것인데 이렇게 지체되니 괴롭고 원통할 뿐이다라고 하였다. 이에 민진후 등은 차마 왕후를 우러러 보지 못하고 소리 죽여 흐느낄 뿐이었다. 초상 때에 재궁이 입관하는 날 숙종은 민진원에게 문서 한 통을 주면서 이것이 갑술(1694)년에 왕복한 手書이니 재궁의 밑에 奉入하라고 하자, 민진원은 敬奉하여 재궁의 下邊에 入置하였다고 한다. 이때 민진원은 빈전도감도청을 맡고, 大·小殮에 承命 入參하였다 (『단암선생년보』 권1).

9) 민진원은 15세가 되던 숙종 4년 12월에 파평 윤씨와 결혼을 하였다. 이때 민유중은 소인들의 탄핵을 받아 충주에 거처하였고, 윤지선은 안변의 수령으로 있다가 관북으로 옮겼다. 가족들은 흡곡에 임시로 살고 있었다. 민진원이 장차 성혼을 하려는데, 형이 데리고 철원에 유배중인 김수항을 찾아뵈었다. 이때 김수항의 부인 나씨가 사람을 알아보는 식견이 있었는데, 민진원 형제가 왔다는 소리를 듣고 문틈으로 보면서 말하기를 "모두 재상의 감이고, 형도 귀하나 아우가 더욱 낫다고 하였다" 한다(『단암선생년보』 권1). 정경부인 파평 윤씨는 70세까지 해로하였으며, 3남 1녀를 두었다. 한편 민진원의 백부인 閔蓍重의 딸이 윤지선의 며느리가 되는 등 파평 윤씨와는 인연이 있었다.

여,[11] 권지승문원부정자가 되고, 1694년에 가주서가 되었다. 그러나 1689년 기사환국으로 노론 일파가 크게 탄압을 받게 되자 등용되지 못하다가, 1694년 갑술옥사로 노론이 집권하면서 다음 해에 예문관검열로 기용되어 대교, 정언, 사서 등을 하였다. 1697년 문학, 부수찬, 1698년 지평, 병조정랑, 문학, 1699년 부수찬, 검상, 1700년 부수찬, 사서, 문학, 1701년 부사과, 사복시정, 필선, 지평, 수원부사가 되고, 1703년 2월에는 전라도관찰사가 되었다. 이때 서원의 濫設이 지방재정을 곤궁하게 하고, 당쟁을 더욱 치열하게 하는 것을 보고, 서원의 건립을 억제하고 그 수를 줄일 것을 상소하였다.[12] 1704년에는 공조참의로 있으면서

---

10) 민진원이 26세 때 아버지의 신묘 살이를 하고 있는 중에 송시열이 정읍현에서 세상을 떴다는 부음을 듣고, 민진원은 형과 함께 廬幕 옆에서 直領과 方笠을 하고 望哭을 하였다고 한다(『단암선생년보』 권1). 또 영조 7년에 민진원은 정호, 이재, 민우수와 더불어 여주는 영릉이 소재하여 송시열이 왕래하여 瞻依한 곳이라 하여 주의 남쪽 1리쯤에 송시열의 영당을 건립하였는데, 이광좌가 疊設을 내세워 상주하자 철회되었다. 그 후 정조 3년에 정조가 영릉을 행행할 때 유생들이 상소를 올리자, 정조는 중건을 특허하고 사액하여 大老祠라고 하였다(『단암선생년보』 권9).

11) 민진원은 아버지가 평양감사로 부임함에 따라 6세 때 평양감영임소에서 처음으로 『사략』을 배웠다고 한다. 글 읽는 소리가 琅然하고 明暢하여 營中의 대소인이 기이하다고 칭송하지 않는 사람이 없었다. 이때 마침 김수항이 遠接使로 평양을 지나게 되었는데, 민유중이 민진후 형제에게 함께 가서 절을 하고 唐詩를 배우기를 청하도록 하였다. 金公이 기대하기를 甚重하게 하였고, 당시를 가르치기를 마친 뒤에 한 구절을 扇面에 써서 이들에게 주었다. 贈詩는 7언절구로 내용은 「玉樹連枝映謝庭 從知難弟亦難兄 春翁門戶應餘慶 不愧他時宅相名」(필자가 민진후의 「望日軒志感」을 참고하여 정정하였음)이다. 또 민진원이 屯基로 이거하여 살던 13세 때 형 민진후를 따라 함께 科疑를 만들었는데, 향리 유생으로서 따르는 사람들이 많았다고 한다(『단암선생년보』 권1). 그 후 28세인 숙종 17년에 增廣榜에 을과 7인으로 급제하고(『국조문과방목』), 숙종 23년에는 重試에서 을과 1인을 하였다(『단암선생년보』 권1).

12) 전라감사 민진원은 서원을 개인적으로 짓는 것은 이미 나라에서 금하였으나, 근래 士子들이 朝令을 지키지 않고 서원을 세운 후에 疏請을 하니, 지금부터 이러한 폐단이 있게 되면 지방관이 首倡 유생들을 停擧하는 것이 옳을 것 같다고 계를 올리자 윤허되었다(『太學志』 권14 附編 書院條).

장희빈사건으로 부처된 남구만의 감형을 상소하여 실현시켰다.

1705년 병조참지, 병조참의, 동부승지, 우부승지, 대사성이 되고, 5월에는 가선대부로 승진하여 강화부유수가 되었다. 1707년 예조참판, 1708년 한성부우윤, 공조참판, 1709년 예조참판, 형조참판, 1710년 1월에 개성부유수가 되었으나 고사하여, 3월에 강화부유수로 교체되었다. 1712년 형조참판, 호조참판, 대사성, 예조참판, 1713년 御容圖寫都監提調가 되고, 7월에는 평안도관찰사가 되었다. 1715년 동지중추부사, 대사성이 되었는데, 『家禮源流』의 간행을 둘러싸고 노론 · 소론 간에 당론이 치열하여지자 노론 鄭澔[13]를 두둔하다 파직, 門外黜送을 당하였다. 1716년 한성좌윤, 호조참판, 자헌대부로 승진하여 형조판서가 되었다. 1717년 한성부판윤, 형조판서, 1718년 공조판서, 형조판서, 예조판서가 되어 量田勾管堂上을 겸하고, 이어 좌참찬이 되었으며, 1719년 지돈령부사, 공조판서, 정헌대부로 승진하였다. 1720년 숭정대부로 승진하고, 숙종이 승하하자 빈전도감당상, 대행대왕행장찬집청당상을 역임하고, 공조판서, 호조판서, 숭록대부로 승진하였다.

1721년 공조판서가 되고, 8월에는 호조판서로서 延礽君(영조)을 왕세제로 삼는데 참여하였고,[14] 10월에는 호조판서로 있으면서 왕세제의 대리청정을 건의하여 실현시키는데 참여하였으나,[15] 12월에는 신임사화로 성주목으로 유배되었다.[16] 1724년

---

13) 정호는 정철의 현손으로 송시열의 문인이다. 몸가짐이 강직하고 방정하였는데, 언론이 과격하였기 때문에 오랫동안 조정에서 편안히 있을 수가 없었다. 지위가 영의정에 이르렀으나, 집에서는 죽으로도 끼니를 잇지 못한 적이 여러 번이었고, 그의 고향인 충주에 살면서 淸愼하다는 것으로 이름이 났었다 (『英祖實錄』 권42, 英祖 12년 10월 乙亥. 鄭澔卒記).

14) 『景宗修正實錄』 권2, 景宗 1년 8월 戊寅.

15) 『景宗修正實錄』 권2, 景宗 1년 10월 甲戌.

16) 『景宗修正實錄』 권2, 景宗 1년 12월 戊辰.

10월에 성주목의 유배에서 풀려나고,[17] 1725년에는 예조판서, 이조판서, 우의정,[18] 좌의정[19]이 되었다. 또 소론의 영수로 좌의정인 柳鳳輝를 신임사화를 일으킨 주동자라 하여 탄액, 유배시

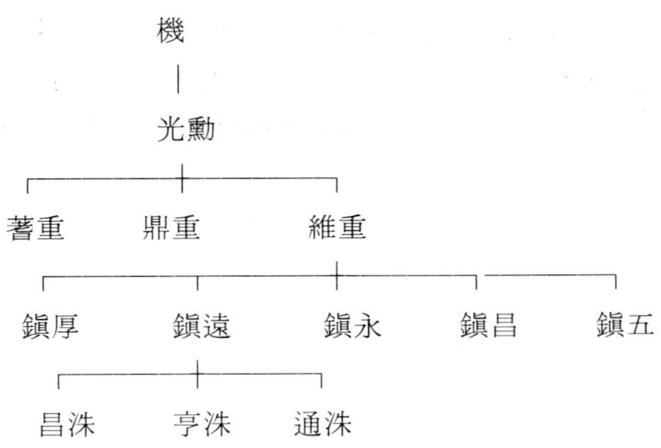

키고,[20] 송시열의 증직을 상소하였다. 1726년에는 영중추부사, 1727년 판중추부사가 되었다. 70세가 되던 1730년에는 기로소에 들고, 1733년에 봉조하가 되었다. 시호는 文忠으로,[21] 성주 竹溪書院에 제향되고,[22] 영조묘정에 배향되었다.[23]

---

17) 이에 앞서 경종 2년 7월에도 李明彦의 상소로 방면하라는 전교가 있었으나(『景宗實錄』 권9, 景宗 2년 7월 壬子), 사헌부의 반대로 실현되지 못하였다. 또 경종 4년 5월에도 지평 李匡德이 상소를 올려 인현왕후의 동기로는 민진원 한 사람이 있을 뿐이어서 풍창부부인이 그를 멀리 떠나보내고 늘 걱정하며 마음을 아파하고 있으니, 민진원의 죄를 용서하여 석방할 것을 주장하였으나, 사간원의 반대로 실현되지 못하였다(『景宗實錄』 권14, 景宗 4년 5월 乙卯).

18) 『英祖實錄』 권4, 英祖 1년 3월 辛丑.

19) 『英祖實錄』 권5, 英祖 1년 4월 庚申.

20) 『英祖實錄』 권6, 英祖 1년 6월 壬午·乙酉·丙戌·戊子. 권7, 7월 丙申·辛丑.

21) 민진원은 자손들에게 請謚하지 말 것을 遺戒하였으나, 좌의정 金在魯는 자손들의 狀을 기다리지 말고 賜謚할 것을 주청하자, 영조는 영조 13년 1월에 文忠이라고 사시하였다. 문충은 '勸學好問曰文 事君盡節曰忠' 이라는 의미이다.

22) 영조 1년에 민진원이 유배지인 성주에서 방환되자, 이 근처의 유생들은 민진

또 그는 1712년[24]에 청나라에 사신으로 다녀왔고, 『숙종실록』 편찬[25]에 各房堂上[26]과 총재관[27]으로 참여하였다.

한편 그는 강화부유수로 있던 숙종 32년 7월에 강화의 船頭浦築堰에 대한 장계를 올려 윤허를 받고, 1707년 4월에는 선두포제언이 축조되었음을 보고하였다.[28] 이처럼 그가 대규모 간척사업을 통해 경지를 넓혔다는 점에서 주목된다. 또 1704년 전라도관찰사 때 남원의 교룡산성을 수축하고[29], 공조참판으로 있던

원이 거처하던 友蓮菴에 서당을 짓고 계를 만들고 財穀을 마련하여 후일 서원을 지으려고 하였다. 그러나 민진원은 遺書에서 서원의 폐를 논하면서 내가 죽은 후에 鄕曲의 유생들이 이런 논의가 있게 되면 자손들이 극력 저지하라고 하였다. 이에 본가에서는 유지를 받들어 극력 만류하였으나, 이곳 유생들은 끝까지 듣지 않고, 영조 13년 2월에 竹谷에다 서원을 건립하였다. 그러나 享期의 隔日에 마침 각 祠院을 아울러 毁撤하라는 朝令에 따라 毁撤되고 말았다. 또 광주의 유생들도 민진원의 서원을 건립하려고 준비하였으나, 역시 조령에 따라 이루어지지 못하였다(『단암선생년보』 권10). 아마도 민진원은 성주에 유배 중에 우련암에서 이곳의 학동들을 가르쳤던 것은 아닌가 싶다.

23) 英祖廟庭配享教書는 정조 2년에 내려졌다(『단암선생년보』 권10).

24) 숙종 38년 2월에 사은사로 청나라에 갔다. 이때 사은사는 朴弼成·閔鎭遠이었고, 서장관은 柳述이었다(『肅宗實錄』 권51, 肅宗 38년 2월 乙亥). 숙종 37년 11월에 사은부사에 임명되고, 숙종 38년 정월에 형조판서에 임명된 후, 2월에 발행하여 3월에 압록강을 건너, 4월에 연경에 도착하였다(『단암선생년보』 권3). 숙종 44년에도 주청사로 연경에 다녀왔다. 또 영조 2년 7월에도 동지겸사은정사로 差定되었으나, 변경되었다(『단암선생년보』 권7).

25) 『숙종실록』은 경종 즉위년 11월에 숙종실록찬수청을 설치하여, 노론의 김창집이 총재관이 되었는데, 신임사화 이후 소론의 조태구, 최석항, 이광좌 등이 이어서 총재관이 되었다. 그러나 영조 1년 2월에는 정권을 잡은 노론의 정호가 총재관이 되고 이어서 이관명, 민진원이 총재관이 되어 편찬을 계속하여, 영조 3년 9월에 인쇄를 완료할 무렵에 정미환국이 발생하여 다시 소론이 정권을 잡자 實錄補闕廳을 설치하여, 영조 4년 3월에 인쇄를 완료하였다.

26) 『숙종실록청의궤』에는 各房堂上으로 나오는 것으로 보아, 실록청의 1, 2, 3房 중에서 한 방의 당상을 맡은 것이다. 때는 경종 즉위년 11월부터이고, 총재관은 김창집이었다.

27) 영조 1년 11월로 좌의정으로 있었다(『英祖實錄』 권8, 英祖 1년 11월 戊申). 『단암선생년보』 권9에는 영조 7년 5월에 숙종실록총재관을 역임한 공로로 鞍具馬를 상으로 받았다고 하였다.

28) 『단암선생년보』 권3.

1708년에도 인천의 축성을 논의할 때, 갑진의 변두리에 있는 6진 중 하나인 花島를 선두포로 이설할 것을 주장하여, 화도를 옮기게 되었다.[30] 또 그가 재차 강화부유수로 있던 1710년 10월에 「論海防事」, 12월에 「論海防事宜」를 장계하고,[31] 1711년에는 강도내성을 쌓고 강화행궁을 준공하였다.[32] 평안도관찰사로 있던 1714년에는 평양부내성을 수축하고, 「論防守戎務便宜」[33]와 「繼論防守便宜」[34]를 장계하였다. 또 1718년에는 經理廳提調로서 北漢山城築城事務를 勾管하기도 하였다.[35] 이처럼 그는 관방에도 큰 업적을 남겼다.

또 그는 1698년에 魯山 · 愼妃復位를 건의하고,[36] 1718년 3월에는 소현세자빈으로 1646년에 사사된 강빈의 복위를 건의하여, 4월에는 姜嬪封墓都監堂上이 되어 도제조 김창집과 함께 시흥으로 가서 간심하였다.[37] 1725년 8월에는 김종서 · 황보인의 후손을 채용할 것을 주청하여 실현토록 하였다.[38] 이처럼 그는 의리를 크게 중시하였다.[39] 이는 숙종대의 성리학 이념을 구현하려는 시대사상과도 부합된다. 그가 신임사화의 와중에서 목숨을 부지할 수 있었던 데에는 그가 외척의 한 사람이었고, 당시 노론의 대표적인 위치에 있지 못하였다는 점도 있었겠지만, 그의 청빈한 생활과 이처럼 의로운 행동을 지키면서 사림들로부

29) 『肅宗實錄』 권39, 肅宗 30년 1월 癸亥.
30) 『肅宗實錄』 권46, 肅宗 34년 11월 丁酉.
31) 『단암선생년보』 권3.
32) 『단암선생년보』 권3.
33) 『閔文忠公奏議』 권9 狀啓.
34) 『민문충공주의』 권9 장계.
35) 『단암선생년보』 권3.
36) 『단암선생년보』 권1.
37) 『단암선생년보』 권4.
38) 『英祖實錄』 권7, 英祖 1년 8월 庚午.
39) 여흥민씨보첩에서는 민진원을 「不疚禍福 克明義理」 라고 평하였고 『국조문과방목』 에서도 「進盡忠言 力卞聖誣」 라고 평하였다.

터 신임을 받았던 데에도 원인이 있었다고 볼 수가 있다.[40]

그는 특히 영조 때에는 노론의 영수로서,[41] 영조 9년에는 영조가 소론의 영수 이광좌와 함께 불러 융화를 당부하기도 하였다.[42]

한편 그는 문학에도 능했을 뿐만 아니라,[43] 글씨를 잘 써서 선산 「高麗禮儀判書籠巖先生神道碑篆額」,[44] 여주 「閔鼎重神道碑篆額」, 여주 「驪陽府院君閔維重神道碑篆額」, 여주 「閔鎭厚神道碑篆額」, 서울 「延齡君李田神道碑篆額」, 함안 「趙旅神道碑篆額」, 「尹世紀神道碑篆額」, 「魚雲翼神道碑篆額」, 고양 「肅宗明陵表石」(陽記), 강릉 「松潭書院碑」, 청주 「通德郎閔光時墓碑」, 「統制使閔濟章墓碑」(李縡 撰), 「檢閱吳希道墓碑」(鄭斗卿 撰), 서울 「四忠祠上樑文」,「愍懷嬪諡冊文」,[45] 「敬寧殿玉寶篆文」,[46] 「英祖世子冊封命時奉箋稱賀帖」, 「英

---

40) 인현왕후가 매우 현숙하였다는 점은 잘 알려진 일이나, 민진후도 평소에 선비의 기운을 돋우고 斯文을 지키는 데 힘쓰며, 외척의 豪貴한 습속이 전혀 없었다고 전하고, 특히 숙종에게 직언을 서슴지 않았던 강직한 인물이었다. 이러한 점들은 이들 형제들이 명문가에서 출생하여 부모로부터 훌륭한 가정교육을 받았기 때문일 것으로 짐작된다. 사실 민진후가 활동하던 숙종 때에는 민진원은 형에 가리어 비교적 두각을 나타내지 못하였다.

41) 李建昌, 『黨議通略』 英宗朝. 한편 소론 측에서는 민진원이 성품이 집요한데다가 당에 대한 병통이 가장 고질적이었다고 비난하였다. 비록 그가 고집하는 막힌 점은 있으나, 벼슬에 있으면서 청렴하고 검소한 것으로 일컬어지고, 조정에서 風裁를 지켰으므로 명성이 높았다(『英祖實錄』 권42, 英祖 12년 11월 丁巳. 閔鎭遠卒記).

42) 영조는 모름지기 옛 버릇을 잊어버리고 한 마음을 아주 결백하게 가지도록 당부하였다(『英祖實錄』권33, 영조 9년 1월 辛丑).

43) 저서로는 『丹巖奏議』, 『燕行錄』, 『丹巖漫錄』, 『閔文忠公奏議』 등이 전한다.

44) 숙종 25년 8월에 세운 신도비로, 민진원의 36세 때의 글씨이다. 현재 남아 있는 그의 篆書로서는 가장 오래 된 것이다. 비문은 호조참의 權尙夏가 짓고, 형조판서 金構가 글씨를 썼다. 이때 민진원은 통훈대부 행홍문관부교리 지제교 겸경연시독관이었다.

45) 숙종 44년에 소현세자빈이 愍懷嬪으로 책봉됨에 따라 민진원이 민회빈시책문서사관이 되었다(『단암선생년보』 권4).

46) 숙종 39년에 전서서사관이 되었다.

祖世子冊封時勅使待遇賀帖」,「春宮手筆後跋」,[47] 「肅宗銘旋」,[48] 「聚樂堂扁額」,[49] 「次殷山東軒韻扁額」, 「次博川韻扁額」, 「次順川東軒韻扁額」[50] 등을 남겼다.

Ⅱ. 서예자료

1. 간찰

1) 간찰 1(사진 1)

昨上復書計 未及登覽矣 伏惟近日窮沍 令侍奉起居萬福 瞻傃采勤 別紙所稟 幸望速賜回教 此件當發於來旬後 必欲於未發前知其便否耳 餘具前書姑此不宣 伏惟令下察 謹扶上狀 丁丑 臘月 十一日 少弟 鎭遠 頓首

(어저께 올린 글을 미쳐 읽어보시지 않으셨습니까? 삼가 생각건대 요사이 매우 추운데 귀하께서 어른을 모시어 받드는 생활이 萬福하십니까? 우러러 그리움이 더욱 간절합니다. 별지에 아뢴 바는 속히 하교를 주시면 다행이겠습니다. 이 件은 열흘 뒤에 출발하기에 앞서서 그 편하고 편하지 않음을 알고 싶을 뿐입니다. 나머지는 앞 편지에 모두 하였으니 이만 다 펴지 못합니다. 엎드려 바라건 데 귀하께서는 살펴주시기 바랍니다. 삼가 절하고 글을 올립니다.)

---

47) 숙종 21년 12월에 민진원은 봉교로 있었는데, 왕세자(후의 경종)가 「敬以直內義以方外」라는 8자를 써서 민진원에게 내렸다. 세자는 이때 8세였다. 민진원은 발문을 붙여 識하였으며(『단암선생년보』 권1), 영조 때 이를 나라에 받쳤다. 민진원은 세자를 6년 동안이나 춘방에서 侍講을 한 사이였다(『英祖實錄』 권3, 英祖 1년 2월 丁酉).

48) 『단암선생년보』 권4.

49) 숙종 35년 4월에 민진원은 교외에 1칸 茅屋 으로 廣門精舍를 지었다. 板門에는 廣門이라하고, 鑿池하여 種蓮하였다. 그 후 조금씩 증축하여 기와를 입히었다. 仲子인 亨洙가 金昌翕에게 공부를 배우면서 堂名을 청하자, 김창흡은 聚樂이 좋을 것이라고 하였다. 이 이야기를 들은 민진원은 친필 전서로 「聚樂堂」이라고 써서 편액을 걸었다고 한다(『단암선생년보』 권2).

50) 이상 3점의 편액은 『長回子孫』에 수록되어 있다. 『장회자손』은 단영소의 종손가에 전래되어온 탁본집이다.

이 간찰은 『명가필보』에 수록되어 있다.[51] 숙종 23년 12월 11일에 쓴 것으로, 34세 때의 글씨이다. 별지에 보낸 것에 대해 속히 하교를 바란다는 내용이다. 실록에는 민진원은 숙종 23년 3

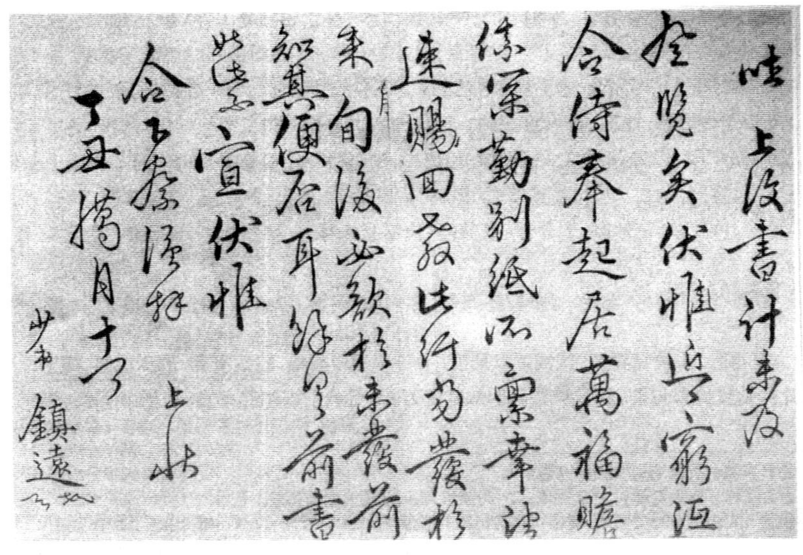

<사진 1> 민진원의 간찰 (1)

월에 문학,[52] 5월과 8월에 부수찬,[53] 11월에 충청도감진어사[54]가 되었다. 한편 『단암선생년보』에는 10월에 문학에 復拜되고, 11월에는 湖西監賑事宜를 입시하여 啓陳하고, 다음해 1월에 湖西監賑 發行을 階辭하고, 문학의 사직을 상소하였으나 불허되었다가 부교리로 옮기고, 곧 봉명하여 호서로 갔다고 하였다. 이로 보면 본 간찰은 문학으로 있으면서, 충청도감진어사로 출발하기에 앞서 준비하는 과정에서 쓰여 진 것이 아닌가 싶다.

---

51) 『名家筆譜』 권5(成均館), 1980, 695~696쪽.
52) 『肅宗實錄』 권31, 肅宗 23년 3월 己未.
53) 『肅宗實錄』 권31, 肅宗 23년 5월 戊申 및 8월 丙寅.
54) 『肅宗實錄』 권31, 肅宗 23년 11월 己卯.

그런데 『단암선생년보』에는 金昌協이 서신을 보내 "荒政은 고인들이 진실로 좋은 선책이 없다고 하였으나, 정호 공이 일찍이 말하기를 거란에 사신으로 갔던 공이 靑州 백만 백성을 구휼하는데 미치지 못하였다고 하였으니, 이 일은 우리들이 바로 바라는 바 입니다."라고 하였다는 글이 실려 있다. 이러한 점을 보면 본 간찰은 김창협에게 보낸 간찰이고, 전술한 김창협의 글은 이에 대한 답신 중의 한 구절이 아닌가 의심된다. 한편 김수항의 아들인 김창협은 이단상의 사위이고, 민진후와는 동서간이었다.[55] 이처럼 김창협은 민진원과 가까운 사이였다. 김창협은 이단상과 송시열의 문인으로 특히 경학에 밝았다. 같은 이단상의 문인으로 경학과 시문학에 뛰어났던 동생 金昌翕[56]과 당시 쌍벽을 이루던 학자였다. 이들 형제의 학문성향은 京華學界의 영향을 받아 전통 주자학의 義理之學과는 차이가 있었다. 그는 만년에 石室書院[57]의 아래쪽 강기슭(渼陰村)에 집을 짓고 14년 동안 날마다 여러 학자들과 독서하고 講道하면서 석실서원을 근거지로 하여 1695년부터 본격적인 강학활동에 전념하였

---

55) 안동 김씨와 여흥 민씨와는 혼인으로도 결속되어 있었다. 즉 민진원의 장남인 昌洙가 김창집의 사위이고, 閔鎭長(민정중의 장남)의 차남인 啓洙가 역시 김창집의 사위였다.

56) 겸재 정선은 김창흡의 제자로, 겸재가 36세 때 스승인 김창흡을 모시고 금강산에 가서 금강산도를 그렸는데, 김창흡의 아우 金昌業이 형 김창집의 자제군관으로 청나라에 가서 겸재가 중국의 북종화와 남종화를 조화 융합시킨 진경산수로 그린 금강산도를 청나라에 소개하여, 극찬을 받은 것은 미술사에서 유명한 이야기이다. 겸재와 절친한 시인 이병연도 김창흡의 제자로 김창흡, 이병연, 정선은 특수한 관계였다.

57) 석실서원은 김상헌과 김상용을 배향하는 서원으로 현종 4년에 石室이라는 편액을 받았으며, 1695년에는 노론계 인물인 김수항, 민정중, 이단상이 추배되었다. 이는 이들이 忠業과 덕업이 당세에 모범이 되고, 이들의 고향이었기 때문이었다(정만조, 「石室書院」, 『남양주시지』 1, 2000, 337~338쪽). 한편 민진원도 숙종 42년 7월에 서울을 떠나 석실서원에 도착하여, 이단상의 아들인 李喜朝를 만나 하룻밤을 자고 入城하였다는 기록이 있다(『단암선생년보』 권3).

으며, 죽은 후에는 석실서원에 추배되었다. 하여튼 그는 석실서원을 忠節書院에서 講學書院으로 변화시킨 장본인이었고, 그의 학문은 석실서원을 중심으로 이재, 金元行으로 이어지는 洛論學通을 형성하였다.[58]

하여튼 본 간찰이 쓰여 진 시기에 김창협은 석실서원에서 강학에 전념하던 때였다.

2) 간찰 2(사진 2)

脫屣卿月 經歸一△△男△△於執事始見之矣 只恨未及△知 終不得退 別於路左 區區悵歎 有如食物之在喉也 寒威比酷 伏問返稅後 台起居若何 △△埋村逕煖突如春 閑中自適之趣 坐此可想 益不勝欽仰之至 侍生 强策病軀 逐日奔忙於監劑之役 悶愧不△△下△△本府例 分煎藥 執事辭而不

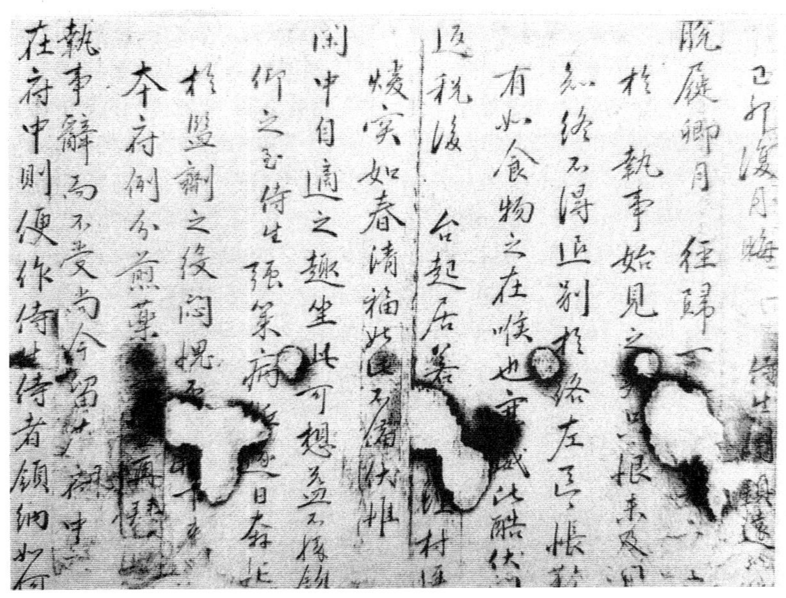

<사진 2> 민진원의 간찰 (2)

58) 정만조, 위의 글, 337~342쪽.

受 尙今留在府中 則便作侍生侍者 領納如何 姑此不備 伏惟台下鑒 再拜
己卯 復月晦 侍生 閔鎭遠頓

(…執事를 처음 보았습니다. 다만 일찍 알지 못한 것이 한이 됩니다. 마침내 물러오지 못하고, 길에서 이별을 하니 구구한 한탄이 食物이 목에 걸려 있는 것과 같습니다. 추위가 근래 혹독한데 삼가 돌아가신 후로 대감의 기거가 어떠하십니까? … 따뜻한 방이 봄과 같은 것이니 한가한 가운데 自適한 취미를 앉아서 가히 상상하니 더욱 지극히 흠앙한 마음을 견디지 못하겠습니다. 시생은 병든 몸을 억지로 채찍질하여 날마다 약을 짓는 것을 감독하는 일에 奔忙하니 민망하고 부끄러움을 말로 다 못 합니다. 本府의 예에 따라 나누어서 약을 다렸는데, 집사가 사양하고 받지 아니하여 지금까지 府中에 그대로 보관하고 있습니다. 부중에 보관하고 있는 약을 시생의 侍者에게서 받아 드리도록 하는 것이 어떠하겠습니까? 갖추는 것을 다하지 못합니다. 삼가 대감께서 살펴 주시기 바랍니다.)

본 간찰은 숙종 25년 10월 그믐에 쓴 것으로, 그의 36세 때의 글씨이다. 실록에는 민진원이 숙종 25년 8월에 부수찬으로 임명되었고,[59] 9월에는 별겸춘추에 임명된 것으로 되어 있다.[60] 『단암선생년보』에는 동왕 25년 8월에 부수찬, 9월에 의정부검상, 별겸춘추 상번, 다음해 2월에 부수찬으로 되어 있다.[61] 이로 보면 본 간찰을 쓸 때의 관직은 의정부검상이었다. 특히 본 간찰은 위의 사람에게 격식을 갖추어 매우 정중하게 쓰여 진 것을 볼 수가 있다. 이상하게도 좌측 끝 부분을 오려내어 앞의 빈 곳에 붙여 놓았다. 이런 곳이 3곳이나 보인다. 아마도 표구를 하는 과정에서 이루어진 것으로 짐작된다. 또 불에 타서 군데군데 구멍이 나 있다. 이 때문에 문맥이 통하지 않는 곳이 3곳이나 된다.

59) 『肅宗實錄』 권33 肅宗 25년 8월 庚辰.
60) 『肅宗實錄』 권33 肅宗 25년 9월 辛丑.
61) 『단암선생년보』 권1.

3) 간찰 3(사진 3)

숙종 32년 4월 2일에 어느 관찰사에게 보낸 간찰로 그의 43세 때의 글씨이다. 밑 부분이 없어져서 자세한 내용은 알 수가 없다. 실록에는 민진원은 숙종 31년 4월에는 승지로서 상소하여

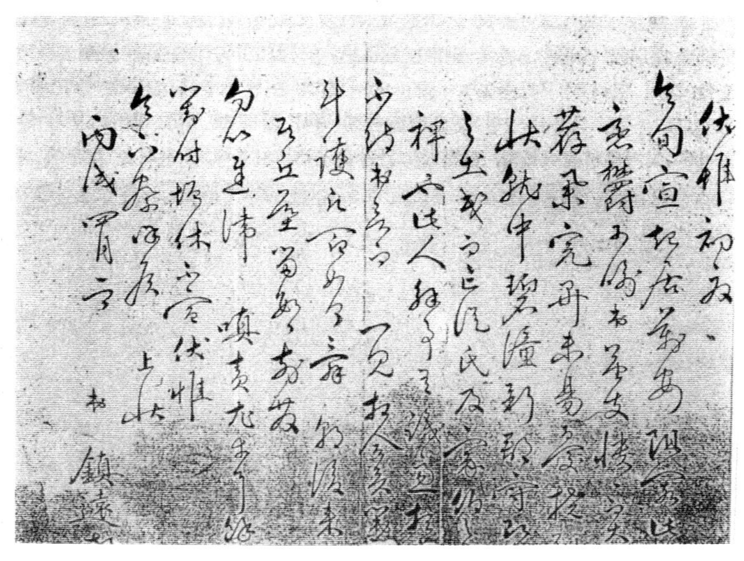

<사진 3> 민진원의 간찰 (3)

辭遞되었고,[62] 이어 대사성이 되었으며,[63] 5월에는 강화부유수로 승진되었다.[64] 동왕 32년 8월에는 강화부유수로 인정전의 진연에 참석하였다.[65] 강화부유수 시절에 전 강화부유수 李仁燁이 계획했던 강화 선두포의 제언을 축조하였고, 축조공사는 강화부유수 黃欽에 의해 계속되었다.[66] 동왕 33년 9월에는 특진관으로

62) 『肅宗實錄』 권41 肅宗 31년 4월 庚子.
63) 『肅宗實錄』 권41 肅宗 31년 4월 己酉.
64) 『肅宗實錄』 권42 肅宗 31년 5월 己巳.
65) 『肅宗實錄』 권44 肅宗 32년 8월 壬子.
66) 『肅宗實錄』 권45 肅宗 33년 9월 庚申.

기록에 나온다.[67] 『단암선생년보』에는 동왕 31년 2월 병조참의, 4월 우부승지, 성균관대사성, 5월에 가선대부로 승진하여 강화부유수가 되고, 동왕 33년 7월에는 예조참판이 된 것으로 되어 있다.[68] 이로써 보면 본 간찰은 강화부유수로 있던 때에 쓰인 것을 알 수가 있다.

4) 간찰 4(사진 4)

戀際 謹承惠問札 仍審春來 侍奉體履康勝 慰荷不容喩 僕 投閑養病 奉親粗遣耳 令胤親事 曾承勤敎 豈敢忘忽 而廣加詢謗 姑未得可合處 可歎 寄貺酒柿南草 仰領情念 餘俟早晩面坐 姑不宣 伏惟 下照 謹謝上狀 戊子三月 二十一日 鎭遠頓

(그립던 차에 삼가 보내주신 편지를 받고 인하여 살피건 대 봄 내내 어른을 모시는 당신께서는 평안하시다 하니 위로됨을 말로서 다할 수 없습니다. 저는 한가한 것을 찾아서 병을 요양하며, 모시는 어버이[69]께서도 그런 대로 잘 지내고 있습니다. 당신 아들 혼사는 일찍이 당신의 하교를 받들었으니 어찌 잊을 수가 있겠습니까? 널리 찾아서 물어 보았으나, 아직 합당한 혼처를 찾지 못하였으니 한탄스럽습니다. 보내주신 술과 곶감, 담배는 정으로 생각하고 잘 받았습니다. 나머지는 조만간 뵈올 때를 기다리고 이만 다 펴지 못합니다. 삼가 생각건 데 잘 살펴보시기 바랍니다. 삼가 답장을 올립니다.)

숙종 34년 3월 21일에 쓴 것으로, 그의 45세 때의 글씨이다.[70] 실록에는 민진원은 숙종 33년 11월에 예조참판,[71] 동왕 34년 5월에 동의금,[72] 11월에 공조참판으로 나온다.[73] 『단암선생년보』에는 동왕 33년 7월에 예조참판, 동왕 34년 4월에 한

67) 『肅宗實錄』 권45 肅宗 33년 9월 庚申.
68) 『단암선생년보』 권1.
69) 豊昌府夫人을 지칭한다.
70) 閔榮根, 『驪興閔氏文獻錄』(常綠出版社), 2001, 100쪽.
71) 『肅宗實錄』 권45, 肅宗 33년 11월 辛酉.
72) 『肅宗實錄』 권46, 肅宗 34년 5월 丙辰.
73) 『肅宗實錄』 권46, 肅宗 34년 11월 丁丑.

성부우윤으로 되어 있다.[74] 이로써 보면 본 간찰은 예조참판 시절에 쓰인 것으로 볼 수가 있다.

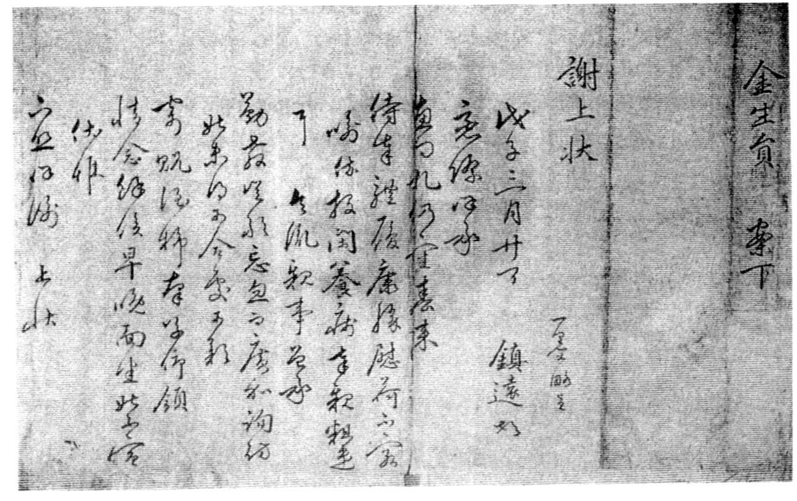
金生員 案下

謝上狀

鎭遠

<사진 4> 민진원의 간찰 (4)

내용은 혼사에 관한 것이다. 봉투에 「謝上狀」, 「金生員案下」, 「一墨略呈」(먹 한 개를 보냄)이라는 문구가 있는 것으로 보아, 김 생원에게 보낸 답서이다.

5) 간찰 5(사진 5)

便中 謹承惠問札 仍審新春 侍奉體履增福 慰賀區區 此亦曾修謝帖 送之扶安新倅家 其果轉徹否 扶餘叔母主 意外違世 痛怛何極 僕 董攴 無可言 築堰役事 方伯與主倅 皆非相親之間 不得發簡 奈何 金溝倅 昨已還歸 而留京時 竟不得一面 今難以訟場間事 發簡矣 但此友素稱剛明 必不誤決 勿慮如何 二魚之貺 尤用珍謝 餘姑不宣 謹謝狀上 己丑 元月 念一日 鎭遠

(인편으로 삼가 보내주신 편지를 잘 받아 보았습니다. 인하여 살피건데 새 봄에 어른을 모시는 당신께서 더욱 복된다고 하시니, 위로되고

74) 『단암선생년보』 권1.

위로됨을 사례 드립니다. 이에 또한 일찍이 謝帖을 만들어 부안의 새 원의 집에 보냈는데, 그것을 과연 전하여 보았습니까? 부여에 계신 숙모님이 뜻밖에 별세를 하시니 슬프고 슬픔을 어찌 다 말하겠습니까? 나는 겨우 지탱하니 가히 말할 것이 없습니다. 제언을 쌓은 역사는 방백이 고을의 원과 서로 친하지 않은 사이여서 편지를 주고받지 못하니 어찌 하겠습니까? 金溝의 원은 어제 벌써 돌아갔는데, 서울에 있을 때에 끝내 한번 보지 못해서 지금 송사하는 마당에 일에 관하여 편지하기가 어렵습니다. 다만 이 친구가 본래 총명하다고 일컬었으니 반드시 잘못 판결하지는 않을 것이니 염려 마시기 바랍니다. 고기 두 마리 보내 준 것에 더욱 감사함을 드립니다. 나머지는 다 펴지 못하고 삼가 답장을 드립니다.)

숙종 35년 1월 21일에 쓴 것으로, 그의 46세 때의 글씨이다.[75] 실록에는 민진원은 숙종 35년 1월에 공조참판으로 나온다.[76] 『단암선생년보』에는 동왕 34년 11월에 공조참판, 동왕

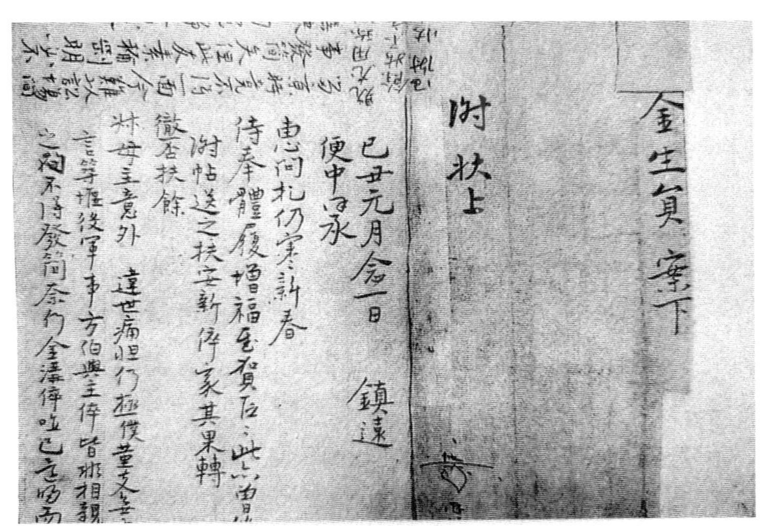
金生員 案下
附狀上
己丑元月念一日 鎭遠
惠問札仍審新春
侍奉體履增福至賀至賀
附帖送之扶安新倅家其果轉
徹否扶餘
叔母主意外 違世痛怛何極
之間不得發簡奈何金溝倅

<사진 5> 민진원의 간찰 (5)

75) 閔榮根, 앞의 책, 100쪽.
76) 『肅宗實錄』 권47, 肅宗 35년 1월 庚子.

35년 8월에 예조참판으로 되어 있다.[77] 이로써 보면 본 간찰은 공조참판 시절에 쓰여 진 것임을 알 수 가 있다.

내용에는 축언공사와 송사 등에 관한 것들이 들어 있다. 봉투에는 「謝狀上」, 「金生員 案下」, 「謹封」이라는 문구가 있는 것으로 보아, 김 생원에게 보낸 답서이다.

6) 간찰 6(사진 6)

遠承 問札 良荷勤意 仍審酷熱 令鎭况 佳勝 尤慰 生 强病供仕 悶蹙 不可狀 寄餉五種海味 依領珍謝 餘不宣 奉謝狀 癸巳 六月 九日 鎭遠

(멀리서 안부를 묻는 편지를 받으니, 진실로 부지런한 뜻을 알 수가 있습니다. 인하여 살피건 데 무더위에 당신 鎭營의 상황이 아름답고 좋다고 하니 더욱 위로됩니다. 나는 병든 몸으로 억지로 벼슬에 있으니, 민망되고 위축된 형상을 말할 수가 없습니다. 붙여준 5가지 海味는 고맙게 받고 감사함을 표합니다. 나머지는 다 펴지 못하고 답하는 글을 올립니다.)

간찰의 크기는 세로 38cm, 가로 24.2cm이다. 숙종 39년 6월 9일에 쓴 것으로 그의 50세 때의 글씨이다. 실록에는 민진원은 숙종 38년 9월에 대사성이 되고,[78] 동왕 39년 8월에는 평안도관찰사로 나온다.[79] 『단암선생년보』에는 동왕 39년 1월에 예조참판, 4월에 어용도사도감제조을 겸임하고, 6월에 형인 민진후가 예조판서가 되자 상피하여 체직되고, 여주로 갔다고 하였다.[80] 이로써 보면 본 간찰은 예조참판 시절에 쓴 것이 아닌가 싶다. 이때 민진원은 건강이 좋지 않았음을 알 수가 있다.

---

77) 『단암선생년보』 권1.
78) 『肅宗實錄』 권52, 肅宗 38년 9월 戊戌.
79) 『肅宗實錄』 권54, 肅宗 39년 8월 壬寅.
80) 『단암선생년보』 권3.

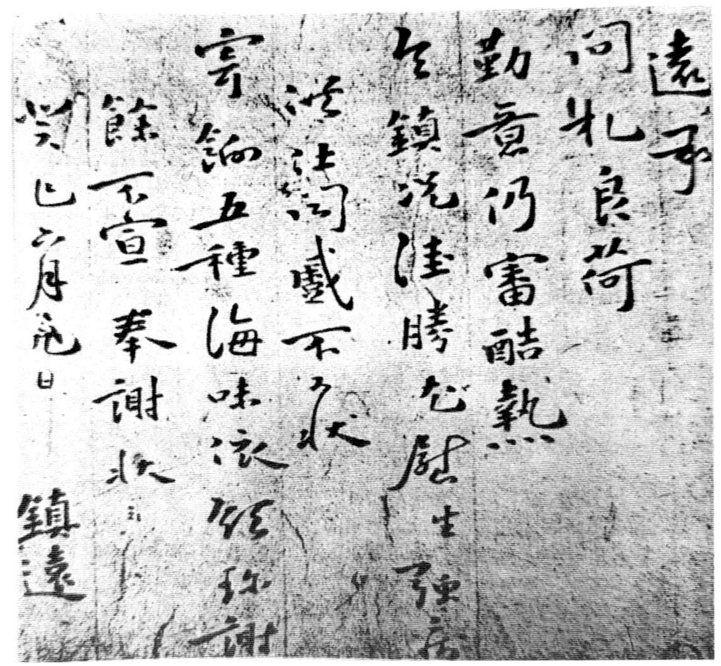

<사진 6> 민진원의 간찰 (6)

7) 간찰 7(사진 7)

省式[81] 戀際 獲承遠問札 仍審秋暮 體履康勝 慰荷不容喩 廟宇改建之役 將有完畢之望云 實士林之大慶 欣幸何極 藏書閣 勢將退後更議耳 田結事 昨聞主牧之言 則因庵僧之呈狀 以鄕色與僧 眼同摘奸之意 題給 摘奸後 當以他田劃給云 須速請摘奸 以待官家處分如何 生 事君無狀 嚴譴遽降 歸伏松楸 日夕惶慘 而時議持之益急 方束裝以待耳 餘不宣 謝狀上 丁未 九月 期服人[82] 鎭遠

(法式은 생략합니다. 그립던 차에 멀리서 묻는 편지를 받아보고 인하여 살피건대 늦은 가을에 당신의 몸이 평안하시다하니 위로됨을 말할 수 없습니다. 廟宇를 고쳐짓는 공사는 앞으로 완전히 다칠 희망이 있다고

81) 省式은 省禮와 같은 의미로, 喪中에 있는 사람에게 보내는 편지의 冒頭에 쓰는 말이다. 禮節을 생략하고 쓴다는 의미이다.

82) 朞服人과 같은 말이다. 즉 민진원은 이때 1년 상중에 있었다.

하시니, 사림의 큰 경사로 기쁨을 어찌 다 말을 하겠습니까? 장서각의 공사는 형세상 뒤로 물려서 다시 의논할 뿐입니다. 田結 일은 어저께 그 고을 목사의 말을 들은즉 因庵이라는 스님이 올린 글에 鄕色이 스님과 함께 적간할 뜻으로 題給하라고 하였고, 적간한 뒤에는 다른 밭으로 획급하는 것이 마땅하다고 하였습니다. 모름지기 빨리 적간하도록 청하여 관가의 처분을 기다리는 것이 어떠하겠습니까? 나는 임금을 섬기는 것이 형편이 없어서 엄한 꾸지람이 갑자기 내림으로 松楸에 돌아가 있으며, 아침저녁으로 두렵고 두렵습니다. 時議가 고집을 부리기 더욱 급박하게 하므로, 방금 행장을 갖추고 기다리고 있습니다. 나머지는 다 말하지 못하고 답장을 올립니다.)

본 간찰의 크기는 가로 30.5cm, 세로 29cm이고, 봉투는 세로 29cm, 가로 6.5cm이다. 영조 3년 9월에 쓴 것으로 64세 때의 글씨이다. 내용은 묘우의 개건공사에 관한 것이고, 말미에 영조의 엄한 꾸지람이 갑자기 내려 松楸(부모 무덤이 있는 곳, 현 여주 능현리)에 돌아가 있으며, 아침저녁으로 두렵고, 時議가 고집을

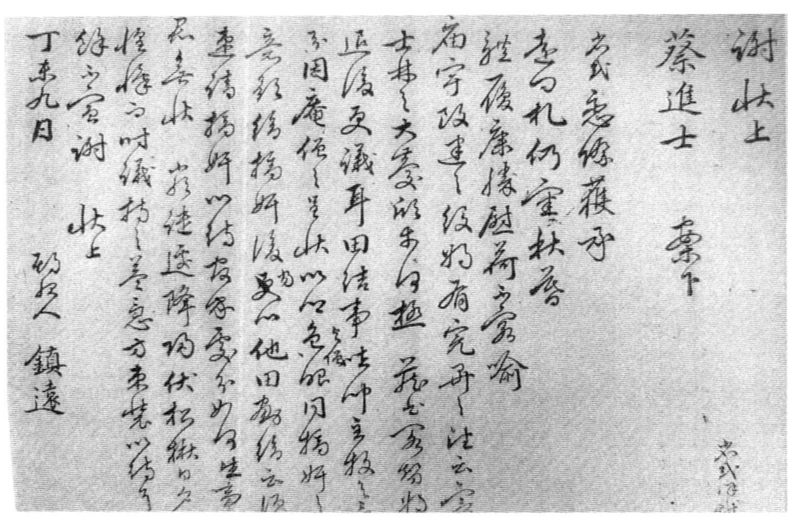
謝狀上
蔡進士
丁未九月
鎭遠

<사진 7> 민진원의 간찰 (7)

부리기 더욱 급박하므로 행장을 갖추고 유배를 기다리고 있는 중이라는 민진원의 당시 상황은 정미환국 후 노론들의 동향을 이해하는데 중요한 자료라고 하겠다. 이에 대하여는 다음에 서술할 간찰 8에서 다시 언급하도록 하겠다.

봉투에는 「謝伏上」,「蔡進士 案下」,「省式謹封」이라는 문구가 있는 것으로 보아, 채 진사에게 보낸 답서임을 알 수가 있다.

8) 간찰 8(사진 8)

(1) 상태

간찰은 가로 44.5cm, 세로 31.7cm로 모두 20行이다. 종이는 다듬이질을 한 양질의 한지이다. 이런 종이는 관지로 많이 쓰였으며, 다듬이질을 했기 때문에 종이가 질기고, 먹물이 번지지 않는다. 쓰인 시기는 영조 4년 11월이며, 그의 65세 때의 글씨이다.

(2) 내용

省式 東土無祿 春宮薨逝 慟哭罔極 尙復何言 宗社臣民 將何所仰恃 而上躬亦將何以保護耶 念及于此 五內欲裂 阻音頗久 日夕蒸鬱 昨對李掌令光運甫 得聞左右舊病 近得少間 方以爲幸 卽此意外 獲承耑問札 仍審至今彌留 蘇完尙遠 區區奉慮 不比尋常 此頃往龍仁 見亡姊入地而歸 私情痛割 一倍難堪 歸路始聞 東宮患候危重 京外親舊 開勸進詣城外 而自念所被罪名 係是覆載難容之目 足涉近京 萬分惶畏 趑趄不敢之際 遽承匃音 馳入邑底 緣關文晩到 今日始成服 號慟益切 餘萬 方將撤歸 忽擾不宣 謝狀上 戊申復月二十二 服人 鎭遠 省式

(禮節은 생략합니다. 동방이 복이 없어서 春宮이 薨逝를 하시니 등곡함을 다할 수 없으며, 다시 무엇을 말하겠습니까? 종사와 신민이 장차 어디를 우러러 믿을 것이며, 임금께서는 어찌 무엇으로서 보호를 받겠습니까? 생각이 이에 미치매 오장이 찢어지고자 합니다. 소식이 막힌 바가 오래되어 밤낮으로 그리워 답답하였는데, 어저께 李掌令 光運을 대하니 여러 가지 옛날 병이 요사이 나아졌다고 하여 바야흐로 다행하다

고 여겼더니, 뜻 밖에 편지를 받아보니 지금까지도 병이 뻗쳐서 완전히 소생하시기가 오히려 어렵다고 하시니 구구한 염려가 보통에 비교할 것이 아닙니다. 저는 지난 달 용인에 가서 누님의 장사지내는 것을 보고 돌아오니 사사로운 정에 아프고 찢어지는 것이 배가되어 견디기가 어려웠습니다. 돌아오는 길에 동궁의 환후 위중함을 듣고, 서울 밖의 친구들이 모두가 도성 밖에까지 다가가기를 권했으나, 제가 스스로 생각하는 바에는 제가 죄를 지은 몸이 되었는데, 죄목이 천지에 용납되기 어려운 것과 관계가 되니, 발이 서울 가까이에 올라오자 백만 번 두렵고 두려워서 감히 나아가지 못할 때에 갑자기 匈音을 받고, 달려가 邑底에 들어갔으나, 關文이 늦게 도착하였기 때문에 오늘에 이르러야 비로소 成服을 하니 애통하는 마음이 더욱 간절합니다. 나머지 모든 것은 앞으로 거두어 돌아갈 것이고, 바쁜데 흔들려서 다 편지를 쓰지 못하고 사례하는 글을 올립니다.)

간찰의 내용을 요약하면 다음과 같다.

가. 왕세자의 죽음

『영조실록』에는 세자의 환후가 날로 위중해서 8일에는 거처를 進修堂으로 옮기고,[83] 11일에는 약방의 여러 신하들을 인견하여 동궁의 증후를 논의하는 자리에서 영조는 눈물을 마구 흘리며 크게 탄식을 하였다고 하였다.[84] 결국 세자는 16일 창경궁 진수당에서 훙서하였다. 영조는 영의정 이광좌 등에게 슬피 울며 '종묘사직을 장차 어찌할 것인가?' 라고 하면서, 한참 만에 곡을 그쳤다고 하였다.[85] 정빈 이씨 소생으로 경의군인 孝章世子는 영조 1년에 세자로 책봉되었으며, 10세에 죽고 眞宗으로 추존되었다. 특히 영조 1년에 세자는 세 차례나 宮官을 보내 민진원을 문병토록 하기도 하였다.[86] 한편 세자의 훙서 후 민진원은 원임대신으로 입대하여 송 인종 때의 고사처럼 宗臣을 간택하여 양육할 것을 주청하는 매우 어려운 행동을 취하기도 하였다.[87]

83) 「英祖實錄」 권20, 英祖 4년 11월 甲寅.
84) 「英祖實錄」 권20, 英祖 4년 11월 丙辰.
85) 「英祖實錄」 권20, 英祖 4년 11월 壬戌.
86) 『단암선생년보』 권7.

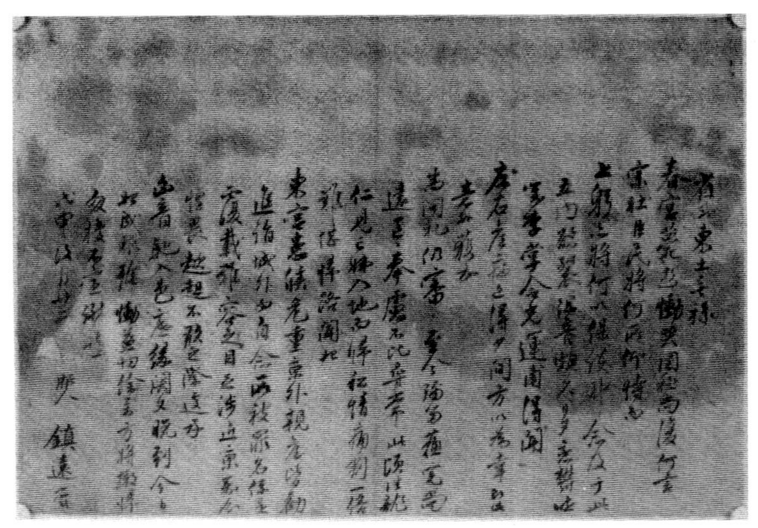

<사진 8> 민진원의 간찰 (8)

본 간찰에서 이때 민진원은 동궁의 환후 위중함을 듣고도 죄목이 천지에 용납되기 어려워 서울 가까이에 오고도 감히 세자에게 나아가지 못하였다고 하였다. 이번에는 그 당시 이러했던 그의 사정을 『영조실록』을 통하여 간단하게 살펴보고자 한다.

1724년 영조의 즉위와 더불어 신임옥사를 일으킨 소론 측 金一鏡의 敎文問題에 대한 노론 측의 상소가 각처에서 되풀이하여 연달아 들어왔다. 영조는 김일경을 잡아들여 친국을 하였으나, 김일경은 끝내 불복하고 처단되었다. 또 임인고변으로 공신이 된 睦虎龍도 김일경과 공모혐의로 국청에서 심문을 받다

87) 『英祖實錄』 권42, 英祖 12년 11월 丁巳. 閔鎭遠卒記 영조 8년 1월에 영조는 판중추부사 민진원이 교외에서 도성으로 돌아오자 淸陰亭으로 불렀고, 다시 교외로 돌아가려하자 다시 청음정으로 부렀는데, 이 자리에서 민진원은 후사를 구하는 도리는 廣博을 우선함이 마땅하다는 등 후사를 걱정하는 주청을 하였다고 한다(『英祖實錄』 권31, 英祖 8년 1월 甲子).

가 불복하고 죽었다. 영조는 신임사화를 일으킨 주동자 김일경과 목호룡을 처단한 뒤, 경종 1년 김일경이 노론 4대신을 역적으로 몰아 상소한 辛丑疏에 연명한 李眞儒 등 6인을 귀양 보냈다. 또 노론 측의 잇따른 소론 대신들에 대한 논핵으로 영의정 이광좌, 우의정 조태억 등의 소론 대신들이 쫓겨났다. 이에 따라 대신 정호, 민진원 등 노론이 소환되어 조정에 들어오면서 노론이 정권을 잡게 되었다. 즉 이해 10월 1일 소론계열의 예조참의 金東弼은 민진원이 元舅의 친척이니 특별히 관대하게 사유를 베풀어 모자가 서로 의지 할 수 있게 하는 것이 친척을 돈독히 하는 뜻이라고 상소를 하자,[88] 8일에 영조는 선왕은 민진원이 인현왕후의 형제이고, 풍창부부인이 살아 계실 때 특별히 석방해서 서로 의지하게 해야 하겠다는 뜻을 여러 번 나타냈으니, 민진원을 석방시켜 서울로 와서 선왕에게 한 번 곡을 할 수 있도록 방면하라고 지시하였다.[89] 즉 영조는 여주에 있던 부부인의 나이가 많은데, 모자간에 멀리 떨어져 있으니 聖后의 英靈에게 측은한 마음이 있기 때문이라고 하였다. 영조는 자기를 자애롭게 길러준 인현왕후의 은혜를 항상 追念하고 있었다. 그러나 민진원은 削黜의 죄명이 있어서 도성으로 들어가지 못하고 있었는데, 12월 27일 함경도사 趙命臣의 상소에 의해 특별히 門外黜送을 풀어주었다.[90] 다음 해인 영조 1년에는 이조판서, 우의정, 좌의정을 역임하고, 2년 1월에는 좌의정에서 면직되어 영중추부사가 되었다.

영조 3년 4월에는 판중추부사로 나추어졌다가 7월에 면직되었다. 특히 이때에 영조는 당쟁의 조정을 목적으로 노론의 장기 집권에서 오는 폐단을 염려하여 노론의 중신들을 黜斥하고, 영

88) 『英祖實錄』 권1, 英祖 즉위년 10월 辛未.
89) 『英祖實錄』 권1, 英祖 즉위년 10월 戊寅.
90) 『英祖實錄』 권2, 英祖 즉위년 12월 丙申.

의정에 이광좌, 좌의정에 조태억 등 소론을 기용하는 정미환국을 단행하였다. 즉 당색이 강한 자를 제거하고, 탕평하려는 영조의 정책에서 일러난 것이다. 신임사화의 참상을 직접 겪고, 의리를 중시하던 민진원은 소론과 타협하기는 쉽지가 않았을 것이다. 이처럼 정미환국으로 소론정권이 성립되면서, 이들은 다시 壬寅獄案問題를 들고 나와 영의정 이광좌, 대사헌 金始煥 등이 4대신의 잘못을 다시 論覈하였다. 이에 영조는 전일의 죄명을 모두 씻어주고 관작만을 삭탈하라고 하여 이에 대한 일단 매듭을 지었다.

이해 10월 24일에는 양사에서 민진원을 탄핵하자, 영조는 관작만을 빼앗으라고 하였다.91) 그러나 다음 해인 영조 4년에 1월 20일 이광좌는 영조에게 민진원을 절도에 안치하자고 주장하였는데, 영조는 부부인이 생존해 있으니, 부부인이 만약 놀라고 걱정하여 병이라도 난다면 하늘에 계신 성모의 영혼을 어떻게 위르해 드리겠는가 하면서 받아드리지 않았다.92) 결국 23일에는 정호를 영주로 遠竄하고(집이 충주), 민진원은 부부인이 연세가 이미 노쇠하였는데 만약 뜻밖에 일이 생길 것을 염려하여 원주로 유배토록 하였다.93) 이에 대해 승지 李重觀, 좌의정 조태억, 대사간 李廷濟, 지평 金尙星 등은 다시 配所를 개정하여 원찬토록 하여야 한다고 주장하였으나, 영조는 이를 받아드리지 않았다.

그러면 이번에는 민진원이 탄핵되어 유배된 죄상은 과연 무엇이었는가 하는 점을 알아 볼 필요가 있다. 즉 영조 3년 8월 20일 부수찬 任洸은 상소하여 정호, 민진원이 임금을 잊고 역적을 편든 죄를 논하기를 청하고,94) 9월 12일 조태억은 민진원이

91) 『英祖實錄』 권13, 英祖 3년 10월 丙午.
92) 『英祖實錄』 권15, 英祖 4년 1월 辛未.
93) 『英祖實錄』 권15, 英祖 4년 1월 甲戌.
94) 『英祖實錄』 권12, 英祖 3년 8월 癸卯.

元舅의 자리에 있으면서 항상 살인이라는 두 글자로 君上에게 권하였는데, 告廟論에 이르러서는 극도에 달했으니, 그 죄를 명백히 바로 잡은 뒤에야 국인의 분노를 풀어줄 수 있다고 하였다.[95] 또 9월 21일 사헌부에서 아뢰기를 정호와 민진원은 그 죄가 倫常에 관계되어 징토해야 된다고 탄핵하였다.[96] 9월 17일 정언 曺命敎의 상소에는

> 아 저들이 이른바 선왕께서 疾恙이 있었다고 하는 것은 모르겠습니다만 그 것이 어떤 질양입니까? 한때 熱火가 오르내린 경우는 진실로 있었습니다.… 그 뒤 3,4년 동안 특별히 다른 증세가 가중된 적이 없었고, 또한 질환을 가지고 말한 것을 들어본 적이 없었는데, 질환이 이었다는 말이 갑자기 민진원의 袖箚에서 튀어나왔습니다. 그리하여 감히 성찰하지 못하였다느니, 領會하지 못하였다느니 하였으므로 온 나라의 신민들이 진실로 이미 그 指意에 대하여 의심을 품고 있는데, 告廟의 의논이 일어난 것입니다. 이 일이 있은 뒤부터 세상에서 선왕을 헐뜯는 자들은 질환이 있었다고 말을 하였고, 선왕을 변호하는 자들은 질환이 없었다고 하였습니다.… 간간히 열화가 오르면 筵臣들을 꾸짖어 물리치기도 하였지만 얼마 안 있어 다시 불렀고, 이내 위로하는 뜻을 보이면서 개유하기를 한때 열화가 올라와서 이런 지나친 거조가 있었다고 하였습니다. 한때의 열화는 비유하건대 해와 달에 잠깐 일식과 월식이 있는 것과 같은 것이니, 큰 총명에 무슨 손상될 것이 있겠습니까?… 그들은 禍心을 간직하고 있는 것이 일조일석의 일이 아니었습니다. 그런데도 스스로는 역적이 아니라고 하지만, 여러 사람의 눈총과 천고의 비평에서 끝내 逆이라는 한 글자를 피하기 어려울 것입니다.… 그런데 신축년 이전에는 저들이 조정에서 要路를 담당하고 있었기 때문에 群下가 欺蔽했다고 말하지 않고, 신축년 이후에는 저들이 죄를 얻었기 때문에 기필코 선왕의 본의가 아니었다고 하니 어찌 선왕의 질환이 선후에 경중의 구별이 있을 수 있겠습니까.[97]

---

95) 『英祖實錄』 권13, 英祖 3년 9월 乙丑.
96) 『英祖實錄』 권13, 英祖 3년 9월 甲戌.
97) 『英祖實錄』 권13, 英祖 3년 9월 庚午.

11월 26일 헌부와 간원에서 아뢰기를 정호와 민진원은 범죄가 이미 지극히 중한데 선왕께서 승하하신 후에도 차마 구함과 패만한 말을 가하면서 심지어 위로 태묘에게 고하고 아래로는 팔방에 하유케 하자고 하였으니, 그 근본을 추구하면 袖箚에 있다고 하고 맨 먼저 간악한 말을 倡導한 민진원에 이르러서는 더욱이 어찌 정호에 비하여 차등을 둘 수 있겠는가 라고 하면서 이들을 원방으로 정배하게 하여 달라고 하였다.98) 다음해인 영조 4년 1월 20일 영조는 민진원의 수차는 위로는 종묘에 고하고, 아래로 팔방에 반포하자는 청은 대개 한편의 사람들을 모두 기망의 죄과로 몰아넣으려는 것이라고 하였다.99) 또 같은 달 24일에는 좌의정 조태억이 민진원의 죄는 수차에 있다고 하지만, 병오년 歲初에 寬猛을 논한 箚子는 그 죄가 수차보다 훨씬 더한 바가 있다고 하였다.100)

하여튼 민진원은 영조 1년에 수차101)를 올려 경종에게 병환이 있었다는 것을 중외에 頒示하여 儲嗣를 세운 의리를 밝힐 것을 청하였고,102) 나아가 정호와 민진원을 비롯한 노론 측에서는 경종이 평소에 질환이 있어 총명에 손상이 있었고, 이 때문에 당시 조정에서 정권을 잡고 있던 소론들이 이를 이용하여 경종의 본의와는 달리 왕을 欺蔽하고 끔찍한 신임옥사을 일으켰다는 주장이다.103) 또 여기에는 직설적으로는 표현되지 않았지만 평생 영조를 괴롭혔던 영조가 醫家에서는 꺼리는 蟹醬과 生柹를 올려,104) 경종의 병세를 악화시켜 승하하게 하였다는 설

98) 『英祖實錄』 권14, 英祖 3년 11월 戊寅.
99) 『英祖實錄』 권15, 英祖 4년 1월 辛未.
100) 『英祖實錄』 권15, 英祖 4년 1월 乙亥.
101) 『英祖實錄』 권3, 英祖 1년 2월 丁酉.
102) 『英祖實錄』 권42, 英祖 12년 11월 丁巳. 閔鎭遠卒記.
103) 『英祖實錄』 권3, 英祖 1년 2월 丁酉.
104) 『景宗修正實錄』 景宗 4년 8월 庚寅. 이날 밤에 경종은 병세가 악화되어 배가 조이는 것 같이 아파하였다. 이 후 7일 만에 훙서하였다.

과 궁녀에 의한 독살설[105]을 부정하는 내용도 포함되어 있는 것은 아닌가 싶다. 그러나 영조는 이러한 주장이 소론들을 모두 欺罔의 죄과로 몰아넣으려는 것이라고 판단하였다. 즉위하면서부터 당쟁의 폐해가 극심한 것을 통감하던 영조는 宋寅明, 趙文命 등의 말을 들어 탕평책을 피면서 이런 기회에 당성이 강한 노론의 거두 정호와 민진원을 조정에서 잠시 추방한 것이다.

한편 영조 4년 3월에는 일부 소론과 남인의 과격분자들이 경종을 위한 보복을 명분으로 하여 왕권교체를 기도한 이인좌의 난이 일어났다. 이 난이 평정된 후 정황이 자못 달라진 9월에는 특명으로 민진원을 방송토록하고, 掖隷를 원주 적소로 파견하여 勞問하였다. 10월에 민진원은 새로 지은 여주의 丹巖精舍로 돌아왔다.[106] 이에 앞서 9월 24일 노론계열의 좌의정 洪致中[107]은 정호와 민진원이 筵中에서 아뢰기도 하고, 上箚하여 아뢰기도 한 것은 성덕을 밝히고 화란의 근원을 막으려는 것이었다고 아뢰자, 영조는 민진원을 특별히 풀어준 뒤에 조정의 논의가 없으니 실로 기뻐하는 것이라고 하였다. 그러나 10월 3일 검토관 조명교가 민진원의 석방은 불가하다고 하자, 영조는 직첩을 내어주지 않았으므로 서용하는 것과는 차이가 있고, 田里에

---

105) 집의 李重述의 啓에는 음식에 독약을 넣었다고 의심되는 逆婢(궁녀 김씨)의 죄는 君父를 모해하고 죄가 종사에 관계되니, 마땅히 窮覈查出하여 쾌히 나라의 형벌을 시행해야 한다고 하였다(『承政院日記』 景宗 4년 윤4월 25일). 영조 1년 3월 15일 疏決할 적에 민진원은 李㴉, 徐德修, 金盛節, 睦虎龍 등의 공초를 들어 아뢰기를 정유년에 張判事란 역관이 청으로부터 사온 약을 金盛節이 김상궁과 공모하여 1차 시험하여 보았더니 곧 누런 물을 토해냈다고 하였는데, 본래 김상궁과 張姓을 가진 역관은 없었다고 하였다(『景宗修正實錄』 권3, 景宗 2년 9월 癸卯).

106) 丹巖精舍는 띠로 지붕을 잇고 뜰에서는 말을 겨우 돌릴 수 있을 정도의 초라한 것이었다. 여기서도 평소 민진원의 검약한 모습을 찾아 볼 수가 있다. 이 정사는 1887년 봄에 閔應植이 중수하면서 기와로 바꾸었고, 金尙鉉의 記文을 걸어 놓았다고 한다(『단암선생년보』 권8).

107) 민정중 장녀의 사위로 민진원의 사촌 누님의 사위이다.

放歸하여 노년을 마치게 하려는 데 있다고 답하였다. 아무튼 이러한 당시의 상황들은 본 간찰을 쓰던 때의 민진원의 처지를 이해하는데 도움을 준다고 하겠다.

나. 누님의 죽음

간찰에는 지난 달 용인에 가서 누이의 장사지내는 것을 보고 돌아오니 사사로운 정에 마음이 아프고 찢어지는 것이 배가 되어 견디기가 어렵다고 하였다. 민유중은 첫 번째 부인인 덕수이씨 몸에서는 자녀가 없고, 둘째 부인인 송즌길의 딸인 은진송씨 몸에서 2남 3녀를 두고, 셋째 부인인 풍양 조씨 몸에서 1남 2녀를 두었다. 즉 은진 송씨 몸에서 李晩昌(우봉) 처, 진후, 진원, 인현왕후, 申錫華(평산) 처를 두었다. 이만창은 우의정 李䎘의 아들로, 진사로 이조판서에 추증되었다. 그는 민진원이 21세 때에 세상을 떴다. 그의 아들이 陶庵 李縡이다. 이재는 대제학을 지냈으며, 신임사화로 중부 李晩成이 4대신의 당으로 몰려 죽자, 벼슬을 버리고 인제 설악에 들어가 성리학을 닦는데 힘썼으며, 그 후 용인으로 퇴거하여 후학을 가르쳤다. 여기서 누님은 이재의 어머니를 의미한다.

누님은 9월에 세상을 떴는데, 현명하고 학식이 높았으며 임인년의 화를 당하자 이재는 홀로된 어머니를 모시고 인제의 山峽으로 들어갔다. 을사년에 조정이 잠시 깨끗하여지자 어머니를 모시고 고향으로 돌아왔는데, 이때 어머니가 말하기를 너의 행동으로 보면 이 산골을 벗어나고 싶지 않다고 하였다. 이해에 逆亂이 일어나자 이재는 급히 어머니에게 달려갔다. 곧 이재는 흉언을 만나 입성하여 처벌을 기다리고 있을 때에 어머니가 슬픈 얼굴을 하며, 나는 너의 이름이 널리 알려지지 않기를 바랬고, 너의 지위가 높아지지 않기를 바랬건만 어찌 이러하게 되었느냐 하고, 서둘러 행장을 갖추고 다시 인제르 들어가게 하여 얼마 안 있어 그 곳에서 세상을 떴다.[108]

다. 이광운

『영조실록』에서 보면 李光運은 영조 2년 3월부터 20년 1월 사이에 지평, 정언, 필선, 장령, 헌납, 집의, 사간 등을 역임한 것으로 되어 있다. 특히 동왕 15년 7월에는 동지겸사은사서장관으로 청나라에 다녀왔다고 한다. 또 그는 동왕 3년 7월에 장령으로 있다가 민진원과 함께 파면된 후 동왕 5년 11월에야 다시 장령으로 임명되기도 하였다. 본 간찰에는 장령이라고 표현하였으나, 이때 그는 현직에서 물러나 있던 상태였다. 또 민진원은 그를 光運 甫(君과 같은 의미)라고 표현하였다. 이러한 정황으로 보면 그는 민진원과 가까운 노론 측의 인물로 볼 수가 있다.

하여튼 본 간찰은 간찰로서도 대작이고, 내용도 사료적 가치가 있기 때문에 소중하다고 하겠다.

9) 간찰 9(사진 9)

省式 便中 謹承去臘問札 感慰何極 信后歲改 仰惟令旬宣起居 茂膺洪休 區區瞻賀之至 朞服人 値玆新正 不勝犬馬之戀 冒沒入城 再登筵席 今方還鄕 澌頓難支 奈何 寄貺六種歲儀 謹領佩荷 餘不宣 統惟令照亮 謝狀上
壬子 元月 九日 期服人 鎭遠 省式

(예절은 생략합니다. 인편으로 지난 선달 편지를 삼가 받으니 감동되고 위로됨을 어찌 말로 다 하겠습니까? 편지를 받은 뒤에 한 해가 바뀌었는데 우러러 생각하건 데 旬宣께서 생활상이 무성하고 아름답다고 하니 매우 우러러 하례 드립니다. 服中인 나는 이미 신정을 맞으니 보잘 것 없는 사람이지만 귀하를 그리워함을 다 감당하지 못하겠습니다. 염치 불구하고 서울에 들어가서 두 번이나 경연의 자리에 올랐다가 지금 막 고향으로 돌아와서 아주 피곤해서 지탱하기가 어려우니 어찌하겠습니까? 붙여준 6가지 歲儀[109]는 삼가 받았으니 매우 감사합니다. 나머지는 다 편지 못합니다. 모두는 오직 귀하께서 비추어 헤아리기 바랍니다. 답장을 올립니다.)

---

108) 『단암선생년보』 권8.
109) 歲儀는 새해의 선물로, 받는 사람이 서신으로 고마움을 표하는 것이 상례였다. 歲儀秩도 전한다.

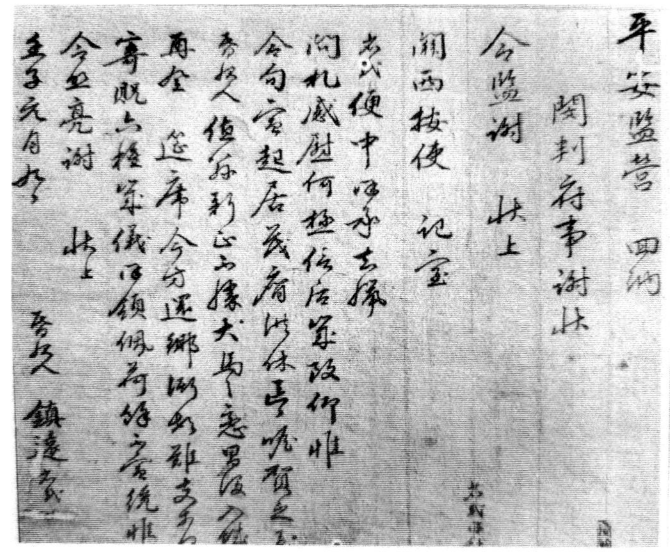
平安監營 回納
閔判府事謝狀
令監謝 狀上
關西按使 記室

<사진 9> 민진원의 간찰 (9)

본 간찰은 영조 8년 1월 9일에 쓴 것으로, 그의 69세 때의 글씨이다. 봉투에는 「平安監營 回納」, 「閔判府事謝狀」, 「令監謝狀上」, 「關西按使記室」, 「省式謹封」이라는 문구가 있는 것으로 보면 평안감사에게 보내는 답서임을 알 수가 있고, 그의 관직은 판중추부사였다.[110] 그 후 민진원은 이광좌와 함께 영조 9년 1월에 봉조하가 되었다.[111] 봉투에는「謹封」이라는

110) 민진원은 원주의 유배에서 풀려난 후 영조 5년 9월에 판중추부사로 제수되었다(『단암선생년보』 권8). 그는 영조 3년(정미) 이후에는 조정에 있는 것을 불안하게 여겨 이광좌와 함께 동시에 실직에는 있지 않았다(『英祖實錄』 권42, 英祖 12년 11월 丁巳. 閔鎭遠卒記). 한편 실록에는 영조 5년 9월에 영조는 전 영중추부사 민진원에게 西樞의 職秩을 도로 주어 부부인을 받들고 京外에서 優遊하도록 하라는 敎文을 내렸고(『英祖實錄』 권24, 英祖 5년 9월 癸酉), 이달에 판중추부사로 나온다(『英祖實錄』 권24, 英祖 5년 9월 辛卯).

111) 『英祖實錄』 권33, 英祖 9년 1월 壬寅.

작고 네모진 봉인이 하나 찍혀 있으나, 글자의 내용은 상태가 좋지 않아 알 수가 없다. 한편 수집가인 민병우 씨가 수집한 자료 중에는 민진원의 도서가 8점이나 들어 있다. 이중에서 민진원의 본관인 「驪興」이 새겨진 도서는 두 점이며, 이중 음각된 方印은 2.2×2.2cm이고, 양각된 方印은 3.5×3.5cm이다. 또 민진원의 자인 聖猷가 새겨진 도서는 양각된 방인으로 크기는 4.0×4.0cm이다. 그의 성명이 새겨진 도서는 음각된 방인인데, 「閔鎭遠聖猷章」이라고 되어 있다. 크기는 4.0×4.0cm로 전술한 그의 자가 새겨진 도서와 같다.

<〈도서 1〉 민진원의 도서

2. 비석

1) 전액

(1) 閔維重神道碑(탁본 1)

민유중신도비는 경기도 여주시 여주읍 능현리에 소재한다.

비신은 높이 246cm, 폭 106cm, 두께 46.5cm이다.112) 신도비의 立碑年代는 숙종 33년 4월이다. 비명은 權尙夏가 찬하고,113) 비문은 민진후가 쓰고, 篆額은 민진원이 섰으며, 전액의 자경은 8~12cm정도이다. 전액의 내용은 「領敦寧府事驪陽府院君贈領議政謚文貞閔公神道碑」로 22자이다. 민진원의 44세 때의 글씨이며, 이때의 관직은 가선대부 강화부유수 겸진무사였다.

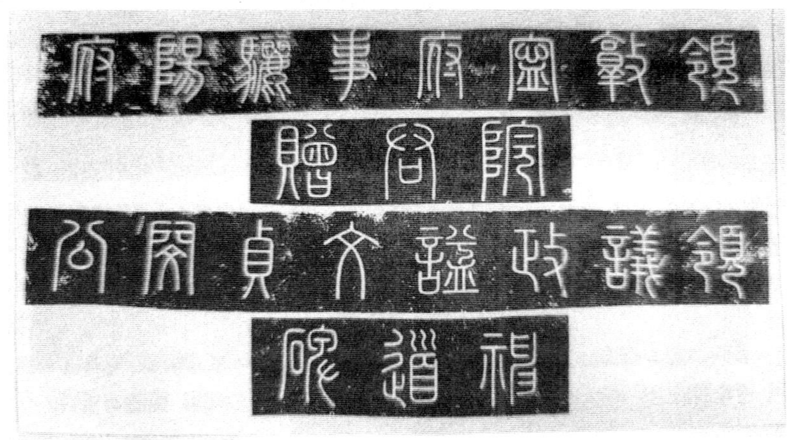

<탁본 1> 민진원의 민유중 신도비 전액

(2) 李田神道碑(탁본 2)

이훤신도비는 서울 노원구 공릉동 육군사관학교 안에 위치한다. 비신은 높이 245cm, 폭 115cm, 두께 49cm이다.114) 좌의정 李頤命이 찬하고, 예조판서 趙泰耉가 글씨를 쓰고, 민진원이 전

112) 趙東元, 『韓國金石文大系』 권5(圓光大學校 出版局), 1988, 264~266쪽. 驪興閔氏宗親會所藏 「驪陽府院君神道碑帖」.

113) 『寒水齋集』 권24에도 「驪陽府院君文貞閔公維重神道碑銘幷序」가 수록되어 있다.

114) 趙東元, 『韓國金石文大系』 권6, 1993, 165~167쪽.

액을 하였다. 신도비의 입비년대는 숙종 46년 3월이다. 민진원의 57세 때의 글씨이며, 이때의 그의 관직은 우참찬이었다.115)

延齡君 이훤은 숙종의 여섯 째 아들로 숙종 25년에 출생하였으며, 숙종 45년 10월에 嘉會坊 別第에서 21세로 사망하고, 시호는 孝憲이다.

전액의 내용은 「王子延齡君贈諡孝憲公神道碑銘」 14자이다.

<탁본 2) 민진원의 이훤 신도비 전액

(3) 趙旅神道碑(탁본 3)

조여신도비는 경남 함안군 법수면 강주리에 있다. 비신은 높이 218cm, 폭 85.5cm, 두께 30cm이다.116) 신도비의 입비년대는 영조 2년 3월이다. 대제학 이재가 찬하고, 대제학 李宜顯이 글씨를 쓰고, 민진원이 전액을 하였다. 전액의 내용은 「贈吏曹參判漁溪趙先生神道碑」 13자이다.

민진원의 63세 때의 글씨이며, 이때의 관직은 대광보국숭록

115) 민진원은 숙종 44년 3월에 공조판서가 되고, 姜嬪復位議를 올렸으며, 姜嬪封墓都監堂上이 되었다. 7월에는 형조판서, 8월에는 예조판서가 되고, 11월에 의정부 우참찬이 되었다. 숙종 45년 2월에는 지돈령부사, 4월에는 정헌대부로 승진하였다. 또 숙종 46년 5월에는 형인 민진후의 상을 당하고, 6월에는 숙종이 승하하자 殯殿都監堂上, 大行大王行狀撰集廳堂上을 겸하였으며, 7월에는 형조판서가 되었다(『단암선생년보』 권4).

116) 趙東元, 『韓國金石文大系』 권4, 1985, 123~125쪽.

대부 의정부좌의정 겸영경연사 감춘추관사 세자부였다.[117]

조여는 생육신의 한 사람으로 호는 漁溪隱者이며, 세조가 왕위를 찬탈하자 불의에 항거하여 벼슬을 버리고 고향인 함안 백이산 아래에 은거하였다. 숙종 24년에 단종이 복위되자 이조참판에 추증되었다. 이때 백이산 아래에 사당을 건립하여 배향하고, 西山學院이라 賜號하였다.

<탁본 3> 민진원의 조여 신도비 전액

(4) 閔鎭厚神道碑(탁본 4)

민진후신도비는 경기도 여주시 가남면 안금리에 위치한다. 비신은 높이 228cm, 폭 123cm, 두께 41.5cm이다.[118] 비문은 대사헌 이재가 짓고, 글씨는 원임좌의정 李觀命이 썼으며, 전액은 원임좌의정 민진원이 썼다. 신도비의 입비년대는 영조 8년 10월

117) 민진원은 영조 2년 1월에 19회의 呈辭 끝에 相職의 면직을 허락 받고 영중추부사가 되고, 이어 宗廟改修都監提調에 差定 되었는데, 3월에는 이 공으로 鞍具馬를 하사 받았다. 8월에 永徽殿玉冊文製述官이 되었다. 9월에는 양주로 가서 선조인 立巖(閔齊仁) 府君廟主를 세운 후 여주에서 先墓祭을 지내고 이어 제천 증조부의 묘에 성묘한 후, 충주 樓巖에 은거한 정호를 예방하였다. 영조 3년 4월에는 정호가 영중추부사가 되는 관계로 판중추부사로 내려앉았다가, 7월에는 파직되어 여주로 이거하였다(『단암선생년보』 권7). 비문에서의 좌의정은 전직인 셈이다.

118) 趙東元, 『韓國金石文大系』 권5, 304~308쪽.

이다. 민진원의 69세 때의 글씨이다.[119] 전액의 내용은 「行議政府左參贊贈謚忠文閔公神道碑銘」으로 모두 17자이다.

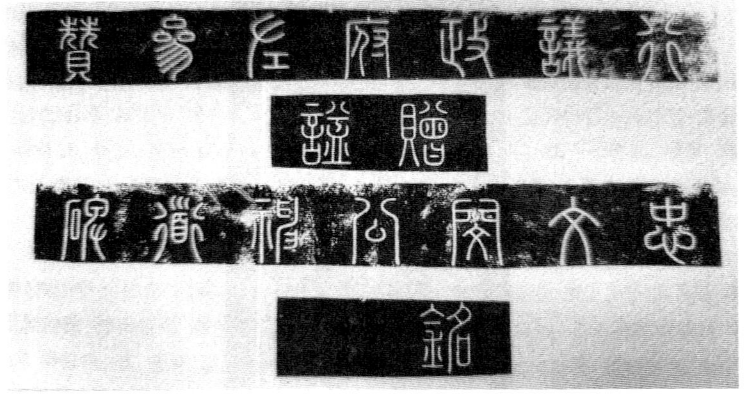

<탁본 4> 민진원의 민진후 신도비 전액

2) 비문

(1) 肅宗明陵表石(陽記)(탁본 5)

숙종명릉표석은 경기도 고양시 덕양구 창릉동 西五陵에 위치한다. 비신은 높이 160cm, 폭 62.5cm, 두께 31.5cm이다. 비문의 陽記는 전서로 「朝鮮國肅宗大王明陵仁顯王后祔左」로 15자이며, 이는 민진원의 글씨이다.[120]

陰記는 양기와는 달리 해서로 쓰여 있으며, 먼저 숙종의 시

119) 이때 민진원의 행적을 보면 8월에 제천 증조부의 묘소에 성묘한 후, 충주 루암에 들려 정호를 예방한 후, 9월초에 청주 화양동에 도착하여 만동묘의 秋享에 헌관으로 참여하고, 다시 회덕 宋村으로 가서 同春舊堂에 유숙하고, 진잠으로 가서 외조부 송준길의 묘소에 성묘하였다. 그 후 대전 虎洞 先墓에 제사하고, 10월에 대전 三政洞 先墓의 歲祭에 참여한 후 단암으로 돌아왔다고 한다(『단암선생년보』 권9).

120) 경종 즉위년 9월에 민진원은 숙종의 明陵表石篆文書寫官이 되었다. 또 민진원은 숙종이 승하하자 殯殿都監堂上이 되어, 沐浴, 襲, 大殮, 小殮, 奉下梓宮 때 입참하였고, 梓宮結裹 때도 입참하였다(『단암선생년보』 권4).

<탁본 5> 민진원의 숙종 명릉표석(양기)

호를 쓰고, 숙종이 현종 2년 8월 15일에 탄생하여, 숙종 46년 6월 8일에 승하하고, 동년 10월 21일에 장사하였으며, 재위는 46년이고, 수는 60세라고 하였다. 또 계비 인현왕후 민씨는 현종 8년 4월 23일에 탄생하여 숙종 7년에 왕비로 책봉되고, 숙종 27년 8월 14일에 승하하여 동년 12월 9일에 장사하니 수는 35세라고 하였다.[121]

(2) 松潭書院碑(탁본 6)

송담서원비[122]는 강원도 강릉시 구정면 안별리에 위치한다. 비신은 높이 213cm, 폭 91.5cm, 두께 25cm이고, 자경 4~5cm이다.

비문을 통해서 보면 정호가 비문을 찬한 연대는 영조 2년인 병오년이라는 것을 알 수 있고, 그의 관직은 영의정이었다. 비문은 민진원이 썼고, 그의 관직은 대광보국숭록대부 행판중추부사 치사봉조하라고 하였다. 그러나 입비년대에 대한 표시는 없다. 전술한대로 민진원은 영조 9년 1월에 이광좌와 함

121) 趙東元, 『韓國金石文大系』 권5, 472~473쪽.

122) 奎章閣(奎15196)에는 탁본 크기 44.2×25.4cm로, 1帖(13折 25면)으로 된 송담서원비의 탁본이 있다. 關東大學校博物館 所藏 「松潭書院碑拓本」.

께 치사봉조하가 되었다.[123] 이로써 보면 비문을 쓴 상한년대는 1733년 1월이 되고, 하한은 그의 사망연대가 된다. 그러나 송담서원비의 입비년대가 영조 12년이라고 전하여 오기 때문에,[124] 비문도 이해에 쓰여 진 것이 아닌가 싶다. 입비년대인 영조 12년에는 공교롭게도 10월 15일에 정호가 89세로 사망하고,[125] 이어 11월 27일에는 민진원이 73세로 사망하였다.[126] 이처럼 당대

---

123) 민진원은 영조 8년 11월에 사복시도제조에 제수되었다가, 다음해 1월에는 70세로 기로소에 들면서 치사와 사복겸임의 사직소를 올렸으나, 영조는 일단 불허하였다가 이광좌 및 藥房三提調를 입시 시킨 후 치사를 허락하였다. 영조는 호조에 녹봉을 수송할 것을 명하고, 2월에는 입시를 명하여 御製詩文과 교서를 내렸으며, 이에 민진원은 詣闕하여 치사를 허락한데에 대한 사의를 표하고, 또한 御製詩文을 내린데 대한 箋을 올렸다(『단암선생년보』 권9).

124) 『輿地圖書』 江陵府 壇廟條.

125) 『英祖實錄』 권42, 영조 12년 10월 乙亥. 鄭澔卒記. 민진원은 정호의 부음을 듣고 位를 가추고 곡을 하였다고 한다(『단암선생년보』 권10).

126) 『英祖實錄』 권42, 英祖 12년 11월 丁巳. 閔鎭遠卒記. 한성 안국동 민유중의 舊第(후일 感古堂)에서 세상을 떴다. 그는 이해 3월부터 寢疾하자 영조는 여러 차례 어의를 보내 간병을 하게 하고 약을 내렸으며, 부음을 듣자 승지를 보내 致弔하였다(『단암선생년보』 권10). 또 영조 11년 풍창부부인이 입궐할 때에 민진원이 어머니를 모시고 입궐하였는데, 그 자리에서 영조는 민진원이 노쇠한 것을 안타깝게 여겨 家人처럼 자상한 이야기를 주고 받았다고 한다(『英祖實錄』 권42, 英祖 12년 11월 丁巳. 閔鎭遠卒記). 이처럼 영조는 인현왕후의 형제로 하나 남은 민진원에 대한 정이 각별하였다. 한편 민진원은 어머니를 모시고 영조 9년 2월에 이곳 안국동 舊第로 올라와 이곳에서 생을 마친 것이다. 부인은 영조 7년에 이미 세상을 떴으나, 어머니는 영조 17년에 83세로 세상을 떴기 때문에 말년에는 어머니 풍창부부인의 간병을 받았을 것이다. 이처럼 민진원은 성장에서 뿐만 아니라 말년까지 풍창부부인의 보살핌을 받았다. 민진원 또한 평생 어머니에 대한 효성이 지극하였다. 한편 12월에 諸子들이 단암으로 운구하고, 다음 해 2월에 원주 사포 신산의 부인묘와 同岡에 장례하였다. 그 후 영조 26년 9월에 양주 명우리 선산으로 이장을 하였고, 영조 29년 4월는 다시 광주군 경안면 군월산 아래로 이장하였다. 그 후에 다시 여주군 가남면 안금리로 이장하였다. 영조 31년 10월에는 영조는 승지를 보내 치제하였다. 특히 민진원은 묘비에 대해서도 유서를 내려 豊碑를 세우지 말며, 作者에게 請文하지 말고 자제들이 사실을 略記하도록 지시를 하였으므로, 영조 16년에 조카 遇洙가 묘지를 찬하였다(『단암선생년보』 권10). 이처럼 민진원은 전술한 그의 졸기와 같이 일생을 청염하

노론의 거두들이 연이어 세상을 떴다.

<탁본 6> 민진원의 송담서원비

『여지도서』에는 율곡 이이의 위패를 모시는 송담서원(강원 유형문화재 제44호)은 인조 2년에 石川에 창건하고, 효종 3년에 府南 20리 安仁洞으로 이건하여 송담이라하고, 현종 1년에 사액되었다고 하였다.[127] 또 『태학지』 에도 송담서원은 인조 경오에 창건되고 현종 경자에 사액되었으며, 문성공 이이을 獨享한다고 하였고,[128] 『동유서원등록』에도 천계 갑자에 세워지고, 경자에 사액되었으며, 이이을 봉안한다고 하였다.[129] 한편 비문에도 본 서원은 인조 2년에 강릉부 약 10리(현 강능시 구정면 학산리)에 서원을 세워 이이를 봉안하였으며, 동왕 8년 2월 강원감사 尹安性과 강릉부사 李命俊에 의해 추진되던 건축공사가 완료되어 石川書院이라고 이름을 붙였다고 하였다. 또 효종 3년에는 강원감사 金益熙가 영동지방을 巡按하고 廟下에 瞻禮한

게 살다 간 인물이었다.

127) 『輿地圖書』 江陵府 壇廟條.

128) 『太學志』 권14 附編 書院條.

129) 民族文化社, 『書院誌叢書』 1, 1987, 200쪽.

후에 그 屋宇가 廢弛된 것을 보고 章甫들과 더불어 이전할 것을 계획하고, 강능부 남쪽 20리 되는 현재의 위치로 이건하여 송담서원이라고 개명하였다고 하였으며, 현종 원년에 사액되었다고 하였다. 인조반정은 이이의 제자들에 의해 주도되었고, 노론의 중심세력도 이이의 학맥을 이어기 때문에 이처럼 세심한 관심을 보인 것이다.

(3) 閔光時墓碑(탁본 7 · 8)

민광시묘비는 충북 청주시 청원구 내수읍 원통리에 위치한다. 비신은 높이 148cm, 폭 55cm이다. 4면비로 전면 제1면은 2행으로 「通德郎閔公光時之墓恭人安東金氏祔左」라고 되어 있

<탁본 7> 민진원의 민광시 묘비 1 (제1면)

<탁본 8> 민진원의 민광시 묘비 2 (제2면 일부)

다. 자경은 8~13cm이다. 비문은 대제학 이재가 찬하였는데, 자경은 2~3.5cm이다. 글씨는 모두 민진원이 썼다. 그의 관직은 대광보국숭록대부 영중추부사라고 되어 있다. 입비년대는 영조 12년 5월로, 사망하기 6개월 전이다.130)

민광시는 참봉 閔楗의 아들로 자는 益之이며, 통덕랑을 지냈다.131) 竹林影堂七賢의 한 사람이다.

3. 편액

1) 편액 1(탁본 9)

愛蓮堂記後跋
箕城邑志 載我先祖立巖公所製 愛蓮堂記 盖公於嘉靖壬寅爲觀察使時 創構是堂 堂之勝記中具焉 二百年間 屢經兵燹 當時歌舞之地 鞠爲茂草 昔歲己酉 先君子文貞公 繼按藩節 不肖以童子 來遊則堂之廢已久矣 癸巳不肖忝繩遺武 猥膺重寄 旬宣之暇 徧尋舊迹 所謂補軍庫之北 有廢池中有小島 甚荒穢 因是島而窮焉 庫卽古之風月樓 而堂與池之基 俱可辨識 凌虛橋柱木 亦有一二存者 撫古興愴 亟圖所以新之 而顧以修城之役 未遑焉 乙未季春 乃克經始 浚拓舊池 深可三丈 四面築以石 被之芙蕖 繚以粉墻 卽島上起三間屋子 而若橋若門 悉如古制 池岸有一石嵌空 隱隱有舟痕 又造彩舠而維之 越三朔而工告訖 新甍翼然 丹雘輝暎 綠水朱華 亭亭可玩 特地蕭爽 江山動色 暇日芳筵 一觴一咏 宛然嘉靖間太平氣象 而城中舊無水 此池足爲緩急之備 則豈直爲觀美哉 記文逸於遺集 遂就邑志所載 鏤板而揭于楣 文字雖間有魚魯 而不敢妄有變動者 取傳信傳疑之義也 噫 三世仗節 私門之至榮 而地之顯晦 堂之興廢 似若有待而然者 如不肖雖不克自盡堂構之責 因斯役而得以托名於遺文之後 豈不奇且幸也哉 輒敢略序顚末 以寓羹墻之慕云爾
嘉靖壬寅後 百七十有四年乙未季夏 六代孫觀察使兼府尹鎭遠謹跋

애련당에 걸려 있던 민진원의 「愛蓮堂記後跋」의 편액은 자경이 1.5~3cm정도이다.

---

130) 탁본은 청주대학교 박물관 박상일선생에 의해 작성되었다.
131) 민광시는 민진원의 할아버지인 민광훈과는 10촌간이다.

평양성 대동문 안쪽에 있었던 애련당은 중종 37년에 평안도 관찰사 겸부윤으로 있던 민진원의 6대조인 민제인의 『愛蓮堂記』에 의하면 風月樓 북쪽에 蓮池(사방 약 20보)가 있었고, 가운데에 섬이 있었는데 둘레가 130여 척이고, 높이는 數丈이라고 하였다. 애련당은 섬 위에 있었으며, 凌虛橋를 통해 애련당과 출입하였다고 하였다. 민진원의 요청을 받은 서윤 이원손이 이해 6월초에 공사를 시작하여 한 달여 만에 3칸의 애련당을 축조하였으며, 풍월루와 서로 백중의 세를 자랑하였다고 하였다. 민진원의 본 『愛蓮堂記後跋』에 의하면 민진원이 숙종 41년 봄에 舊池를 3丈 깊이로 파내고 4면을 돌로 쌓아 연꽃을 심고, 섬 위에는 三間屋子를 古制와 같이

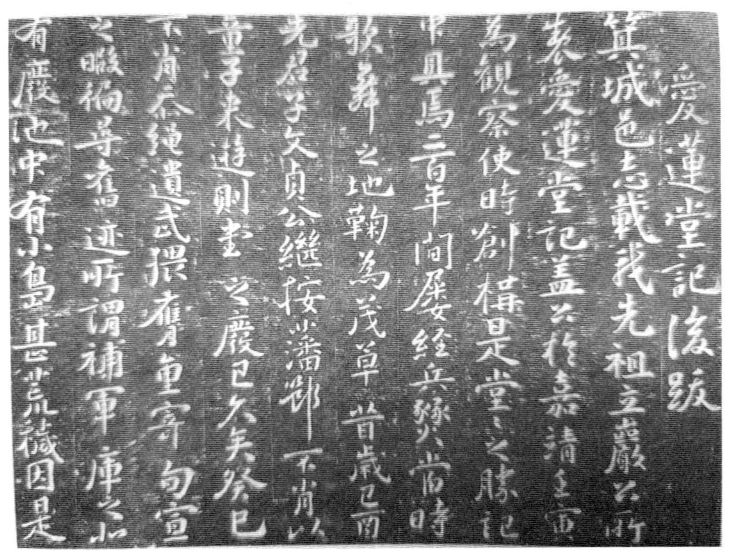

<탁본 9> 민진원의 편액 (1)

세웠는데, 공사는 3개월이 소요되었다고 하였다.[132] 또 민진원의 손자로

132) 『輿地圖書』 平壤府 樓亭條에는 애련당은 가정 임인에 감사 민제인이 刱建하고, 강희 갑오에 감사 민진원이 중수하였으며, 건륭 무인에 감사 민백상

평안도관찰사 겸부윤으로 있던 민백상의 「愛蓮堂重修記」에 의하면 영조 34년 5월에 민백상이 다시 중수하였다고 하였다.

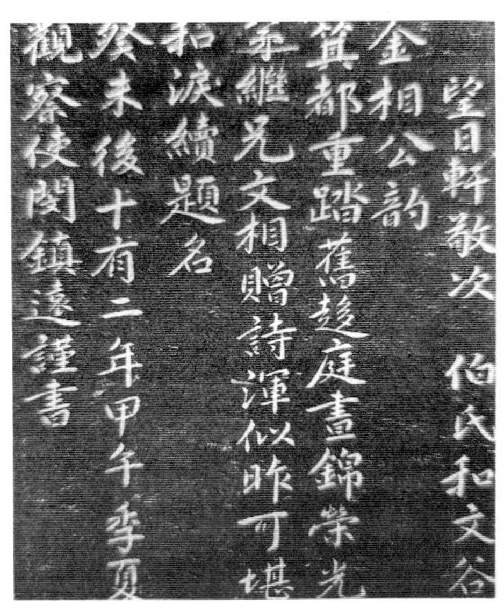

<탁본 10> 민진원의 편액 (2)

그런데 민진원은 숙종 39년 1월에 예조판서, 7월에 평안도관찰사에 제수되어, 8월에 入城하여 肅謝하고, 9월에 어머니를 모시고 평안도관찰사에 부임하였다. 숙종 40년 봄에는 군현을 巡歷하였으며 이어 풍월루를 중수하고, 평양부성의 내성을 수축하였다. 가을에는 양덕현을 巡過하였다. 숙종 41년 6월에 체직되어 동지중추부사에 제수되고, 8월에 대사성이 되었다.[133]

2) 편액 2(탁본 10)

箕都重踏舊趨庭(箕都[134]에 다시 와 보니 옛날 趨庭[135]했던 곳인데)

晝錦榮光弟繼兄(晝錦[136]의 영광을 형제가 이었네)

文相贈詩渾似昨(文相[137]의 贈詩가 흡사 어제와 같으니)

이 다시 중수하였다고 하였다. 이로써 보면 애련당은 민제인이 창건한 이 후 그의 6대손인 민진원과 민진원의 손자인 민백상이 평안도관찰사가 되어 선조의 유적임을 중시하여 대를 이어 중수하여 보존하였음을 알 수가 있다. 한편 육군박물관 소장 「箕城圖」에는 애련당이 종각의 동쪽에 그려져 있다.

133) 『단암선생년보』 권3.

134) 평양을 지칭한다.

135) 아들이 아버지를 모심을 말함이다.

136) 錦衣夜行의 반대되는 말로 부귀도 하고 생색도 냈음을 말함이다.

可堪和淚續題名(어찌 차마 눈물 섞어 가며 題名[138]을 하겠는가)

본 편액은 望日軒에 걸렸던 편액으로, 자경은 2~2.7cm정도이다.

민진원의 형인 민진후가 숙종 29년 6월 하순에 마침 伴送使가 되어 망일헌에 들렀는데, 여기서 김수항이 망일헌[139]에서 지은 시가 편액으로 걸려 있는 것을 보고, 비감한 회포를 말로서 다할 수 없어,[140] 「望日軒志感」이라는 편액을 여기에 걸어 놓았다. 이때 민진후는 눈물을 닦으며 原韻을 次韻하여 이 편액을 썼다고 하였다. 이 「망일헌지감」이라는 편액에는 김수항이 망일헌에서 어린 민진후 형제에게 贈詩한 내력이 자세히 기록되었고,[141] 끝에 화답시를 적어 놓았다. 본 편액은 민진원이 12년 후인 숙종 40년 6월에 형이 지은 시를 차운한 것이다. 이 때의 그의 관직은 평안도관찰사였다. 그 후 영조 33년 5월에 평안도관찰사 겸도순찰사였던 민백상이 또 차운을 하여 편액을 만들어 달았다.

---

137) 文谷宰相의 준말로 김수항을 지칭한다.

138) 이름을 건다는 뜻이다.

139) 大同館 서쪽에는 망월루가 있었다고 하였는데(『新增東國輿地勝覽』 平壤府 樓亭條), 이로써 보면 望日軒도 망월루와 관련이 있었던 건물이 아닌가 싶다.

140) 김수항이 1689년에 진도로 유배되어 사사되었기 때문이다.

141) 전술한 것처럼 민유중이 평안도관찰사 시절에 문곡 金相公이 伴送使로 箕城을 지나갈 때 어린 진후와 진원 형제가 아버지의 명에 따라 망일헌에서 김상공을 進謁하고 당시를 배웠는데, 김상공이 시 일절을 부채에 써서 주었다. 이처럼 민유중가와 김수항은 관계가 특별하였다. 민진원이 평안도관찰사로 있던 숙종 40년에 김수항의 할아버지인 김상헌의 유허비를 의주에 새로 세운 것도 이와 관련이 있다. 이때 옛 유허비가 세월이 오래되어 剝落되자, 민진원이 비문을 지어 本州로 하여금 신비를 새로 세우도록 한 것이다(『단암선생년보』 권3).

3) 편액 3(탁본 11)

亂石巉巖饒棘荊(어지러운 돌 높은 바위 가시나무 많았던 곳)
何年開拓小亭成(어느 해에 개척하여 작은 정자 지었다네)
荒城拱抱孤皐迴(荒城은 팔짱 편듯 孤皐를 둘렀고)
一水縈廻曠野平(물굽이 감돌아 광야를 펼쳤도다)
無限遙岑依舊翠(무한한 먼 산줄기 예전 같이 푸르고)
多情秋月至今明(다정한 가을 달은 지금도 밝다네)
仙區幸復攀先躅(仙區에서 다행히 다시 선조의 자취에 올라)
敬玩楣間澹澹名(敬謹하게 楣間에서 澹澹亭 이름을 완상하네)

본 편액은 담담정에 걸렸던 편액으로, 자경은 2.8~3.5cm정도이다.

평안도관찰사 민제인은 중종 38년 8월 그믐에 「題澹澹亭記」를 지었다. 또 현종 10년 가을에 그의 5대손인 평안도관찰사 겸순찰사였던 민유중이 차운하여 편액을 만들어 걸고, 숙종

<탁본 11> 민진원의 편액 (3)

39년 가을에 평안도관찰사 겸순찰사였던 민진원이 또 차운을 하여 편액을 만들었다. 그 후 영조 34년 3월에 평안도관찰사 겸순찰사였던 민백상이 다시 차운하여 편액을 만들었다.

4) 편액 4(탁본 12)

行盡江邊馬首東(가다가 강변에서 다해 말머리 동으로 돌려)
暮投淸塞郡齋中(저물어서야 淸塞[142]郡 齋中에 들었네)
荒城寒早霜如雪(荒城은 추위가 일러 서리가 흰 눈 내린 듯 하고)
深峽秋晴月滿空(深峽에 가을 하늘 개니 달빛이 虛空에 가득하네)
匣劒頻看心獨壯(甲胄와 칼 자주 대하니 마음 절로 씩씩한데)
籠紗欲和語難工(籠紗에 화답코자하나 말 잘하기 어려워라)
樽前指點香山近(술잔 들고 손들어 가리키니 묘향산이 가까워)
曉角催程客意忽(새벽 나팔 노정을 재촉하니 객의 마음 바빠지네)

본 편액은 熙川東軒에 걸렸던 편액으로,[143] 자경은 2~3cm정도이다.

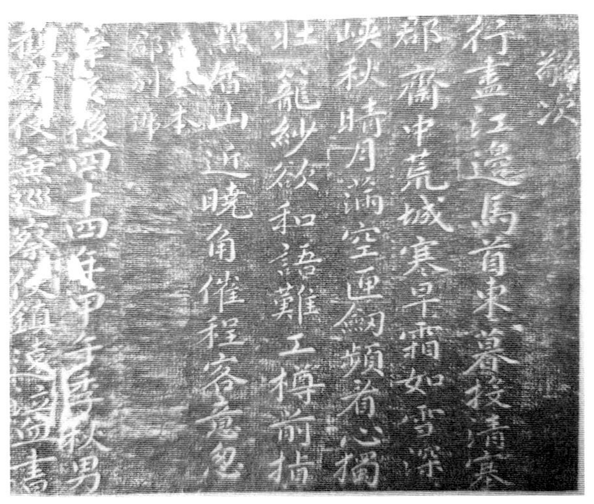

<탁본 12> 민진원의 편액 (4)

민유중은 현종 12년 가을에 민제인이 지은 「次熙川東軒韻」이라는 시를 冒頭에 적고, 이에 대한 자신의 記와 차운한 시를 써서 편액을 만들어 동헌에 걸었다. 아들인 민진원도

142) 淸塞는 희천군의 별호이다(『新增東國輿地勝覽』 熙川郡 郡名).
143) 이상 4점의 편액의 탁본은 『長回子孫』에 수록되어 있다.

이를 보고 숙종 40년 9월에 이에 대한 차운을 편액으로 단들었다. 이때 민진원의 관직은 역시 평안도관찰사 겸순찰사였다.

Ⅲ.글씨의 분석

조선 후기는 성리학의 심층화로 사상과 학문뿐만 아니라 예술 방면에도 영향을 받고 있었다. 이 시기의 문화의 주도계층인 사대부들은 성리학적인 사상을 바탕으로 서화를 이해하고 있었다. 17세기는 동춘당 송준길과 우암 송시열 그리고 미수 허목이 이 시기의 서풍을 주도하였다. 이들의 글씨는 각각 양송체와 미수체로 불리면서, 정치적 · 사상적 · 문학적인 견해 차이처럼 양자 간에 현저한 차이를 드러냈다. 이들의 영향은 대단하여 문인과 지인을 중심으로 확고하게 발전할 수 있었다.

17세기 동춘당과 우암의 글씨는 조선 중기에 성하였던 한석봉체의 영향과 안진경체의 영향을 많이 받았다. 이 두 서체는 당시 노론 계통에서 성행하던 서체였다. 율곡학파로 사계와 신독재의 학문을 계승한 이들은 당시 성행하던 석봉체를 자연스럽게 익히게 되었다. 또 임진 · 병자 양란이후 안진경체가 성하게 된다. 이것은 안진경의 충절과 의리가 당시 雪恥復讐하려는 北伐大義와 부합되었기 때문이었다. 양송체는 이러한 영향을 받고 있다. 한편 주자의 글씨와 書論도 영향을 미치고 있었다. 우암은 주자의 서론을 거의 전적이라 할 만큼 수용하였다. 주자의 서론은 藝德相關論으로 말할 수 있는데, 藝에는 인간의 德性을 반영하고 있다는 사상이다. 양송체에는 이렇게 당시 국내에서 성행하던 석봉체의 영향을 받고, 또한 충절과 의리의 상징인 안진경체 · 주자체 및 서론의 영향을 받고 있었다. 이것은 단순히 서체라는 1차적인 계승이 아니라 내면의 의리를 계승한다는 2차적인 계승을 의미하는 것이다.

양송체를 계승한다는 것은 단지 서체를 쓰는 것에 그치지 않고, 그들의 사상과 학문 그리고 의리정신을 계승하는 것을 의미한다. 이들의 영향을 받은 사람들은 17세기 후반과 18세기 조선서예를 주도하고 있었다. 대표적인 인물로 南九萬, 宋奎濂, 朴泰維, 朴泰輔, 權尙夏, 李宜顯, 宋堯佐, 李縡, 閔遇洙, 宋炳遠, 宋相琦, 金鎭玉, 李柬, 閔鎭遠, 李亮臣, 金鎭商, 閔百男, 洪啓禧, 金默行, 李采, 宋明欽, 宋來熙 등이 있었다.[144] 양송체의 성행으로 18세기에 안진경체가 일시 유행하는 계기가 되어서, 정조가 우암의 묘표와 충무공의 신도비를 안진경 글씨로 集字하도록 명하기도 하였다.

민진원은 그의 가계와 수학과정에서 알 수 있듯이 양송의 영향을 받았다. 그의 글씨는 현재 간찰과 비문과 편액 등으로 다양하게 남아 있는데 이것을 나누어 살피겠다. 먼저 간찰을 보면 〈사진 1〉에 보이는 간찰은 34세의 것으로 필획이 예리하고 날카롭다. 행서와 초서가 섞였으며 간혹 해서의 필획도 보인다. 간찰 하단에 쓰인 여러 글자들의 횡획이 두드러진다. 마지막의 민진원에서 辶의 처리가 눈에 띤다. 〈사진 2〉의 간찰도 36세의 글씨로 앞의 것과 별반 차이가 없을 정도로 비슷하다. 그렇지만 〈사진 3〉(43세)과 〈사진 4〉(45세)의 간찰은 많은 변화가 나타난다. 글자간의 連綿이 많아짐에 따라 전체의 장법의 흐름이 자연스럽다. 필획이 가늘어서 骨氣가 많은 편이며, 운필은 익숙하고 자신감이 나타난다. 〈사진 5〉는 46세의 간찰로 해서와 행서가 섞인 것이다. 단아한 필치는 상대인 김 생원에게 예를 갖추는 겸손함을 보여준다. 그리고 편지 하단에 보이

---

144) 이민식, 「兩宋書派考」, 『兩宋體特別展』 (한신대 박물관 2001) 참조.

는 수결의 모양이 이전과 달라졌음도 주목할 만하다. 〈사진 6〉은 50세의 간찰로 젊었을 때 보이던 예리함과 활달함이 보이지 않으며, 절제되고 가라앉은 점획을 보여준다. 글씨 전체의 기운이 침잠됨을 보여준다. 간찰의 내용으로 볼 때 민진원은 이때 병중으로 추정된다. 〈사진 7〉(64세)은 행초로 쓴 간찰로 노년의 원만하고 익숙한 필치를 보여준다. 글자가 연면하여 필세가 활기차며 운필이 속도가 빠른 것으로 보아 급박함을 보여주며, 또한 간찰 속에는 여러 내용이 간략 간략하게 적혀서 약간 들떠있는 민진원의 심리 상태를 읽을 수 있다. 〈사진 8〉(65세)은 왕세자의 훙서에 대한 애통함이 배어 있는 간찰이다. 행초가 섞인 필체는 64세의 간찰의 활달함과는 다른 가라앉은 느낌이 든다. 글자의 肥瘦가 두드러졌으며, 글자 크기가 전반적으로 안정되어 있다. 비통하고 간절한 심정이 내면적으로 절제되어 있으며, 이것은 단암 글씨가 한층 원숙해진 노년의 경지를 보여주는 것이다. 〈사진 9〉는 69세의 간찰로 노년으로 갈수록 필획이 온화하면서 강해지고, 筆速도 느리고 빠른 遲速의 변화가 적절하여서 자연스럽고 편안하다. 노년의 이러한 글씨들은 兩宋의 영향을 받았지만, 새로운 영역을 보여주는 것들이다.

한편 다행스럽게도 민진원의 도서가 몇 점 남아 있다. 그러나 각각의 인장마다 자형과 布置와 결구가 차이가 나므로 민진원이 직접 새긴 것이 아니라는 판단이 든다. 그렇지만 이 도서들은 17세기와 18세기의 篆刻史를 논하거나 전서를 이해하는데 주요한 자료가 될 것이다. 민진원의 비문은 크게 전액과 본문 글씨의 행서로 구분된다. 먼저 전액은 당대 李陽氷(722~785?)의 小篆風으로 보인다. 이양빙의 소전은 李斯 이후 최고로 평가를 받으며, 이사와 병칭하여 斯冰 혹은 二李라 부르기도 하였다. 이양빙 전서의 풍격을 보면 초기에는 필획이 강건하고 법도가 엄격하다가 후기에는 필획과 결구에 변화가 생기고 부드러워진다. 특히 그의 三墳記는 필획이 강건하고 법도가 엄격하여 그의 작품 중 최고로 일컬어진다. 이러한 그의 전서는 일명 玉箸篆으로 불리며 후대에 많은 영향을 주었다. 〈탁본 1〉은 민진원의 44세 때 쓴 頭篆으로 가늘면서 필획과 결구가 변화가 적고 엄해서 이양빙의 소전과 유사한 풍을 보이고 있다. 57세 작인 〈탁본 2〉의 전서는 점차 필획이 원만하고 약간 풍만해지는 변화가 나타난다. 이러한 변화는 63세 작인 〈탁본 3〉을 보면 肥厚함이 더 심해져서 40대의 강경하고 엄정한 결구와 차이를 보인다. 그러나 69세 작인 〈탁본 4〉를 보면 비후함이 다소 적어지며 원숙해졌지만 필획에서 노년의 흔적을 부분적으로 드러내었다. 그러나 아직 遒勁한 필획과 엄정한 결구 등을 볼 수 있다. 〈탁본 5〉(56세 추정)의 전서는 사가의 비문이 아닌 王家의 비문으로 다른 전서보다 더 엄정하고 절제된 자형과 결구를 보여준다. 그렇지만 근엄함과 형식을 강조하여 생동감이 다소 떨어진다.

다음에 민진원은 많은 비문에서 행서를 남기고 있다. 〈탁본 6〉(73세 추정)의 「송담서원비」를 보면 민진원은 노년 글씨도 매우 뛰어남을 보여준다. 이 비문의 글씨는 마치 동춘당의 노년 글씨와 서풍이 흡사하여 그 영향을 받았음을 알 수 있다. 부분적으로 안진경 필의와 조맹부 필의도 살필 수 있지만 미미한 편이다. 글씨는 필획이 부드러우면서 潤厚한 편이며, 전체적으로 근골이 조화된 운필을 하여 筆韻이 뛰어나다. 해서에 가까운 행서가 많아 字形의 결구가 안정되고 필획이 온후하고 원만하다. 필획의 흐름이 자연스러우며, 字間은 筆斷意連의 흐름과 호응을 볼 수 있다. 18세기 서예의 흐름을 고찰하는데 중요한 글씨라고 판단된다.

〈탁본 7 · 8〉의 「민광시묘비」은 민진원이 세상을 뜨기 6개월 전의 글씨로, 전면 大字는 글자의 결구가 안정되었고, 운필을 工巧하게 하고자 하여 전체적으로 단아한 筆意를 보여주고 있다. 그렇지만 필획이 가늘어 전체적으로 필세가 약한 느낌을 준다. 후면의 글씨는 필획이 단아하며, 자의 결구가 엄정하다. 그렇지만 字密行疎하게 처리하여 행간이 넉넉하고 여유가 있으며, 글쓴이의 여유를 살필 수 있다.

편액의 글씨를 보면 〈탁본 9〉는 1715년에 쓴 것으로 운필이 온아하며 유려하다. 그러나 字間이 너무 密하여 운치가 감소하였다. 글자 중 변화를 주어 시각적인 재미를 주었으니 예를 들면, 二百은 二가 三처럼 보이고, 不은 첫 획은 길게 하고, 나머지는 모두 작게 처리하여 시각적인 대비 효과를 보여주었고, 童과 重자는 첫 획과 두 번째 획을 연결하여 처리한 점 등이 두드러진다.

〈탁본 10〉은 1714년 작으로 자의 결구가 면밀하고, 遒勁하며 靜中動의 筆韻이 있다. 전반적으로 단아하면서 차분한 운필이 돋보인다.

〈탁본 11〉는 1713년 작으로 자간과 행간을 약간 密하게 처리하였지만, 매 글자의 필획을 활달하고 유려하게 썼다. 결구를 엄히 하면서 운필을 자신 있게 하여 飄逸한 기상을 볼 수 있다. 선조의 글씨를 다시 대하는 기쁨이 서려있는 듯하다.

〈탁본12〉는 1714년 작으로 전체적으로 해서 필의로 차분히 썼다. 원만하면서 단아하고 또한 굳센 기상이 있어서 사대부의 내면세계를 보여주는 글씨라 하겠다.

맺음말

이상으로 민진원의 글씨를 여러 자료를 통해 살펴보았다. 민진원은 조선후기 여흥 민씨 명문가의 후예로 정치적으로, 학문적으로 조선후기 문화를 주도하였던 중심적인 인물의 하나였다. 그는 송시열의 제자로서 정치적 · 학문적 성향에서 궤를 같이하였으며, 후에는 노론의 영수로서 정치적 역할을 하였다. 또한 민진원은 학문적 업적이 많았으며, 문장에도 능하여 많은 저술을 남겼다.

민진원의 글씨는 17세기 조선 서예를 이끌었던 동춘당 송준길과 우암 송시열의 서풍을 계승하였다. 그는 많은 비문과 편액, 첩 등을 남겼다. 이 자료들을 고찰해볼 때 민진원의 글씨는 각 서체별 다양성을 볼 수 있었다. 먼저 그의 전서를 살펴보면 小篆風으로 40 · 50대에는 필획이 가늘고 청경하면서 단아하여 매우 뛰어난 전서를 남겼다. 50대 중반의 전서는 매우 엄정함을 보여주는 작품도 나타났다. 이후 50대 후반과 60대 초반의 글씨를 살펴보면, 점차 비후해지고 원만해지며, 60대 후반의 글씨는 원숙해지지만 老筆 현상이 나타난다. 그의 전서에는 사대부로서 민진원의 절제되고 엄격한 정신을 보여주고 있으며, 조선후기 전서 연구에 중요한 의미를 가진다고 본다.

다음에 민진원은 많은 간찰을 비롯하여 비문과 편액을 남겼는데 대부분 행서로 썼다. 먼저 간찰을 보면, 민진원은 40대의 예리함에서 60대의 원만함으로 전반적인 서풍의 변화를 보여주었다. 그의 다양한 간찰에는 많은 운필의 변화가 나타나는데, 이를 통해서 그의 절제된 내면 정신과 즐거움과 비통함 등 사대부로서의 고민과 희노애락 등 성정의 변화를 읽을 수 있었다. 다음에 비문과 편액에 쓰인 행서를 보면 민진원의 서예는 전반적으로 양송의 영향을 받았는데 특히 외조부인 동춘당의 영향을 많이 받았고, 부분적으로 안진경과 조맹부의 筆意도 있었음을 살필 수 있었다. 그는 해서가 섞인 행서를 즐겨 썼으며, 전반적으로 부드러우면서 안정된 결구를 보여주었다. 특히 근골의 조화를 잘 이루어 민진원의 정신과 조화를 잘 이루고 있다고 본다. 그의 행서는 40대보다 이후의 만년이나 노년에 더 원숙하며 뛰어나다. 특히 노년에 쓴 「송담서원비」를 보면 근골의 조화를 잘 이룬 안정된 결구와 원만한 장법은 이제 민진원 자신의 서예 세계를 이루고 있음을 보여준다. 이 비문은 노년의 원숙한 학문과 정신을 글씨에 반영하여 선비의 고아한 筆韻을 보여주어, 그의 心書一致의 서예를 보여주는 대표적인 작품이라 할 수 있다.

따라서 민진원의 글씨는 전서와 행서에서 높은 성취도를 보여주었으며, 조선후기 사대부의 서예에 대한 성리학적 심미의식을 살필 수 있어서, 18세기 서예를 고찰하는데 중요한 의미를 갖는다고 판단된다.

제3장 민규호의 연구

머 리 말

본고는 민진원의 후손으로 명문가에서 출생하여 드 살 때 아버지를 여의고, 어머니 슬하에서 가난으로 온갖 고생을 다하다가 20대 전반에 문과에 급제하여 金逌根[1]과 같은 권력을 갖고, 秋

1) 김유근은 영안부원군 김조순의 아들로 1810년에 식년문과에 급제하여 이조참판, 대사헌, 한성부판윤, 예조판서, 병조판서, 판돈영부사를 역임하였다. 특히 글씨, 그림, 시에 모두 뛰어났다. 한편 1840년 제주로 유배되기 직전 죽음의 문턱에 들어서 있던 추사를 구해줄 친구로는 오직 안동 김씨의 실세였던 김유근이 있었을 뿐이었으나, 당시 그는 중풍에 걸려 4년째 와병중인데다 失語症을 앓고 있어 아무런 도움이 되지 못하였다(유홍준, 『완당평전』 1, 학고재, 2002, 327쪽).

史와 같은 훌륭한 글씨를 쓰겠다는 포부로 黃史[2]라는 호를 지을 정도로 유난히 집착력과 자존심이 강했던 閔奎鎬(1836~1878)라는 인물의 생애와 서예세계를 살펴보려고 마련한 것이다.

민규호는 남다른 독특한 성품 때문에 서예작품을 세상에 거의 남기지 않았다. 현재 전하는 것은 몇 점에 불과하다. 이 때문에 스승인 추사로부터 각별한 사랑을 받았지만, 현재는 서예사에서 크게 주목을 받지 못하고 있는 실정이다.

여기서는 그의 종손가에 전해진 작품을 중심으로 살펴보려고 한다. 이러한 작은 노력이 그의 서예세계를 이해하는데 조금이라도 도움이 되었으면 한다.

Ⅰ. 생애

1. 생애

1) 성장과정

민규호는 자는 景圓 또는 景有이며, 호는 黃史, 賜號는 芝堂이다. 헌종 2년 8월 2일에 漢城 貞洞에서 閔致五의 둘째 아들로 태어났다.

민규호의 5대조는 영조 때 좌의정을 지낸 노론의 영수인 민진원이었고, 고조는 문과에 급제하여 광주부윤을 지낸 通洙이며, 증조는 문과에 급제하여 예조판서를 지낸 百興이다. 조부는 相燮으로 좌찬성에 증직되었고, 致三과 致五 두 아들을 두었다. 장남인 치삼은 민진원의 종손가로 출계하여 우의정을 지낸 百祥의 손자가 되었다. 그는 대광보국숭록대부 영의정에 추증되었

---

2) 민규호는 세력가인 黃山 김유근과 명필인 추사를 사모하여 自號를 黃史라고 하였는데, 이는 권력을 황산처럼 갖고 싶어 하고, 필력을 추사처럼 갖고 싶어 했기 때문이라고 한다(黃玹 著, 金濬 譯, 『梅泉野錄』, 教文社, 1994, 63쪽).

다. 치오는 대제학과 좌찬성을 지낸 여은부원군 閔台鎬와 민규호를 두었는데, 태호는 백부인 치삼에게 출계하였다. 치오도 대광보국숭록대부 영의정에 추증되었다.

후손들의 증언으로는 치삼와 치오의 가족은 함께 살았는데, 헌종 3년에 전염병으로 광주 남한산성 기슭 산 속으로 피신을 하였다가, 치삼은 2월 20일에, 치오는 3월 7일에 전염병으로 연이어 사망하였다고 한다. 이들 형제의 묘는 광주 경안 송정리 선영에 함께 나란히 있었는데, 전염병으로 사망하여 급히 묻는 바람에 후손들도 치삼과 치오의 묘를 정확하게 구별하지 못하였다고 한다.[3] 이때 태호는 4살, 규호는 2살이었다. 이 대문에 민규호는 젊었을 때 집안이 매우 가난하여 형과 함께 조석으로 시장에서 콩죽을 사서 형제가 같이 먹고살았다고 전한다.[4] 현재 후손가에는 어려서 너무 가난하여 도깨비가 음식을 날라다 주어 살았다는 이야기가 전해지고 있다. 또 후손가에는 이러한 가난 때문에 민규호 형제는 종이가 없어 감잎에다 글씨를 연습하였다고 전하여 온다.

한편 민규호는 정통 유학이면서도 현실 참여적이고, 실학적 측면이 있었던 兪莘煥[5]에게서 학문을 배웠다. 당시의 선비 중에서 德業 · 行誼 · 文學으로 칭송되던 사람들은 유신환의 문하가 많았다. 즉 閔台鎬 · 閔泳穆 · 金允植 · 金晩植 · 金光植 · 韓章錫 · 尹秉鼎 · 尹秉益 · 徐應淳 · 朴洪壽 · 李應辰 · 金洛鉉 · 尹

3) 해방 후 묘소가 있던 산이 타인의 손으로 넘어가자 화장을 하였다고 한다.

4) 黃玹 著, 金濬 譯, 앞의 책, 62쪽. 그러나 『매천야록』에 그의 부친이 사망하였을 때 가난하여 관이 없어 짚자리로 말아 出喪하였다고 한 것은 사실과 다르며, 전염병으로 사망하였기 때문이라고 한다(후손들의 증언). 그들의 가난은 어린 아이들을 남겨두고 아버지가 전염병으로 갑자기 사망하였기 때문이었다.

5) 유신환는 『효경』, 『소학』, 經史, 子集에 통달하고, 율역, 산수에도 정통하였다. 禮는 洪奭周, 學은 吳熙常에게서 배웠고, 학문을 강론하고 후진을 교도하였다.

致祖 · 尹致聃 등이 저명하였다.[6] 이처럼 민규호는 두 살 위인 형 민태호[7]와 함께 유신환에게서 학문을 배우고, 또 이들 형제는 추사 김정희에게서 글씨와 학문을 배워 추사의 학통을 이었다.[8]

2) 관직생활

『사마방목』에 따르면 민규호는 23세가 되던 철종 9년에 생원이 되었다고 하였다. 여기에는 그가 京에 거주하며, 慈侍下에 있었고, 급제등위는 3등 81위이었다고 하였다. 『국조문과방목』에는 생원으로 급제한 다음 해인 철종 10년에 증광문과에 급제하였다고 하였다. 이때의 증광별시는 원자 탄생을 축하하는 과거로, 3월 13일에 춘당대에서 거행되었다. 이때 민규호는 병과 13위였고, 장원은 尹泰健이었으며, 병과로 같이 급제한 同年으로는 趙秉世와 鄭範朝 등이 있었다.

민규호는 문과에 급제한 해의 12월에 閣圈에 뽑혀 정범조, 이승순과 함께 규장각대교가 되었다.[9] 철종 12년에는 홍문관응교, 사헌부집의가 되고,[10] 동왕 13년 1월에는 追上尊號都監의 도청으로 시상을 받아 가자되었다. 이때의 그의 관직은 홍문관응교였으며,[11] 이어 안악군수가 되었다.[12] 또 동왕 14년 10월에

---

6) 문인 南廷哲이 지은 「兪莘煥諡狀」(亞細亞文化社, 『兪莘煥全集』, 1983, 615~621쪽).
7) 『사마방목』에 따르면 민태호는 민규호와 같이 철종 9년에 사마시에 급제하였다. 그러나 민태호는 진사로 급제하였다. 『국조문과방목』에서 민태호가 음서로 관관을 거쳐 고종 7년에 문과에 급제한 것으로 되어 있는 것을 보면, 동생인 민규호보다 11년이나 늦게 등과하였음을 알 수가 있다. 『매천야록』에도 민규호는 재간과 문필이 형보다 훌륭하였다고 하였다.
8) 당시에 추사의 사상과 서화론에 공감하는 많은 추종자들이 발생하여 소위 秋史書派를 형성하였다. 이들은 추사의 정신과 서풍을 철저히 계승하고자 하였다. 대표적인 인물로는 權敦仁, 金命喜, 趙斗淳, 趙熙龍, 趙冕鎬, 許維, 申觀浩(申櫶), 李昰應, 方允明, 徐相雨, 閔台鎬, 閔奎鎬, 趙慶鎬 등이 있었다.
9) 『哲宗實錄』 권11, 哲宗 10년 12월 辛丑.
10) 「閔奎鎬年報」(민규호종손가 소장).

는 성균관대사성이 되었다.[13)]

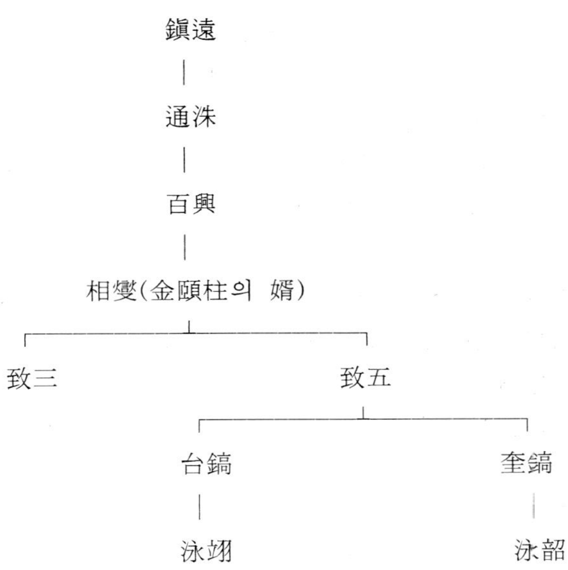

고종이 등극하고 홍선대원군이 정권을 잡자, 고종 2년 1월에 이조참의가 되었다.[14)] 민규호가 이처럼 이조참의로 발탁된 데에는 그가 대원군의 처가의 사람이고, 또 같은 추사의 문인이라는 배경도 고려되었을 것으로 보인다.

동왕 3년 3월에 민치록의 여식이 왕비로 책립되자, 중용되기 시작하여 동왕 4년 8월에는 재차 이조참의가 되고,[15)] 동왕 6년 1월에는 부호군으로 품계가 오르고,[16)] 가선대부가 되었다.[17)] 동

---

11) 『哲宗實錄』 권14, 哲宗 13년 1월 癸巳.
12) 「閔奎鎬年報」.
13) 『哲宗實錄』 권15, 哲宗 14년 10월 乙亥.
14) 『高宗實錄』 高宗 2년 1월 丁巳.
15) 『高宗實錄』 高宗 4년 8월 丁酉.
16) 『高宗實錄』 高宗 6년 1월 戊寅.

왕 7년에는 동경연이 되고, 동왕 9년에는 승정원도승지가 되었다.[18]

동왕 10년 11월에 고종이 친정을 선포하면서 홍선대원군은 하야하고, 명성황후 및 그 일족이 세도를 잡게 되고, 민규호도 12월에 이조참판이 되었다.[19] 즉 대원군이 정권을 잡은 지 10년에 백성들의 원망이 높아지자, 閔升鎬는 정권을 잡으려고 꾀하였고, 명성황후도 궐내에서 후원하고, 諸閔들도 밖에서 도왔으며, 고종 자신도 私親이 오랫동안 정치를 오로지 하는 것을 싫어하게 되었다. 마침 전 승지 최익현이 상소하여 대원군의 잘못을 탄핵하자, 대원군은 노하여 양주 직곡으로 퇴거하고, 국권은 민씨에게 넘어갔다.[20] 하여튼 대원군을 하야시키는데 중요한 역할을 한 것은 민승호, 민규호, 조영하 등이 중심이 된 척족세력이었다. 그러나 아직 정치적 식견이나 경험이 부족한 이들을 배후에서 도운 사람은 대원군의 정적이었던 전 좌의정 李裕元이었다.[21] 민씨 척족들이 국정을 장악하게 되자, 민규호는 민씨 척족의 대표적 정객으로 정권에 깊숙이 참여하게 되었다. 이처럼 민규호는 명성황후의 참모 가운데 한 사람으로, 명성황후의 배후 인물로 암약하던 민승호와 더불어 대원군의 하야에 큰 역할을 하였다. 처음에 민승호와 대원군의 사이가 벌어지는 데는 민규호의 역할이 크다고 하며, 민승호가 권좌에 오른 후에도 민규호는 민승호를 움직여서 많은 영향력을 행사하였다고 한다.[22]

동왕 11년 정월에는 규장각직제학이 되고,[23] 5월에는 다시

---

17) 「閔奎鎬年報」.

18) 「閔奎鎬年報」.

19) 『高宗實錄』 高宗 10년 12월 丙子.

20) 鄭喬, 『大韓季年史』 권1 癸酉.

21) 이유원이 고종의 친정과 동시에 영의정으로 발탁된 것도 이러한 논공이었다고 할 수 있다(宋炳基, 「개항 초기의 조청관계」, 『한국사』 37, 국사편찬위원회, 2000, 268쪽).

22) 黃玹 著, 金濬 譯, 『梅泉野錄』, 62쪽.

이조참판이 되었으며,[24] 10월에는 御眞標題로 자헌대부 예조판서로 特陞하고,[25] 11월에는 의정부우참찬이 되었다.[26] 이때 민규호와 절친하였던 金炳國도 예조판서가 되었다.

그러나 이달 28일에는 민승호가 폭사하는 사건이 발생하였다. 민승호는 어린 아들과 함께 한창부부인에게서 식사를 기다리는데, 어떤 사람이 지방 고을에서 바치는 봉한 물건 비슷한 한 조그만 함을 가지고 와서 안방에 바치게 한 다음 그 사람은 돌아가 버렸다. 민승호가 보기에 그 함이 매우 기묘하여 손으로 자물쇠를 열자 갑자기 굉장한 소리가 나면서 크게 폭발하여 어머니, 아들, 손자 세 사람이 모두 피해를 당하였다. 그런데 그 함이 어디서 온 것인지 조사해내지 못하였다고 한다.[27] 이어 11월 30일에는 고종이 명하기를

> 판서 민승호가 죽은 뒤에 나이 어린 자식이 고아가 되었는데, 그 집의 정상을 말하자니 가슴이 아프다. 두 대에 걸쳐 임금의 장인으로 있는 사람에 대하여 제사를 생각하지 않을 수 없다. 우참찬 민규호를 시켜서 당분간 제사를 대리하게 하라.[28]

고 하였다. 그런데 여기에 민규호가 관여되었다는 이야기도 있으나 확실한 근거가 없다. 고종 조차도 "민승호의 집 일로 말한다면 어찌 이와 같이 참혹한 화가 있을 수 있을 까? 장차 크게 등용하려고 하였는데, 갑자기 이런 화를 당하였으니 조정의 불행이라고 할 수 있다. 이는 하늘 때문인가, 귀신 때문인가, 이치를 알기란 참으로 어려운 노릇이다."[29]라고 술회하였다.

---

23) 『高宗實錄』 高宗 11년 1월 癸未.
24) 『高宗實錄』 高宗 11년 5월 乙卯.
25) 『高宗實錄』 高宗 11년 10월 戊子. 「閔奎鎬年報」.
26) 『高宗實錄』 高宗 11년 11월 丁未.
27) 『高宗實錄』 高宗 11년 11월 丁卯.
28) 『高宗實錄』 高宗 11년 11월 己巳.

그러나 후술할 것처럼 명성황후는 대원군의 소행으로 보았다.

민승호는 친가로는 대원군의 처남이고, 양가로는 명성황후의 오라버니가 된다. 민승호는 민치록의 말년에 입계되어 민유중의 종손이 되었으며, 숙종에게서 민유중이 하사 받은 종가인 感古堂의 주인이 되었다. 그는 명성황후가 왕비로 채택되는데 중요한 역할을 하였으며, 고종과 명성황후의 깊은 신임을 받으면서 권력을 장악하였다. 그는 생질인 고종이 등극하자 동왕 1년에 문과에 급제한 후 10월에 홍문관교리,[30] 다음해에 홍문관응교,[31] 7월에 규장각직각,[32] 동왕 3년 2월에 명성황후의 기례도감 부제조,[33] 8월에 이조참의,[34] 11월에 검교전한을 거쳐 성균관대사성,[35] 12월에 홍문관부제학,[36] 동왕 4년 1월에 호조참판,[37] 3월에 이조참판,[38] 동왕 5년 1월에 규장각부제학,[39] 동왕 9년 2월에 지경연사에서 형조판서,[40] 11월에 수원부유수,[41] 동왕 10년 9월에 병조판서,[42] 동왕 11년 11월 28일에 사망하였다.[43] 그는 사람됨이 정중하고 너그러웠으며, 순박하고 독실하였다고 한다.[44]

---

29) 『高宗實錄』 高宗 11년 12월 乙酉.
30) 『高宗實錄』 高宗 1년 10월 辛卯.
31) 『高宗實錄』 高宗 2년 1월 戊戌.
32) 『高宗實錄』 高宗 2년 7월 癸未.
33) 『高宗實錄』 高宗 3년 2월 乙卯.
34) 『高宗實錄』 高宗 3년 8월 庚寅.
35) 『高宗實錄』 高宗 3년 11월 庚申.
36) 『高宗實錄』 高宗 3년 12월 壬申.
37) 『高宗實錄』 高宗 4년 1월 乙亥.
38) 『高宗實錄』 高宗 4년 3월 戊寅.
39) 『高宗實錄』 高宗 5년 1월 戊午.
40) 『高宗實錄』 高宗 9년 2월 戊辰.
41) 『高宗實錄』 高宗 9년 11월 丁酉.
42) 『高宗實錄』 高宗 10년 9월 乙卯.
43) 『高宗實錄』 高宗 11년 11월 丁卯.
44) 『高宗實錄』 高宗 11년 11월 丁卯. 그는 글씨도 잘 써서 上號都監의 제의에 따라 왕비의 玉冊文 書寫官이 되기도 하였다(『高宗實錄』 高宗 9년 12월 乙亥).

어떻든 민규호는 민승호를 이어 실권을 장악하였다. 민규호는 글도 잘하고, 지혜도 넉넉하였으며, 고종과 명성황후의 눈치를 잘 살펴 교묘하게 뜻을 잘 받들었으므로 兩殿은 항상 그를 의지하였다고 한다.[45] 이에 따라 동왕 12년 1월에는 홍문관제학이 되고,[46] 2월에는 어영대장,[47] 3월에는 한성부판윤이 되었다가 곧 규장각제학이 되고,[48] 4월에는 판의금부사,[49] 지훈련,[50] 7월에는 좌부빈객이 되었다가,[51] 곧 우빈객이 되고,[52] 8월에는 이조판서가 되었다.[53] 그는 대교를 노론만 임용하고 2년 동안 소론에게는 대교를 임명하지 않았다는 것을 보면,[54] 대대로 노론의 핵심적인 가문에서 태어난 만큼 역시 노론을 중시하였음을 알 수가 있다. 이는 노론을 중시하고 峻論을 제기하는 소론과 남인을 멀리한 고종이나 명성황후의 뜻과 부합되는 것이었다. 민규호는 왕실비용의 부족을 매관매직으로 메우려는 왕실의 의도에 대해 近民官의 관직을 팔 수는 없다고 판단하고 이를 저지하려고 하였고, 결국 돈으로 관직을 받은 사람들이 백성들에게 착취를 하여 백성들이 더욱 궁핍하게 되는 것을 보고 후회하였다고 한다.[55] 또 그는 이때 무위도통사를 겸직함으로써,[56] 인사권과 武衛所[57]의 군권을 장악하였다. 하여튼 민규호

45) 黃玹 著, 金濬 譯, 『梅泉野錄』, 95쪽.
46) 『高宗實錄』 高宗 12년 1월 辛卯.
47) 『高宗實錄』 高宗 12년 2월 壬午.
48) 『高宗實錄』 高宗 12년 3월 己亥.
49) 『高宗實錄』 高宗 12년 4월 乙酉.
50) 「閔奎鎬年報」.
51) 『高宗實錄』 高宗 12년 7월 戊午.
52) 『高宗實錄』 高宗 12년 7월 壬戌.
53) 『高宗實錄』 高宗 12년 8월 丁卯.
54) 黃玹 著, 金濬 譯, 『梅泉野錄』, 96쪽.
55) 黃玹 著, 金濬 譯, 위의 책, 63쪽.
56) 『高宗實錄』 高宗 12년 8월 庚午.
57) 헌종 11년에 궐내에 武衛所를 설치하고, 훈련도감, 금위영, 어영청, 총융청 四營의 驍健한 병졸을 선발하여 충원하고, 급료도 후하게 주었기 때문에 각

의 시대에는 그의 인척과 옛 친구들이 재물을 탐하고 교활하여, 沈履澤, 趙秉式 등이 권좌에 오른 후로는 착취하는 기풍이 날로 심하여 대원군 때와는 완연히 다른 시대 같았다고 한다.[58]

한편 민규호가 세도를 잡던 1870년대의 대외정세는 조선에 대한 일본의 위협이 증대되고,[59] 여기에 러시아의 남하에 따른 불안이 곁들여 불안감이 한층 더 고조되던 때였다. 이러한 때에 민규호는 박규수와 더불어 고종 13년 2월 일본과 조일수호조규(병자수호조약, 강화도조약)을 체결하는데 중요한 역할을 한 것으로 알려져 있다.[60] 이에 대해 좀 더 살펴볼 필요가 있다. 고종 9년에 書契問題로 일본 명치정부의 국교요청이 대원군에 의하여 국서수리거부정책으로 나타나자, 민승호는 이에 반대하여 국서를 거절함으로써 일본의 분노를 사게 된다면 반드시 후환

영의 병졸들이 원망하였다고 한다(鄭喬, 『大韓季年史』 卷一 甲戌). 이때 설치한 무위소는 궁궐의 숙위를 위하여 설치하였고, 都統使가 숙위군을 지휘하였다. 고종 18년에는 훈련도감, 용호영, 호위청을 합하고, 무위소를 개편하여 무위영을 설치하였다. 고종은 개화의 노선에 따라 정치개혁을 실시하였는데, 고종이 가장 관심을 기울인 것은 군제의 개혁이었다. 즉 이때 구식군대인 5군영을 무위영과 장어영으로 개편 정리하고, 그 장을 대장이라 하고 왕의 친근자로 임명하였다. 그러나 고종 19년에는 趙秉稷에게 전교하기를 무위영을 혁파하고, 종전대로 訓局이라고 칭하도록 하고, 그 나머지의 각 영도 예전대로 회복하도록 하였다(『承政院日記』 高宗 19년 6월 10일). 즉 임오군란 때에 군졸들의 요청으로 대원군에 의해 폐지된 것이다.

58) 黃玹 著, 金濬 譯, 『梅泉野錄』, 63쪽.

59) 일본의 1874년 대만출병, 1879년 2월 유구 병합은 조선에 큰 위협이 되었다. 특히 1874년에 조선정부가 일본과의 관계개선에 나섰던 것은 일본의 대만침공에 관한 소식과 대만사태에 뒤이은 청국의 咨文 때문이었다. 즉 일본정부의 대만침공 같은 중대 사실과 그들의 여세가 우리에게로 전향될 위험성도 다분하다는 정보를 이달 6월 하순에 청국 예부의 자문으로 확인하고 당황하였다. 이에 조선정부는 신임 倭學訓導 玄昔運에게 일본과의 교섭을 지시하였다. 이에 따라 1874년 9월 3일에 현석운과 森山茂는 국교재개 문제에 대해 회담하였다(崔德壽, 「강화도조약과 개항」, 『한국사』 37, 국사편찬위원회), 2000, 230쪽).

60) 黃玹 著, 金濬 譯, 앞의 책, 64쪽.

이 있음은 물론이요, 양국이 상호 제휴하여 문명개화할 수도 있을 것임을 통찰한 나머지 이 뜻을 內奏하고, 李最應과 모의한 다음 朴定陽을 부산에 파견하여 당시의 형세를 관찰하게 하였다. 즉 1895년 6월 일본공사 井上 馨을 접견한 자리에서 명성황후는

> 지금으로부터 二十四 · 五년 전에 귀국정부는 森山茂를 부산에 파견하여 당시의 동래부사 鄭顯德에게 국서의 전달을 요구하였고, 부사는 이를 서울로 전달한 것도 사실인데, 그 당시의 집정 대원군이 척화설을 주장하고, 문체가 상례에 위배된다는 구실 아래 동해부사로 하여금 그 국서를 返却시키도록 하였다.[61] 그러나 동래부사가 그 국서를 자기 수중에 보류하고, 정부에 대해서는 일본사절이 그 문체의 위배에 대한 힐책을 감당 못하여 국서를 철회하고 귀국한 줄로 보고하였으며, 따라서 대원군도 매우 기뻐하였다. 그러나 당시의 민승호는 국서를 거절함으로 일본의 분노를 사게 된다면 반드시 후환이 있음은 물론이요, 양국이 상호 제휴하여 文明開化할 수도 없으리라는 것을 통찰 나더지 이 뜻을

61) 일본은 1868년 1월 3일 왕정복고를 선언하면서, 대마도주 宗義達을 外國事務補로 임명하고 명치유신의 뜻을 조선정부에 통고하게 하였다. 종의달은 1월 23일에 桶口鐵四郎을 大修大差使에 임명하여 부산 초량 왜관에 보내 국서를 전달하였다. 조선정부에서는 국서의 문구 변화와 새로 만든 도서의 문제로 대일강경정책을 강구하여, 동래부사는 1868년 4월 8일에 格外書契를 수리할 수 없다고 국서와 함께 일본 사신을 되돌려 보냈다. 또 1869년 2월에도 동래부사 정현덕은 왕복서계의 문구를 격식에 맞게 개수 한다면 수리하겠지만 그대로는 접수할 수 없다고 하고, 일본의 국서와 差使를 되돌려 보냈다. 국서 수리여부 문제를 1년 동안 교섭하여 보았지만 조선의 강경한 대응조치로 실패하자, 일본은 정부가 직접 나서 대한 외교교섭을 절충하기로 하고, 1870년 1월 佐田素一郎과 森山茂를 대표로 삼아 부산에 파견하였으나 실패하고, 4월에 본국으로 돌아갔다. 이로써 일본 내에서는 征韓論이 대두되었다. 또 10월에는 吉岡弘毅, 森山茂 등을 파견하였으며, 이들은 1871년 5월까지 6개월간 머물면서 서계수리문제로 교섭했지만 회담은 결렬되었다. 또 1872년 7월 14일에도 吉岡弘毅 등은 조선과 더 이상 서계 수리교섭을 할 수 없다고 선언하고 전원 철수하고 말았다. 그 후 일본은 국면전환을 위하여 花房義質을 초량 왜관에 급파하면서 대한교섭의 전권을 부여하기도 하였다(金源模, 「대원군의 대외정책」, 『한국사』 37, 국사편찬위원회, 2000, 204~210쪽).

內奏하고, 대원군의 형 이최응과 모의한 다음 현재의 총리 박정양을 부산에 파견하여 그 형세를 관찰케 한 일까지 있었다.[62] 그러나 대원군이 이 사실을 탐지하자, 그는 민승호 · 이최응 양인을 매국노라 일컬어 죽이고 말았다. 그 후 민규호가 세도로 되자 민승호 양자 昌植[63]과 함께 승호의 유지를 계승하여 일본과 강화하고 개국론을 취택한 것인데, 대원군은 은연 이를 증오하여 임오년의 군란을 선동하고, 나아가 왕궁을 포위하는 동시에 나의 폐위를 도모하며, 민창식 · 민겸호와 기타의 數人을 암살하고, 일본공사를 축출하며 그 공관을 소각하기도 하였다. 이 당시 자신은 변장하여 간신히 충주로 피난한 바, 대원군은 서거라고 일컬어 국상까지 반포하였다. 그러나 민영익 등이 국난을 걱정하고 조영하 등과 모의하여 淸艦의 馬建忠 · 丁汝昌 등에게 대원군 견제책을 밀고 의뢰한 결과 대원군은 드디어 청국으로 拘致되고 자신은 재차 환궁할 수가 있었다.[64]

이처럼 국왕이나 국왕의 친정에 협력하고 있는 척족들은 서계의 수리를 거부함으로써 야기된 고종 9년 이후의 조 · 일 양국 사이의 긴장, 즉 국교 중단사태를 바람직하게 생각하지 않았다. 그리하여 대원군이 취해 온 대일강경정책을 수정하려고 하였다. 일본과 서계 수리문제를 타협함으로써 전통적인 교린관계를 회복 유지하려고 하였던 것이다. 이에 따라 국외정세에 밝은 박규수를 우의정에 임명하였다. 그러나 일본국서의 수리, 즉 대일국교 조정문제는 선뜻 매듭지어지지 않았다. 거기에는 전통적인 배일감정도 작용하였겠지만, 대원군의 위세가 묘당을 지배하여 급격한 대일정책의 수정을 용납하지 않고 있었기 때문이었다. 그리하여 국왕이나 척족들은 청국의 지지를 얻어 묘당의 배

62) 신정권이 1974년에 박정양을 경상좌도 암행어사로 파견한 것은 중앙과 지방에서 대원군의 세력을 약화시키면서, 대외적으로 일본과의 관계개선을 급속히 추진하는데 있었다(崔德壽, 앞의 글, 229~230쪽).

63) 井上 馨의 보고서이기 때문에 작성하는 과정에서 잘못된 것 같다. 민승호의 양자는 민영익이다.

64) 震檀學會, 『韓國史』 現代篇(乙酉文化社), 1963, 560~561쪽.

일론을 깨트릴 것을 고려하게 되었고, 그러한 사명이 세자책봉을 주청하기 위하여 고종 12년 7월에 청국으로 떠난 이유원에게 맡겨졌다. 그는 10월에 북경에 도착하여 세자책봉문제를 매듭짓고, 한편으로 비밀리에 總理衙門의 관원들과 대일국교조정문제를 협의하였다. 귀국하는 길에 直隷 永平府에 들려 知府 游知開와 면담하고, 그를 통해 청국의 외교를 이끌고 있던 북양대신 이홍장에게 書函을 보냈다. 다음날 이홍장은 회함을 보내왔는데, 그는 조 · 일 양국간의 교섭이 어떠한지를 묻고, 또 외교해야한다는 뜻으로 간략하게 언급함으로써 일본과의 국교가 필요하다는 뜻을 밝혔다.65)

한편 주청사로 이유원이 청국으로 떠난 직후인 고종 12년 8월에 운양호사건이 일어났고, 그가 귀국 복명한 것은 일본이 전권을 강화부로 파견한다는 통고를 해오기 직전인 고종 12년 12월 중순이었다. 그리고 얼마 지나지 않아 일본과의 국교가 필요하다는 이홍장의 回函도 도착되었을 것으로 보인다. 이유원의 복명이나 이홍장의 회함은 국왕이나 척족으로 하여금 그들이 추진하고 있는 대일국교 조정방침이 청국의 지지를 받고 있으며, 운양호사건에 따른 일본과의 분규에도 유화적으로 대처해야 한다는 견해를 갖게 하였다.66)

또 고종 13년 1월에는 조 · 일 양국대표가 강화부에서 회담하기 직전에 청국 예부에서 보낸 자문도 도착하였다. 앞서 운양호사건이 일어나자 일본은 森有禮를 주청공사에 임명, 북경으로 파견하였다. 그는 총리아문과 접촉을 갖고 조 · 청간의 이른바 종속관계에 대하여 문의하는 한편, 일본은 조선에 사절을 파견하여 운양호사건을 협의하고 수호조약도 체결할 뜻이 있음을 밝힌 바 있었다. 이에 청국 예부에서는 총리아문과 森有禮 사이

---

65) 宋炳基, 「개항 초기의 조청관계」, 268~269쪽.
66) 宋炳基, 위의 글, 269쪽.

에 왕복한 문서와 이에 대한 총리아문의 견해를 밝힌 상주문 등 일건문서를 조선으로 보내왔던 것이다. 이유원의 복명이나 이홍장의 회함을 통하여 조 · 일국교문제에 관한 청국정부의 분위기를 짐작하고 있었던 국왕이나 척족들은 이 자문을 통하여 일본이 요구하는 바가 수호조약체결에 있으며, 청국은 이 조약의 성립을 희망하고 있다는 것을 어느 정도 확인하게 되었다. 이유원의 복명, 이홍장의 회함과 함께 예부의 자문도 조선이 일본과의 수교문제를 처리하는데 있어 영향을 주었다.

하여튼 마지막 순간에 일본 측의 통상조약체결 요구를 받아드려 개항정책으로의 전환을 전격적으로 결정한 것은 고종을 비롯한 의정부의 핵심 인물들이었다. 즉 영중추부사 이유원, 영의정 이최응, 판중추부사 박규수 등 소수의 개항론자들이 고종의 지지를 바탕으로 결정한 것으로 보인다.[67] 아마도 당시 권력을 쥐고 있던 민규호도 고종과 명성황후의 뜻을 받들어 막후에서 상당한 역할을 한 것으로 짐작된다.[68]

한편 고종 13년 2월의 次對에서 영의정 이최응은 "이조판서 민규호는 자질과 경력이 특출하지 않은 것이 없고, 명망이 높은 만큼 정1품의 품계로 올려야 할 것이다."라고 주청하자, 고종은 이를 윤허하고,[69] 輔國判敦寧府事로 特陞하였다.[70] 그러나 민규호는 어머니 증정경부인 김해 김씨가 7월 12일에 75세로 사망하여 거상 중에 있었기 때문에 관직을 내놓고 직접 정무에는 참여하지 않았다. 이는 이 기간 동안 「閔奎鎬年譜」에

---

67) 崔德壽, 앞의 글, 240~241쪽.

68) 추사의 제자들 중에는 개항과 개화기 때 진보적 지식인으로 활동한 이들이 많은 것으로 알려져 있으며, 이는 진작부터 서양에 대해 눈 떠 있던 추사의 영향이 적지 않았다고 한다(유홍준, 『완당평전』 1, 학고재, 2002, 296쪽). 민규호도 여기에 해당된다고 볼 수가 있다.

69) 『高宗實錄』 高宗 13년 2월 己丑.

70) 「閔奎鎬年報」.

도 공백으로 남아 있고, 후술할 고종의 언급에도 상복기간이기 때문에 경을 부르지 않은 지 두 해가 된다고 한 것이 이를 말해준다.

하여튼 민규호가 거상중이던 1877년에는 조카인 민영익이 문과에 급제하여 새롭게 부상하였다. 『매천야록』에는 "고종과 명성황후가 그를 총애하여 그의 말을 따르지 않는 것이 없었다. 그는 하루에 세 번씩 대궐을 출입하였고, 물러나오면 찾아오는 손님들이 많아 뒤늦게 방문한 사람은 종일 그를 만나지 못하였다. 민규호는 고종을 알현할 때마다, 연소한 사람은 독서와 수양을 하게하고 일찍 벼슬길에 나서서 나랏일을 그르쳐 모든 사람들에게 비난을 받지 않도록 하기를 권유하였다. 민영익은 이 말을 듣고 매우 불쾌하게 생각하여, 민규호가 무슨 일을 상주할 때는 그가 나서서 저지하였으므로 결국 두 사람 사이가 벌어지고 말았다." 71)고 한 것은 전술한 것처럼 사실과 다르다.

그러면 민규호와 그의 조카인 민영익의 관계에 대해 좀 더 살펴보도록 하겠다. 명성황후가 민승호의 후사를 세우려고 閔謙鎬, 閔斗鎬, 閔觀鎬의 아들을 고려하였으나 뜻에 맞는 사람이 없었다. 그러나 명성황후는 민태호의 아들 영익이 영리하고 숙성하여 그를 선택하려고 하였는데, 민태호는 외아들을 줄 마음이 없었으나, 민규호의 "하늘의 뜻을 어찌 어기려고 하십니까? 함께 부귀를 누리는 것만 못할 것입니다."라는 강력한 권유로 결국 허락하였다고 한다.72) 그후 명성황후는 민영익이 출계된 것은 민규호의 뜻으로 이루어진 것으로 생각하고 더욱 신임하였다. 이 때문에 민태호는 述鎬의 아들 泳璘(초명 泳琦)을 繼子로 삼아야만 하였다.

고종 14년 3월에 고종은 근정전으로 나아가 三日製를 진행

71) 黃玹 著, 金濬 譯, 『梅泉野錄』, 93쪽.
72) 黃玹 著, 金濬 譯, 위의 책, 93쪽.

하였는데, 시에서 유학 민영익에게 전시에 곧바로 응시할 자격을 주며, 악공을 하사하였고, 합격자 명단을 발표하는 날 여양부원군 내외의 사당과, 여성부원군 내외의 사당에 승지를 보내어 제사하고, 아울러 민승호의 사당에도 제사를 지내도록 하였다.[73] 이어 4월 9일 정시별시문과에 金炳德(金興根의 아들) 시관 밑에서 閔泳駿 등과 함께 병과로 급제하였다. 이때 나이 18세의 약관이었다. 명성황후는 민영익이 거상중에 있을 때부터 손가락을 꼽아가며 하루가 급하게 그의 급제를 기다리고 있었다고 한다.[74] 민영익은 급제하자 바로 규장각대교가 되고,[75] 다음날에는 한림과 주서가 되고,[76] 12월에는 홍문관전한이 되었다.[77] 동왕 15년 2월에는 산실청도제조이하에게 상을 줄 때 민영익도 별입직으로 품계를 올려 받았고,[78] 5월에는 좌승지,[79] 7월에는 도승지로서 홍문관제학[80]과 부제학을 겸하고, 곧 규장각직제학에 임명되었다.[81] 이어 이조참의가 되고,[82] 8월에는 성균관대사성이 되었다.[83] 동왕 16년 12월 세자의 홍역이 낫자 별입직 민영익도 품계를 올려 받았다.[84] 동왕 17년 1월에는 이조참판이 되고,[85] 12월에는 행호군으로 총리기무아문당상관이 되었다.[86] 이처럼 민영익은 명성황후의 친정 조카로서 파격적인 승

---

73) 『高宗實錄』 高宗 14년 3월 辛酉.
74) 黃玹 著, 金濬 譯, 『梅泉野錄』, 90~91쪽.
75) 『高宗實錄』 高宗 14년 4월 丁未.
76) 『高宗實錄』 高宗 14년 4월 戊申.
77) 『高宗實錄』 高宗 14년 4월 戊申.
78) 『高宗實錄』 高宗 15년 2월 甲辰.
79) 『高宗實錄』 高宗 15년 5월 丁卯.
80) 『高宗實錄』 高宗 15년 7월 己酉.
81) 『高宗實錄』 高宗 15년 7월 戊午.
82) 『高宗實錄』 高宗 15년 7월 丙寅.
83) 『高宗實錄』 高宗 15년 8월 戊子.
84) 『高宗實錄』 高宗 16년 12월 庚申.
85) 『高宗實錄』 高宗 17년 1월 戊寅.
86) 『高宗實錄』 高宗 17년 12월 乙卯.

진을 하였다.

하여튼 민규호는 상복기간이 끝나자 고종 15년 10월에는 예조판서가 되고,[87] 이어 고종은 겸예조판서 민규호를 정승으로 임명할 것을 지시하고, 우의정으로 재가를 내렸다.[88] 이어 고종은 우의정 민규호를 타일러 말하기를

> 경을 부르지 않은 지 두 해가 된다. 상복기간을 마치면 정사에 나오는 것은 예의에 있어서 당연한 것이지만 아직도 경을 보지 못하니 마음은 그리워만 진다. 생각건대 경이 대대로 훌륭한 벼슬을 해온 것이 어떠하며 명분과 의리, 충성과 정직하기를 예로부터 어떠하였는가. 학문이 깊고 재주가 있으며 도량과 덕망으로 하여 세상 사람들이 진심으로 감복한 것은 또한 어떠한가. 왕실을 위하여 훌륭한 업적을 쌓았는데 내가 경을 정승으로 정하지 않으면 누구를 정한단 말인가. 지시가 한 번 내리자 온 나라 사람들이 서로 축하하니 사람들의 심정이 정승을 고르는 데서는 현명하다는 것을 여기에서 알 수 있다. 그러나 지금 백성들과 나라의 일이 마치 수레바퀴의 간살이 끊어질 듯하고, 물서는 배가 강 복판에 있는 것과 같아서 중요한 위치에서 도와주어야 할 책임을 경에게 맡기지 않고 또 누구에게 맡긴단 말인가. 나라와 백성을 위한 견지에서 볼 때 사양할 수 없고, 임금과 신하간의 의리로 놓고 볼 때 저버릴 수 없는 것으로써 선비들의 논의에서드 반드시 딴 말이 없을 것이다. 그러니 지금 경으로서 사양할 수 없고 저버릴 수 없는 것인데, 더욱이 어찌 뭇 사람들의 공론이 아니겠는가. 경은 옛 규례에 구애되지 말고 곧 조정에 나옴으로써 옆자리를 비워놓고 기다리는 나의 기대에 부합되게 할 것이다.[89]

라고 하였다. 『忠獻公集』의 「右議政敦諭後附奏」에는 친상을 마쳤으나, 신병이 심해 나가지 못한다는 사유가 적혀 있다.

---

87) 『高宗實錄』 高宗 15년 10월 丁丑.

88) 『高宗實錄』 高宗 15년 10월 癸未.

89) 『高宗實錄』 高宗 15년 10월 甲辰. 민규호는 사망하기 수일 전에 정승의 직함이나 하나 받고 죽기를 원하였으므로, 즉일 회의를 개최하여 우의정으로 임명하였다고 한다(黃玹 著, 金濬 譯, 『梅泉野錄』, 95~96쪽).

3) 사망

민규호는 우의정이 된지 8일 만인 고종 15년 10월 15일에 43세로 사망하였다.[90] 고종은

> 뜻밖의 병으로 비록 중하게 앓았지만 그래도 만에 하나의 행운을 기대하였는데, 지금 세상을 떠났다는 글을 보니 이루다 슬프고 섭섭함을 금할 수가 없다. 이 대신의 학문과 다스리고 운영하는 것이 심오함은 언제나 변함없는 자태가 있었으니, 실로 온 나라가 기대한 사람이었다. 그러나 근래에 와서 병이 심하게 된 것은 일찍이 몹시 수고하여 몸이 쇠약해졌기 때문에 그렇게 된 것이 아닐 수 없다. 이러한 때에 부르지 않다가 정승으로 위임하였는데, 조정에 나오지 못하고 갑자기 세상을 떠났으니, 내가 지난번에 고심하던 것이 지금은 끝장이 났다. 의젓하고 단정하던 모습과 충성으로 도와주던 재능을 다시 볼 수 없게 되었으니, 거듭 슬퍼하는 마음을 어찌 말로 표현하겠는가. 죽은 우의정의 喪事에는 東園副器 1部를 실어 보내며, 상복을 입는 날에는 승지를 보내어 제사를 지내주되 제문은 내가 직접 짓겠다. 시호를 주는 은전은 봉상시로 하여금 諡號行狀을 기다리지 말고 즉시 거행하게 하고, 녹봉은 3년 동안 실어 보내며, 禮葬 등의 절차는 규례대로 거행할 것이다.[91]

라고 명하였다. 이에 따라 다음달 11월 1일에는 忠獻[92]이라는 시호를 내렸다.[93] 묘소는 경기도 용인시 이동면 시미리 쌍괴

---

90) 민영익의 출현으로 권력이 두 갈래로 나누어지자, 민규호는 분노로 인한 화병이 발생하여 날마다 石膏 두 냥씩을 먹다가 사망하였다고 한다(黃玹 著, 金濬 譯, 『梅泉野錄』, 95쪽). 후술할 그의 간찰 5에서 필력이 있고, 자신의 건강에 대한 언급이 없는 것으로 보면, 삼년상이 끝난 7월까지도 건강이 어느 정도 유지되었던 것으로 보이며, 고종의 말처럼 뜻밖의 병으로 병환이 깊어져 사망한 것으로 보여 진다. 『매천야록』처럼 조카인 민영익이 고종과 명성황후의 총애를 받으며 급부상 하자 지금까지의 민규호의 권력 기반이 흔들리기 시작하고, 이로 인한 권력다툼도 민규호의 건강을 해친 원인 중에 하나가 아니었는지 모르겠다.

91) 『高宗實錄』 高宗 15년 10월 辛卯.

92) 「事君盡節曰忠 響忠納德曰獻」.

정 후록에 있다.94)

하여튼 충성스럽게 보필하던 민규호의 사강은 지금까지 민규호에게 의지하던 고종과 명성황후에게는 오른 팔을 잃은 것과 같은 큰 충격이었을 것이며, 이에 고종은 민규호가 사망한 후 황해도관찰사로 있던 민태호를 불러들여 민규호처럼 의지하였는데, 민태호는 자상하고 근신하여 전제정치는 하지 않았기 때문에 사람들의 칭찬을 들었다고 한다.95)

한편 『매천야록』에는

> 그가 안악군수로 있을 때, 하루는 그의 아내가 細苧布를 사 가지고 왔다. 그는 안방으로 들어간 즉시 그것을 보고 침을 뱉으며 "이 베는 너무 거치니 어찌 命婦의 옷으로 맞겠습니까? 바꿔 오십시오"라고 하였다. 그의 아내는, "당신은 貞洞의 허름한 집에서 콩죽 먹던 기억이 나지 않으세요. 이런 정도면 족한데 어찌 바꿔 오라고 하십니까?"라고 하였다. 민규호는 크게 화를 내며 자기를 모독한 행위라고 말하며 자기 아내를 발로 차고 나가 버렸다. 이때부터 그는 안방을 들어가지 않았으므로 아들이 없었던 것이다.96)

라고 하였다. 이에 대한 사실 여부야 우리로서는 알 수가 없다. 부인인 정경부인 은진 송씨는 참판 宋正熙의 딸로, 명성황후가 민영소에게 보낸 봉서들 속에는 은진 송씨의 안부에 관한 이야기가 여러 곳에서 보인다. 하여튼 민규호는 공조참판을 지낸 閔吉鎬의 둘째 아들 泳韶를 입계하였다. 즉 사망하기 직전에 병세가 매우 위독하게 되자, 민영소를 급히 繼子로 정하게 된 것이다.

---

93) 『高宗實錄』 高宗 15년 11월 丙午.

94) 현재의 묘소는 일제강점기 때 이장된 것으로, 이장할 때 출토된 묘지는 여주의 명성황후기념관에 소장되어 있다.

95) 黃玹 著, 金濬 譯, 『梅泉野錄』, 96쪽.

96) 黃玹 著, 金濬 譯, 위의 책, 62쪽.

민영소는 고종 15년 10월 13일에 인정전에서 秋到記를 진행할 때 유학으로 賦에서 곧바로 전시에 응시할 자격을 얻었는데,97) 이는 민규호가 사망하기 2일전이었다. 『매천야록』에 민규호가 우의정이 되고, 민영소를 후사로 세워 그 다음날 대과에 급제시키자, 대원군은 책상을 치며 “정승을 하고 싶다면 정승을 시키고, 대과가 하고 싶다면 대과를 시키니, 지금이 민규호의 세상인가?”라고 고함을 쳤다고 한다.98) 여기서 대과는 전시에 응시할 자격을 준 것을 의미하는 것 같다. 동왕 18년 3월에는 고종은 庭試에 곧바로 응시하게 된 민영소에게 악공을 하사하고,99) 이어 같은 3월에는 정시별시문과에 병과로 급제하였다.100) 4월에는 규장각대교,101) 5월에는 정자가 되었다.102) 동왕 19년 3월에는 대교로서 세자빈궁에 특별히 입직하고,103) 5월에 한림104)과 주서105)가 되고, 8월에 부교리,106) 12월에는 酌獻禮를 거행할 때 大祝으로 품계를 올려 받았다.107) 동왕 20년 2월에 승정원동부승지,108) 동왕 21년 1월에 이조참의,109) 7월에 성균관 대사성,110) 동왕 23년 1월에 동지경연사,111) 2월에 이조참판,112)

---

97) 『高宗實錄』 高宗 15년 10월 己丑.
98) 黃玹 著, 金濬 譯, 『梅泉野錄』, 95~96쪽.
99) 『高宗實錄』 高宗 18년 3월 丁丑.
100) 『國朝文科榜目』.
101) 『高宗實錄』 高宗 18년 4월 甲辰.
102) 『高宗實錄』 高宗 18년 5월 己卯.
103) 『高宗實錄』 高宗 19년 3월 癸丑.
104) 『高宗實錄』 高宗 19년 5월 己酉.
105) 『高宗實錄』 高宗 19년 5월 甲寅.
106) 『高宗實錄』 高宗 19년 8월 癸酉.
107) 『高宗實錄』 高宗 19년 12월 戊寅.
108) 『高宗實錄』 高宗 20년 2월 己巳.
109) 『高宗實錄』 高宗 21년 1월 乙未.
110) 『高宗實錄』 高宗 21년 7월 辛酉.
111) 『高宗實錄』 高宗 23년 1월 辛酉.
112) 『高宗實錄』 高宗 23년 2월 庚辰.

3월에 홍문관부제학이 되었다.113) 이처럼 그는 아버지 민규호의 후광을 업고, 고종과 명성황후의 두터운 신임을 받으면서 형조판서, 예조판서, 병조판서, 좌참찬, 내무부독판, 학부대신, 궁내부대신, 중추원의장 등 요직을 두루 역임하였다.

2. 성품

민승호는 성품이 유하여 一朝에 국정을 담당하여 기강을 바로 잡지 못하자 하위직 관료들이 그를 두려워하지 않았으나, 민규호는 민승호의 뒤를 이어 엄한 정치를 하였으므로 조야가 다 그를 두려워하였고, 천리 거리에 있는 사람들도 그의 명령을 따랐다고 한다.114)

한편 『매천야록』에는

> 민태호가 해주판관으로 있을 때 曺錫輿는 감사로 있으면서 매우 엄하게 다스렸다. 하루는 공적인 일로 조석여가 민태호를 준절히 질책하자, 민태호는 분에 못 이겨 官舍에 돌아간 후 매우 가슴 아파하였다. 이 때 민규호는 전 승지로서 형의 관아에 머물고 있었다. 그는 팔을 꽉 쥐면서 "저놈이 어찌 감히 이런 행동을……" 하며, 宣化堂으로 가서 "조석여야, 너는 이 세상에 민규호가 있는 줄 모르느냐? 사대부가 비록 음관으로 不遇落拓한 나날을 보내고 있지만, 어찌 너 같은 쥐새끼들에게 발로 채일 물건인 줄 아느냐?"라고 한 후 그의 관을 부수고, 상투를 휘어잡아 땅에 넘어뜨렸다. 그리고 주먹으로 마구 때렸다. 조석여는 어쩔 수 없이 맞고만 있었다. 그 후 그는 수치심에 못 이겨 관직을 버리고 歸鄕하였다.115)

고 하였다. 하여튼 그는 23세에 사마시에 급제하고, 이듬해에 연이어 문과에 급제할 정도로 재주가 있던 인물이었고, 치밀하고 집착력이 있으면서, 강하고 엄한 성격의 인물이었던 것 같

113) 『高宗實錄』 高宗 23년 3월 戊申.
114) 黃玹 著, 金濬 譯, 앞의 책, 52쪽.
115) 黃玹 著, 金濬 譯, 위의 책, 63~64쪽.

다. 고종은 그가 학문이 깊고 재주가 있으며, 도량과 덕망이 있다고 하였다.116)

한편 그가 당대의 名書家임에도 불구하고 작품을 거의 남기지 않았던 것은 그의 성품과도 관련이 있는 것은 아닌가 싶다. 즉 엄한 성격 때문에 다른 사람들도 감히 그에게 작품을 부탁하지를 못하고, 민규호 자신도 쉽게 남에게 글씨를 써 주지 않은 것은 아닌가 싶다. 이는 그의 형인 민태호와는 전혀 다른 점이다. 이밖에 오랜 관직생활과 43세로 일찍 세상을 뜬 점도 한 원인이 될 수가 있겠다.

Ⅱ. 서예

1. 추사

민상섭의 부인인 증정경부인 경주 김씨는 판서 金頤柱의 딸로 민규호의 할머니이며, 추사의 고모가 된다. 민규호가 태어나기 3년 전에 세상을 떴다. 이 때문에 추사댁은 민규호의 진외가이며, 민규호는 추사의 내종질이었다. 민규호는 인물이 빼어나게 아름답고,117) 총명 好學하여 어려서부터 추사의 사랑을 받았다고 전한다.118)

『阮堂先生全集』 卷二 書牘에는 「與閔姪 台鎬」라는 다음과 같은 민태호에게 보낸 답서가 실려 있다.

시골 비 아침에 개이자 北崦에서 온갖 꽃이 다 피어나고, 간밤 비로

---

116) 『高宗實錄』 高宗 15년 10월 甲辰.
117) 이 때문인지 민규호와 김병국은 동성연애를 하였다는 이야기가 있다(黃玹 著, 金濬 譯, 『梅泉野錄』, 62쪽). 김병국이 민규호보다 11살이 위이다.
118) 金正喜 著, 崔完秀 譯, 『秋史集』』(玄岩社), 1976, 10쪽.

옷 적시는 것을 떨쳐내던 것을 생각하며, 해묵은 이끼가 나막신이 붙어 있던 것을 기억하고 있던 때에, 보내온 편지를 보게 되니 더욱 신묘한 생각이 아득히 미치는 것을 이기지 못하겠네. 泛槎圖를 이렇게 빌어 받게 되니 늙은 눈이 도리어 열리는 것 같아서 며칠을 정말 한가롭게 보낼 수 있었네. 「隷韻」[119]은 처음 예서를 배우는 사람이 결코 이로부터 입문할 수 없는 것이네. 반드시 붓이 익숙해지고 세상에서 많이 배운 뒤에 글자가 막힘이 없으면 한 번 열어 보고, 그 잘못된 偏旁을 고치고 보충하지 않을 수 없기는 하지. 이는 책을 읽되 아무 것이나 마구 읽어서는 아니 되는 까닭이니, 「주역」의 卦辭에 대한 기이한 글을 연구하고자 하는데 「河圖」「洛書」의 깊은 의미로 그것을 얻을 수 있겠는가? 내가 가지고 있는 것은 마침 退翁[120]이 가져갔으니 돌려보내는 것을 기다려서 꼭 한 번 보여줌세. 그러나 꼭 이런 뜻을 알고서 이 책을 보아야 하네. 「隷辨」[121]이라는 책은 처음 뜻을 세운 사람을 깨우쳐 지도할 수 있는 것이라서 찾아내려고 하나, 쌓인 책 중에 들어 있는데, 둘째 아우가 마침 병이 나서 마음대로 뽑아낼 수가 없으니 아깝네. 갖추어 쓰지 못하네.[122]

본 답서를 통해 추사와 민규호 형제와의 관계를 어느 정도 이해할 수가 있다. 權敦仁이 1851년 7월에 眞宗祧遷論을 논하다가 付處되고, 추사도 배후 발설자로 함경도 북청으로 유배되었다가, 1852년 8월에 放送되었기 때문에 본 답서가 쓰여진 시기는 1852년 이후로 추사의 말년에 해당된다고 볼 수가 있다. 즉 추사는 8월 13일에 북청에서 解配의 명을 받았는데, 이 소식을 추사에게 제일 먼저 전해준 이는 추사의 문인인 홍선군 이하응이었다. 이에 추사는 북청을 떠나 10월 9일에 아버지 김노경의

119) 남송 劉球의 찬이다.
120) 추사의 평생 동지이며 평생지기인 권돈인은 추사와 함께 유배에서 풀려나 광주의 退村에 새 別墅을 마련하고 만년을 이곳에서 보냈는데, 지금의 번천초등학교가 있는 마을이다. 추사는 권돈인이 이곳에 새 별서를 마련하고 자리 잡은 것을 축하하여 '退村' 이라는 현판 글씨를 써서 보내주었다(유홍준, 『완당평전』 2, 2002, 657~661쪽). 이처럼 여기서 退翁은 권돈인을 지칭한다.
121) 청나라 顧藹吉의 찬이다.
122) 金正喜 著, 崔完秀 譯, 『秋史集』, 334~335쪽.

묘소[123]가 있던 과천 주암동의 瓜地草堂[124]으로 돌아와 71세로 세상을 떠날 때 까지 생의 마지막 4년을 이 곳에서 보냈다. 위 간찰을 통해서 민규호 형제는 과지초당 시절에 추사로부터 예서 공부를 하였던 것을 알 수가 있다.

이에 앞서 추사는 55세 때인 1840년 9월 2일에 반 안동 김씨 연합세력에 대한 안동 김씨의 공격으로 제주로 유배되었다. 9년간의 유배 끝에 조인영과 권돈인의 주선과 신관호(신헌), 허유, 조희룡 등 추사 문인들의 헌종의 측근에서의 움직임과 대왕대비 六旬을 비롯한 六慶이 겹쳐 63세 때인 1848년 12월 6일에 유배에서 풀려났다. 그는 선영이 있던 예산의 鄕邸를 거쳐, 1849년 6월에는 오랜 유배에서 오는 피폐한 집안을 정리하고, 서울 鷺湖[125] 江上에 日休亭을 짓고 새 삶의 터전을 마련하였다. 제주 유배시절 끝 무렵에 月城尉宮은 안동 김씨에게 넘어간 처지였고, 이곳 노호 강상에서의 삶은 무척 어려웠다고 하며, 1851년에 북청으로 다시 유배되기까지 3년간 여기에서 거처하였다. 이 곳은 노량진이 바라다 보이는 용산의 강마을로, 지금의 한강대교가 있는 노량진 건너편 강북 쪽이다. 추사는 이 시기에 많은 명작을 남겼으며, 추사체다운 본격적인 작품이 구사된 것도 이때부터여서, 추사의 예술세계에서 중요한 의미를 갖는 시기로 지적되고 있다. 즉 글씨 중 최고 명작의 하나로 꼽히는 「殘書頑石樓」, 거의 神品의 경지로 말해지는 「不二禪蘭」

---

123) 1837년 김노경이 72세로 세상을 떠났을 때 추사는 선친의 묘소를 과지초당 뒤산(청계산 옥녀봉 중턱)에 마련하고 廬幕에서 3년 상을 치뤘다. 김노경의 무덤은 1970년대 초에 緬禮되었다고 한다(유홍준, 『완당평전』 2, 654~657쪽).

124) 과천 경마장 뒷쪽에 있었다. 1824년에 김노경은 이곳에 야산과 밭을 구입하여 瓜地草堂이란 초당을 짓고, 瓜地草堂, 春秋休沐이라 편액을 하였다고 한다(유홍준, 『완당평전』 2, 649~651쪽).

125) 鷺湖는 마포 西江의 西湖, 옥수동 豆毛津의 東湖와 함께 三湖로 불리는 龍湖를 말한다.

등이 모두 이 시절의 소산이다.[126]

하여튼 추사가 제주로 유배될 때 민규호는 5세였고, 유배에서 풀려나 귀경할 때가 14세였다. 이로써 보면 민규호 형제가 추사로부터 본격적으로 학문과 서예를 배운 것은 10대 후반에서 20대 초였다.[127] 이 시기는 추사가 용산과 과천에 거주하던 시기였다. 이때 민규호 형제는 과거준비에 열중할 때였을 것으로 보인다. 그러나 애석하게도 추사는 민규호가 登科하는 것을 보지 못한 채 3년 전에 세상을 뜨고 말았다. 한편 후술할 간찰들을 보면 민규호가 추사체에 매진한 것은 30~40대가 아닌가 추측된다.

민규호는 고종 5년에 같은 추사의 문하인 南秉吉[128]과 함께 격식을 갖춘 최초의 문집인 『阮堂先生集』 5권 5책을 晩香齋(南秉吉의 書齋) 活字板으로 간행하였다. 이때 민규호의 관직은 이조참의였으며, 여기서 민규호는 스승의 「阮堂金公小傳」을 지었다. 민규호는 1868년 가을에 쓴 본 「阮堂金公小傳」에서 추사에 대해

> 公의 성품은 효성스럽고 우애로웠으며, 널리 많은 책을 읽고 통달하였었다.… 또 공은 심히 맑고 부드럽게 생겼었으며, 성품도 안존하고 온화한 위에 사람들과 이야기하면 나긋나긋하여 도두 즐거워하였다. 그러나 의리를 따질 때가 되면 議論이 벼락 칼끝 같아서 사람들은 모두

---

126) 유홍준, 『완당평전』 2, 527~537쪽.

127) 민규호가 서예를 익히던 19세기 중엽은 자하 申緯, 창암 李三晩, 눌인 曺匡振으로 대표할 수 있는 19세기 초반의 서풍을 秋史書風으로 전환하던 시기였다. 추사는 전통서예의 끝맺음이며, 또한 한국 근대서예의 先河를 열었다고 할 수가 있다.

128) 南秉吉은 호가 留齋로 후에 相吉로 改名하였다. 그는 추사의 양반출신 문인으로 벼슬은 이조참판에 이르렀다. 추사가 제주에서 그를 위해 써준 留齋라는 현판은 유명하다. 그는 추사가 세상을 떠나자 스승의 유고를 모아 12년만에 『阮堂尺牘』과 『覃揅齋詩藁』를 펴내어 『阮堂先生全集』이 나올 수 있는 기틀을 마련하였다(유홍준, 『완당평전』 2, 434~435쪽).

춥지 않아도 떨었다. 겨우 20여 세에 여러 방면의 책들을 꿰뚫어 읽어서 넓고 깊기가 강이나 바다에 근원을 둔 것처럼 헤아릴 수 없었다. 오로지 마음으로 힘써 공부한 것은 十三經인데, 특히 『역경』에 조예가 깊었었다. 金石 · 圖書 · 詩文 · 篆隸와 같은 학문에 있어서도 그 근원을 연구하여 밝히지 않은 바가 없었으며, 더욱이 書法으로써 세상에 널리 알려졌었다.… 또 공은 10년을 남쪽에서 지내고, 2년을 북쪽 끝에서 지냈다. 바다의 물결과 해로운 기후 속에 벌레와 뱀 등 좋지 못한 물건들이 우글거리거나 험하고 사나운 산 속에 눈서리 몰아쳐서 생물을 휩쓸어 없애버리는 곳들이어서 만 번 죽다가 살아났다고 할 수 있다. 그런데도 꿋꿋하게 근심하거나 슬퍼하지 않고, 그 천수를 다 누리었으니 뛰어나지 않았다면 그럴 수가 있었을까? 배운다 하여도 어찌 능히 이와 같을 수가 있겠는가? 백성에게 널리 펴서 그 혜택을 입게 할 수 없었을 뿐이다.[129]

라고 스승을 추모하였다.

한편 추사의 글씨와 방불한 글씨를 썼던 민규호는 당대에 명서가로 널리 알려져 있었다. 그 한 예로 고종 11년 9월에 고종은 검교직제학 민규호로 하여금 어진의 表題를 쓰게 하였는데, 글씨를 쓸 때에 현임 및 전임 규장각 신하, 승지, 사관들로 하여금 書香閣에 와서 대기하도록 하였다.[130] 10월 1일에 표제를 쓸 때에는 고종도 서향각으로 나아가고, 어진에 표제를 쓰기 위하여 들어와 모시고 있을 때 영의정 이유원이 선대 임금들의 표제를 쓴 형식을 서사관이 기록하여 가지고 와서 전하가 보시게 하는 것이 좋을 것 같다고 하였다. 이에 고종은 쓴 형식이 혹 다른 것은 무엇 때문인가라고 물으니, 이유원은 어진에 쓴 것이 어떤 것은 尊號를 올리기 전에 쓰고, 어떤 것은 존호를 올린 후에 썼기 때문인데, 이번에는 어떻게 쓰면 좋겠느냐고 하자, 고종은 존호를 쓰고 또 즉위한 연월일을 쓴 방법으로 하고,

129) 金正喜 著, 崔完秀 譯, 앞의 책, 6~10쪽.
130) 『高宗實錄』 高宗 11년 9월 己巳.

대본 셋은 지금 쓰고 소본은 내가 뒷날에 쓰겠다고 하였다. 민규호가 어진의 표제를 쓰자 고종은 "서사관이 명필이라는 것을 이미 들어서 알지만 과연 잘 쓴다."라고 하였고, 이에 이유원은 "원래 잘 쓰기로 이름이 있습니다."라고 하였다.131) 다음날에는 어진의 표제를 쓴 민규호를 특별히 정격으로 승급시키고, 들어와 참가한 규장각의 신하들에게도 모두 차등 있게 상을 주었다.132)

한편 「家傳書畵目錄」133)에는 「秋史筆柱聯一對(隸書)」, 「阮堂橫軸(蘭蕙雪白)」, 「秋史眞墨」, 「詩評八幅秋史筆」, 「秋史蘭竹」 이라는 목록이 들어 있는데, 추사와의 관계를 엿 볼 수 있는 자료이다.134) 이중에서 「詩評八幅秋史筆」은 혹시 민규호의 시에 대한 추사의 평인지도 모르겠다.

하여튼 추사가문의 명성이 민규호의 형제 때에 이르러 다시 크게 높아진 점을 지적하지 않을 수 없다.

2. 비문

1) 閔令謨墓壇碑

충북 음성군 금왕읍 사창리에 있다. 고려 명종대에 중서시랑

---

131) 『高宗實錄』 高宗 11년 10월 庚午.

132) 『高宗實錄』 高宗 11년 10월 辛未.

133) 민규호의 손자인 閔忠植이 일제강점기 때 작성한 「家傳書畵目錄」에는 「英宗御筆」, 「正廟朝御筆柱聯」, 「正宗大王御書畵」, 「高宗御筆」, 「皇太子御筆」, 「昌德宮御筆」, 「純明皇后御筆柱聯一對」 등 御筆을 비롯하여 「芸楣蘭石一軸」, 「大禮式圖」, 「李漢福蘭一幅」, 「海岡石一幅」, 「小琳菊一幅」, 「許小癡墨石十幅」, 「許小癡牧丹十幅」, 「芸楣蘭十七幅」, 「朱文公小像」, 「蕙庭筆柱聯一對」, 「張承業 · 金鍾大壁畵十九幅」, 「檀園山水(金剛山)」, 「張承業山水十帖」 등 수 많은 한 · 중 · 일 작가의 서화목록이 들어 있다.

134) 「가전서화목록」에는 많은 중국인의 작품도 있는데, 이 중에서 「董其昌天馬賦(書)」, 「翁方綱二帖(書)」 등이 눈여겨 보이고, 李鴻章, 朱爲弼, 周棠, 孫詒經 등의 작품도 들어 있으나, 현재 전하는 것은 손이경의 글씨뿐이다.

<사진 1> 민영모 묘단비

평장사를 지낸 민영모의 묘단비 〈사진 1〉 이다. 승정원좌부승지 閔致庠이 짓고, 민규호가 23세 때인 철종 9년에 쓴 것이다. 문과에 급제하기 한 해 전으로, 민규호의 초기 글씨에 해당된다.

3. 묵적

1) 서병

(1) 상태

본 병풍 〈사진 2 · 3〉 은 민규호의 5대 종손인 閔庚熙씨가 소장하던 것이다. 병풍을 꾸미지 않은 채 미사용으로 내려왔으나, 현재 보존 상태는 좋지를 못하다. 크기는 길이 90cm, 폭 43cm이며, 바탕은 三合紙로 된 장지이다. 合紙는 종이를 만들 때 여러 겹으로 하여 두껍고 질기게 만든 장지를 말한다. 합지는 이합지에서 오합지가 있으며, 용도에 따라 차이가 있었다. 즉 서화지는 이합지와 삼합지를 사용하였는데, 대체로 이합지가 일반적이었다. 교지와 試卷 등은 두껍고 질긴 사합지와 오합지를 사용하였다. 본 서병에서 삼합지를 사용한 것은 그 만큼 좋은 종이를 사용한 것이 된다.

字徑은 본문이 5~14cm이고, 마지막의 「癸酉小春 黃史書于

碧城館」은 3~5.5cm이다. 매 폭은 3행으로 되어 있고, 1행은 8~12자로 일정하지 않으며, 10자와 11자로 된 것이 많다. 본래 제1폭은 1행이 11자, 2행이 12자, 3행이 12자이고, 제2폭은 1행이 12자, 2행이 12자(혹은 13자), 3행이 12자였던 것으로 짐작된다.

본래는 모두 10폭이었으나, 현재는 제3폭과 제7폭이 없어지고 8폭만 남아 있다. 또 제1폭과 제2폭은 밑 부분이 약간 파손되었다.

본 병풍은 고종 10년 10월에 벽성관에서 쓴 것으로, 그의 38세 때의 글씨이다. 전술한 것처럼 민규호는 고종 9년에 승정원 도승지가 되고, 고종 10년 11월에는 고종이 친정을 선포하면서 대원군은 하야하고,[135] 명성황후 및 그 일족이 세도를 잡게 되고, 민규호도 12월에 이조참판이 되었던 것으로 보면, 대원군 집정말기에 쓰여 진 것을 알 수가 있다. 이때 그의 관직은 확실하지 않으며, 대원군를 하야시키기 위해 활동하던 시기였다.

(2) 내용

經傳 殊不逮前 且引魏徵〔虞〕世南 相繼爲秘書監 日請送△品以上百隸工書者爲書手〔特〕欲字畫淸婉 可以傳久 △△△經傳以後 非士大夫所書皆△△姓氏若漢石經書 不易得 將(?)古……益郡石經肇於孟蜀廣政悉選士大夫善書者 模丹入石 七年甲辰 孝經論語爾雅完成時 晉出帝開運至十四年辛亥 周易繼之 實周太祖廣順元年 詩書三禮不書歲月 逮春秋三傳則皇祐元年訖工 時宋有天下已百年 通……〔孟〕蜀肇始之日凡百餘祀 其成之艱若是 宣和癸卯始湊鐫孟子 運判彭慥繼其成 乾道又鐫古文尙書與詩經攻略 洪文敏爲孟蜀所鐫字體淸謹 有政觀遺風 續補者所藏 僅十數葉 黃長睿謂開元中 藏拓本於御府 而盡有開元小印云

癸酉小春 黃史書于碧城館

135) 고종 10년 10월 25일에 동부승지 최익현이 시정의 폐단을 논하면서 대원군을 탄핵하는 상소를 올리고, 이어 11월 3일에는 2차 상소문을 올려 대원군의 국정간여를 금지할 것을 주장하자, 대원군은 하야하고, 11월 5일에는 국왕이 서무를 親裁한다는 것을 재확인하였다.

본 병풍은 유가의 경전을 돌에 새기는 石經에 관한 내용을 담고 있다. 전술한 것처럼 현재 두 폭이 없어지고, 또 두 폭은 밑 부분의 일부 글자가 파손되었기 때문에 문맥이 통하지 않는 곳이 있다. 판독이 가능한 병풍의 내용은 다음과 같다.

첫째, 당 위징과 우세남이 이어서 비서감이 되어 날마다 △品 이상의 백관 중에서 글씨에 능한 사람들을 청하여 보내 書手로 삼아, 자획이 淸婉하도록하여 오래도록 전하도록 하였다고

<사진 2> 민규호의 서병 (1) <사진 3> 민규호의 서병 (2)

하였다.

둘째, 益郡石經은 938년에 蜀의 孟昶136)에 의해 처음 시작되었는데, 그는 사대부 중에서 善書者를 선발하여 붉은 글씨로 돌에

새기었다. 이어 944년에는 『효경』, 『논어』, 『이아』가 완성되고, 951년에 『주역』을 이어서 새기었다. 『시경』, 『서경』, 3례(예기, 주례, 의례)는 연월일을 쓰지 않았다. 또 1049년에는 『춘추』 3전(좌씨전, 곡양전, 공양전)이 완성되었다. 이처럼 맹창이 시작한 촉석경의 작업은 갖은 어려움 끝에 100여 년 만에 완성되었다. 1123년에는 『맹자』를 새기기 시작하고, 彭慥가 이어서 완성하였다고 하였다.

셋째, 1165~1173년에는 『고문상서』와 『시경』을 완성하였다. 洪文敏이 이르기를 촉 맹창의 석경은 자체가 淸謹하고 貞觀의 유풍이 있다고 하고, 續補해서 소장한 것이 10 수장뿐이었다고 하였으며, 黃長睿가 이르기를 開元中 탁본을 御府에 소장하였는데, 모두 개원이라는 소인이 찍혀 있었다고 하였다.

하여튼 본 병풍은 오대 촉석경(益郡石經, 廣政石經)에 관한 내용을 주로 담고 있다고 볼 수가 있다. 촉석경은 광정 1년(938)에 후촉의 맹창이 毌昭裔로 하여금 감독하여 만들게 한 것으로 해서석경이었다. 『효경』, 『논어』, 『이아』, 『역경』, 『시경』, 『서경』, 『의례』, 『예기』, 『주례』, 『좌전』 등 10종이 들어 있었다. 북송 때에는 여기에 『좌전』, 『공양전』, 『곡양전』, 『맹자』 등 3종이 포함되었다.137)

한편 중국에서의 석경138)은 한대이래 여러 종류가 있었는데, 확인할 수 있는 것은 후한 희평 4년(175)에 만든 희평석경과 조위 정시년간(240~249)에 만든 정시석경, 당 개성 2년(837)에 만

136) 맹창은 5대 後蜀主로 孟知祥의 3자이다. 지상이 촉에서 칭제하면서, 창은 황태자가 되었다. 그는 후에 위를 계승하여 廣政이라고 개원하였다. 그러나 유연을 즐기고 정사를 보지 않았다. 28년에 송병이 촉에 침입하자 후촉의 군대는 패하고, 맹창은 주를 들어 항복하고 개봉에서 죽었다.

137) 上海辭書出版社, 『辭海』, 1989, 1841쪽.

138) 석경에 관한 저술로는 顧炎武(明)의 「石經考」, 萬斯同(淸)의 「石經考」가 있다.

든 개성석경, 전술한 광정 1년(938)부터 시작된 촉석경, 가우 6년(1061)에 완성된 북송석경, 송 고종 때 만든 남송석경, 청 건륭년간에 만든 청석경 등 7종이 알려져 있다. 이중에서 현재는 당 개성석경이 서안, 청석경이 북경에 남아 있는데, 비교적 完整하며 나머지 석경들은 殘缺이라고 한다.139)

「가전서화목록」에는 「黃史眞筆屛風次八幅」이라고 되었다. 이로써 보면 이 당시에도 2폭이 빠져있었던 것을 알 수가 있다. 두 폭이 중간에 없어진 것인지, 본래 두 곳을 생략한 것인지도 확실하지가 않다. 8폭으로도 병풍이 되기 때문이다. 한편 「가전서화목록」에는 이밖에 민규호의 작품으로 「黃史眞筆一軸」, 「黃史書(丙子)十帖」, 「黃史書四帖」이 들어 있으나, 현재는 전하지 않고 있다. 민영소의 아들 민충식이 일제강점기 때 집안의 고서화를 경성의 경매에서 팔았기 때문에, 우리나라나 일본에 남아 있을 가능성도 있다.

아무튼 금석학의 내용을 담고 있는 본 병풍을 보더라도, 민규호가 스승인 추사의 학통을 이어받았다는 점을 다시금 알 수 있게 한다.

2) 편액

편액 〈사진 4~8〉의 크기는 가로 150cm, 세로 36cm이며, 내용은 「古鼎詩屋」이다. 여기서 古鼎은 黃史와 함께 민규호의 호인 듯 하고, 詩屋은 시를 짓는 집이라는 의미로 書屋과 같은 뜻이나, 시를 강조하여 詩屋이라고 한 것으로 보인다. 즉 본 편액은 민규호 서실의 당호로 서실에 걸렸던 편액이다.

편액의 冒頭에는 세로 3cm, 가로 2cm 크기의 두인이 있으나, 상태가 좋지 못하여 판독할 수가 없다. 마지막에는 黃史라

---

139) 上海辭書出版社, 『辭海』, 1841쪽.

<사진 4> 민규호의 편액

고 쓰고, 4cm 크기의 정방형의 「龍圖待涒」[140]이라는 문자도

<사진 5> 민규호의 편액 세부 (1)

서를 찍었다.

자경은 古字가 가로 28cm, 세로 24cm이고, 鼎字가 가로 24cm, 세로 24cm이다. 詩字가 가로 29cm, 세로 28cm이고, 屋字가 가로 25cm, 세로 27cm이다. 호인 黃字는 가로 4cm, 세로 7cm이고, 史字는 가로 6cm, 세로 7cm이다.

한편 본 편액은 나무에 새긴 것이 아니고, 운현궁에 있는 편

140) 큰 뜻을 품고 때를 기다린다는 의미이다.

<사진 6> 민규호의 편액 세부 (2)

액들처럼 종이로 만든 것이다. 본 편액 역시 민규호의 5대 종손인 민경희 씨가 소장하였었다. 한편 민경희씨가에는 민규호의

<사진 7> 민규호의 편액 두인

<사진 8> 민규호의 편액 도서

아들 민영소의 「琴來書室」[141]이라는 서실편액도 전하였다. 이

는 1885년에 고종이 내린 어필로 전각이 매우 훌륭하다.

「가전서화목록」에는 본 편액은 들어 있지 않다. 아마도 편액으로 걸려 있었기 때문에 목록에는 넣지 않은 모양 같다.

3) 간찰

(1) 간찰 1

愈便 見書備悉 邇來服役安狀, 甚喜甚喜 如得見面 此中一安 而直次頻仍冒寒往來 是可悶然也 寄來諸種 一一領情了 擾此不具 癸亥 臘月 十六 貞洞

(愈가 오는 편에 편지보고 모두 알았습니다. 그간 일에 종사하는 형상이 편안하다 하시니, 매우 기쁘고 얼굴을 대하고 보는 것과 같습니다. 이곳은 한결같이 편하오나 숙직의 차례가 잦아서 추위를 무릅쓰고 왕래하니, 이것이 민망하다고 할 것입니다. 붙여온 여러 가지 종류는 하나하나 정으로 받아드렸습니다. 정신이 흔들려 다 갖추지 못합니다.)

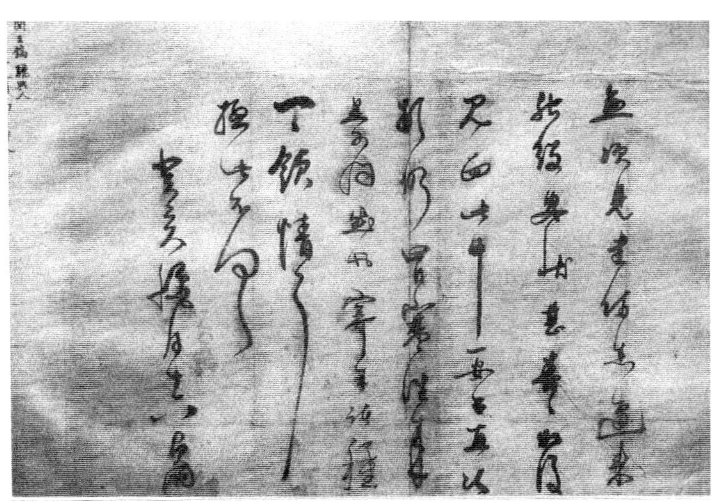

<사진 9> 민규호의 간찰 (´)

141) 琴來는 민영소의 호이다.

고려대학교 박물관에 소장되어 있다(유물번호 2337)〈사진 9〉. 크기는 가로 40.5cm, 세로 27cm이고, 바탕은 한지이다. 李範晉과 丁學敎의 간찰과 함께 서첩으로 되어 있다. 유물카드에는 1962년 11월 8일에 劉河鍾에게 구입하였다고 하였다.

본 간찰은 철종 14년 12월 16일에 쓰여 진 것으로, 28세 때의 글씨이다. 정동은 그가 살던 곳으로 이름 대신 사용한 것이다.

(2) 간찰 2

深坐梅屋 擬續歲暮懷人詩 卽拜寵輸 有若神會 兼審窮冱 侍餘兄體 爲政康毖 少慰瞻企之業 弟省依 而兄弟 超資 榮踰涯量 感戴何極 俯惠諸種 物典情摯 受言僕僕 不知攸謝 靑陽逼除 惟冀迎新百福 不備禮
甲之臘念 弟奎鎬拜

(깊숙이 梅屋에 앉아서 「歲暮懷人詩」를 借韻하였습니다. 방금 형님께서 주신 편지를 받으니 정신이 새로워집니다. 겸하여 살피건대 12월 달(窮冱)에 어른을 모시고 계신 형님의 형편이 정사를 보는데 편하시다고 하시니 위로가 됩니다. 저는 어른을 모시는 것이 여전하고, 형제가 품계가 올라 영광이 분수에 넘치나 임금의 은혜를 입은 것을 어찌 다 말하

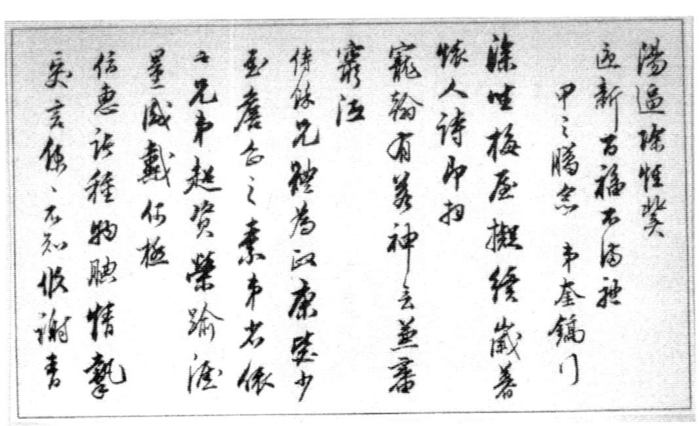

<사진 10〉 민규호의 간찰 (2)

겠습니까? 형님께서 보내주신 정성이 지극한 여러 물건들을 받으니 감사하여 사례할 바를 모르겠습니다. 정월(靑陽)이 다 되어 가는 이때에 새해를 맞아 百福하시기를 바랍니다. 나머지는 예를 갖추지 못합니다.)

크기는 가로 48.4cm, 세로 37cm이며, 민윤기 씨의 소장품이다.[142)]〈사진 10〉 여기서 甲字가 들어가는 해는 갑자(1864년)와 갑술(1874년)이 있는데, 글씨와 형제가 超資했다는 내용으로 보아 후자가 아닌가 추측된다. 즉 본 간찰은 1874년 12월 20일에 쓰여 진 것으로, 우참찬으로 있던 39세 때의 글씨로 짐작된다.

(3) 간찰 3

稽顙 拜審庚熱 政候萬護 甚慰哀溽之私 孤哀子 頑忍不滅 常期奄迫 俯仰寃隕 益復靡極 俯惠助祭之需 拜領哀感 餘迷不次謝疏 丁丑 六月 晦日 孤哀子 閔奎鎬 疏上

(머리를 조아립니다. 절하고 살피건데, 삼복더위(庚熱)에 정사를 하는 형편이 萬護하다고 하시니 喪主된 저의 사정이 매우 위로됩니다. 孤哀

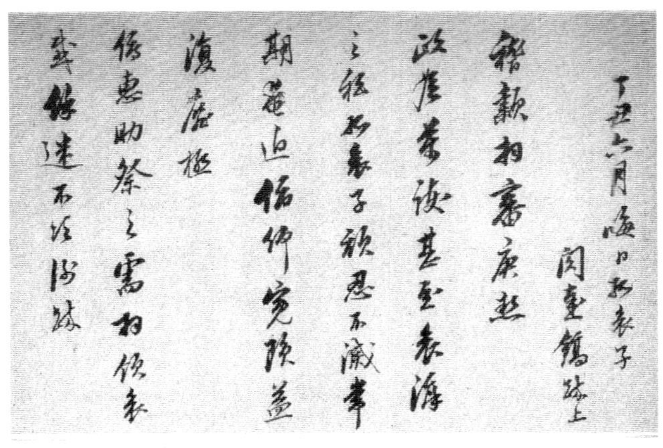

<사진 11> 민규호의 간찰 (3)

子[143)]는 미련하여 차마 죽지를 못하고, 常期[144)]가 임박하여지매 俯仰해

142) 서울특별시립박물관, 『한성판윤전』, 1997, 95쪽.

서 세상을 뜨신 원통함이 더욱 다시 지극합니다. 보내주신 祭需는 삼가 잘 받았습니다. 슬픔이 더욱 복받칩니다. 나머지는 혼미하여 頭緖를 차리지 못하고 삼가 답장을 올립니다.)

고종 14년 6월 30일에 쓴 답서로 42세 때의 글씨이며, 사망하기 1년 전의 것이다. 당진의 閔榮根 씨 소장품이다.145) 〈사진 11〉 제수를 보내 준데 대한 감사의 답서이다. 이 때문에 매우 정중하게 쓰여 졌다. 전술한대로 민규호는 어머니 증정경부인 김해 김씨가 고종 13년 7월 12일에 75세로 사망하여 거상중에 있었으며, 常期가 임박하였다는 것은 이 때문이다.

(4) 간찰 4

阻懷與歲俱深 卽承委疏 慰若面展 矧審比寒政履安勝 尤愜願言 第歉餘獘局平底 麥務 安得不熏怛耶 罪記 頑忍苟活 又遭伯母喪事 罙切慟廓 所惠三種 △領而廩旣簿矣 路且脩矣 有何餘… 丁丑臘月 十七日 罪記 奎鎬 頓

(소식이 막힌 것이 이 해와 함께 많았는데, 방금 보내준 편지를 받으니 위로됨이 얼굴을 대하여 회포를 푸는 것과 같습니다. 더구나 살피건데 근래 날씨가 추운데 정사하는 것이 편하고 좋다고 하니, 더욱 원하는 바가 흡족합니다. 다만 흉년이 든 뒤 幣局은 연말의 바쁜 사무로 어찌 대단한 고민이 없겠습니까? 상주인 저는 頑惡스럽고 잔인해서 구차하게 살아가며, 또 백모의 상을 당하니 더욱 슬픔이 간절합니다. 은혜롭게 붙여주신 세 가지 물품은 잘 받았으나, 창고가 이미 다 되었고, 길이 또한 너무 머니 어찌 남은 것이 있겠습니까?…)

고종 14년 12월 17일에 쓴 답서로 역시 42세 때의 글씨인데, 간찰 3보다 약 6개월 후의 것이다. 金良善 교수의 소장품이었다. 146) 〈사진 12〉 사진을 촬영할 때 간찰의 뒷부분을 찍지 않아

---

143) 양부모를 다 잃은 경우를 말한다.

144) 小喪을 말한다.

145) 閔榮根, 『驪興閔氏文獻錄』 (常綠出版社), 2001, 105쪽.

146) 新丘文化社, 『韓國人名大事典』, 1976, 사진 186.

일부가 보이지 않는다. 내용은 보내준 세 가지 물품에 대해 고마움을 드리는 답서이다. 또 상주로서 참아가며 구차하게 살아가는 중에 또 백모의 상을 당하니 더욱 절실히 슬프다는 말이 들어 있다. 백모인 증정경부인 기계 유씨는 이해 9월 16일에 65세로 사망하였다. 민규호는 어려서 백부와 부를 잃고 백모, 모와 함께 살았기 때문에 슬픔은 더욱 컸을 것으로 짐작된다.

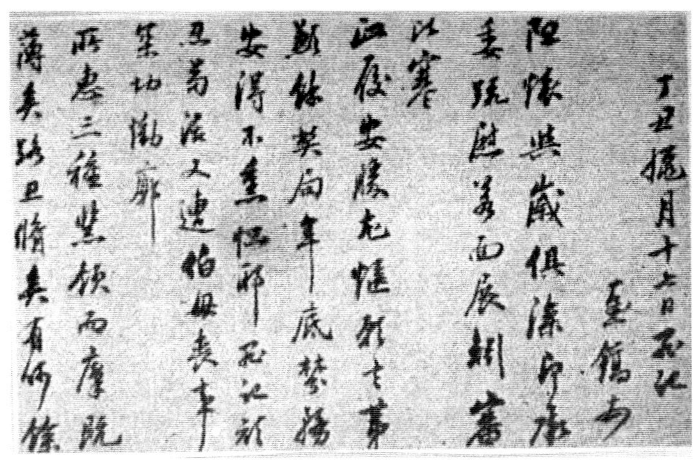

<사진 12> 민규호의 간찰 (4)

(5) 간찰 5

大妃殿禮陟 中外普慟 承審亢熱 政履連衛珍勝 慰沃無量 罪記 頑不澌滅奄經終祥 慟隕靡極而已 所惠一數四種 照領哀感 餘迷不次疏式 戊寅七月二十五日 罪記 奎鎬頓

(대비께서 세상을 뜨시니 중외가 모두 통곡을 합니다. 편지를 받고 살피건대 요사이 날씨가 더운데 정사를 보시는 당신께서 보호하여 편하시다고 하시니 위로가 됨이 끝이 없습니다. 상주인 저는 미련하여 죽지 못하고 벌써 3년 상을 마쳤으니, 슬픔이 끝이 없습니다. 보내주신 여러 가지 물품은 잘 받았으니 감격스럽기만 합니다. 나머지는 혼미하여 편지의 법식을 갖추지 못합니다.)

서울대학교 박물관 소장품이다(오속 2-12) 〈사진 13〉. 고종 15년 7월 25일에 쓴 답서이며, 43세 때의 글씨로 사망하기 3개월 전의 필적이다.

민규호의 어머니는 고종 13년 7월 12일에 사망하였기 때문에 삼년상을 막 마쳤다고 한 것이다. 또 대비전이 세상을 떠서

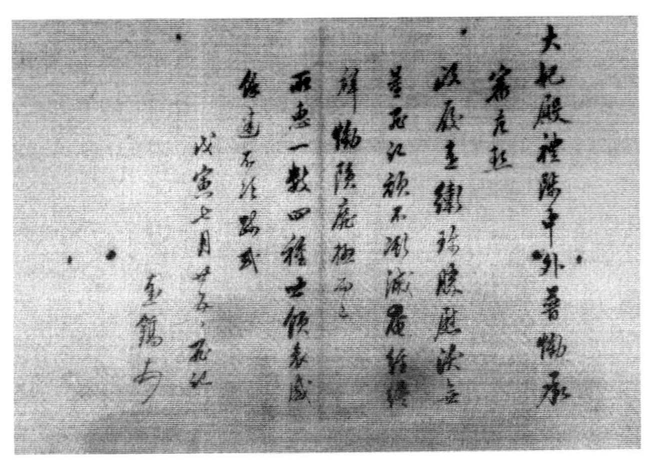

<사진 13> 민규호의 간찰 (5)

궁궐의 안팎이 모두 통곡을 한다고 한 것은 이해 5월에 철종비인 哲仁王后[147]가 승하한 것을 말하다. 한편 대비전의 大字를 한 자 위로 올려 쓴 것은 존경의 의미로 상소문 등에서 흔히 볼 수가 있다.

4) 유고

「가전서화목록」에는 글씨이외에 「祖考遺稿(二包)」라는

147) 영은부원군 金汶根의 딸이다. 철종 2년에 왕비로 책봉되고, 고종의 즉위 후 대비에 進號되었다.

목록이 들어있어 주목된다. 이때까지만 해도 민규호의 유고가 두 뭉치 전하여 오고 있었음을 알 수가 있다. 이화여자대학교 도서관에는 필사본으로 민규호의 시문집인 『忠獻公集』 상·하 1책이 있다. 서문과 발문이 없어 편자와 편집 경위는 알 수가 없다. 상권은 詩抄이고, 하권은 文抄이다. 祖考遺稿(二包)가 『충헌공집』의 저본이 된 것으로 보인다. 『충헌공집』 표지에 先考遺稿라고 쓰여 있는 것으로 보아, 이 책은 아들인 민영소가 만든 것이다.

4. 글씨

민규호의 38세 작인 행서 병풍은 추사의 서풍을 충실히 계승한 작품이다. 점획의 肥瘦로 강약을 표현하였고, 從劃을 강조하였으며, 字間은 密하고, 行間은 疎하게 하여 전체적으로 글씨가 장중하다. 그러나 간혹 字形이 경직된 부분이 있고, 점획의 連綿이 유연하지 못한 점도 있지만, 전반적으로 필세가 좋고 필획이 예리하여 38세의 활달함이 그대로 반영되었다.

예서 편액인 「古鼎詩屋」은 운필과 자형이 능숙하고, 시각적인 조형성이 뛰어난 작품이다. 八分隸를 기본으로 사용하였으며, 거친듯하면서 장중한 필선에서 서자의 기개를 살필 수 있다. 또 글자의 결구와 점획의 필선에서 추사의 서풍을 충실히 반영하고 있다. 古字에서 口의 결구, 鼎字에서 目의 결구, 詩字에서 言의 결구, 屋字에서 尸의 부분이 추사의 영향을 받았음을 알 수가 있다. 본 편액의 大字 예서를 통해 민규호는 예서에 상당히 뛰어났음을 확인할 수가 있다.

간찰에 나타난 行草를 보면 시기적으로 변화를 보이고 있다. 즉 28세의 간찰인 〈사진 9〉의 경우는 초서를 圓筆로 썼기 때문에 필세가 부드러우면서 강하다. 획과 글자간 連綿이 유연하며, 20대의 자신감이 넘치고 있다. 그러나 39세의 간찰인 〈사진 10〉는 완전히 추사의 서풍이 반영된 행초이다. 方筆이 들어갔기 때문에 시각적으로 점획이 날카롭고 강하며, 필선의 線質이 카랑카랑하다. 따라서 그는 〈사진 10〉의 간찰 이후에 추사체에 매진하였던 것을 추정할 수가 있다. 42세의 간찰인 〈사진 11〉과 〈사진 12〉 및 43세의 간찰인 〈사진 13〉을 보면 행초는 이제 유연함과 강함이 혼재되어 원숙해진 단계로 진입하였음을 볼 수가 있다. 글자의 대소와 묵의 농담, 운필의 遲速 등이 잘 조화를 이루고 있는 뛰어난 글씨이다.[148]

하여튼 민규호의 글씨는 전반적으로 추사의 영향을 받았음을 알 수가 있고, 편액에 쓰인 대자 예서는 상당한 경지에 이르렀고, 또한 병풍과 간찰에서 그의 행초가 뛰어남을 볼 수가 있다. 특히 간찰의 행초는 시기적으로 변화하면서 30대를 거쳐 40대에 그의 서예적 재질이 만개하고 있음을 알 수가 있다. 그는 43세로 일찍 세상을 떠났기 때문에, 이후에 전개되었을 높은 예술적 성취를 볼 수 없는 것이 아쉬울 뿐이다.

맺 음 말

민규호의 5대조는 영조대에 좌의정을 지낸 노론의 영수인 민진원으로, 그는 명문가에서 출생하였다. 그러나 두 살 때에 점염병으로 아버지를 여의고 어머니 슬하에서 형 민태호와 함께 콩죽으로 연명하는 어린 시절을 보냈다. 그는 이러한 극심한 가난 속에서도 당대에 이름이 있던 학자인 유신환의 문하에서 학문을 배워 23세에 사마시에 급제하고, 연이어 24세에는 문과에 급제하였다. 또 그는 10대 후반에서 20대 초 사이에는 진외

148) 충남대학교 李星培 선생의 가르침을 받았다.

당숙인 추사에게서 글씨와 학문을 배워 추사의 학통을 이었으며, 총명하고 학문을 좋아하여 어려서부터 추사의 사랑을 받았다고 전한다.

그의 관직생활은 비교적 순탄하여 요직을 두루 거치고 정승의 반열에까지 올랐다. 특히 1873년에는 대원군을 하야시키는데 주동적 역할을 하였고, 1874년 민승호가 사망한 후로는 고종과 명성황후의 두터운 신임 속에 실권을 장악하고, 권세가의 자리를 차지하게 되었다. 1876년에는 고종과 명성황후의 뜻을 받들어 조일수호조규의 체결에도 많은 역할을 한 것으로 알려져 있다. 아마도 그는 추사의 문인답게 비교적 진보적인 생각을 갖고 있었던 것으로 보여 진다.

하여튼 그는 정치적으로는 김유근과 같은 권력을 누리고 싶어 했던 젊은 시절의 야망을 이루었다고 볼 수가 있고, 서예에서도 추사처럼 훌륭한 글씨를 써 보겠다는 젊은 시절의 포부를 어느 정도 이룰 수가 있었으며, 추사서파에 그의 이름을 남기게 되었다.

또 그는 19세기 추사서파의 전개를 살필 수 있는 중요한 위치에 있으면서, 근대 서예로 이어지는 가교 역할을 하였다고 볼 수가 있다. 그러나 30대를 거쳐 40대에 추사체를 바탕으로 서예적 재질이 만개하였으나, 애석하게도 43세로 일찍 세상을 떠났기 때문에, 이후에 전개되었을 높은 예술적 성취를 볼 수 없는 것이 아쉬울 뿐이다.

끝으로 명서가로 알려진 민진원이래의 민규호가의 전통과 추사가문에 면면히 흐르고 있던 예술적 자질이 민규호 형제에게도 이어지고, 나아가 민태호의 아들인 민영익에 이르러 만개된 점도 간과해서는 안 될 것이다.

제4장 명성황후 어필의 연구

머 리 말

황후는 왕비로 간택되어 운현궁에서 왕비의 수업을 받을 때에도 『소학』, 『효경』, 『여훈』 등을 탐독하고, 왕비가 된 후에도 독서에 열중하여 『주역』, 『자치통감강목』, 『 춘추좌씨전』 등을 비롯하여 궁중의 서적을 널리 탐독하였으며, 諸家文과 『사기』를 통독하고, 『八家文抄』를 좋아하여 북경에서 신본을 구입할 정도였다고 전한다. 즉 황후는 백관들의 章奏를 직접 볼 정도였다. 이는 어려서 아버지로부터 한학을 배웠기 때문으로 보인다. 이러한 학문적 소양이 서예에도 반영된 것으로 볼 수가 있다.

필자는 논문을 작성하기 위해 이화여자대학교 박물관에 소장되어 있는 「一片丹忠」이라는 편액서를 보고, 국모로서의 위세와 면모를 보이는 필세의 당당함에 놀랐었다. 작은 사진으로만 보았던 것과는 많은 차이가 있었다. 일반인들은 몇 점 안되는 명성황후의 진적을 직접 감상하기란 쉽지가 않다. 이 때문에 현재 명성황후의 위작들이 시중에 많이 돌아다니고 있는 것이다. 여기에는 명성황후의 글씨가 매우 고가라는 점도 한 몫을 하고 있다. 필자가 논문을 작성하기 위해 조사할 때 보았던 명성황후의 위작으로 보이는 작품이 경매시장에서 고가에 경매되었다는 신문기사를 보고 매우 놀란 일이 있었다. 또 고미술품을 다루는 상인이 가지고 있는 「일편단충」이라는 필첩을 보고서도 매우 실망을 하였다. 이처럼 명성황후의 작품들은 위작들도 많기 때문에, 여기서는 전거와 전래과정이 비교적 뚜렷한 자료들만을 선정하여 살펴보려고 한다.

Ⅰ. 작품

1. 30대 중엽이전의 작품

1) 족자

(1) 七言對句

한국교회사연구소에서 소장하고 있는 서첩 속에 들어 있다. 表題에는 「御筆 宣廟朝 德壽宮 明成后 眞墨」이라고 쓰여 있다. 종이의 크기는 가로 52.2cm, 세로 35.5cm이고, 字徑은 6.5~12cm 정도이다. 冷金唐紙 반절에 두 줄로 쓴 족자의 글씨를 한 자씩 오려서 선조, 고종의 글씨와 함께 서첩으로 만든 것이다〈사진 1〉. 附記에 고종의 승하 일자가 표기되고, 고종을 太皇帝로 표기한 점으로 보아 서첩이 만들어진 시기는 순종이 생존하던 시기로 볼 수가 있다, 즉 본 서첩이 만들어진 시기는 1919~1926년 사이로 추정하여 볼 수가 있다. 배접된 상태로의 추정 시기도 이와 일치한다. 이 서첩은 한국교회사연구소에서 1960년 전후에 구입한 것이라고 한다.

내용은 「春光不到玉門關 黃河△△上雲間」으로 7언절구의 한 구절인데, 애석하게도 오려 붙이는 과정에서 두 자를 빠뜨렸다. 또 본 글씨 다음에는 서첩을 만들면서 「右十二字 明成皇后御筆 閔氏籍驪興 驪城府院君致祿女 辛亥九月二十五日誕降 乙未八月二十日昇遐 春秋四十五 新洪陵」이라는 附記를 하였다. 본

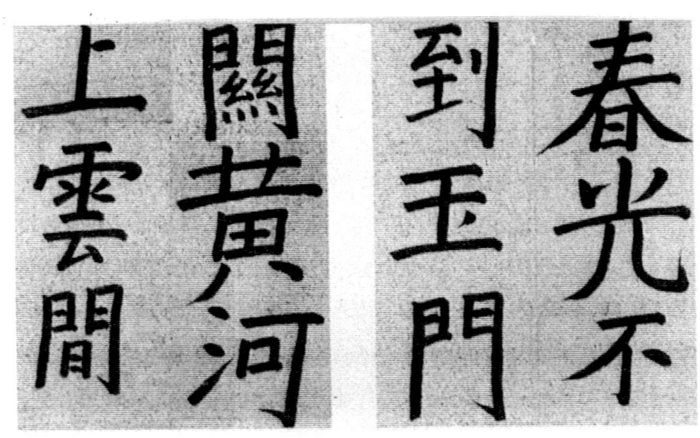

< 사진 1> 명성황후의 칠언절구(한국교회사연구소 소장)

서첩에 함께 들어 있는 고종의 글씨는 「浣西」라는 편액서로 甲申 孟秋 吉日에 左營監督 李祖淵에게 써 준 것으로 쓰여 있다. 즉 고종 21년 9월에 이조연에게 써준 것임을 알 수가 있다. 이조연이 親閔系 무관이었던 점을 감안하면, 명성황후의 본 7언절구도 이때에 명성황후가 이조연에게 내린 글씨가 아닌가 싶다.

2) 편액서

(1) 人淡如菊

沈舜澤家에 전하는 편액서로 크기는 가로 124.5cm, 세로 25.5cm이다 〈사진 2〉.[1] 내용은 '사람의 맑은 마음(志操)이 국화와 같다' 는 의미이다. 종이는 중국산 당지로 면이 부족하였기 때문인지 마지막 자인 菊字가 있는 부분은 청색 색지로 이어 붙였고, 현재는 편액서의 가운데 부분에서 두 쪽으로 절단되어 있다. 심순택의 집안에 전해지는 것으로 현재 그의 후손 가

1) 예술의 전당 서울서예박물관, 『朝鮮王朝御筆』, 2002, 236쪽.

에 소장되어 있는데, 심순택의 집안에 전해지는 것으로 보아 심순택에게 내려진 것이 아닌가 싶다. 편액서의 문구는 후술할 鄭洛鎔에게 내린 세자의 것과 같다. 상대방의 인품을 표현한 이러한 편액 문구는 명성황후가 즐겨 사용하고, 세자도 이어 따라 사용한 것으로 보인다.

편액서를 받은 沈舜澤은 1862년에 예방승지, 1874년에 충청도관찰사를 거쳐, 1878년에 예조 · 형조 · 이조판서를 역임하였다. 1881년에 통리기무아문의 경리통리기무아문사가 되었고, 1882년 임오군란 당시 도봉소당상으로 군란의 책임을 지고 파면되었다. 1884년에 우의정, 좌의정을 역임하고, 갑신정변이 평정된 후 영의정이 되었다. 1894년에 영돈령부사가 되고, 청령공에 봉하여 졌다. 1896년 아관파천 직후 새 정부에 참여하여 주도적 역할을 담당하였고, 1897년에 대한제국의 수립과 함께 의정으로 임명되었다.

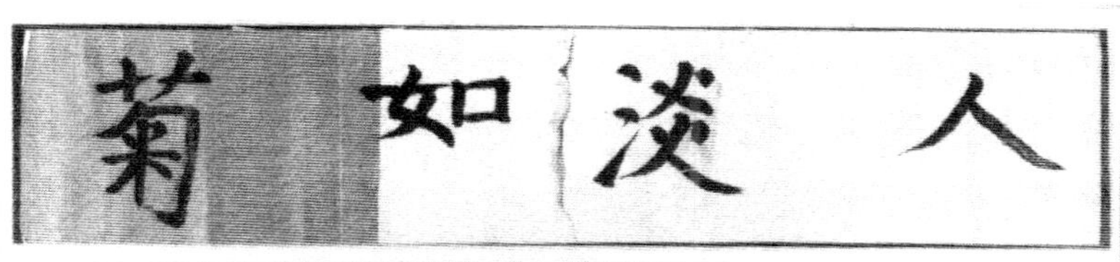

<사진 2> 명성황후의 편액서(심순택 후손가 소장)

그런데 어떤 이유로 명성황후의 편액이 심순택에게 내려졌는지가 궁금하다. 이는 아마도 심순택이 고종과 명성황후로부터 신임이 두터웠던 것을 반영하는 것은 아닌가 싶다. 심순택의 후손 가에는 이들 편액서와 함께 광무 원년 9월 5일에 심순택에게 내려진 고종의 封書[2] 1통이 전하고 있는 것도 참고가 된다.

2) 임금이 종친이나 근신에게 내리는 私書이나, 봉서의 용어는 사가에서도 사용

봉서의 내용은 다음과 같다.

> 작년 봄에 客官에서 잠깐 얼굴을 보고 나서 아직도 마음속에 그리고 있소. 요즈음 무더위에 起居가 편안한지 염려하여 마지않소. 짐은 봄(2월: 필자)에 벌써 경운궁(덕수궁: 필자)으로 옮겨와서 모든 것을 새로 만들어야 하는 처지인데, 다만 경만이 보이지 않으니 짐의 생각으로 경의 마음을 짐작하면, 경 또한 마찬가지일 것이라 여겨지오. 지금 封事로 인하여 부득이 이런 일이 있지만, 짐이 경하고는 대대로 좋아하는 것으로 말하자면, 다른 신하와는 차이가 있다고 하겠소. 이에 친히 편지를 쓰니, 80 노인이 무더위에 길을 떠나는 것이 답답하겠지만 틈을 내어 돌아보면 경도 응당 묵묵히 헤아릴 것이오. 모쪼록 무리하지 말고 받는 날로 길에 올라 속히 일을 마쳐 조야가 비난받지 않도록 하기 바라오. 짐은 정승을 두고 정치를 하오. 나머지는 이만 줄이겠소.[3]

전술한대로 심순택은 1896년 아관파천 직후의 새 정부에 참여하여 주도적 역할을 담당하였고, 광무 1년 10월 대한제국의 수립과 함께 의정으로 임명되었다. 이는 대한제국을 선포할 때 심순택을 불러들여 의정으로 삼고자 그를 부른 봉서이다. 하여튼 심순택은 봉서에서처럼 고종의 집안과는 대대로 친밀했던 사이였음을 알 수가 있다. 특히 그는 청송 심씨 노론 집안으로 전후 20년 동안 相府에 있었지만, 오직 황후의 뜻만 받들어 권문을 찾아 다녔으므로 이목에 거슬리는 秕政은 모두 그로 하여금 건의하여 시행하도록 하였다고 한다[4] 그는 고종의 이모부인 沈應澤과도 같은 집안이나, 근친(8촌 이내)은 아니다.[5]

(2) 桂庭山房

고려대학교 박물관에는 민영환의 유품 중에 「桂庭山房」이라는 편액(유물번호 2559)이 있다 〈사진 3〉. 크기는 가로

하였다.

3) 마지막에는 「珠淵書」라고 하였는데, 주연은 고종의 호이다.

4) 黃玹 著, 金濬 譯, 『梅泉野錄』(教文社), 1994, 223~225쪽.

5) 청송 심씨 시조로부터 17세에서 갈려져 6대를 내려온 사이이다.

121.3cm, 세로 39.3cm이다. 본 편액은 나무에 새겨진 것이 아니고, 종이로 만든 것이다. 운현궁에도 이처럼 종이로 만든 김정희의 편액들이 걸려 있다. 이러한 편액은 일반인들은 사용하지 않는 것으로, 나무에 새긴 편액보다 고급으로 귀하다. 특히 본 편액에는 편액을 만들 때의 網紗가 그대로 남아 있다. 이러한 방충망은 특히 파리가 편액 위에 똥을 누는 것을 막기 위함이었다. 이러한 방충망은 구한말부터 일본의 영향으로 만들어졌다고 한다. 이처럼 본 편액이 명성왕후의 글씨인 만큼 소중하게 제작되었음을 알 수가 있다. 방충망 때문에 밖에서 보면 글씨가 흐릿하게 보이나, 방충망 안으로 자세히 보면 글씨가 뚜렷하게 보인다.

〈사진 3〉 명성황후의 편액(고려대학교 박물관 소장)

이와 함께 내려진 편액 중에는 乙酉 上元節에 도승지 민영환에게 「桂庭」이라고 賜號한 고종의 편액(유물번호 2318-2, 크기 가로 60.5cm, 세로 28.6cm)과 같은 날 세자가 민영환에게 사호한 「松溪」라는 편액(유물번호 2318-1, 크기 가로 61cm, 세로 28.5cm)이 있다. 이들과 비교하여 보면 본 「桂庭山房」이라는 편액도 고종 22년 1월 보름에 민영환에게 내린 당호라고 볼 수가 있다. 황후의 35세 때의 글씨이다. 우연히도 후술할 이범진에게 내린 「川雲」이라는 편액서처럼 같은 날 고종, 세자와 함께 내려 준 것임을 알 수가 있다.

민영환은 1878년 4월에 거행된 대왕대비 寶齡 望八 등 三慶慶科 별시인 정시별시문과에서 병과로 급제하였다. 이때에 함께 급제한 사람으로는 김사철, 김문현, 이호면 등이 이었다.[6] 급제한 뒤 설서, 수찬 등을 거쳐 1881년 동부승지, 1882년 성균관대사성, 임오군란으로 부친이 사망하자 사직(부친 삼년상), 1884년 이조참의에 임명된 뒤 도승지, 전환국총판, 홍문관부제학, 이조참판, 내무협판, 개성부유수, 해방총관, 한성부우윤, 1887년 상리국총판, 친군전영사, 호조판서, 1888년과 1890년 두 차례 병조판서, 1893년 형조판서, 한성부부윤, 1894년 독판내무부사, 형조판서, 1896년 러시아황제 대관식에 특명전권공사, 의정부찬정, 군부대신, 1897년 영국 등 6개국 특명전권공사로 영국여왕의 즉위 60년 축하식 참석, 1898년 의정부참정, 내무대신 겸 군부대신, 그 뒤 참정대신, 탁지부대신, 원수부회계국총장, 장례원장, 표훈원총재, 헌병사령관, 1904년 내부대신, 군법교정총재, 학부대신, 시종무관장, 1905년 참정대신, 외무대신, 시종무관장을 지내고 을사늑약을 반대하다 순절하였다. 민영환은 명성황후로부터 총애를 받던 척족이었다. 1895년에 명성황후가 시해되자 슬픔을 이기지 못하여 주미전권대사에 부임하지 않고, 고향인 가평으로 가서 은거하였으며, 때때로 입궐하여 고종에게 간언을 하였다고 전한다.

(3) 川雲

명지대학교 박물관이 소장하고 있는 서첩으로, 명성황후의 편액서를 비롯하여, 선조 · 정조 · 고종 · 세자(순종)의 글씨를 담고 있다.[7] 서첩의 규모는 가로 27.5cm, 세로 28.5cm 내외이

6) 『國朝文科榜目』.
7) 明知大學校博物館, 『博物館圖錄』, 1996, 254~255쪽.

고, 종이는 중국산 당지이다. 「川雲」이라는 명성황후의 편액서를 두 쪽으로 잘라서 배접하였다 〈사진 4〉. 배접할 때 상단에 「明成皇后 乙酉 上元」이라고 표기하여, 이 편액서가 고종 22년 上元節인 정월 보름에 쓰여 졌음을 알게 한다. 황후의 35세 때의 글씨이다. 함께 들어 있는 고종의 같은 「川雲」이라는 편액서에는 冒頭의 書題에 「賜直閣李範晉」이라고 되어 있고, 배접할 때 좌측에 「乙酉 上元節」이라고 써 놓은 것으로 보아, 명성황후의 편액서도 고종과 함께 같은 날 이범진에게 내린 편액서임을 알 수가 있다. 또 「春在」라고 쓰여 있는 세자의 편액서도 배접할 때 상단에 「純宗 在春宮時十二寶齡」이라고 쓰여 진 것으로 보아 고종, 명성황후와 함께 이범진에게 내린 편액서임을 알 수가 있다. 전술한 민영환의 「桂庭山房」과 같은 날 같은 자리에서 받은 것이다. 민영환의 예로 보아 「川雲」도 사호로 보여 진다.

< 사진4> 명성황후의 편액서(명지대학교 박물관 소장)

말미에는 1918년 9월에 쓴 다음과 같은 유창환[8], 오세창, 윤덕병의 발문이 들어 있다.

宣廟筆蹟 在在發現而類多不眞 推此可驗 文物之質 去益糜簿 偶於尹翰林斗炳氏 水票橋舍搜閱古書畵 有一大帖子 修粧雖謹 歲久黴汚 開帖視之 乃

8) 유창환은 초서에 능하였다(崔完秀, 「韓國書藝史綱」, 『澗松文華』 33, 1987, 72쪽).

先王手澤 敢不敬而感之哉 宣廟萬機之暇 信手漫墨 而當時近臣 收拾而珍之 式至今于

五甲後戊午 九月 日 臣 兪昌煥 臣 吳世昌 臣 尹德炳

(선조의 필적은 곳곳에서 발견되는데 진적이 아닌 것이 많다. 이로 미루어 보면 문물의 질은 갈수록 더욱 毁傷되고 쇠하는 것을 증험할 수 있다. 우연히 한림 尹斗炳氏가 수표교의 서점에서 옛날의 서화를 찾아 열람하다가 커다란 첩자를 발견하였다. 修粧은 비록 잘 되었으나, 세월이 오래되어 더럽혀졌으며, 필첩을 열어보니 선조의 친필이었다. 감히 공경하고 감동되지 않겠는가? 선조께서 정사하는 여가에 필묵을 즐기실 때 당시의 가까운 신하가 수습하여 珍藏하다가 오늘에 이른 것이다.)

라고 하였다. 위의 발문을 보면 윤두병이 수표교의 서점에서 고서화를 찾다가 선조의 어필을 발견한 것을 계기로, 1918년 9월에 본 필첩을 만든 것임을 알 수가 있다. 윤두병이 필첩을 만들 때 선조의 글씨에다 자기가 소장하고 있던 정조를 비롯하여 고종 · 명성황후 · 세자(순종)가 이범진에게 내린 편액서도 함께 넣어 어필첩을 만든 것으로 짐작된다.

명성황후로부터 편액서를 받은 이범진은 훈련대장 李景夏의 아들이다. 고종 15년 12월에 춘당대에서 柑製를 진행할 때 생원 이범진은 시로써 전시에 곧바로 응시할 자격을 받았으며,9) 다음해에는 식년문과에 급제하였다. 정언을 거쳐 동왕 21년 10월에는 홍문관수찬이 되고,10) 12월에는 규장각직각이 되었다.11) 그 뒤 순천부사를 거쳐,12) 동왕 24년 10월에는 동지춘추관사,13) 11월에는 내무부협판이 되었다.14) 이처럼 그가 이 편액서를 받았을 때의 관직은 직각이었음이 확인된다. 한편 『매천야록』에는

9) 『高宗實錄』 高宗 15년 12월 27일.
10) 『高宗實錄』 高宗 21년 10월 21일.
11) 『高宗實錄』 高宗 21년 12월 28일.
12) 『高宗實錄』 高宗 23년 10월 7일. 高宗 24년 1월 12일.
13) 『高宗實錄』 高宗 24년 10월 25일.
14) 『高宗實錄』 高宗 24년 11월 29일.

이 시기에 이범진은 명성황후로부터 깊은 신임을 받았다고 하였다.

(4) 芝圃山房

크기는 가로 128.5cm, 세로 31cm이며, 바탕은 중국산 냉금당지이다. 「芝圃山房」이라는 당호인데, 芝圃는 鄭洛鎔의 호이다〈사진 5〉. 자경을 보면 芝字는 가로 21.5cm 세로 19.5cm이고, 圃字는 가로 14.5cm, 세로 19cm이다. 山字는 가로 16cm, 세로 17cm이고, 房字는 가로 19cm, 세로 20cm이다. 冒頭의 서제는 「賜後營使鄭洛鎔」이고, 말미에는 「乙酉至月下澣」이라고 되어 있다. 즉 1885년 11월 하순에 썼다는 것이다. 황후의 35세 때의 글씨이다. 도서를 보면 두인은 세로 4.1cm, 가로 2cm이고, 내용은 「翰墨永樂」(文筆을 길이 즐김)이다. 마지막에는 2개의 네모진 도서가 찍혀 있는데, 위 것은 가로 2.7cm, 세로 2.7cm로 「品物咸亨」(만물이 모두 형통함)이고, 아래 것은 가로 3cm, 세로 3cm로 「德合无疆」(덕에 합해서 무궁함)이다. 모두 문자도서이다. 위 것은 일부가 파손은 되었으나, 고종의 도서와 내용이 같기 때문에 복원이 가능하다.[15] 이중 두인과 「德合无疆」은 양각이고, 「品物咸亨」은 음각으로 되어 있다. 즉 음·양을 이루는 雙印의 전통을 따르고 있다. 이처럼 격식을 가추고

<사진 5> 명성황후의 편액서(정낙용 후손가 소장)

15) 두 도서는 文句는 같으나 刻이 다르다.

매우 정중하게 쓰여 진 편액서임을 알 수가 있다.

정낙용 후손 가에는 본 명성황후의 편액서와 함께 고종과 세자의 편액서가 함께 전해지고 있다. 고종의 편액서는 가로 89cm, 세로 30cm로 중국산 당지이며, 내용은 「芝圃」이다. 「珠淵之寶」라는 도서가 있어 고종의 것이 분명하다. 세자의 편액서도 중국산 냉금당지이며, 가로 123.5cm, 세로 28cm이고, 내용은 「人淡如菊」이다. 도서는 없으나 세자의 것으로 전해진다. 세자의 12세 때 글씨이다.

편액서를 받은 정낙용은 1855년에 무과에 급제하여 선전관, 수안군수, 태안군수를 거쳐, 1867년 전라도좌수사, 우부승지, 1870년 전라도수사, 1879년 통제사, 1882년 부총관, 1883년 병조참판, 1885년 좌포장, 후영사,[16] 협판내무부사, 1886년 전환국총판, 공조판서, 1887년 형조판서, 1888년 강화유수, 1894년 한성판윤, 1897년 시종원경, 농상공부대신, 탁지부대신서리, 1899년 중추원의장, 1904년 궁내부특진관을 지냈다. 그는 친민계 무관이었다. 정낙용은 본래 민치록의 제자로 어린 명성황후를 업고 다녔다고 전하며,[17] 황후가 부친을 여의고 感古堂으로 이사한 후로는 황후를 딸처럼 보살펴 주었고, 황후는 정낙용을 아버지처럼 의지하였다고 한다. 이 편액서는 1885년 11월 24일에 아버지처럼 의지하던 정낙용의 60회 생일을 기념하여 고종 및 세자와 함께 한 장씩 내린 것이라고 전한다.[18] 본 편액서는 정낙용

---

16) 8월에 李鍾健을 전영사, 정낙용을 후영사, 申櫶을 별영사로 삼았다(『高宗實錄』 高宗 22년 8월 27일).

17) 정낙용이 무과에 급제할 때 황후는 5살이었다.

18) 정낙용의 증손자인 정연권의 증언이다. 그 후 고종은 進宴에 참석하기 위해 대내로 들어온 황주 기생을 좋아한 후, 정낙용에게 명하여 그에게 金指環 1쌍과 洗粧錢 3,000냥을 하사하였다. 정낙용은 이로 인해 명성황후로부터 미움을 사서 소외되었다고 한다(黃玹 著, 金濬 譯, 『梅泉野錄』, 221쪽). 금지환과 세장전은 정낙용이 1886년 전환국총판으로 있을 때, 전환국에서 지불한 것으로 전하여 온다고 한다(정연권의 증언). 하여튼 정낙용을 비롯한 한

의 증손자인 鄭然權(전 동아일보 논설위원) 씨가 소장하고 있다가 2008년에 사망하자, 그의 사위인 권운현에게 전해져 현재 뉴질랜드에 있다.

(5) 一片丹忠

이 편액서는 일찍이 통문관의 李謙魯 씨에 의해 수집되어,[19] 1963년 5월 24일 이후 이화여대 박물관에 소장되어 있다(유물번호 2364-1). 본래는 고급비단으로 정중하게 裝幀되어 있었으며, 粧帖의 크기는 세로 37.5㎝, 가로 28.5㎝이었다.[20] 종이는 한지로 매 폭은 가로 24.4cm, 세로 23.9cm이며, 전폭은 가로 97.6cm, 세로 23.9cm이다. 현재는 裝帖에서 떼어내 4폭을 이어 액자로 꾸며 놓아 원형을 잃었다. 자경은 一은 가로 22.8㎝, 세로 3cm, 片은 가로 18.5㎝, 세로 17.6㎝, 丹은 가로 22㎝, 세로 19.5㎝, 忠은 가로 18.5㎝, 세로 21.7㎝이다. 편액서의 내용은 「一片丹忠」 4자이다 〈사진 6〉. 즉 '한 마음으로 충성을 다하라'는 것이다.

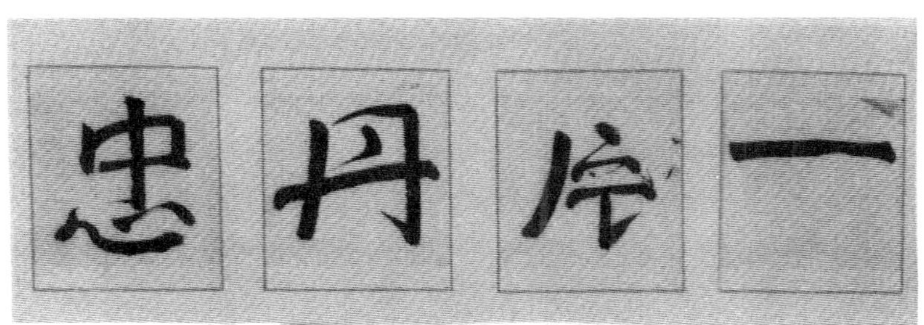

<사진 6> 명성황후의 편액서(이화여자대학교 박물관 소장)

규설, 이종건 등 친민계 무관들은 왕실의 안전과 민씨 척족 정권의 군사적 기반을 공고하게 하는 역할을 하였다.

19) 李謙魯, 「明成皇后의 親筆 「一片丹忠」」, 『考古美術』 上(韓國美術史學會), 1979, 444~445쪽.

20) 한 장으로 된 편액서를 4쪽으로 나누어 필첩을 만든 것이다.

한편 편액서 뒤에는 金圭復의 발문(유물번호 2364-3)이 붙어 있었는데, 종이는 냉금당지이고, 매 폭의 크기는 가로 24.2cm, 세로 30cm이다. 현재는 6폭을 이어 액자로 꾸며 놓았다.

발문의 내용은 다음과 같다.

천신 김규복은 18세에 외람되게 侍中[21]이라는 직책을 얻은 이래 지금까지 30여 년에 이르렀다. 두터운 국은을 입어 품계가 1품에 이르렀고, 은혜가 산해와 같으나 티끌만치도 보답을 하지 못하였다. 우리 성상 19년(壬午) 음력 6월 9일(계해)에 都下[22]의 諸軍(훈련도감 · 금위영 · 어영청을 합쳐 장어영이라 고하기 때문에 제군이라 함)이 갑자기 일어나 변란을 일으키어 먼저 倉吏(칭하여 作奸料米)를 살해하고 宰臣第宅과 공관(당시 일본공관은 天然亭에 있었음), 閭家를 파괴하였으며, 또 東別營에 多聚하여, 멋대로 군기를 찾아내어 집단으로 돌진, 하룻밤을 고함치며 살상하기를 열화와 같았다. 聖諭를 내리시기를 한 두 번이 아니었으나,[23] 더욱 창궐하였다. 난군들은 다음날 날이 밝자 돈화문으로부터 곧바로 궁궐을 범하였는데, 경계가 소홀하여 한 사람도 이들을 막는 자가 없었다. 내외가 다급하여 허둥거리고 黃允明 · 柳載賢은 諸僚들과 더불어 東朝[24]를 陪扈하고 요금문을 나섰다. 신도 金圭錫과 더불어 어가를 시종하고 후원(內人處所)으로 피하였다. 난군들은 잠깐 사이에 내전으로 편입하여 君父를 협박하고, 호종하던 宰輔(민겸호 · 김보현)를 죽이니 강상이 무너지고, 참화가 극에 달하였다.

이날은 비가 물이 쏟아지듯이 내렸고 어좌는 모두 젖었으며, 신은 규석과 더불어 진흙탕 속에서 侍座하였다. 날이 어두워졌는데도 난적들은 물러날 뜻이 없어 일이 위급한 상황에 이르렀고 칼과 창을 무릅쓰고, 성상을 호가하여 중희당으로 환어하고, 東朝를 護安하였다. 그러나 坤聖의 행재를 알 수 없어 매우 근심하는 중에, 난적들이 또 한꺼번에 들어와

21) 中侍로 내시를 지칭한다.

22) 도성을 의미한다.

23) 9일에 고종은 큰 가뭄으로 종묘에서 기우제를 거행하였는데, 근시를 보내 도봉소당상 심순택, 선혜청당상 민겸호의 직을 면직하고, 군졸을 위무하여 해산토록 하였다(京城府, 『京城府史』 I, 1939, 497쪽).

24) 고종의 모후로 대왕대비인 익종비 神貞王后이다. 즉 조대비이다.

곧바로 殿階로 올라오니 길고 짧은 창이 針 묶음처럼 범하였고 殿上의 窓壁은 깨지고 부서졌으며 더욱 방자스럽고 급박하였다. 그러므로 당시 신민이 된 자 그 누구라 한 번 죽을 마음이 없겠는가? 신 규복은 분을 참지 못하고 앞장서 난적들을 꾸짖으니, 그들은 곧 나를 쓰러뜨리고 끌고 나가 일장 협박을 가한 뒤 칼과 창으로 머리를 치고 咽喉를 찔러 피가 흥건히 흘렀다. 난도들은 이미 죽은 것으로 알고 버리고 갔다. 마침 내전의 종 鄭錫俊이 가만히 업고 돌아갔는데, 소생했다가 다시 기절하기 여러 차례였으며, 비록 한 방울의 물일지라도 목구멍으로 내려가다가는 곧 곁으로 나왔다. 이와 같이 마시지 못한 지 7~8일에도 合瘡하지가 않았고, 같은 때에 김규석도 상해를 입었다.

7월 11일(을미) 天朝에서 장수에게 명하여 危難을 평정토록 하였는데(제독 오장경[25]이 各部 將領 4명을 이끌고 出來), 난군들을 포획하여 수괴는 죽이고 부하들은 놓아주도록 하였다. 우리 주상을 正宮에서 호위하고, 坤聖을 충주에서 奉迎하였다(이때에야 곤성이 충주 장호원에 계신 것을 처음으로 알음). 이로써 우리 동토의 신민으로 하여금 다시 임금의 얼굴을 뵙게 되니, 이 얼마나 성대한 일인가! 신 규복은 병상에 있어 나아가 뵙지 못하고, 3개월 후에야 겨우 상처가 나아 殿庭에 올라 절을 올리게 되니 모두 성은이 미친 바로서 감히 축하를 드리지 않겠는가?

또 이로부터 3년 후인 갑신년에 흉도 옥균, 영효, 광범, 재필이 화란을 꾀하다가 음력 10월 17일(무자) 밤에 宮禁으로 잠입하여 적이 들어온다고 무고하고, 어가를 경우궁으로 播越토록 협박하였다.[26] 신 규복은 관료 7~8명과 더불어 호종하였는데, 숨이 차서 헐떡거리며 빠르게 걸어서 겨우 궁문에 들어서자 한 번의 나팔소리가 들리고, 일병이 사방을 둘러싸고 물도 샐 수 없도록 하였기에 어디에서 변란이 일어났는지를 알지 못하였다(흉도들은 오히려 外面에서 적이 일어났다고 속임).

각 殿宮에서 모시는 사람들이 밤새 당황했으며, 날이 밝기 전에 諸賊들은 宰輔 6명(민태호 · 조영하 · 민영목 · 윤태준[27] · 한규직 · 이조

25) 오장경은 廣東水師提督으로 統領水師提督 정여창, 北洋艦隊 候選道 마건충과 함께 청병을 이끌고 조선에 출병하였다.

26) 김옥균 등은 궁궐로 들어가서 변란이 일어났다고 고종에게 거짓으로 고하여 일본군의 호위를 청하였다. 그리고 청병의 공격에 대한 방위에 적합한 경우궁으로 고종을 모시고 갔다.

27) 명성황후의 총애를 받으며 민씨 일파의 참모 역할를 하던 윤태준의 죽음은 친일세력에 대한 반감 憎怨을 크게 하였다. 특히 명성황후는 장호원에 피란 중 윤태준을 밀사로 삼아 고종에게 자신의 생존을 알리고, 대원군의 제거를

연)과 근신 1명(유재현)[28]을 誘殺하고 또 어가를 옮기도록 협박하였다. 이때에 마음을 졸이고 가슴이 찢어지는 듯하였으며, 흉도들에 의해 강제로 구축되어 허겁지겁 문밖으로 쫓겨났다.[29] 죽을 방법이 없고, 살려고 해도 갈 곳이 없어 서로 붙들고 울부짖으며 궐외에서 방황을 했다. 어가가 환궁[30]했다는 소식을 들었으나 대궐 문으로 감히 마음대로 들어갈 수가 없어, 황윤명과 궁궐을 돌아 泮村(宮墻 후문 근처)에 이르러 궁궐을 바라보고 웅크리며 어찌할 수가 없었다.

다음날 저녁에 포성이 하늘에서 나고 천지가 晦塞하여 어찌할 바를 몰랐는데, 이어 원세개와 오조유가 흉도들을 토벌하는 것을 알았다. 곧 내전의 종 5~6명이 주상을 호가하여 혜화문을 나서 성북동 황윤명가로 향했다는 말을 듣자 기쁨을 이기지 못하고, 종손 金應鉉[31] 및 사인 權檍[32]과 함께 따라서 雙流洞으로 가니 東朝, 坤殿, 春宮이 이미 먼저 도착하여 계셨는데,[33] 우리는 땅에 엎드려 흐느껴 울었다. 또 들으니 대가가 북묘(北關廟: 필자)에서 청병에 호위를 요청하여 下都監[34]으로 옮겼다고 하였으며, 聖體가 태평하시다는 소식을 듣고 매우 기쁘고 즐거웠다.[35] 그러나 흉도들의 잔당들이 아직 다 소탕되지 않았기 때문에 慈

위해서는 청국정부에 청원할 수밖에 없다고 비책을 건의하기도 하였다.

28) 고종은 왕궁의 호위을 의뢰하는 친서를 내관 유재현을 통해 일본공사에게 보냈다(京城府, 『京城府史』 I, 530쪽). 연필로 紙片에 쓴 친서라고 한다. 그는 환관 중에서 가장 세력이 있었고, 명성황후의 총애를 받으며 친청세력 유일의 정보기관 역할을 하였기 때문에, 친일세력에서 가장 미워하던 사람 중에 한 사람이었다. 그는 개화파와도 가까웠던 사람이다.

29) 친일세력들은 명성황후 주변의 騷然한 분위기를 일소하기 위해 환관 유재현을 죽인 다음 無用한 환관, 궁녀들을 모두 밖으로 축출하였다.

30) 창덕궁으로의 환궁이다.

31) 내시이다.

32) 권억은 후에 현감을 지냈다(『高宗實錄』 高宗 29년 9월 11일).

33) 창덕궁에 청병의 공격이 격렬하여지자 명성황후는 대왕대비, 왕대비(헌종비 명헌왕후), 세자, 순화빈과 함께 궁문을 탈출하여 북묘로 피난하였다가, 이곳도 위험하여 이처럼 쌍류동으로 피신한 것이다.

34) 훈련도감의 分營으로, 이 당시에는 일본식 군사훈련을 하던 곳이었다. 옛 동대문운동장 서쪽에 있었다. 오장경은 이곳을 牙城으로 삼아 거하였고, 그에 소속된 원세개의 병영이었다. 이곳의 서남방에는 張光前兵營, 馬頭山(현 서울대학교 부속병원 지점)에는 오조유의 병영이 있었다. 이밖에 청군은 남대문 밖(舊 南壇의 앞, 이태원의 남방, 屯芝味)에 주둔하였다.

35) 고종의 이어과정을 살펴보면, 17일 김옥균, 박영효 등은 고종이 있던 창덕궁으로 들어가 폭도들이 난을 일으켜 민영익은 그들의 손에 죽고 위험이 촌각에

聖[36]께서는 이곳에서도 오래 머물 수 없다고 하시었다. 이에 상하가 모두 변복을 하고 三殿宮을 호종하여 밤에 蘆花院 上稷에 이르렀는데, 이때 날씨가 추웠고 눈도 깊게 쌓여 모든 것이 황량하여 신민 된 자 간담이 다 찢어지고 죽으려고 해도 죽을 여지가 없었다. 예로부터 逆亂과 禍變이 한계가 있는 것은 아니지만, 어찌 오늘과 같이 하늘에 넘치는 망극함이 있을 수 있겠는가? 다행히 조종의 默佑를 입어 흉도의 괴수들은 섬멸되고 나머지는 모두 逃散하였다. 20일(신묘)에 覺心寺(原任將臣 李景夏家)[37]로 옮기고, 24일(을미)에는 대가와 각 殿宮을 받들고 창덕궁으로 환

달렸다고 거짓 아뢰었다. 이에 고종은 놀라서 왕비, 세자, 세자빈과 함께 난을 피하여 경우궁으로 이어하였고, 대왕대비도 이곳에 도착하였다. 이때 외아문독판 민영목, 내아문독판 민태호, 전영대장 한규직, 후영대장 윤태준, 좌영대장 이조연, 이조판서 조영하 등 친청세력과 내관 유재현이 이들에게 살해되었다. 18일 아침에 李載元을 영의정으로 하는 신정부가 수립되고, 고종은 대왕대비의 防寒을 목적으로 인근 영의정 이재원가(桂洞宮)로 이어하였고, 황혼이 질 무렵 대왕비의 寢食不安 때문에 다시 창덕궁으로 환어하였다. 19일 오후 3시경 고종이 大政一新의 교서를 내리는 순간 갑자기 폭음이 들리고 탄환이 비 오듯이 궐내로 떨어지면서 청 · 일군의 교전이 시작되었다. 이에 김옥균, 박영효, 서광범 등 수인은 비원 안의 演慶堂으로 고종을 모시고 피신하였는데, 여기에도 탄환이 쏟아지자 일본 순사가 고종을 업고 1町여 떨어진 松林 사이로 피하여 여기에 毛布를 깔고 어좌를 만들었는데, 시종한 자가 竹添公使를 비롯하여 모두 20여 명이었다. 이때 내시들은 시종 전율하면서 안색이 흑색이 되고 떠들썩하게 지껄이면서 계속 두려움을 표시하였다고 한다. 또 이날 해가 서쪽으로 점차 기울자 고종은 왕비와 왕세자 諸殿과 함께 있기를 갈망하자, 내시가 고종을 업고 북문을 나서 제전의 행재소인 북묘로 이어하였는데, 북묘를 호위하던 조선병이 제전을 탈취하여 오는 것으로 오인하고, 갑자기 일행에게 발포하여 총알 하나가 고종을 업고 있던 내시의 손가락을 다쳤다고 한다. 이때 洪英植, 朴泳教, 沈相薰은 고종을 호위하여 북묘로 入御하였다. 일본공사와 일본군은 지척을 분간할 수 없는 밤을 이용하여 궁궐의 북문을 나서 間道를 이용하여 일본공사관으로 도망하였는데, 조선민들이 좌우에서 瓦礫을 던졌다고 한다. 이때 박영효, 김옥균, 서광범, 서재필, 申應熙, 李圭完, 鄭蘭教, 柳赫魯, 邊燧 등은 일본공사 일행을 쫓아서 일본공사관으로 피신하였다가 일본으로 망명하였다. 한편 고종의 신변을 호위하던 홍영식(좌의정)과 박영교(도승지)는 청병에게 사살되었다. 한편 청병은 고종을 선인문 밖 오조유의 營房으로 移奉하였다가, 20일에는 하도감의 원세개 영방으로 이봉하였다(京城府, 『京城府史』 Ⅰ, 527~536쪽).

36) 대왕대비이다.

37) 조대비의 친척인 이경하의 서자 이범진의 집이다.

어하였으니, 실로 우리나라의 큰 기쁨이었다.

다음해(을유) 12월 21일에 신이 김규석과 함께 모시던 가운데에 곤성전하께서는 친필로 一片丹忠 4자 3장을 써서 내려주시고, 너희들은 한 장씩을 받아 가지고, 한 장은 소매에 넣어 황윤명에 전해주며 문병하고 오도록 하고(이때 황윤명은 병으로 집에서 조리중), 나는 너의 마음을 아신다고 말씀하셨다. 신이 규석과 더불어 명을 받들며 감격하여 답을 할 수가 없었다. 삼가 황공하여 백배하고 물러나 기록한다. 상의 즉위 22년(을유) 12월 21일에 숭록대부행지내시부사 김규복이 삼가 쓰다.

이 金圭復[38]의 발문을 통해 이 편액서가 고종 22년 12월 21일에 黃允明의 문병을 계기로 임오군란과 갑신정변 때 왕실에 충성을 다 바친 황윤명, 김규복, 김규석 등 3명의 내시에게 고마움을 표하고, 앞으로도 계속하여 충성을 다하여 달라는 취지로 한 장씩을 써준 것임을 알 수가 있다. 이로써 이 편액서는 명성황후의 35세 때에 쓰여 진 것이다.

이처럼 이 편액서는 임오군란 및 갑신정변과 깊은 관련이 있다. 임오군란은 고종 19년 6월 9일 都捧所事件이라고 불리는 訓局兵들의 軍料紛爭에서 발단한 돌발사건이었다. 6월 9일에는 대규모의 폭동으로 전개되어 東別營과 경기감영의 무기고를 습격하고 포도청에 난입하여 갇혔던 동료를 구출한 뒤, 척신과 개화파 관료의 집을 습격하였다. 6월 10일에는 사태가 더욱 악화되어 영돈령부사 이최응이 살해되고, 뒤이어 궐내로 난입한 군인들은 민겸호와 김보현을 살해하였다. 명성황후를 제거하려고 찾았으나 여흥부대부인 민씨와 무예별감 洪在義(洪啓薰)의 도움으로 탈출하여,[39] 윤태준의 집에 은신하였다가,[40] 광주, 여주를

38) 고종 29년 9월에 고종은 酌獻禮 때 내시 김규복, 황윤명, 김응현, 김한종이 처음부터 끝까지 행차를 따라 다니며 많은 공로를 세웠으니, 모두 품계를 올려주라는 기록이 있다(『高宗實錄』 高宗 29년 9월 11일).

39) 대원군을 따라 입궐한 부대부인 민씨는 死線에서 방황하는 명성황후를 재빨리 자신이 타고 온 사인교 속에 숨겨두었는데, 난군 정의길 등이 혈안이 되어 명

거쳐 장호원 閔應植[41]의 집으로 피신하여 화를 면하였다. 軍民이 궁궐에 침입하자 고종은 대원군의 입시를 명하여 사태수습

성황후를 찾다가 사인교를 보고 수상하게 생각하여 발길로 걷어차서 내부를 들추는 바람에 명성황후가 그들 손에 잡히었다. 때마침 이 광경을 목도한 무예별감 홍재희가 대담한 기지로 이는 내 누이동생 홍상궁이라 하고 외치면서 천연스럽게 명성황후를 업고 대궐을 탈출하였다고 한다(震檀學會, 『韓國史』 最近世篇, 1961, 481쪽). 피난과정은 사료에 따라 내용이 상이하다.

40) 명성황후는 내전에서 궁인 홍씨로 변장하고 女轝를 타고 武監(守衛部將) 홍재희의 호위를 받으며 궁궐의 동문인 건춘문으로 빠져나갔다. 이때 문을 지키던 亂兵 10여 명이 가마를 멈추게 하고 출문자가 누구냐고 묻자 가마 옆에 있던 병정 金聖澤이 나의 누이 궁인 홍씨라고 하였다. 그들은 얼굴 가리개를 제치자 향내가 코를 찔렀다. 아름다운 용모에 눈빛은 밝았고, 얼굴은 평온하였다. 무지한 난병은 가마에 절을 하였다. 여기서 삼청동 계곡을 따라 화개동 윤태준의 집으로 피신하고, 여기서 의복을 갈아입고는 근신을 불러서 왕궁의 형세를 듣고 다시 민응식 집으로 이거하였다. 13일에는 피난 士人의 처녀로 변장을 하고 동대문을 나서서 문외의 임천군수 李根永의 서울 집에서 묵고, 14일 이른 아침에 이근영의 家人으로 가장하고 광주 이근영의 시골집에 도착하였다. 15일 未明에 고향 여주를 향하여 출발하고 閔泳緯의 집에 투숙하였다. 민응식, 閔肯植, 閔泳驥 등이 명성황후의 신변을 수호하였다. 한편 대원군이 명성황후의 潛行 소식을 듣고, 밀령을 내려 현상금을 걸고 명성황후의 소재를 조사하고 捕吏를 여주로 보내자 위험을 피하기 어려워 21일에 충주 장호원의 國望山麓에 있는 민응식의 집으로 이거하였다. 난이 평정되자 迎護使 洪淳穆, 副使 魚允中의 호위를 받으며, 100명의 청병의 호위 속에 7월 29일 장호원을 출발하여 이천, 용인, 광주를 거쳐 8월 1일 동대문으로 입성하고, 곧바로 창덕궁에 환궁하였다(菊池謙讓, 『近代朝鮮史』 上, 鷄鳴社, 1937, 579~583쪽). 한편 민응식은 명성황후를 현 충북 음성군 감곡면 왕장리에 있던 자기 집에 하루를 모신 다음, 이 곳보다 더 안전한 은신처로 옮긴 것이 국망산 아래 한적한 초가집으로, 충주에서 50여 리 떨어진 현 충주시 노은면 가신리 신흥마을 여주 이씨 이시일의 집이었다고 한다(유홍종, 『새롭게 읽는 명성황후 이야기』, 현대문학출판사, 1999, 157쪽).

41) 민응식은 본래 文度公派(閔霽)의 泳愚의 아들인데, 민진원의 후손인 漢俊(21세로 요절)에게 입계하였다. 1882년에 문과에 급제하고, 임오군란 때 충주 장호원의 저택을 명성황후의 피난처로 제공하여 출세 길에 올랐다. 임오군란 후에는 혜상공국총판이 되었다. 그 후 판돈령부사까지 올라갔다가 갑오개혁 이후에는 벼슬을 버리고 은거하였다. 그가 사망하자 고종은 조서를 내려 「處事謹愼嘉言善行至誠盡忠之人」이라고 하였다. 그는 완력이 있고, 강용하였다고 전한다. 전에 필자는 민응식의 증손녀인 민수남 씨로부터 민응식과 민응식의 아들 민병승에 대한 증언청취를 한 적이 있었다.

을 맡겼고, 대원군은 군란을 적절히 이용하여 재차 정권을 장악하였다. 그러나 청나라는 대군을 출동시켜 7월 13일에 대원군을 납치함으로써 대원군 정권은 33일 만에 무너지고 말았다. 전술한 발문에는 난군들은 6월 10일(음)에 날이 밝자 돈화문으로부터 곧바로 궁궐을 범하였는데, 경계가 소홀하여 한 사람도 이들을 막는 자가 없었으며, 내외가 다급하여 허둥거리고 황윤명, 유재현은 諸僚들과 더불어 대왕대비를 陪扈하고 요금문을 나섰고, 김규복은 김규석과 더불어 어가를 시종하고 후원으로 피하였다는 점과 난군들이 잠깐 사이에 내전으로 들어와 고종을 협박하고, 호종하던 재보(민겸호 · 김보현)를 죽이니 강상이 무너지고, 참화가 극에 달하였다고 하였다. 또 이날은 비가 억수같이 내려 어좌는 모두 젖었으며, 내시들은 진흙탕 속에서 侍座하였고, 날이 어두워졌는데도 난적들은 물러날 뜻이 없자 일이 위급한 상황에 이르렀는데, 난적들의 칼과 창을 무릅쓰고 고종을 중희당으로 모셨다고 하였다. 또 난적들이 한꺼번에 들어와 곧바로 殿階로 올라와 殿上의 窓壁을 부수자 김규복이 분을 참지 못하고 앞장서 난적들을 꾸짖으니, 그들은 김규복을 쓰러뜨리고 끌고 나가 칼과 창으로 머리를 치고, 인후를 찔러 피가 홍건히 흐르게 하였다. 난도들은 김규복이 죽은 것으로 알고 버리고 갔는데, 마침 내전의 종 정석준이 가만히 업고 돌아와 살아날 수가 있었다고 하였고, 같은 때에 김규석도 상해를 입었다는 내용들이 들어 있다.

한편 김옥균 등은 1884년 10월 17일(양 12월 4일) 우정국 준공 축하연을 계기로 갑신정변을 단행하여 그날 밤으로 친청세력의 거물 대신들을 처단하고, 친일세력42)의 신 정부를 수립하였

---

42) 청국은 임오군란 이후 조선의 내정, 외교문제에 적극적인 간섭을 감행하므로 써 종주권을 강화하였다. 이에 따라 조선정부의 중심인 척족과 개화파 관료계층 사이에 친청, 친일정책을 내세우는 두 부류가 생겨나 새로운 대립과

다. 그러나 청군 1,500명이 무력개입을 시작하여 궁궐에 침입하자, 친일세력은 청군의 무력공격을 방어하지 못한 채 정변은 실패하고, 김옥균 등의 친일개화세력의 집권은 삼일천하로 끝나고 말았다. 이에 김옥균은 박영효, 서광범, 서재필 등 9명과 함께 일본으로 망명하였다. 전술한 발문에는 10월 18일(음력)에 황윤명과 김규복 등 내시들은 흉도들에 의해 강제로 경우궁에서 쫓겨나 궐외에서 방황했으며, 다음날 저녁에 포성이 하늘에서 나고 천지가 깜깜하게 막혀서 어찌할 바를 몰랐는데, 이어 원세개와 오조유가 흉당들을 토벌하는 것을 알았고, 곧 내전의 종 5~6명이 고종을 호가하여 혜화문을 나서 성북동 황윤명가로 향했다는 소식을 듣고, 김규복은 종손 김응현 및 사인 권억과 함께 쌍류동으로 가니 대왕대비, 왕비, 세자가 이미 먼저 도착하여 있었는데, 흉도들이 아직 소탕되지 않았기 때문에 대왕대비께서는 이곳에서도 오래 머물 수 없다고 하자, 상하가 모두 변복을 하고 三殿宮을 호종하여 밤에 노화원 상계(현 상계동)에 이르렀고, 이때 날씨가 춥고 눈도 깊게 쌓여 모든 것이 황량하였는데, 20일에는 원임대신 이경하의 집인 각심사로 옮기고, 24일에는 전궁을 받들고 창덕궁으로 환어하였다는 내용들이 들어 있다.

(6) 一江秋月

전술한 「一片丹忠」과 함께 같은 裝帖에 붙어 있던 것으로 유물번호는 2364-2이다 〈사진 7〉. 장첩의 크기는 세로 37.7cm, 가로 28.7cm이고, 매 폭의 종이 크기는 세로 28.4cm, 가로 21.3cm이다. 종이는 흰색 당지이고, 자경은 세로 8~18cm, 가로 10~22cm이다. 내용은 「一江秋月」(온 강에 비추는 가을 달)이다. 지면의 상태로 보아 본래 횡서로 되어있었던 것 같다. 김규복에게 직접 내린 것인지의 여부는 알 수가 없으며, 「一片丹

반목이 있게 되었고, 그 결과 갑신정변이 야기되었다.

忠」을 장첩하면서 본 명성황후의 글씨를 함께 넣은 것으로 보인다. 쓰여 진 시기는 1885년 12월 이전일 것으로 짐작된다.

<사진 7> 명성황후 편액서(이화여자대학교 박물관 소장)

(7) 淸心軒

전술한 「一片丹忠」과 함께 같은 장첩에 붙어 있던 것으로 유물번호는 2364-2이다〈사진 8〉. 장첩의 크기는 세로 37.7cm, 가로 28.7cm이고, 매 폭의 종이 크기는 세로 28.4cm, 가로 21.3cm이다. 현재도 전술한 「一江秋月」 뒤에 부착되어 있다. 종이는 「一江秋月」과는 달리 냉금당지이다. 역시 지면의 상태로 보아 본래 횡서로 되어있었던 것 같다. 김규복에게 직접 내린 것인지의 여부도 알 수가 없으며, 본래 「一片丹忠」을 장첩

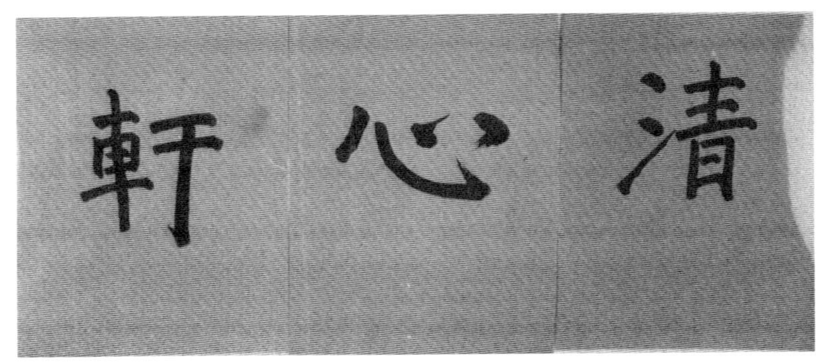

<사진 8> 명성황후의 편액서(이화여자대학교 박물관 소장)

하면서 전술한 「一江秋月」 뒤에 함께 넣은 것이다. 쓰여 진 시기도 「一江秋月」과 같이 1885년 12월 이전일 것으로 짐작된다.

2. 30대 후반이후의 작품

1) 병풍

(1) 鶴林淸談十幅屛

唐子西詩云 山靜似太古 日長如少年 余家深山之中 每春夏之交 蒼蘚暎階 落花滿徑 門無剝啄 松影參差 禽聲上下 午睡初醒 旋汲山泉 拾松枝 煮苦茗 啜之 隨意讀周易・國風・左氏傳・離騷・太史公書 及陶杜詩 韓蘇文數篇 從容步山徑 撫松竹 與麋鹿 共偃息於長林閒坐 弄流泉 漱齒濯足 旣歸竹牕下 則山妻稚子 作筍蕨 供麥飯 欣然一飽 弄筆窓間 隨大小作數十字 展所藏法帖 筆蹟畵卷 縱觀之 興到則唫小詩 或草玉露一段 再烹苦茗一杯 出步溪邊 邂逅園翁溪友 問桑麻 說秔稻 量晴較雨節 數時相與劇談一餉 歸而倚杖柴門之下 則夕陽在山 紫綠萬狀變 頃刻 悅可人目牛背 笛聲兩兩來歸 而月印前溪矣(60字 省略) 東坡所謂無事 此坐一日是兩日 若活七十年 便是百四十 所得不已多乎 右鶴林淸談

(唐子西의 시에 "산이 고요하니 太古와 같고, 해가 길으니 소년과 같다."고 하였다. 나의 집이 깊은 산 속에 있어서 봄과 여름이 바꾸어질 때면 푸른 이끼가 섬돌에 비치고, 낙화가 길에 가득하다. 문을 두드리는 사람이 없고, 소나무 그림자가 들숙날숙하며 새소리가 위아래에서 들린다. 낮잠을 처음 깨서 산의 샘물을 길어오고 소나무가지를 주워서 苦茗을 다려먹고 뜻에 따라 『주역』·『국풍』·『좌씨전』·『이소』·太史公書 및 도연명과 두보의 시, 한퇴지와 소동파의 글 수편을 읽고, 조용히 산길을 걸으며 松竹을 어루만지고, 麋鹿과 함께 長林에 살면서 흐르는 샘물을 희롱하고 이를 닦고 발을 씻는다. 竹牕下에 돌아오자 처자가 죽순과 고사리로 만든 반찬과 보리밥을 제공하니 흔연히 한번 배불리 먹고, 窓間에서 붓을 희롱해서 크고 작은데 따라서 수 십자를 쓰고, 소장한 법첩을 펼쳐서 筆蹟과 畵卷을 본다. 흥이 일어나면 조금 시도 읊고 혹은 玉露 한두 절을 초하고, 다시 고명을 諮여서 한 잔 먹는다. 시내 가에 나가 거닐다가 우연히 園翁과 溪友를 만나면 桑麻를 묻고, 秔稻를 이야기하며, 갠 날을 헤아리고 비오는 절기를 비교한다. 수시로 서로 劇談을 하며 만족하고 돌아와서 사립문 아래에 지팡

이를 의지해 섰으니 석양이 산에 있고 붉고 푸른 형상이 變幻하며, 어둠이 깃들자 어떤 사람이 소 등을 타고 피리를 불며 돌아오니 달이 앞 시내에 비쳐 있다. …… 東坡가 이른바 일이 없는 것이 고요한 것이다라고 하였는데, 이처럼 鶴林에 살다보니 하루의 즐거움이 이틀과 같고, 70년 사는 것이 곧 140년 사는 것과 같다. 얻은 것이 어찌 많다고 하지 않겠는가? 右는 鶴林淸談이다.)

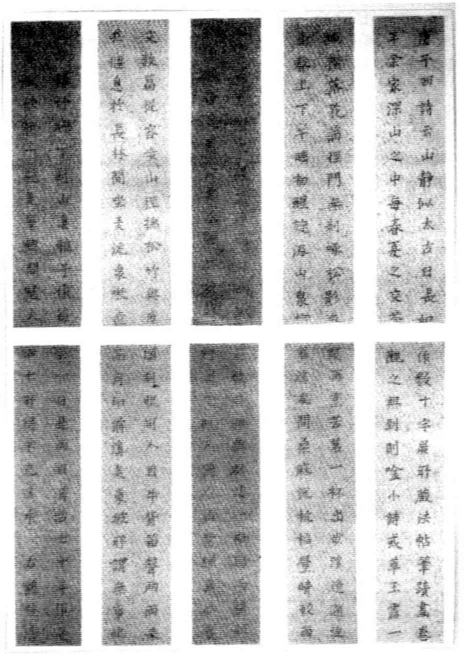

<사진 9> 명성황후의 병풍(이화여자대학교 박물관 소장)

「鶴林淸談十幅屛」은 냉금당지에 쓴 것으로, 이화여자대학교 박물관이 1968년 4월 29일에 金在濬에게 구입하여 소장하고 있다(유물번호 2763) 〈사진 9〉. 매 폭의 크기는 세로 157cm, 가로 30.6cm로 일반 사가에서는 쉽게 볼 수 없는 대병이다. 각 폭은 종서로 2행이며, 매 행은 14자이고, 자경은 6cm정도이다.

한편 13세까지 시골에서 자연과 더불어 어린 시절을 보낸 것으로 추측되는[43] 황후는 鶴林

43) 민유중의 봉사손들은 민유중의 묘소가 있던 현 여주 능현리의 시골집(재실, 명성황후 생가)과 현 덕성여고 자리에 있던 서울 집(感古堂)을 소유하였다. 감고당은 인현왕후가 왕비로 책봉된 후 숙종이 인현왕후의 아버지인 민유중에게 하사한 집이었고(『丹巖先生年譜』 I), 인현왕후가 폐서인된 후 6년 동안 거처하였던 곳이다. 또 영조 37년 6월에는 영조가 이 집을 방문하여 인현왕후

淸談의 내용이 마음에 들었던 모양이다.44) 또 표제에는 「明成皇后楷書鶴林淸談十幅屛 甲辰 暮秋 上浣 松隱 李秉直 再拜謹籤」이라고 되어 있다. 이로써 1964년 9월 상순에 내시출신으로 서화를 잘 하고, 감식가로도 유명하였던 이병직이 拜籤하였음을 알 수가 있다. 배첨 다음에는 李氏 · 秉直이라는 두 개의 方印이 찍혀 있다. 書面에 상처가 많은 것을 보면 사용하던 병풍을 1964년에 재 표구를 하면서 표제를 붙였던 모양 같다.

(2) 刺繡屛

의 옛 일을 상고하고, 感古堂이라는 현판을 써서 주고 편액을 새겨서 걸도록 하였고(『英祖實錄』 권97, 英祖 37년 6월 庚辰), 정조 23년 8월에도 정조는 선대왕을 모시고 聖母께서 잠시 거처하시던 안국동 옛집에 거동하였던 것을 회상하고, 인현왕후의 기일에 민유중의 사당에 승지를 보내 제사하도록 하고, 봉사손인 도사 閔耆顯(명성황후의 할아버지)을 6품 자리의 수령으로 제수하도록 하였다(『正祖實錄』 권52, 正祖 23년 8월 庚子). 이러한 이유 대문에 종손들도 감고당을 함부로 사용하지 못하고 능현리 시골집을 사용하였다. 그러나 고종 1년 3월에 沈宜冕, 沈履澤 부자가 이곳에 살면서 제멋대로 뜯어 고쳐 옛 모양을 없애버리고는 하인이 사용하는 방으로 만들어 버리는 일이 발생하였다(『高宗實錄』 高宗 1년 3월 5 · 7 · 12일). 이에 대원군은 이 집을 빼앗아 봉사손인 민승호에게 돌려주었다. 한편 봉사손이던 민치록은 말년에 민승호를 입계하여 아들로 삼았으며, 민치록은 명성황후가 9세 때인 철종 9년에 60세로 여주 능현리 시골집에서 별세하였다. 민승호는 철종 12년에 명릉참봉이 되었다가, 고종이 1863년 12월에 즉위하자 다음해에 문과에 급제하여 벼슬길에 오르면서, 沈宜冕 부자로부터 감고당을 돌려받자 명성황후를 포함한 민승호 가족들은 시골집에서 안국동 감고당으로 이사를 하였던 것 같다. 명성황후는 운현궁에서 가까운 감고당에서 왕비로 책봉되게 되었고, 그 후 민승호 가족은 竹洞(현 청운동)으로 이사를 하였으며, 그 후 명성황후는 감고당을 신축이라고 할 정도로 대대적으로 개축하였다. 근래 감고당은 덕성여고 자리에서 우이동으로 옮겨져 덕성학원이사장의 자택으로 사용하다가, 다시 쌍문동 덕성여대 후문 밖으로 옮겨졌는데, 이곳도 학교가 들어서는 바람에 여주군에서 명성황후 생가 옆으로 이건하여 다행히 옛 모습을 찾을 수 있게 되었다(민덕식, 『내 삶의 발자취』. 도서출판 일공일, 2019, 66~69쪽).

44) 명성황후가 시골에 살 때 처녀 아이들이 꽃을 꺾어 가지고 벌레와 희롱하면 명성황후는 이를 말리며 말하기를, '벌레들도 자라고 먹고 숨 쉬는 것이 너와 같은 것이다.' 라고 하여 생물을 사랑하는 마음이 깊었다고 한다(『高宗實錄』 光武 1년 11월 22일. 고종이 지은 明成皇后 行錄).

비단에 한시를 자수한 8폭 병풍으로, 병풍의 각 폭은 세로 145.8cm, 가로 36.6cm이다 〈사진 10〉. 한 폭에 한 句씩을 수놓아 字間이 넓다. 각 글자마다 글자를 수놓은 실과 같은 색조의 안료로 채색한 흔적이 남아 있고, 비단 바탕 뒤에 배접된 글씨

<사진 10> 명성황후의 자수병풍(국립고궁박물관 소장)

초본이 보인다.

兩人對酌山花開(두 사람 술 마실 즈음에도 산꽃이 피어나니)
一盃一盃復一盃(한잔 먹고 또 한잔 자꾸자꾸 먹게 되네)
我醉欲眠君且去(나는 취하여 졸음이 오는데 그대는 간다고 하니)
明朝有意抱琴來(내일 아침에 생각이 나거든 거문고를 가져오게나)

金殿當頭紫閣重(金殿에 잇대어 紫閣이 즐비하고)
仙人掌上玉芙蓉(仙人掌 위에는 玉芙蓉이 아름답다네)
太平天子朝元日(태평시대 천자는 설날에 조회 받는데)
五色雲中駕六龍(오색구름 가운데 六龍을 메웠도다)

제1폭부터 제4폭의 시는 당 李白의 「山中對酌詩」이고, 제5폭부터 제8폭의 시는 당 王建의 「宮詞一百首」 중 한 수이다. 국립고궁박물관에 소장된 수놓인 이 한시의 글씨는 명성황후의 친필로 전해진다.[45]

2) 편액서

(1) 桂庭

고려대학교 박물관의 소장품(유물번호 2558)으로, 민영환의 손자인 閔丙岐 고려대 교수가 모교인 고려대학교에 기증한 민영환의 유품 속에 들어있다 〈사진 11〉. 내용은 「桂庭」으로 크기는 가로 106.2cm, 세로 41cm이다. 전술한 「桂庭山房」처럼 종이로 만든 편액인데, 「重華宮印」이라는 네모진 도서가 찍혀 있다. 여기서 重華宮은 명성황후의 아호로 쓴 것이 아닌지도 모르겠다. 중화궁은 중국의 궁전 명칭으로,[46] 이러한 명성황후의 도서는 처음 보는 것이다.

<사진 11> 명성황후의 편액(고려대학교 박물관 소장)

(2) 翠磵

人淡如菊과 같이 심순택가에 전해 오는 편액서로 크기는 가로 114.5cm, 세로 56cm이며, 종이는 중국산 냉금당지이다 〈사진 12〉. 내용은 푸른 시냇물이란 뜻이다. 오른쪽 위에 「庚寅仲春」이라고 되어 있는 것으로 보아, 이 편액서가 고종 27년 2월

45) 국립고궁박물관, 『궁중서화』, 2012, 300~301쪽.

46) 『正祖實錄』 권51, 正祖 23년 1월 辛巳.

에 써졌음을 알 수가 있다. 즉 명성황후의 40세 때의 글씨가 된다. 한편 이 揮毫年度는 다음의 書題 뒤에 써야 될 것이나, 자리가 적당하지 않아 앞으로 옮긴 것으로 보인다. 마지막에는 작은 글씨로 「書閣喬楷春」이라는 서제가 있다. 내용은 '書閣(書室)의 높은 楷木[47]에 봄이 왔구나.' 이다. 별도로 붙인 붉은색 箋紙의 뒷면에는 「明成皇后御筆」이라고 적혀 있다. 뒷면에 써서 앞에서 보면 가리도록 되어 있다.[48] 이는 선대의 銜字를 面紙로서 가리는 관습과 같다고 하겠다.

한편 같은 심순택의 후손 가에는 광무 6년 3월에 순종비인 순명효황후 민씨(민태호의 여)가 쓴 「翠澗」이라는 편액서(가로 108cm, 세로 56cm)가 함께 전하여 온다.[49] 이 편액서에도 붉은 색 전지의 뒷면에 「純明妃御筆」이라고 쓰여 져 있다.[50]

<사진 12> 명성황후의 편액서(심순택 후손가 소장)

(3) 芸香玉藻齋

한국교회사연구소에 소장되어 있다 〈사진 13〉. 본 서첩은

---

47) 楷木(孔木, 黃連木)은 곡부에 있는 공자묘에 자공이 손수 심었다고 하는 나무이다.

48) 예술의 전당 서울서예박물관, 『朝鮮王朝御筆』, 236쪽.

49) 종이는 분홍색을 띠는 중국산 냉금당지이다.

50) 예술의 전당 서울서예박물관, 『朝鮮王朝御筆』, 236쪽.

1960년 전후에 구입한 것이라고 한다. 서첩의 크기는 세로 27cm, 가로 20.3cm이고, 書面은 세로 19.5cm, 가로 17.5cm이다. 가로 87.5cm, 세로 17.5cm의 편액서를 글자 한자씩을 오려서 5쪽으로 붙인 것이다. 서첩이 꾸며진 시기는 1902년 9월 하순이었다. 현재 서면에는 좀이 먹은 흔적들이 군데군데 나 있으며, 이에 의해 부분적으로 글씨가 훼손된 곳도 있다.

표지에는 「御筆」이라고 쓰여 있고, 첫째 장의 冒頭에는 「明成皇后親筆」이라고 쓰여 있다. 하단에는 1.5×1.5cm, 2×2cm 크기의 네모난 도서가 상하로 찍혀 있다. 위의 도서는 「錦山」으로 소장자의 호로 보이며, 아래 도서는 글자가 파손되어 알아볼 수가 없다. 편액서의 내용은「芸香玉藻齋」로 '문장이 향기가 나는 집'이라는 의미의 당호이다. 여기서 芸香은 향초의 하나로 잎을 책 속에 넣으면 좀이 먹지 않는다고 하며, 玉藻는 문

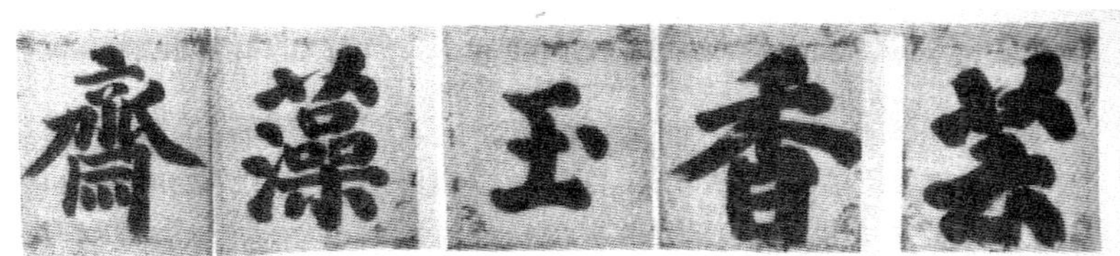

<사진 13> 명성황후의 편액서(한국교회사연구소 소장)

장이라는 의미이다.

말미에는 다음과 같은 발문이 들어 있다.

余旅食京師 已爲二十五年 裕堂閔先生泳達氏 遇我寬厚 知我一室 其恩未報於萬一 先生性本嚴勵 謹身好讀 家庭肅然 一日先生 召我以言 子之恒心 極好古人之筆 我以御筆五字 特異贈君 善保勿失 以表君我三十年交誼 余敬受以歸 卽付於書貼 手不釋之 汝曹不忘老父之心
壬寅 秋九月 下澣
(내가 나그네로서 서울에서 밥을 먹은 것이 벌써 25년이 되었다. 裕堂

민 선생 영달 씨가 나를 대하기를 관후하게 하였고, 나를 알기를 한집 사람같이 하였으나, 그 은혜를 만에 하나도 갚지 못하였다. 선생은 성품이 엄하였고, 몸을 부지런히 하여 글을 읽었고, 가정에서 매우 엄숙하였다. 하루는 선생이 나를 불러서 말하기를 자네의 恒心이 지극히 고인의 글씨를 좋아하니 내가 어필 5자를 특별히 그대에게 주니 잘 보존하여 잃지 말고, 그대와 나의 30년 交誼를 표한다고 하였다. 내가 공경히 받아 가지고 돌아와서 곧바로 서첩에 붙이고 손에서 놓지를 못하니, 너희들은 늙은 애비의 마음을 잃지 말아라.)

라고 하였다. 본 편액서는 명성황후가 閔泳達에게 내린 당호였는데, 민영달이 자기 집에서 25년 동안 문객으로 지내던 錦山이란 호를 갖은 사람이 고인의 글씨를 매우 좋아함으로 30년 交誼의 표현으로 준 것임을 알 수가 있다.

명성황후로부터 편액서를 받은 민영달은 덕천군수를 지낸 閔觀鎬의 아들로, 1885년에 증광문과에 급제한 후, 1892년 경기도관찰사를 거쳐 형조 · 예조 · 호조판서, 좌참찬을 역임하였다. 1894년 호조판서로 있다가 김홍직내각의 내부대신이 되었으나, 명성황후가 시해되자 사직하였다. 그는 權略이 풍부하고 이완용과 이윤용을 조종할 정도로 수완이 있었으며 이재의 재간도 뛰어났다. 동학농민운동이 일어나자 대부분의 대신들이 청국에 구원을 요청하려 하였으나, 이에 반대하고 일본에 구원을 요청할 것을 주장하기도 하였다. 1910년 일제가 한반도를 강점한 뒤 남작의 작위를 주려고 하였으나 거절하였다. 1921년에는 동아일보사에 5,000원을 출자하기도 하였으며, 임시정부에 거액을 기부하기도 하였다. 1986년 대한민국정부 유공자로 수상되었다.

민영달은 본래 천성이 호협하였으며, 遊俠의 생활을 하다가 민승호의 인정을 받아 그의 집에서 지냈으며, 갑신정변 때 우정국에서 민영익을 업어다 살림으로 인해 명성황후의 知遇를 받아 출세 길에 올랐다. 그는 人情 物勢에 모르는 것이 없었으며,

명성황후를 모실 때도 능대능소하여 궁중의 신임이 날로 깊어 갔다. 명성황후의 아버지 여흥부원군을 개장할 때 장사를 監護하였고, 예조판서를 지내고, 閤監廳 일을 맡아 대내의 살림을 맡게 되면서 얼마 동안은 여러 민씨 중에서 독출한 세력을 가졌다고 한다.[51] 한편 명성황후가 민영소에게 내린 봉서 속에도 명성황후가 민영달에게 심부름을 시킨 내용이 들어 있다. 민영달의 호는 綏堂(유당)이었는데, 위의 발문에서는 裕堂이라고 하였다.

3) 封書

夜間直履安勝 遠念不淺耳 餘留不一

(야간에 복무하는데 편안하냐? 멀리서의 생각이 염려되는 바가 많다. 나머지는 뒤로 미루고 다하지 못 한다.)

서간지의 크기는 세로 22.8cm, 가로 12.8cm이며, 봉투는 세로 15.5cm, 가로 7.8cm이다 〈사진 14〉. 서간지는 중국제 당지로 엷은 담홍색이며,「萬壽無疆」,「萬年多福」이라는 글자가 찍혀 있다. 봉투에도「平安喜報」라는 글자가 찍혀 있다. 또 毛筆로 閔大人 泳韶 官印 升啓,[52] 即送, 內函一片, 禁中平書[53]라는 글자가 있다. 궁중에서 보내는 여인의 보통 편지라는 것이다. 봉서의 내용 중에서 職中을 直履로 수정을 하였는데, 公務中이라는 뜻으로는 수정한 直履가 보다 좋은 표현이라고 볼 수가 있다.

외직에 근무하는 민영소에게 위로 겸 보낸 봉서이다. 민영소는 1885년 춘천부사, 1889년 광주부유수[54] 등의 외직을 지낸 적

---

51) 鄭寅普, 「閔綏堂과 韓江石」, 『薝園 鄭寅普全集』 2(延世大學校 出版部), 1983, 337~344쪽.

52) 升啓는 편지 피봉에 받는 사람의 이름 아래 쓰는 존칭어다.

53) 平書는 急報, 密書 등에 대해서 보통의 편지를 말한다.

54) 『高宗實錄』 高宗 26년 5월 13일.

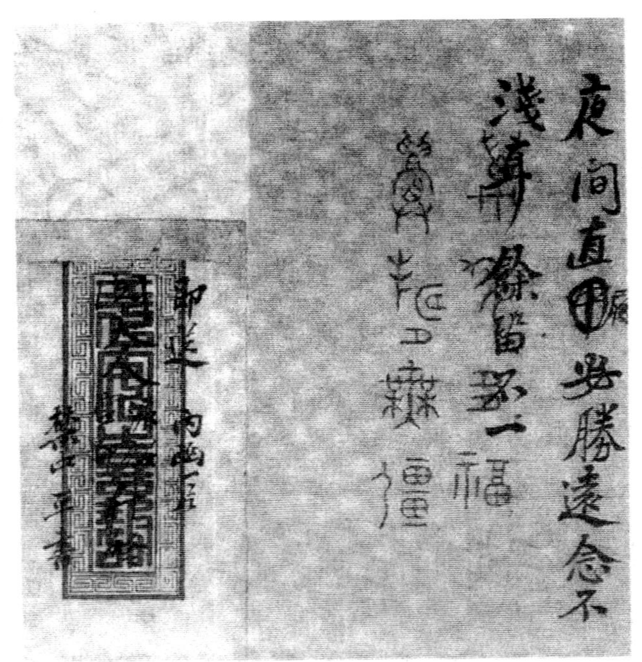

<사진 14> 명성황후의 봉서(명성황후 기념관 소장)

이 있다. 광주부유수로 있을 때의 것이 아닌가 싶다. 현재까지 황후의 한문으로 된 봉서는 이것이 유일하다.

이 밖에도 2010년에 예술의 전당의 전시회 때 출품된 명성황후의 「五言祝詩」가 있다.55)

Ⅱ. 글 씨

1. 30대 중엽이전의 글씨

55) 예술의 전당 서예박물관, 『붓길 역사의 길』, 2010, 10~11쪽.

「春光不到玉門關 黃河△△上雲間」은 글씨풍이 기교가 적고 질박하며, 필획에 근골을 함유하여 굳센 느낌을 주고, 筆勢가 침착하면서 강하다. 字形은 좌변을 강하게 처리하여 자형의 중심이 변하고 있으며, 자형이 右斜하고 있어서 안정적 구조보다는 능동적 美感을 보여주고 있다. 아울러 글자의 대소와 필획의 변화를 통해 부정형의 章法을 보여주고 있다. 여러 가지 정황으로 미루어 볼 때 후술할 「川雲」보다 이전 시기의 글씨로 추정할 수 있다. 그러나 「川雲」이 안정적이며 치밀함을 추구하고 있는데 비하여, 이 글씨는 질박한 부정형의 변화를 보여주고 있다. 그렇지만 덜 안정된 글자 구조는 서투르거나 미숙한 글씨로 볼 수 있지만, 오히려 침착하고 굳센 필획에서 치밀하면서 강한 내면의 모습을 보여주고 있다.

「川雲」은 점획이 안정되었고, 운필이 침착하며 단아하다. 자형도 구조적으로 안정감 있게 처리하였고, 마무리 획을 부드러우면서 강하게 하여, 황후의 성품이 안정되고 꼼꼼함을 살필 수 있다.

「芝圃山房」은 大字이면서 필획에 飛白이 없고, 결구를 엄하게 처리하여 안정적이고 위엄이 있는 기풍을 보여준다. 圓筆을 사용하여 필획이 둔중하면서 탄력이 있으며, 여성적인 온유함이 들어 있다. 외유내강형의 글씨이다. 그렇지만 圃字는 중심에서 약간 올라갔고, 山字는 반대로 약간 내려왔으며, 네 글자의 간격이 균일하지 못하다. 좌측의 도서는 너무 작고, 전각의 크기와 위치도 어울리지 않는다. 이렇게 볼 때 글자 하나하나의 결구와 필세는 비교적 좋은데, 전체적인 장법은 약간 미숙함을 보여주고, 도서와도 대비가 심하여 완성도 면에서 떨어진다고 말할 수 있다. 그렇지만 글씨에 나타나는 그의 성정은 매우 안정되고 침착하며, 당당한 면모를 보여주고 있다.

「一片丹忠」은 글씨는 자형의 짜임새나 운필이 다소 불안정하나, 전반적으로 힘 있는 필치로 구사되어 약동감이 있으며, 필세의 당당함에서 국모의 위세와 면모가 엿보인다.[56)]

2. 30대 후반이후의 글씨

「鶴林淸談十幅屛」은 구양순의 筆意를 바탕으로 한 점획과 결구를 보여주지만, 간혹 가로획이나 파책에서 안진경이나 유공권의 필의를 볼 수 있다. 전체적인 章法을 보면 字間과 行間을 넉넉하게 하여 시각적으로 안정감을 갖게 하였다. 글자의 결구는 단아하고 엄정하여 여성적인 풍모를 보인다. 중간 중간에 결구가 독특한 자형을 볼 수 있다. 長, 夏, 參, 所, 邊, 鶴字 등이 결구가 異體를 사용하여 표현이 다채롭다. 더 세분하여 점획을 살펴보면 대체로 점획의 변화가 단순한 편이다. 辶, 松, 之, 山 등은 여러 번 나오는데 대체로 변화가 적으며, 점획에서 근골이 많은 운필을 하여 안정적인 분위기를 보여준다. 운필을 보면 점획과 결구를 꼼꼼하고 분명하게 처리하고자 한 것을 보면, 황후의 성품이 고집이 있고 빈틈이 없으며, 또한 여성적인 섬세함을 볼 수 있다. 먹색이 진하고 운필 속도가 빠를 때 나타나는 비백이 나타나지 않아서 性情이 매우 차분하고 냉철하다는 것을 보여준다. 글씨의 완성도나 능숙도 면에서 볼 때 서법을 익혀 초보의 단계를 벗어나고, 능숙한 단계에는 이르지 못한 중간 단계로 볼 수가 있다.

「刺繡屛」은 구양순 필법으로 쓰였으며, 점획의 표현이 분명하다. 결구가 안정되고 字間을 넉넉하게 처리하여 시각적인 편안함과 당당함이 드러난다. 다만 「人」字를 보면 중복된 두 글자를 유사하게 처리하였다. 전체적으로 보면 글자의 크기에 비하여 필획을 약간 가늘게 처리하였고, 글자에 비해 좌우 여백이 많기

56) 梨花女子大學校博物館, 『韓國書蹟』(梨花女子大學校 博物館 特別展圖錄 20), 1992, 109쪽.

때문에 글자가 약간 왜소해 보인다. 그러나 점획의 처리와 결구의 능숙함, 전체적인 분위기는 상당한 수준임을 알 수 있다.

「桂庭」은 필획이 분명하고 결구가 엄정하여 단아한 필의를 보여 주고 있어서 서사자의 인품을 보여주는 듯하다. 桂字는 木 부분과 圭 부분의 두 글자가 종획을 중심으로 당당히 마주하며 응하는 기상이 서려있다. 그리고 마지막 점은 마무리를 하면서 다음 글자인 庭字를 향하고 있어서, 자연스럽게 桂字에 서려 있는 종획과 횡획의 정적인 긴장감을 완화시켜주고 있다. 이에 비하여 庭字는 广의 시작은 단순하지만 큰세고 강하게 처리하였고, 아래 부분은 좌하와 우하로 동적인 필세를 취하고 있어서, 桂字에 비하여 동태미를 살필 수 있다. 도서는 전서의 필획과 布置 등을 살펴볼 때 수준이 본문에 미치지 못하고 있다.

「翠磵」은 여장부다운 기상이 넘치는 작품이다. 大字 운필임에도 주눅 들지 않고 자신감이 두드러진다. 능숙한 면에서는 약간 어눌하지만, 운필의 당당함이 그것을 보완하여 주고 있다. 「翠」字 부분에서 羽 부분의 기세가 좋으며, 卒 부분의 세로획의 강건함이 두드러진다. 「磵」字에서 石부분은 결구가 매우 야무져서 성정이 분명함을 보여주며, 門 부분은 거침없는 기상이 좋아 추진력 있는 성품임을 드러내고 있다. 좌우의 小字 행서는 필법과 능숙도 면으로 볼 때 타인의 글씨이다.

「芸香玉藻齋」의 芸字는 艹 부분의 처리에서 제4획을 강하게 눌러서 처리한 것이 독특하다. 云 부분에서 제3획 부분을 예서의 필획을 바탕으로 처리하여, 시각적인 아름다움을 주었다. 그러나 艹보다는 云 부분의 처리가 약간 미숙한 면이 보인다. 香字는 禾 부분은 좌우로 펼쳐진 필세가 좋으며, 제2획의 마지막 부분을 강하게 필을 누른 흔적이 보인다. 이것은 시각적으로 강하게 마무리한 인상을 준다. 日 부분은 또한 강하게 결구를 처리하여 당당한 필의를 보여주었다.

玉字는 다른 부분보다 약하게 처리되었다. 제3획의 세로획을 좌측으로 만곡되게 처리하여 시각적인 변화를 주었고, 이를 마지막 점으로 안정되게 결구를 처리하였다. 藻는 艹 부분에서 역시 필순에서 제3획과 제4획의 순서가 차이나며, 마지막 획을 강하게 눌러 하향세를 취한 것이 눈에 띤다. 나머지 점획들은 능숙하고 안정되게 결구 처리한 것이 두드러진다.

齋字는 결구가 안정되게 조화를 이루었다. 字 전체를 상중하로 구분할 때 상부분은 필세가 약간 움츠러들었고 중간부분은 좌우로 기세 있게 펼쳐졌고, 하단은 우측 세로획이 약간 좌측으로 기울어졌지만, 긴밀하게 처리하여 이를 보완하고 있다. 전체적으로 보면 대자 운필이 능숙하다는 것을 알 수 있다. 기상이 활달하면서 결구가 안정되어 있다. 점획에서 정밀함이 부족한 부분도 있지만, 자연스런 운필과 안정된 결구가 이를 보완해주고 있다. 운필의 능숙도와 글자의 결구 등이 다른 작품보다는 「翠磵」 편액서와 비슷하여 비슷한 시기에 쓰여 진 것으로 추측된다.57)

맺 음 말

현재 남아 있는 작품들을 보면 황후는 대체로 30대에 들어서서 서예에 관심을 둔 것으로 보이며, 34세 때에는 이조연, 35세 때에는 민영환, 이범진, 정낙용, 김규복, 황윤명, 김규석, 30대 후반이후에는 민영환, 심순택, 민영달 같은 신뢰하던 신하들에게 그 동안 연습한 실력을 바탕으로 특별히 편액서나 족자를 내리는 등 왕실에 대한 충성심을 북돋우고 있었음을 살펴 볼 수가 있었다.58) 특히 30대 후반 이후에 들어서면서는 「鶴林淸

57) 충남대학교 李星培 선생의 가르침을 받았다.

談十幅屛」, 「刺繡屛」과 같은 훌륭한 병풍글씨도 쓰게 되었고, 「翠磵」, 「芸香玉藻齋」와 같은 훌륭한 편액글씨들도 남길 수 있게 되었다.

글씨를 연마하던 30대 중엽 아전과 30대 후반 이후의 글씨를 비교하여 보면 황후가 바쁜 생활 속에서도 얼마나 서예에 정진하였는가를 엿볼 수가 있다.[59] 바쁜 궁중생활 속에서도 이처럼 진전을 이룰 수 있었던 것은 그의 성품과도 밀접한 관계가 있었다고 여겨진다.[60] 하여튼 이러한 명성황후의 유묵들을 바탕으로 황후의 작품으로 전하여지고 있는 다른 작품들과의 비교 연구가 이루어져야 하겠으며, 또 앞으로 황후의 더 많은 작품들이 발굴되어 황후의 서예세계의 진면목들이 좀 더 밝혀지기를 기대하여 본다. 이렇게 되면 문제가 되는 「翠磵」, 「芸香玉藻齋」와 다른 글씨와의 차이점도 밝혀질 것으로 보인다.

글씨에 나타나는 명성황후의 성정은 차분하고 냉철하며, 고집스럽고 嚴正하며, 빈틈없고 섬세함을 보이고 있다. 한마디로 황후는 개성이 강하고, 분명하면서 추진력을 소유한 당당한 면모를 지닌 外柔內剛의 인물이었던 것으로 보인다.

58) 민영소도 명성황후로부터 「一心事君」이라는 4자로 된 친필을 받았다고 한다(『高宗實錄』 光武 1年 11월 22일(민영소가 지은 명성황후 묘지문). 이 편액서는 현재 그의 후손가에는 전하지 않는다.

59) 황후의 일상생활은 아침 11시에 일어나 한 두 시간 휴식을 취한 후 편지를 읽고 답장 쓰기, 각종 서류를 검토하기, 서리의 임명에서 조약의 체결에 이르기까지 국정 전반에 관한 일을 처리하는 등 새벽 늦게까지 바쁜 일정을 보냈다고 전하여 온다(國史編纂委員會, 『尹致昊日記』 4, 1975, 299~300쪽).

60) 황후는 평소 해외의 새로운 문물과 사정에 관심이 많았고, 새 것을 알아보려는 적극적인 노력과 다방면에 걸친 많은 호기심을 보였는데, 서예에 대한 관심 역시 그의 성격과도 깊은 관련이 있었던 것으로 보인다.

제5장 궁녀 국문서간의 연구

—명성황후의 연구를 위한 일환으로—

머 리 말

본고에서 소개하려는 36통의 서간들은 본래 민영소의 현손인 민경희 씨가 소장하고 있었다. 소장자인 민경희 씨는 민영소의 종손으로, 이들 서간들은 명성황후가 민영소에게 내린 봉서들과 함께 비단 보자기에 쌓여 매우 소중하게 전래되어 왔다. 현재는 국립고궁박물관이 구입하여 소장하고 있다.[1] 이러한 궁중의 서간들이 거의 전하지 않는 현재로서는 이러한 자료들은 당시의 상황을 알 수 있는 귀중한 자료들이기 때문에, 그 내용을 학계에 간단히 소개하는 것이 좋을 것 같아 마련하여 본 것이다.

본고에서는 우선 서간들의 원문을 쓰고, 내용을 현대문으로 옮기도록 하겠다. 또 서간의 서술 형식, 보낸 사람, 받은 사람, 서간에 나오는 인물, 쓰여 진 시기, 서간의 중요한 내용들을 하나하나 검토하여 보도록 하겠다.

Ⅰ. 내용

1. 문안

① 봉셔(封書) 밧ᄌᆞ와 보ᄋᆞᆸ고 긔후 태평(泰平)ᄒᆞ오신 문안

1) 국립고궁박물관, 『명성황후 한글편지와 조선왕실의 시전지』, 2010, 94~138쪽.

(問安)ᄋᆞ옵고 든〃 츅슈(祝手) ᄒᆞ옵고 날로 봉셔 못뵈와 궁〃ᄒᆞ옵더니 봉셔 보오니 든〃 반갑습고 여긔셔는 냥뎐(兩殿) 문안 안녕ᄒᆞ오시오니 츅슈ᄒᆞ옵고 어마님 졔절(諸節) 만안(萬安)ᄒᆞ오시닛가 츙경이 무탈(無頉)ᄒᆞ오닛가 그ᄉᆞ이 원일(元日)과 경츅일(慶祝日)의도 못 드러오시니 셥〃 층냥(測量)업ᄉᆞ와 지니ᄉᆞ 의당 ᄉᆡ달은 드러오실 듯 ᄒᆞ오니 ᄉᆡ달이 어셔 가기을 쥬야 조이옵ᄂᆞ이다.

(봉서 받자와 보고 기후 태평하오신 문안 알고 든든 축수하며, 날로 봉서 못 보아 궁금하였더니 봉서 보니 든든 반갑습니다. 여기서는 양전 문안 안녕하오시니 축수하옵고, 어머님 제절 만안 하십니까. 충경이도 무탈하옵니까. 그 사이 정월 초하루와 경축일에도 못 들어오시니 섭섭함을 헤아릴 수 없이 지내고 있으며, 의당 새달에는 들어오실 듯 하오니 새달이 어서 오기를 밤낮으로 마음을 졸입니다.)

② 봉셔 밧ᄌᆞ와 보옵고 긔후 태평ᄒᆞ오신 문안 아옵고 든〃 츅슈ᄒᆞ오며 어마님 졔졀 만강ᄒᆞ오시닛가 작야(昨夜)는 드러오와 겨신 거슬 잠이 깁ᄉᆞ와 못뵈와 셥〃히 지ᄂᆡᆺ사외다 여긔셔는 냥뎐 문안 안녕ᄒᆞ오시오니이다 여긔셔는 잘 잇습고 츙경이 무탈ᄒᆞ오니ᄭᅡ?

(봉서 받자와 보고 기후 태평하오신 문안 알고 든든 축수하오며 어머님 제절 만강하십니까. 지난밤에 들어와 계신 것을 잠이 깊이 들어 못 뵈어 섭섭히 지냈습니다. 여기서는 양전 문안 안녕하오시옵고, 여기서는 다들 잘 있습니다. 충경이는 무탈(無頉)합니까?)

③ 봉셔 밧ᄌᆞ와 보옵고 긔후 태평ᄒᆞ오신 문안 아읍고 든〃 츅슈ᄒᆞ옵고 루셜(漏泄)노 불인(不仁)ᄒᆞ신 일 듯ᄉᆞ오니 답〃ᄒᆞ옵고 여긔셔는 냥뎐 문안 안녕ᄒᆞ시니 츅슈ᄒᆞ옵고 마〃 졔졀 한가지로 지ᄂᆡ오시옵ᄂᆞ이다 여긔셔는 잘 잇습ᄂᆞ이다.

(봉서 받자와 보고 기후 태평하오신 문안 알고 든든 축수하옵고 설사로 편치 못하신 일 듣사오니 답답하오며, 여기서는 양전 문안 안녕하시니 축수하옵고, 마마 제절 한가지로 지내오시옵니다. 여기서는 잘 있습니다.)

④ 봉셔 밧ᄌᆞ와 보ᄋᆞᆸ고 긔후 태평ᄒᆞ오신 일 아옵고 든〃 츅슈ᄒᆞ옵고 작일(昨日)은 빗치오시고 밤 태평이 주무오신잇가 여긔셔ᄂᆞᆫ 냥뎐 문안 안녕ᄒᆞ오시오니 츅슈ᄒᆞ옵고 여긔셔ᄂᆞᆫ 한가지옵ᄂᆞ이다 츙경 무탈ᄒᆞ오닛가 향ᄌᆞ(向者) 말슴ᄒᆞ옵든 칼 말슴ᄒᆞ와 겨시엇잇가 어마님 안녕ᄒᆞ오시고 작일은 놀나오샤 오죽 경동(驚動)되와 겨실잇가 추후 아옵고 일ᄏᆞᆺᄉᆞ와ᄉᆞᆸᄂᆞ이다.

(봉서 받자와 보고 기후 태평하오신 일 알고 든든 축수하오며, 어제는 비가 왔는데 밤 사이 태평이 주무셨습니까. 여기서는 양전 문안 안녕하오시오니 축수하옵고, 여기서는 한가지옵니다. 충경이는 무탈하옵니까. 전날에 말씀하였던 칼 말씀하셨습니까. 어머님 안녕하옵시고, 어제는 놀라셔서 얼마나 경동(驚動)되어 계셨겠습니까. 추후 알고 말씀드립니다.)

⑤ 봉셔 밧ᄌᆞ와 보ᄋᆞᆸ고 긔후 태평ᄒᆞ오신 일 아옵고 든〃 츅슈ᄒᆞ와 ᄒᆞ옵고 불평지절(不平之節)이 긴ᄒᆞ오신가 보오니 외오 답〃ᄒᆞ오미 측냥업ᄉᆞ오며 여긔셔ᄂᆞᆫ 냥뎐 문안 안녕ᄒᆞ오시오니 츅슈ᄒᆞ와 ᄒᆞ옵고 츙경이도 무탈ᄒᆞ오닛가 여긔셔ᄂᆞᆫ 셜후로 괴로이 지ᄂᆡ옵ᄂᆞ이다.

(봉서 받자와 보고 기후 태평하오신 일 알고 든든 축수하옵고 불평지절이 긴하오신가 보오니 오히려 답답함이 헤아릴 수 없습니다. 여기서는 양전 문안 안녕하오시오니 축수하옵고, 충경이도 무탈합니까. 여기서는 설 지나고서 괴로이 지내옵니다.)

⑥ 봉셔 밧ᄌᆞ와 보ᄋᆞᆸ고 긔후 태평ᄒᆞ오신 일 아옵고 든〃 츅슈ᄒᆞ와 ᄒᆞ오며 비혈(鼻血)노 ᄃᆡ단ᄒᆞ오신 일 괴롭ᄉᆞ오시려 일ᄏᆞᆺᄉᆞ오며 여긔셔ᄂᆞᆫ 냥뎐 문안 안녕ᄒᆞ오시오니 츅슈ᄒᆞ와 ᄒᆞ옵고 여

긔셔는 히소(該嗽)로 밤의 순전 자지 못ᄒᆞ와 괴롭솝ᄂᆞ이다 앗가 녹지(錄紙)[1]는 보아 겨실 듯 ᄒᆞ외다.

(봉서 받자와 보고 기후 태평하오신 일 아옵고 든든 측수하와 하오며, 코피가 나서 대단하오신 일 괴로우신지 여쭈오며, 여기서는 양전 문안 안녕하오시오니 축수하옵고, 여기서는 해소로 밤에 전혀 잠을 자지 못하여 괴롭습니다. 아까 녹지는 보아 계실 듯 합니다.)

⑦ 작일 봉셔 밧ᄌᆞ와 보옵고 긔후 태평 ᄒᆞ오신 일 축슈ᄒᆞ옵고 일긔 극심이 덥ᄉᆞ온ᄃᆡ 힝녁(行役)의 오죽 곤비(困憊)[2]ᄒᆞ오실 잇가 여긔셔는 냥뎐 문안 안녕ᄒᆞ오시오니 축슈ᄒᆞ옵고 듁동(竹洞)오라바님 불의외 발힝(發行)ᄒᆞ오니 답〃ᄒᆞ온 즁 셥〃측냥(測量) 업ᄉᆞ옵고 작일(昨日) 총〃(忽忽)[3]ᄒᆞ와 이졔 ᄒᆞ옵ᄂᆞ이다.

(어제 봉서 받자와 보고 기후 태평하오신 일 축수하옵고, 일기 매우 더운데 행역에 오죽이나 곤비하시겠습니까. 여기서는 양전 문안 안녕하오시오니 축수하옵고 죽동오라버님 뜻밖에 발행하오니 답답하온 중 섭섭함을 헤아릴 수가 없고, 어제 바빠서 이제야 편지를 보냅니다.)

⑧ 봉셔 밧ᄌᆞ와 보옵고 긔후 태평ᄒᆞ오신 문안 아옵고 든〃ᄒᆞ오며 어마님 졔졀 만안ᄒᆞ오신잇가 여긔셔는 냥뎐 문안 안녕ᄒᆞ오신니 화평(和平)의 축슈ᄒᆞ옵고 츙경이 무탈ᄒᆞ온닛가?

(봉서 받자와 보고 기후 태평하오신 문안 알고 든든하며, 어머님 제절 만안하십니까. 여기서는 양전 문안 안녕하오시니 화평에 축수하옵고, 충경이는 무탈하옵니까?)

⑨ 봉셔 밧ᄌᆞ와 보옵고 긔후 태평ᄒᆞ오신 문안 아옵고 든〃 축슈ᄒᆞ와 ᄒᆞ옵고 어마님 침슈(寢睡) 졔졀 만안ᄒᆞ오시닛가 여긔

---

1) 간략하게 적은 종이이다.
2) 어려운 일을 하거나 너무 일을 많이 하여 피로함을 의미한다.
3) 급하고 바쁜 모양을 말한다.

셔ᄂᆞᆫ 냥뎐 문안 안녕ᄒᆞ오시오니 츅슈ᄒᆞ옵고 듁동 오라바님 소식 듯ᄉᆞ오니 지졀(枝節)맞지안ᄉᆞ오신[4] 일 흔츅(欣祝)ᄒᆞ온 듕 환궁(還宮) ᄒᆞ오시온 말ᄉᆞᆷ 듯ᄉᆞ오니 미리 든〃 측냥 업ᄉᆞ오며 츙경이 날로 셩치 못ᄒᆞ오니 외오 궁금 답〃 층냥업ᄉᆞ외다 당장 보지 못ᄒᆞ오니 궁금ᄒᆞ외다.

(봉서 받자와 보고 기후 태평하오신 문안 알고 든든 축수하옵고, 어머님은 침수 제절이 만안하오십니까. 여기서는 양전 문안 안녕하오시오니 축수하옵고, 죽동오라버님 소식 듣사오니 무고하신 일을 欣祝하온 중 환궁하오신다는 말씀 듣사오니 미리 든든 헤아릴 수 없으며, 충경이는 날로 성치 못하오니 外處에서 궁금 답답함이 헤아릴 수 없습니다. 당장 보지 못하오니 궁금합니다.)

⑩ 봉셔 밧ᄌᆞ와 보ᄋᆞᆸ고 긔후 태평ᄒᆞ오신 일 아옵고 든〃 츅슈ᄒᆞ와 ᄒᆞ옵고 어마님 겨오샤 침수 졔졀 만안ᄒᆞ오신지 궁금ᄒᆞ옵고 여긔셔ᄂᆞᆫ 냥뎐 문안 안녕ᄒᆞ오시오니 츅슈ᄒᆞ오며 듁동 오라바님 소식 듯ᄉᆞ오시니 평안(平安)ᄒᆞ오시다오니 츅슈ᄒᆞ옵고 츙경이 무탈ᄒᆞ오닛가 탕졔(湯劑)ᄂᆞᆫ 아직 맛ᄉᆞ오나 엇더 ᄒᆞᆯ지 모루긔ᄉᆞ오이다.

(봉서 받자와 보고 기후 태평하온 일 아옵고 든든 축수하옵고, 어머님께서는 침수 제절이 만안하오신지 궁금합니다. 여기서는 양전 문안 안녕하오시니 축수하오며, 죽동오라버님 평안하오시다는 소식 듣사오니 축수하옵고, 충경이는 무탈합니까. 탕제는 아직 많으나 어떠할지 모르겠습니다.)

⑪ 봉셔 밧ᄌᆞ와 보ᄋᆞᆸ고 긔후 태평ᄒᆞ오신 문안 아옵고 든〃 츅슈ᄒᆞ와 ᄒᆞ옵고 어마님 환후 (患候)씨긋지 못ᄒᆞ온신 일 동〃(憧憧)[5]ᄒᆞ옵고 여긔셔ᄂᆞᆫ 냥뎐 문안 안녕ᄒᆞ오시오니 츅슈ᄒᆞ옵고

4) 지절나다는 곡절이 많은 사단이 벌어진다는 의미이다.
5) 걱정스러운 일이 있어 마음이 불안한 상태를 의미한다.

츙경이 무탈ᄒᆞ온닛가?

(봉서 받자와 보고 기후 태평하오신 문안 알고 든든 측수하옵고, 어머님 환후 깨끗하지 못한 일 걱정입니다. 여기서는 양전 문안 안녕하오시오니 축수하옵고, 충경이는 무탈합니까?)

⑫ 봉셔 밧ᄌᆞ와 보ᅌᆸ고 긔후 태평ᄒᆞ오신 문안 아ᅌᆸ고 든〃 츅슈ᄒᆞ오며 여긔셔는 냥뎐 문안 안녕ᄒᆞ오시ᄋᆞᆸ고 마〃환후(患候) 조곰 낫ᄉᆞ와 가오시니 츅슈〃ᄒᆞᄋᆞᆸ고 다름 아니오라 탄일(誕日)노 ᄒᆞ와 심녀되ᄋᆞᆸ고 날은 졈〃 임박(臨迫)ᄒᆞᄋᆞᆸ고 입이 쓰와 말이 안나ᄋᆞᆸ고 만ᄉᆞ의 답〃ᄒᆞ온 즁 ᄎᆞ지(次知)[6] 초조 측급ᄒᆞᄋᆞᆸ는 모양은 ᄎᆞ마 볼슈업ᄉᆞ온 듕 장ᄎᆞᆺ 그날 엇디 낫츨 들는지 미리 답〃ᄒᆞᄋᆞᆸ고 오육번 ᄒᆞᄋᆞᆸ든 터이오라 서운 셥〃ᄒᆞ와 지닐닐약〃(若若)[7] 엇더타 ᄒᆞᆯ 슈 업ᄉᆞᆸ고 엇지 ᄒᆞᄋᆞᆸ다 이리 무셰(無勢)ᄒᆞ게 된일 ᄋᆡ돌ᄉᆞᆸ고 의논ᄒᆞ와도 고독히 된 일 격발(激發)ᄒᆞ와 ᄋᆡ달고 답〃ᄒᆞ오이다 의논도 ᄒᆞᆯ더 업ᄉᆞᆸ고 일〃노 그뿐 아니오라 겸발(兼發)ᄒᆞ는 닐 만ᄉᆞᆸ아 어ᄂᆡ 누가 ᄋᆡ지듕지(愛之重之)ᄒᆞ는 니 업ᄉᆞᆸ고 말ᄒᆞᆫ마ᄃᆡ 의논ᄒᆞᆯ ᄃᆡ 업ᄉᆞ오니로다 이런 일을 당ᄒᆞ와도 삭막ᄒᆞ고 무례ᄒᆞ니 냥친 일즉 기셰(棄世)ᄒᆞ시와 그리ᄒᆞᄋᆞᆸ가 보오니 어ᄂᆡ 누가 이런 ᄉᆞ졍 ᄋᆞ오릿가 심난 쓸〃ᄒᆞ오이다 남의 업시 동긔(同氣)도 변〃이 만되 안ᄉᆞᆸ고 듁동오라바님 만사(萬事) 부운(浮雲)이시니 오라바님 밧 누구가 잇ᄉᆞᆸᄂᆞ잇가?

(봉서 받자와 보고 기후 태평하오신 문안 알고 든든 축수합니다. 여기서는 양전 문안 안녕하오시고 마마 환후 조금 나았으니 축수하옵고, 다름이 아니오라 탄신일로 하여 심려 되고 날은 점점 임박하니 입이 써서 말이 안 나오며, 만사가 답답하온 중 차지가 초조 착급하는 모양은 차마 볼 수가 없는 중에, 장차 그날 어찌 얼굴을 들는지 미리 답답하고 오육번 하옵든 터이라

---

6) 각 宮房의 일을 맡아 보던 사람이다.

7) 성한 모양을 의미한다.

서운 섭섭하게 지낼 일 대단하니 어떻다고 이루 다 말 할 수 없으며 어찌하여 세력 없게 된 일 애달프고 의논하여도 고독히 된 일 감정에 복받쳐 애달프고 답답합니다. 의논 할 데도 없고 일은 그뿐 아니라 겸하여 일어난 일 많아 어느 누가 애지중지 하는 이 없고 말 한 마디 의논할 데가 없습니다. 이런 일을 당하여도 삭막하고 무례하니 양친 일찍 세상을 떠나시어 그리한가 보오니 어느 누가 이런 사정을 알겠습니까. 심난하고 쓸쓸합니다. 남이 없고 同氣間도 변변히 많지 않으며, 죽동오라버님은 모든 일에 덧없으니 오라버님 밖에 누가 있겠습니까?)

⑬ 봉셔 볏쟈와 보옵고 긔후 태평ᄒᆞ오시니 든〃 축슈ᄒᆞ오며 여긔ᄂᆞᆫ 냥뎐 문안 안녕ᄒᆞ오시니 축슈ᄒᆞ오며 아바님 겨오샤 제졀 만강ᄒᆞ오시고 송셔(宋壻)[8] 권셔(權壻) ᄂᆞ려오셔는 보오며 어마님 겨오셔ᄂᆞᆫ 미령(靡寧) 제졀 동정(動靜)이 계시니 축슈ᄒᆞ옵고 형님 병 동정이 잇ᄉᆞ오니 다ᄒᆡᆼᄒᆞ오이다 그 ᄉᆞᄉᆞ이 회셔(回書)ᄒᆞ오련만 죠심되여 못ᄒᆞ와습ᄂᆞ이다.

(봉서 받자와 보고 기후 태평하오시니 든든 축수합니다. 여기는 양전 문안 안녕하오시니 축수하오며, 아버님께오서 제절 만강하오시고 송서방과 권서방이 내려오신 것 보오며 어머님께오서는 편치 않더니 제절 동정이 계시니 축수하옵고, 형님 병 동정이 있사오니 다행이옵니다. 그 사이 답장하려고 하였으나 조심스러워 못하였습니다.)

2. 청탁

1) 물품

⑭ 봉셔 밧ᄌᆞ와 보옵고 긔후 태평ᄒᆞ오신 문안 아옵고 든〃 축슈ᄒᆞ와 ᄒᆞ옵고 여긔셔는 냥뎐 문안 안녕ᄒᆞ오시오니 축슈ᄒᆞ

8) 壻郞은 남의 사위를 높이는 말이다.

옵고 여긔셔ᄂᆞᆫ 한가지로 지ᄂᆡ오매 일즙[9] 일궤(一櫃)만 드려 보ᄂᆡ시되 맛당 글 보ᄂᆡ옵소셔.

(봉서 받자와 보고 기후 태평하오신 문안 알고 든든 축수합니다. 여기서는 양전 문안 안녕 하오시오니 축수하옵고, 여기서는 한가지로 지내오며 속히 일궤만 들여보내시되 꼭 글을 보내옵소서.)

⑮ 봉셔 밧ᄌᆞ와 보ᄋᆞᆸ고 긔후 태평ᄒᆞ오시온 일 아옵고 든든 축슈ᄒᆞ오며 어마님 겨오ᄉᆞ 졔졀이 미령(靡寧)ᄒᆞ오시다오니 동〃(憧憧)ᄒᆞ옵고 여긔ᄂᆞᆫ 냥뎐 문안 안녕ᄒᆞ오시오나 마〃 감환(感患)[10]으로 졍셩(定省)[11]의 북모(北母)[12] 브리옵디 못ᄒᆞ옵고 셔양ᄉᆞ(西洋紗)[13] 삼필 서양묵(西洋木)[14] 일통만 드려 보ᄂᆡ 쥬시고 ᄂᆡᄌᆞ장(內子欌) 부티 무ᄉᆡᆨᄒᆞᆫ 것과 ᄯᅥ러진거 고친 갑쥬(甲紬)[15]릿ᄉᆞ오니 여러 ᄃᆞᆯ이 되와ᄉᆞ오니 오ᄂᆞᆯ노 젼 ᄇᆡᆨ냥만 넌지시 비ᄌᆞ(備資)ᄒᆞ여 드려 보ᄂᆡ 쥬옵소셔 고간의셔 진분홍 가로 고혼 취월가로 ᄒᆞ고 보라로 다홍가로 좀 서너명 ᄉᆡᆨ〃(色色) 주옵소서.

(기후 태평하오신 일 알고 든든 축수하며 어머님께서 제절이 편안치 않다고 하시니 걱정스럽습니다. 여기는 양전 문안 안녕하오시나 마마께서 감기로 아침 저녁에 어머님에게 모시지 못하였고, 서양사 삼 필과 서양목 한 통만 드려 보내 주시고, 내자장에 부칠 색이 없는 것과 떨어진 것을 고칠 명주는 마련되었습니다. 여러 달이 되었으니 오늘도 돈 백 냥만 넌지시 갖추어서 들여보내 주십시오. 또 곳간에서 진분홍, 고운 푸른색, 보

9) 일찍의 옛말이다.
10) 감기이다.
11) 昏定晨省의 준말이다.
12) 명성황후를 지칭한다.
13) 흔히 洋紗라고 부르는데, 당시에는 고급스러운 천이었다.
14) 廣木과 같은 기계로 짠 천을 말하는 모양 같다.
15) 품질이 좋은 명주이다.

라색, 다홍색 천을 서너 명의 옷에 쓰일 정도의 것을 색색이 주옵소서.)

⑯ 봉셔 밧ᄌᆞ와 보옵고 긔후 태평ᄒᆞ오신 문안 아옵고 든〃 축슈ᄒᆞ오며 여긔셔ᄂᆞᆫ 냥뎐 문안 안녕ᄒᆞ오시오니 축슈ᄒᆞ오며 젼은 아직 두시면 ᄉᆡᆼ일(生日) 지ᄂᆡ고 긔별ᄒᆞ오리다 향ᄌᆞ(向者)의ᄂᆞ ᄆᆞᆫ의 주와쓰니가 이번은 달니 넌지시 쓰긔 ᄉᆞ옵ᄂᆞ이다 ᄉᆡᆼ일 되와도 모혀 못지ᄂᆡᄂᆞᆫ 일 섭〃 층냥업ᄉᆞ외다.

(봉서 받아 보고 기후 태평하신 문안 알고 든든 축수합니다. 여기서는 양전 문안 안녕하오시오니 축수하옵고, 전는 아직 두시면 생일 지내고 기별하오리다. 전날에 많이 주었으니 이번은 달리 넌지시 쓰겠습니다. 생일이 되어도 모여서 못 지내니 일이 섭섭함을 헤아릴 수 없습니다.)

⑰ 슈ᄎᆞ 봉셔 밧ᄌᆞ와 든 이 지ᄂᆡ습고 아간 긔후 태평ᄒᆞ오시온잇가 어마님 겨오ᄉᆞ 셜후(泄候)로 미령(靡寧)이 지ᄂᆡ오신다오니 외오 동〃(憧憧) 브리옵디 못ᄒᆞ옵고 여긔셔ᄂᆞᆫ 냥뎐 문안 안녕ᄒᆞ오시오니 축슈ᄒᆞ옵고 고간의 ᄒᆡ삼 홍압 좀 더 드려 보ᄂᆡ시고 쟝지(壯紙)[16] 유지(油紙)[17] 모ᄌᆞ르오니 더 쥬시고 돈도 좀 슈히 쥬옵소셔 ᄎᆞ(此) 살님ᄒᆞ와 가오니가 감질날 젹 만ᄉᆞ오이다.

(여러 차례 봉서 받고 든든히 지내시고 그 사이에 기후 태평하오십니까. 어머님께서 설사로 편치 않게 지내신다고 하오니 외처에서 걱정이 되는데 모시지 못하옵니다. 여기서는 양전 문안 안녕 하오시오니 축수하옵고, 곳간의 해삼과 홍합 좀 더 드려 보내시고 장지와 유지도 모자라니 더 주시고 돈도 좀 속히 주옵소서. 이렇게 살림하니까 감질날 적 많습니다.)

⑱ 봉셔 밧ᄌᆞ와 보옵고 긔후 태평ᄒᆞ오신 일 아옵고 든〃 축슈ᄒᆞ오며 어마님 겨오사 졔절이 쳬슈(滯祟)[18]와 셜후(泄候)로

---

16) 두껍고 질긴 한지이다.
17) 기름종이이다.

미령ᄒᆞ옵시다오니 외오 정셩의 동〃(憧憧)브리옵디 못ᄒᆞ옵고 여긔셔ᄂᆞᆫ 냥뎐 문안 안녕ᄒᆞ오시오니 축슈ᄒᆞ오며 고간의 돈이 업ᄉᆞ와 ᄒᆞ오니 단오(端午) 의ᄃᆡ(衣襨)[19]의 ᄒᆞᄂᆞᆫᄃᆡ ᄌᆡ촉ᄒᆞ오니다 오ᄇᆡᆨ 여순삼냥 위션 달나 ᄒᆞ옵ᄂᆞ이다 모긔가 심ᄒᆞ여 못견ᄃᆡ긔ᄉᆞ오니 모긔장 좀 드려 보ᄂᆡ쥬오시고 이왕 갈ᄉᆞᆷᄒᆞ옵든 과가(科擧)[20]심인(尋人)이 잇ᄯᅢ 잇ᄉᆞᆸ더니 오ᄂᆞᆯ 과가보라오니 이약 거연(居然)ᄒᆞ신 터이오니 셩명 ᄂᆡ 보ᄂᆡ옵ᄂᆞ이다 ᄉᆞ인(士人)의 셩명(姓名)이우다.

(봉서 받자와 보고 기후 태평하오신 일 알고 든든 축수하오며 어머님께오서는 체기와 설사로 편안치 않다고 하오나 멀리 있어서 정성을 다하지 못하옵니다. 여기서는 양전 문안 안녕 하오시오니 축수하오며, 곳간에 돈이 없으니 단오 의대를 만드는데 재촉하옵니다. 오백예순세냥을 우선 달라 하옵니다. 모기가 심하여 못견디겠사오니 모기장 좀 들여보내 주옵시고 이왕 말씀하옵던 과거시험이 이때에 있다고 하시더니 오늘 과거 보려고 오니, 이왕 약속하신 터이오니 성명 내 보내옵니다. 士人의 성명입니다.)

⑲ 봉셔 밧ᄌᆞ와 보ᄋᆞᆸ고 긔후 태평ᄒᆞ오신 문안 아옵고 든〃 축슈ᄒᆞ와 ᄒᆞ옵고 셔셜(署泄)[21]노 불인(不仁)ᄒᆞ오신 일 답〃 측냥업ᄉᆞ오며 여긔셔ᄂᆞᆫ 냥뎐 문안 안녕ᄒᆞ오시오니 축슈ᄒᆞ옵고 긔셜(旣說)ᄒᆞ오신 ᄉᆞ연은 뵈와ᄉᆞ오며 츌쳐 아니 겨오신ᄃᆡ 근녁 드시긔ᄒᆞ오니 다 답〃ᄒᆞ옵고 여긔셔ᄂᆞᆫ 눈이 ᄃᆡ단〃ᄒᆞ와 쓸길 업ᄉᆞᆸ고 밀ᄯᅥᆨᄀᆞ튼 약 좀 지금〃 ᄒᆞ여 주옵소셔.

(봉서 받자와 보고 기후 태평하오신 문안 알고 든든 축수하

18) 먹은 음식이 잘 삭지 아니하여 생기는 병의 기기(滯氣)이다.
19) 임금의 옷으로 주로 겉에 입는 평복을 일컫는다.
20) 과거의 사투리이다.
21) 여름철 더위로 인해 생기는 설사를 말한다.

옵고 설사로 편안하지 않으신 일 답답하기 헤아릴 수 없사옵니다. 여기서는 양전 문안 안녕하오시오니 축수하옵고, 이미 말씀하신 사연은 보았으며 출처 아니 계신데 그냥 드시게 하오니 다 답답하옵고, 여기서는 눈이 많이 내렸으나 쓸길 없고, 밀떡 같은 약 좀 지금 하여 주옵소서.)

⑳ 봉셔 밧ᄌᆞ와 보ᄋᆞᆸ고 긔후 태평ᄒᆞ오신 일 아ᄋᆞᆸ고 든〃 축슈ᄒᆞ오며 어마님 제졀이 좀 엇더ᄒᆞ오신지 외쳐(外處) 졍셩의 브리옵지 못ᄒᆞ옵고 여긔셔ᄂᆞᆫ 냥뎐 문안 안녕하오시오니 축슈ᄒᆞ오며 젼(錢)은 긴급이 쓸ᄃᆡ 잇삽다고 육ᄇᆡᆨ냥만 아모 돈이라도 드려보ᄂᆡ시옵소셔 션ᄌᆞ(扇子) 미션(尾扇) 별션(別扇)으로 좀 쥬옵소셔.

(봉서 받자와 보고 기후 태평하오신 일 알고 든든 축수하오며 어머님은 제절이 좀 어떠하십니까. 외처에서 아침 저녁으로 모시지 못하옵니다. 여기서는 양전 문안 안녕하오시오니 축수하오며, 돈은 긴급히 쓸 데가 있어 육백냥만 아무 돈이라도 들여 보내시옵소서. 선자·미선·별선을 좀 주옵소서.)

㉑ 봉셔 밧ᄌᆞ와 보ᄋᆞᆸ고 긔후 태평ᄒᆞ오시온 문안 아옵고 든〃 축슈ᄒᆞ와 ᄒᆞ옵고 불인지졀(不仁之節) 긴ᄒᆞ오신가 보오니 답〃ᄒᆞ오며 여긔셔ᄂᆞᆫ 냥뎐 문안 안녕ᄒᆞ오시오니 축슈ᄒᆞ옵고 ᄎᆞᆼ경이 무탈ᄒᆞ온닛가 신ᄉᆡᆼ아(新生兒)도 잘 ᄌᆞ온 일 긔특ᄒᆞ옵고 여긔 씌인 ᄃᆡ로 명일(明日) 신조(新造)로 사 쥬옵소셔.

(봉서 받자와 보고 기후 태평하오신 문안 아옵고 든든 축수하옵고 편치 않으신 것이 대단한가 보오니 답답합니다. 여기서는 양전 문안 안녕하오시오니 축수하옵고, 충경이는 무탈하옵니까. 신생아도 잘 자는 일 기특하옵고, 여기 쓰인 대로 내일 새로 만든 것을 사 주옵소서.)

㉒ 봉셔 밧ᄌᆞ와 보ᄋᆞᆸ고 긔후 태평ᄒᆞ오신 일 아옵고 든〃ᄒᆞ오며 죵야(終夜) 불인(不仁)ᄒᆞ오신 일 외오 답〃ᄒᆞ오며 어마님

졔졀 안녕ᄒᆞ오시오닛가 여긔셔는 냥뎐 문안 안녕ᄒᆞ오시오니 츅슈ᄒᆞ와 ᄒᆞ옵고 츙경이 무탈ᄒᆞ온닛가 여긔셔는 한가지옵고 빈혀 몃아 겨신잇가 화복(華服)22)의 ᄭᅩ질 거시옵이다.

(봉서 받자와 보고 기후 태평하오신 일 알고 든든하오며 밤새 편안하지 못하 온 일 외처에서 답답하오며 어머님은 제절 안녕하십니까. 여기서는 양전 문안 안녕하오시오니 축수하옵고, 충경이는 무탈하옵니까. 여기서는 한가지옵고, 비녀 몇 개 있습니까. 화복에 꽂을 것 입니다.)

㉓ 봉셔 밧ᄌᆞ와 보옵고 긔후 태평ᄒᆞ오신 일 아옵고 든 츅슈ᄒᆞ오며 어마님 졔졀 쾌ᄎᆞ(快差)ᄒᆞ오시온이잇가 여긔셔는 냥뎐 문안 안녕ᄒᆞ오시오니 츅슈ᄒᆞ옵고 비는 죵시(終是) ᄉᆡ훤티 못ᄒᆞ오시오니 답〃ᄒᆞ오이다 여긔셔는 셔증(暑症)으로 괴롭ᄉᆞ오이다 다름 아니오라 사향(麝香)이옵든지 ᄒᆞᆫ츙향(漢沖香)23)이옵든지 향좀 어더쥬오시고 비취 옥빈혀 구키 어려시거든 ᄇᆡᆨ옥 ᄆᆡ화잠(梅花簪)24)이라도 소〃로 구ᄒᆞ와 쥬시고 산호 구이기랑 구ᄒᆞ와 슈히 어더 쥬시기 ᄇᆞ라옵ᄂᆞ이다 탕졔(湯劑)는 그만 졍지ᄒᆞ옵소셔.

(봉서 받자와 보고 기후 태평하오신 일 알고 든든 축수하오며 어머님 제절 쾌차하십니까. 여기서는 양전 문안 안녕 하오시오니 축수하옵고, 비는 끝내 시원하게 못 니리니 답답합니다. 여기서는 더위로 괴롭사옵니다. 다름이 아니오라 사향이든지 한충향이든지 향좀 얻어 주시고, 비취 옥비녀를 구하기 어렵거든 백옥 매화잠이라도 작은 것으로 구하여 주시고, 산호 귀이개25)도 구하여 속히 얻어 주시기 바랍니다. 탕제는 그만 정지하옵소서.)

㉔ 봉셔 밧ᄌᆞ와 보옵고 긔후 태평ᄒᆞ오신 문안 아옵고져 ᄒᆞ

22) 색이 없는 흰옷을 말한다.
23) 여자들이 노리개로 차던 향이다.
24) 매화꽃을 새긴 비녀이다.
25) 귀후비개이다.

오매 어마님 제절 좀 엇더ᄒᆞ오신닛가 여긔셔ᄂᆞᆫ 냥뎐 문안 안녕ᄒᆞ오시오니 츅슈ᄒᆞ옵고 향(香)은 보아ᄉᆞᆸᄂᆞ이다 유모(乳母) 어셔〃 드려 보ᄂᆡ시옵소셔 ᄉᆞᄅᆞᆷ이 업ᄉᆞ오니 오ᄂᆞᆯ 시방〃(時方) 드려 보ᄂᆡ 쥬옵소셔.

(봉서 받자와 보고 기후 태평하오신 문안 알고자 하오며 어머님은 제절 좀 어떠하오십니까. 여기서는 양전 문안 안녕하오시오니 축수하옵고, 향은 보았습니다. 유모 어서 들여보내시옵소서. 사람이 없사오니 오늘 지금 들여보내 주옵소서.)

2) 인사

㉕ 봉셔 밧ᄌᆞ와 보ᄋᆞᆸ고 긔후 태평ᄒᆞ오신 문안 아옵고 듣〃 츅슈ᄒᆞ와 ᄒᆞ오며 어마님 제절 안녕ᄒᆞ오신잇가 여긔셔ᄂᆞᆫ 냥뎐 문안 안녕ᄒᆞ오시오니 츅슈ᄒᆞ오며 츙경이도 무탈ᄒᆞ온닛가 된ᄌᆞ(單子)ᄂᆞᆫ 자셔이 보아ᄉᆞ오며 작일(昨日) 과거(科擧) 말ᄉᆞᆷᄒᆞ고 ᄌᆞ조 쓴 녹지ᄃᆞᆯ 나간 것 부ᄃᆡ ᄒᆞ여 쥬시고 안ᄃᆡ면 셩명(姓名)이라도 드려 보ᄂᆡ시옵소셔.

(봉서 받자와 보고 기후 태평하오신 문안 알고 든든 축수하오며 어머님 제절 안녕하오십니까. 여기서는 양전 문안 안녕하오시오니 축수하오며 충경이도 무탈합니까. 단자는 자세히 보았으며, 어제 과거 말씀하고 자주 쓴 녹지들 나간 것 부디 하여 주시고 안 되면 성명이라도 들여보내시옵소서.)

㉖ 봉셔 밧ᄌᆞ와 보ᄋᆞᆸ고 긔후 태평ᄒᆞ오신 문안 아옵고져 ᄒᆞ오며 여긔셔ᄂᆞᆫ 냥뎐 문안 안녕ᄒᆞ오시오니 츅수ᄒᆞ와 ᄒᆞ옵고 작일(昨日) 입송(入送)ᄒᆞ오신 거ᄉᆞᆫ ᄌᆞ시 보옵고 이 녹지 ᄌᆞ셔이 보오시고 이ᄃᆡ로 ᄒᆞ여 쥬옵쇼셔 향일(向日) 말ᄉᆞᆷᄒᆞ옵든 의장 참의(儀仗庫 參議) 송은창이 일은 잇지 마옵쇼셔 변장(邊將) 최지쳔 일도 ᄯᅩᄒᆞᆫ 엇디 되와ᄉᆞᆸᄂᆞ이가?

(봉서 받자와 보고 기후 태평하오신 문안 알고자 합니다. 여

기서는 양전 문안 안녕하오시오니 축수하옵고, 어제 보내주신 것은 자세히 보았고, 이 녹지 자세히 보시고 이대로 하여 주옵소서. 전날에 말씀하셨던 의장 참의 송은창이 일은 잊지 마옵소서. 변장 최재천 일도 또한 어찌 되었습니까.)

㉗ 봉셔 밧ᄌᆞ와 보ᄋᆞᆸ고 긔후 태평ᄒᆞ오신 문안 아아옵고 든〃 축슈ᄒᆞ오며 여긔셔ᄂᆞᆫ 냥뎐 문안 안녕ᄒᆞ오시오니 축슈ᄒᆞ오며 일젼 드려 보ᄂᆡ신 거ᄉᆞᆫ ᄌᆞ시 보아ᄉᆞ오매 이 녹지ᄂᆞᆫ 항ᄌᆞ(向者) 일후 ᄒᆞ여 쥬마 ᄒᆞ시든 과거(科擧)오니 ᄂᆡ일 중 경젼(經典) 과거(科擧)의 ᄒᆞ여 주시기 ᄇᆞ라옵ᄂᆞ이다.

(봉서 받자와 보고 기후 태평하오신 문안 아옵고 든든 축수합니다. 여기서는 양전 문안 안녕하오시오니 축수하오며, 일전에 들여보내신 것은 자세히 보았으며, 이 녹지는 전날에 날이 지나면 하여 준다고 하시던 과거이오니, 내일 중에 講經科를 하여 주시기 바라옵니다.)

㉘ 봉셔 밧ᄌᆞ와 보ᄋᆞᆸ고 긔후 태평ᄒᆞ오신 문안 ᄋᆞ옵고 축슈ᄒᆞ옵고 여긔셔ᄂᆞᆫ 냥뎐 문안 안녕ᄒᆞ오시오니 축슈ᄒᆞ옵고 태평이 발ᄒᆡᆼ(發行)ᄒᆞ오사 수이 입셩(入城)ᄒᆞ시기 깃갑고 각각 ᄉᆞ(事)도 ᄂᆡ보여ᄉᆞᆸ더니 보아 겨실듯ᄒᆞ옵고 부셩(父姓) 젹어도 관겨치 안타기 부셩 젹어ᄉᆞᆸᄂᆞ이다.

(봉서 받자와 보고 기후 태평하오신 문안 아옵고 축수합니다. 여기서는 양전 문안 안녕하오시오니 축수하옵고, 태평이 출발하오시고 속히 입성하심이 기쁘고, 각각의 일도 내보였사오니 보아 계실 듯 하옵고, 父姓 적어도 관계치 않다기에 부성 적었습니다.)

㉙ 봉셔 밧ᄌᆞ와 보ᄋᆞᆸ고 긔후 태평ᄒᆞ오신 문안 아옵고 든〃 축슈ᄒᆞ오며 현긔(眩氣)로 불평ᄒᆞ오신 일 외오 일ᄏᆞᆺᄉᆞ오며 여긔셔ᄂᆞᆫ 냥뎐 문안 안녕하오신니 축슈ᄒᆞ오며 ᄎᆞᆼ경이 좀 엇더ᄒᆞ온닛가 항ᄌᆞ(向者) 말ᄉᆞᆷᄒᆞ옵든 관ᄌᆞ(官資) 좀 ᄂᆡ시고 긴히 셔간

(書簡)ᄒᆞ오사 경상감ᄉᆞ(慶尙監司)의긔 말ᄉᆞᆷᄒᆞ여 겨신잇가 수이 좀 ᄒᆞ여 주옵소셔.

(봉서 받자와 보고 기후 태평하오신 문안 알고 든든 축수하오며, 현기증으로 편치 못하오신 일을 외처에서 걱정을 하였습니다. 여기서는 양전 문안 안녕하오시니 축수하오며, 충경이는 좀 어떠합니까. 전날에 말씀하였던 관자 좀 내시고, 틀림없이 편지를 써서 경상감사에게 말씀하셨습니까. 속히 좀 하여 주옵소서.)

㉚ 봉셔 밧ᄌᆞ와 보옵고 긔후 태평ᄒᆞ오신 문안 아옵고 든〃 축슈ᄒᆞ와 ᄒᆞ오며 어ᄆᆞ님 침슈 제졀 만안 ᄒᆞ오신닛가 여긔셔ᄂᆞᆫ 냥젼 문안 안녕 ᄒᆞ오시오니 축슈〃ᄒᆞ와 ᄒᆞ옵고 쟉일 말ᄉᆞᆷᄒᆞ온 과거(科擧)은 ᄒᆞ나도 범연치 안사와 낙ᄌᆞ(落者)업셔야 ᄉᆡᆼ광(生光)이오니 ᄒᆞ나 실긔 마시 옵 방(榜)나ᄂᆞᆫᄃᆡ ᄲᅡ지면 당초의 긔별(寄別)도 아니신쥴노 아옵ᄂᆞ이다.

(봉서 받자와 보고 기후 태평하오신 문안 알고 든든 축수하오며 어머님 침수 제절 만안 하십니까. 여기서는 양전 문안 안녕하오시오니 축수하옵고, 어제 말씀하신 과거는 하나도 범연치 않으므로, 낙자 없어야 빛이 나니 하나도 실수 마시옵소서. 榜 나는 데 빠지면 당초에 기별도 아니 하신 줄로 아옵니다.)

3. 기타

1) 부친 사망

㉛ 봉셔 밧ᄌᆞ와 보옵고 긔후 태평ᄒᆞ오신 문안 아옵고 든〃 축슈ᄒᆞ와 ᄒᆞ옵고 어마님 침슈(寢睡) 제졀 안녕 ᄒᆞ오신잇가 오ᄂᆞᆯ 쳔빅셰 ᄉᆡᆼ신 되오시니 외쳐(外處)셔 든〃 축슈ᄒᆞ와 ᄒᆞ옵고 여긔셔ᄂᆞᆫ 냥뎐 문안 안녕ᄒᆞ오신이 축슈ᄒᆞ와 ᄒᆞ옵고 작일 산지(山地)은 아바님 뫼실 산지온닛가 친히 보시니 합당티 못ᄒᆞ오시다오니 낭픠(狼狽) 읍〃(悒悒)[26] 봉셔ᄂᆞᆫ 남은 지조와 ᄉᆞ연이 그만이

오니 모훈(母訓)울 현져(顯詆)[27]이 인ᄒᆞ시리 ᄌᆞ못 슈괴(羞愧)ᄒᆞ온 듯 ᄌᆞ랑 김ᄉᆞ오며 인ᄉᆞ은 노둔ᄒᆞ온ᄃᆡ 부졀업ᄉᆞᆫ ᄒᆡ만 가오니 븟그리오믈 측량 업ᄉᆞ옵ᄂᆞ니다 튱경이 무탈ᄒᆞ오닛가?

(봉서 받자와 보고 기후 태평하오신 문안 알고 든든 축수하옵니다. 어머님은 寢睡 諸節이 안녕하신지요. 오늘 천백세 생신 되오시니 외처에서 든든 축수하옵니다. 여기서는 양전 둔안 안녕하시니 축수하옵고, 어제 산지는 아버님 모실 묘자리오나 친히 보시니 합당하지 못 하다고 하시니 낭패 걱정이 됩니다. 봉서는 남은 재주와 사연이 그만이온데 어머님 가르침을 현저히 그대로 본 받으시는데도 자못 부끄러워하던 중 자랑 깊사오며 인사는 노둔하온데 부질없는 해만 가오니 부끄럽기가 측냥할 수 없사옵니다. 충경이는 무탈합니까?)

㉜ 봉셔 밧ᄌᆞ와 보옵고 긔후 태평ᄒᆞ오신 일 아옵고 든〃 축슈 ᄒᆞ오며 작일(昨日)은 의외밧 ᄉᆡᆼ각디 못ᄒᆞ와숩더니 마춤 겨오샤 만나 뵈오니 반갑숩고 든〃 엇더타 이로 형언키 어렵ᄉᆞ오나 말ᄉᆞᆷ도 못ᄒᆞᆸ고 츈몽(春夢)ᄀᆞᆺ티 뵈오니 봉셔로 ᄒᆞᄂᆞᆫ 것과ᄂᆞᆫ 다르겨르이와 너모 반ᄀᆞᆸᄉᆞ오나 송셕원을 보오니 셕ᄉᆞ(昔事)ᄅᆞᆯ ᄉᆡᆼ각ᄒᆞ오니 감회ᄒᆞ옵기 비ᄒᆞᆯ 바을 모루오며 초약(草藥)[28]과 ᄇᆡᆨᄉᆞ(白蛇)의 구ᄒᆞᄃᆡ 도라가신체 융 못뵈옵고 마춤 안 겨오시고 황연(晃然)이 빈집이니 ᄉᆡᆼ각ᄉᆞ록 감회ᄒᆞ옵고 반갑ᄉᆞ온 듯 덧업시 휼쳐 드러오오니 우금(于今) 눈의 션ᄒᆞ오이다 이졔 어나ᄣᆡ나 뵈올지 이제 쥬년(週年)이 나마사오니 그 ᄉᆞ이 인식ᄅᆞᆯ 모로리ᄉᆞ오이다 어마님과 츙경 못보고 오니 셥〃절통〃ᄒᆞ오이다 잠간이나 뵈니 도라가신 아바님 뵈니나 답지 안ᄉᆞ오이다 여긔셔ᄂᆞᆫ 동가환궁(動駕還宮) 태평이 ᄒᆞ오시고 침수 안녕ᄒᆞ오시외다 의막(依

---

26) 근심으로 마음이 답답하여 편하지 않은 모습을 의미한다.

27) 잘못을 드러내어 꾸짖다는 의미이다.

28) 풀 종류의 약재를 말한다.

幕)[29]만 보고 집은 볼고마ᄂᆞᆫ 오라바님 곳 뵈옵ᄂᆞᆫ가 ᄒᆞ와드니 쳔만의 뵈오니 이로 형언키어렵ᄉᆞ오이다 냥쥬 지중ᄒᆞ옵소셔.

(봉서 받자와 보고 기후 태평하오신 일 아옵고 든든 축수하오며, 어제는 의외로 생각지 못하였더니 마침 계셔서 만나 뵈오니 반갑고 든든함을 어떠하다고 이루 형언하기 어려우나, 말씀도 못하고 춘몽같이 뵈오니 봉서로 하는 것과는 다르거니와 너무 반갑사오나 송석원을 보니 옛날 일을 생각하여 감회하옵기 비할 바를 모르옵니다. 초약과 백사를 구하되 돌아가신 체 영 못 뵈옵고 마침 안 계시고 황연히 빈집이니 생각할수록 감회하옵고, 반가운 중 덧없이 흘러 들어오니 지금까지 눈에 선하옵니다. 이제 어느 때나 뵈올지 이제 한해가 남았사오니 그 사이 인사는 못 올리겠습니다. 어머님과 충경이 못 보고 오니 섭섭하고 절통합니다. 잠간이나 보니 돌아가신 아버님 뵌 것과 같지 않습니다. 여기서는 동가 환궁 태평이 하오시고 침수 안녕하시옵니다. 여막만 보고 집을 볼 수 있을 거라고 생각지 못하였지만, 오라버님 곧 뵈옵는가 하였더니 천만에 뵈어서 이루 형언하기 어렵사옵니다. 양주는 지중하옵소서.)

2) 강갑

㉝ 봉셔 밧ᄌᆞ와 보ᄋᆞᆸ고 긔후 태평ᄒᆞ오신 일 아옵고 든〃 축슈ᄒᆞ오며 여긔셔ᄂᆞᆫ 냥뎐 문안 안녕ᄒᆞ오시오니 축슈ᄒᆞ오며 역젹 원슈놈은 ᄒᆞ나라도 잡ᄉᆞ와 우흐로 분ᄒᆞ오심과 아려로 우리 원슈ᄅᆞᆯ 일분(一分)이라로도 갑ᄉᆞ올터이오니 사흉(邪兇)을 마자 잡숩기 ᄇᆞ라옵고 그 놈이 지금것 잇던 쥴이 분ᄒᆞ오이다 듁동오라바님 정녕(丁寧)이 환국(還國)ᄒᆞ오시오니 미리 든〃 충냥 업숩고 오ᄂᆞᆯ 젼역 강갑의 납치(納采)ᄒᆞ오니 든〃ᄒᆞ온 듕 감회ᄒᆞ옵긔

29) 廬幕을 의미한다.

비홀ᄃᆡ 업ᄉᆞ오이다.

(봉서 받자와 보고 기후 태평하오신 일 아옵고 든든 측수합니다. 여기서는 양전 문안 안녕하오시오니 축수하오며, 역적 원수놈은 하나라도 잡으시어 위로 분하오심과 아래로 우리 원수를 일분이라도 갚사올 터이오니 사흉을 마저 잡기 바라옵고, 그 놈이 지금껏 있던 줄이 분하옵니다.30) 죽동오라버님 꼭 환국하오시오니 미리 든든 측량없고, 오늘 저녁 강갑이 납채하오니 든든하온 중 감회하옵기 비할 데 없습니다.)

㉞ 봉셔 밧ᄌᆞ와 보ᄋᆞᆸ고 긔후 태평ᄒᆞ오신 일 아ᄋᆞᆸ고 든〃 축슈ᄒᆞ오며 어마님 안녕하오시오닛가 여긔셔ᄂᆞᆫ 냥뎐 문안 안녕ᄒᆞ오시오니 축슈ᄒᆞ오며 강갑의 ᄃᆡ사(大事)ᄂᆞᆫ 순셩(順成)ᄒᆞ옵고 잘 잣다 ᄒᆞ오시오니 든〃ᄒᆞ온 듕 감회 층냥 비홀ᄃᆡ 업ᄉᆞ오며 죽동오라바님 젹실(的實)이 오ᄂᆞᆯ 나오신다오니 든〃 반갑ᄉᆞ외다.

(봉서 받자와 보고 기후 태평하오신 일 알고 든든 축수하오며 어머님은 안녕하오십니까. 여기서는 양전 문안 안녕하오시오니 축수하오며, 강갑이의 대사는 순성하옵고 잘 잤다 하오시오니 든든하온 중 감회 측량 비할 데 업사오며, 죽동오라바님이 확실히 오늘 나오신다고 하오니 반갑사옵니다.)

㉟ 봉셔 밧ᄌᆞ와 보ᄋᆞᆸ고 긔후 태평ᄒᆞ오시오니 축슈ᄒᆞ옵고 어마님 미령(靡寧) 졔졀노 괴로이 지ᄂᆡ오시ᄂᆞᆫ 일 동〃(憧憧)하오이나 여긔셔ᄂᆞᆫ 냥뎐 문안 안녕ᄒᆞ오시오니 축슈ᄒᆞ옵고 강갑이ᄂᆞᆫ 방〃(房房)의 드러와 보오니 든〃 깃분 즁 ᄉᆡ로이 ᄉᆡᆷ회ᄂᆞᆫ 금지함 업삽고 촉쳐(觸處)의 아바님 ᄉᆡᆼ각만 나오ᄅᆞᆺ가 그러나 오죽 심녀(心慮)와 허비ᄒᆞ와 겨시대 일근(日近)ᄉᆞᆷᄉᆞᆷ 엇ᄃᆞᆺ지라 와 지금을 보오니 신통〃ᄒᆞ오이다 긴히 쓰ᄀᆡ 사젼(私錢) 이ᄇᆡᆨ냥만 명일 ᄉᆡᆨ젼의 보ᄂᆡ옵소서.

---

30) 김옥균의 암살을 의미하는 것이 아닌지 모르겠다.

(봉서 받자와 보고 기후 태평하오시니 축수하옵고, 어머님 평안치 않고 괴로이 지내오신 일 걱정입니다. 여기서는 양전 문안 안녕하오시오니 축수하옵고, 강갑이는 房房에 들어와 보오니 든든 기쁜 중 새로이 심회를 금할 수 없고, 닿는 곳마다 아버님 생각만 나지 않겠습니까? 그러나 오직 심려만 허비하고 계시니 근래 어떠하신지 눈에 삼삼하고, 지금을 보오니 신통합니다. 긴히 쓰게 사전 이백 냥만 내일 식전에 보내옵소서.)

3) 불명

㊱ 봉셔 보ᄋᆸ고 든〃ᄒᆞ오나 종시 ᄭᅵ긋지 못ᄒᆞ신 일 답〃ᄒᆞ오이다 예ᄂᆞᆫ 쳐쇼ᄂᆞᆫ 졔졀 만안ᄒᆞ오시니 경츅이오며 수진궁(壽進宮) ᄉᆞ난 당ᄒᆞ(堂下)의 김상궁이 녹지의 젹기을 뉴진한 최쥬항이가 당ᄒᆞᆫᄃᆡ 변가가 노ᄎᆞ지(老次知)을 ᄭᅵ고 졔가 ᄲᅦ셔가랴 ᄒᆞ니 뉴최 이인을 ᄎᆞ례가 갈 차례니 가긔ᄒᆞ라 ᄒᆞ기의 무지(無知)ᄒᆞᆫ 궁임(宮任) 불너 말ᄒᆞ기 실키로 ᄎᆞ지의 긔발ᄒᆞ기을 뉴가 최가가 갈 ᄎᆞ례인ᄃᆡ 변가가 역니(驛吏)로 가거다 ᄒᆞᆫ다니 뉴가 최가 변가ᄒᆞᆯ 것읍시 공정(公正)이ᄒᆞ라 ᄒᆞ엿더니 ᄎᆞ지 말이 녹지ᄃᆡ로 뉴가 최가가 가긔ᄒᆞ엿ᄶᅡ ᄒᆞᆫ거신ᄃᆡ 언졔는 졔가 가긔ᄶᅡ 녹지의 젹어 쳥ᄒᆞ고 언졔난…….

(봉서 보고 든든 하오나 종시 깨끗하지 못하신 일 답답합니다. 여기는 처소는 제절 만안 하오시니 경축이온데, 수진궁에 사는 당하의 김상궁이 녹지에 적기를 유진한과 최주항이가 당하인데 변가가 늙은 차지를 끼고 제가 빼서가려 하니 유 · 최 두 사람은 차례가 갈 차례인데 가게 하려 하니 무지한 궁임 불러 말하기 싫어 차지에게 기별하기를 유가와 최가가 갈 차례인데 변가가 역리로 간다고 하니, 유가 · 최가 · 변가 할 것 없이 공정이라 하였더니 차지 말이 녹지대로 유가와 최가가 가게 하였다고 한 것인데, 언제는 제가 가겠다고 녹지에 적어 청하고

언제는……(뒷부분 없음)

Ⅱ. 검토

1. 서간의 상태

서간의 크기는 제일 큰 것이 가로 170cm, 세로 26cm이고, 제일 작은 것이 세로 26cm, 가로 13cm이다. 서간지는 모두 중국산 당지이며, 보존 상태는 비교적 좋은 편이다. 이는 이들 서간들이 명성황후가 민영소에게 내린 봉서[31]들과 함께 소중하게 후손들에게 전하여졌기 때문이다. 글씨는 흘림체로 된 전형적인 궁체이다. 단, 서간 ⑬과 ㊱은 대필 서간이다.

2. 서간의 형식

본 서간들은 모두 민영소가 보낸 서간에 대한 답서들이다. 서간의 내용은 대체로 3부분으로 되어 있다. 첫째 부분은 "봉서 받자와 보고 기후 태평하오신 든든 축수하오며"로 시작하고, 상대방이 보낸 서간 내용에 대해 간단히 언급하였다. 여기서 "봉서 받자와 보고" 다음에는 반드시 행을 바꾸었다. 둘째 부분은 궁 안의 왕·왕비·세자의 근황과 자기의 안부를 언급하였다. 셋째 부분은 본론의 내용을 서술하였다. 상대방의 안부를 물을 경우는 대체로 위 어른의 경우에는 첫째 부분에 언급하고, 아이의 경우는 셋째 부분에 언급하였다. 말미에는 다른 궁중의 서간처럼 보내는 사람의 신분을 밝히지 않았다. 특히 兩殿은 행을 바꾸고, 다른 글자보다 한 글자 정도 위로 올려 쓴 것은 왕

31) 閔德植,「明成皇后의 墨蹟에 대한 基礎硏究」,『年報』29(忠北大學校 博物館), 2003, 65~115쪽. 李基大,「명성황후 국문편지의 문헌학적 연구」,『한국학연구』20(고려대학교 한국학연구소), 2004, 293~337쪽.

과 왕비에 대한 존경의 표시이다.

3. 서간을 보낸 사람

서간 ⑥에서는 본인이 해소로 밤에 잠을 자지 못한다는 내용이 들어 있고, 서간 ⑫에서는 일찍 양친이 세상을 떠나고 형제도 변변히 많지 않다고 하였다. 서간에서는 민영익을 죽동오라버니라고 표현하였고, 서간 ⑫에서는 민영소에게 "오라버님 밖에 누가 있습니까?" 라고 하였으며, 서간 ㉜에서는 "오라버님을 곧 뵈옵는가 하였는데, 천만에 뵈오니 이루 형언하기 어렵사옵니다" 고 하였다. 여기서 오라버님은 민영소를 의미한다. 이러한 표현으로 보면 서간을 보낸 사람은 泳字 항렬의 민씨 성을 가졌던 인물이 아닌가 싶다. 또 서간 ⑩에서 탕제는 아직 많으니 어떠할지 모르겠습니다 라고 하였으며, 서간 ⑲에서는 출처가 없는데 그냥 드시게 하오니 답답합니다 라고 하고, 서간 ㉓에서는 탕제는 그만 정지하려고 한다는 내용으로 보아 그녀는 궁에서 탕제까지 마련하여 민영소에게 보내고, 신생아를 위해 유모까지도 보내달라고 할 정도로 민영소와 밀접하였다. 서간 ⑬에서 그 사이 回書하려고 하였으나 조심스러워 못하였다는 것으로 보아, 이들의 관계는 비밀리에 이루어졌음을 알 수가 있다

하여튼 서간을 쓴 주인공은 명성황후의 최측근으로 중궁전의 살림살이를 전담하였던 상궁이 아니었나 추측된다. 본래 중궁전의 살림살이를 전담하던 궁인은 本房內人[32]이었다. 본방나인은 왕비가 친정에서 데려온 유모나 몸종으로 천한 신분 출신이었던데 비해, 이 서간을 쓴 주인공은 이와는 성격이 다른 것으로 보인다.[33] 특히 그녀는 궁체를 능숙하게 구사한 것으로 보

32) 本房은 임금의 丈人宅을 지칭한다.
33) 궁녀는 주로 지밀, 針房, 繡房은 중인계급, 기타는 상민계급에서 충당되었다.

아,[34] 전형적인 궁인이었으며, 궁궐 내에서 민씨 집안의 핵심역할을 했던 인물로 짐작된다. 그녀는 이러한 관계를 이용하여 과거와 말단 관리들의 인사까지도 민영소에게 청탁하기도 하였다. 서간내의 정황으로 보아 그녀는 일반 內人[35]이 아니고 상궁[36] 정도의 위치에 있었던 인물로 보이며, 중궁전(내전)의 곳간인 아랫고(阿里庫, 下庫)를 관리하는 직무를 맡았던 副提調尙宮이 아니었는지 모르겠다. 부제조상궁이란 상궁 중에서 최고의 자리였던 684명(『星湖僿說』)의 궁녀를 거느린 제조상궁(큰방상궁)의 다음가는 자리로, 중궁전의 살림살이를 총괄하던 상궁이었다.

한편 당시 중궁전의 상궁으로 명성황후의 봉서를 대필하였던 상궁으로는 하상궁과 서상궁이 있었다.[37] 윤치호 서한집에는 하상궁과 관련된 서한 8통(1883~1884년)이 들어 있다. 미국공

---

34) 궁녀 중 지밀인 경우 7, 8세가 되면 나인 중에서 선생을 정해 궁중용어, 궁중예절, 한글과 宮書 쓰기, 『소학』, 『열녀전』, 『규범』, 『내훈』 등을 수업과목으로 삼아 익혔고, 침방이나 수방에서는 교양으로 한글과 『소학』 정도를 가르쳤다.

35) 궁녀는 일반적으로 상궁, 상궁의 보조 역할을 하는 나인, 나인 아래의 견습나인인 애기나인(생각시)을 지칭하는 말이다. 이들은 왕과 왕비의 거처에서 수직하며 보필하고, 잠자리를 책임지는 지밀, 왕실 가족의 옷을 짓는 침방, 의복과 장식물에 수를 놓는 수방, 수라상 및 음식물 등을 준비하는 내소주방 등에 투입되었다. 그러나 넓은 의미의 궁녀는 각 처소에서 막일을 담당하는 무수리, 상궁이 비번 날에 살게 되는 개인의 처소에서 부리던 가정부, 찬도인 각심이(房子)가 포함되고, 나아가 왕의 후궁으로 당호가 바쳐지고 독립세대를 영위하는 여인의 집에서 살림살이를 맡아하던 가정부인 손님, 궁중의 내의원에 소속된 醫女까지 포함되기도 한다(박상진, 『내시와 궁녀』, 가람기획, 2005, 157~164쪽).

36) 상궁은 품계가 정5품인 提調尙宮·副提調尙宮 아래 왕의 곁에서 왕명을 받드는 待令尙宮(至密尙宮)과 왕자와 왕녀의 양육을 맡은 保姆尙宮, 지밀에서 서적을 관장하고 의식때 글을 낭독하며, 크고 작은 잔치 때 좌우에서 아뢰거나 수행하는 일을 맡은 侍女尙宮, 궁녀들의 근무 태도와 행동을 감시하고 평가하는 監察尙宮, 왕의 잠자리를 함께하는 承恩尙宮이 이었다. 일반 상궁은 각 처소에서 아래 나인을 총괄하고 그 처소 소관의 모든 업무를 책임졌는데, 7, 8명 정도가 있었다. 4, 5세에 입궁하는 지밀은 34, 35세면 상궁이 되었고, 15, 16세에 입궁하는 기타 처소의 상궁은 45세는 돼야 상궁이 되었다(박상진, 위의 책, 168~171쪽).

37) 李完雨, 「조선 후기의 서예」, 『한국사』 35(국사편찬위원회), 1998. 496쪽.

사 푸트와 푸트부인 및 영국공사 파크스 등이 중전의 초대, 하사한 선물·음식물, 친절에 대한 감사 및 황후에 보내는 선물 등이 하상궁을 통해 이루어지고 있음을 볼 수가 있는데, 그는 중궁전 의전관이었다.[38] 서상궁은 궁체로 유명한 서사상궁이었던 서희순이다. 또 서울 진관내동 산 68-2에 위치한 使臣城隍堂은 명성황후의 원당으로 왕실 전용의 굿당이었는데, 고종 26년(1889년) 5월에 왕실에서 내린 발원문에는 상궁 하씨(당시 66세), 상궁 윤씨(당시 60세), 상궁 손씨(당시 59세)가 시주자로 되어 있다.[39] 여기서의 하상궁 역시 앞서의 하상궁과 동일인이며, 그는 내전의 지밀상궁이었음이 분명하다.

4. 서간을 받은 사람

서간을 받은 사람은 민영소이다. 그는 민진영의 후손인 민길호의 아들인데, 민진원의 후손인 민규호에게 입계하였다. 민영환을 이어 1991년 9월부터 1893년 4월까지 병조판서를 맡으면서, 왕의 밀지를 받아 이일식으로 하여금 갑신정변 뒤 일본에 망명중인 김옥균·박영효 등의 암살을 교사하고, 그 뒤 홍종우를 자객으로 삼아 상해에서 김옥균을 살해한 배후의 인물로 지적되고 있다. 민씨 척족의 泳字 항렬의 인사들을 평가할 때 흔히 一翊(閔泳翊), 二駿(閔泳駿, 閔泳徽), 三煥(閔泳煥), 四韶(閔泳韶)라고 하였다. 이처럼 그는 당시 민씨 척족들 중에서 인정받던 한 사람으로, 명성황후의 최측근이었다. 박동에 살았기 때문에 박동대감이라고 불렸다.[40]

---

38) 윤경남 역, 『좌옹 윤치호 서한집』(호산문화), 1995.
39) 박상진, 『내시와 궁녀』, 175쪽.
40) 현 종로구 박동 숙명여고 자리에 살았다.

5. 서간내의 인물

1) 閔吉鎬

서간 ⑬에서 "아버님께오서 제절 만강하옵시고〃, 서간 ㉛에서 "어제 산지는 아버님을 모실 묘자리오나 친히 보시니 적당하지 못하오신 것 같으니 크게 걱정입니다.", 서간 ㉜에서 "어머님과 충경이 못보고 오니 섭섭 절통하며, 잠간이나 보니 돌아가신 아버님 뵌 것과 같습니다." 라고 하였다. 여기서 아버님은 민영소의 친부인 민길호를 지칭한다. 그는 가선대부 공조참판을 지내고, 숭정대부 의정부좌찬성에 추증되었다.

2) 恩津 宋氏

서간 ④⑧⑨⑩⑪⑬⑮⑰⑱⑳㉒㉓㉔㉕㉚㉛㉜㉞㉟에서는 어머님에 대한 안부의 말이 들어 있다. 여기서 어머님은 민규호의 부인으로, 민영소의 양모인 은진 송씨를 지칭한다. 참판 宋正熙의 딸이다. 정경부인 은진 송씨에 대한 이야기는 명성황후가 민영소에 내린 봉서 속에서도 자주 등장한다.

3) 閔泳翊

서간 ⑦에는 "죽동오라버님 뜻밖에 發行하오니 답답하온 중 섭섭함을 헤아릴 수 없고", 서간 ⑨에서 "죽동오라버님 소식 듣사오니 매우 간절하던 중 환궁하오신 말씀 듣사오니 미리 든든 헤아릴 수 없으며", 서간 ⑩에서 "죽동오라버님 소식 듣사오니 평안하시다고 하니 축수하옵고", 서간 ⑫에서 "죽동오라버님은 모든 일에 덧없으시니 오라버님 밖에 누가 있겠습니까?", 서간 ㉝에서 "죽동오라버님 꼭 환국하오시니 미티 든든 측량없고", 서간 ㉞에서 죽동오라버님 틀림없이 오늘 나온신다고 하오니 든든 반갑사옵니다." 라고 하였다. 여기서 죽동오라버님

은 민영익을 지칭한다. 죽동에 살았기 때문에 죽동대감이라고 불렸다.41)

4) 閔泳昇

서간 ⑬에서는 "형님 병 동정이 있사오니 다행이옵니다." 라는 말이 있다. 여기서 형님은 민영소의 친가의 형인 민영승을 지칭한다. 그는 호조좌랑, 은진·남평·태인현감, 전주판관을 지냈다.

5) 충경

서간 ②④⑤⑧⑨⑩⑪㉑㉒㉕㉙㉛㉜에서는 충경이가 무탈한지를 묻는 등 그의 건강과 안부에 대하여 깊은 관심을 보이고 있다. 충경이는 민영소의 외아들인 閔忠植의 아명이다. 그는 시강원시종관, 비서원승을 지냈다. 충경이는 명성황후가 민영소에 내린 봉서 속에서도 자주 나오며, 명성황후가 매우 사랑하였다.

6) 신생아

서간 ㉑에서는 신생아가 잘 자는 일 기특하다는 말이 있고, 서간 ㉔에서는 사람이 없으니 유모를 빨리 보내 달라는 말이 있다. 조선시대의 경우 궁내의 어른인 대비의 승낙을 받고 무의탁의 어린 여자 아이를 궁내에서 양육하여 자라면 궁녀로 삼는 경우가 있었는데, 이 신생아도 그러한 사례가 아닌지 모르겠다.

7) 강갑

서간 ㉟에서는 "강갑이는 房房에 들어와 보오니 든든 기쁜 중 새로이 심회는 금할 수 없고, 닿는 곳마다 아버님 생각만 납

41) 죽동 집은 현 종로구 관운동 198번지에 있었다. 본래 민승호가 살던 집이었는데, 민영익의 아들인 閔庭植이 민영휘에게 팔았다고 한다.

니다.”, 서간 ㉝에서는 “오늘 저녁 강갑의 납채하오니 든든 하온 중 감회하옵기 비할 데 없습니다.”, 서간 ㉞에서는 “강갑의 대사는 순성하옵고 잘 잤다 하오시니 든든하온 중 감회 측량 비할 데 업사오며”라고 하였다. 여기서의 강갑이가 누구인지는 알 수가 없다.

6. 청탁

1) 금전

서간 ⑮에서는 돈 100냥만 넌지시 마련하여 들여보내고, 서간 ⑰에서는 돈 좀 속히 주시고 이렇게 살림하니까 감질날 적이 많다고 하였다. 또 서간 ⑱에서는 단오에 의대를 만드는데 563냥만 우선 달라고 재촉하였고, 서간 ⑲에서는 긴급하게 쓸 데가 있으니 600냥만 아무 돈이라도 들여보내 달라고 하였으며, 서간 ㉟에서는 긴히 쓰게 사전 200냥만 내일 식전에 보내달라고 요청하였다.

이 중에서 단오에 의대를 만드는데 돈이 없어서 563냥만 우선 달라고 재촉한 내용이 주목되는데, 의대는 명성황후의 의대로 추측된다. 당시 왕실의 재정 형편이 매우 어려웠음을 알 수 있게 한다.

2) 물품

서간 ⑭에서는 빨리 一櫃만 들여보내 달라고 하였고, 서간 ⑮에서는 西洋紗 3필, 西洋木 1통 등을 보내 달라고 하였으며,[42] 서간 ⑰에서는 해삼·홍합·장지·油紙를 보내 달라고 하였다.[43] 서간 ⑱에서는 모기장을 보내 달라고 하였고, 서간 ⑲

42) 궁녀들은 봄 가을로 濟用監에서 정규적으로 옷감을 받았다.
43) 궁녀들은 매월 司導寺로부터 쌀, 콩, 장 등을 받았고, 司宰監에서 매일 생선과 소금 등 반찬거리도 제공 받았다.

에서는 밀떡 같은 약좀 보내 달라고 하였다. 또 서간 ⑳에서는 扇子·尾扇·別扇을 보내 달라고 하였고, 서간 ㉑에서는 신생아를 위해 새로 만든 것을 사달라고 하였다. 서간 ㉒에서는 華服에 꽂을 비녀 몇 개만 사달라고 하였고, 서간 ㉓에서는 麝香(사향)·漢沖香 등 향을 얻어 주고, 비취 옥비녀와 산호 귀이개를 구해 달라고 하였다.

3) 인사

서간 ⑥에서는 아까 錄紙는 보아 계실듯합니다 라는 말이 있고, 서간 ⑱에는 전에 말씀하던 과거시험이 이때에 있다고 하시더니 오늘 과거 보러 모두 오니 각각의 성명을 적어 보내 달라는 말이 있으며, 서간 ㉕에서는 단자 자세히 보았으며 어제 과거 말씀하셨는데 녹지 나간 것 부디 하여 주시고, 안 되면 성명이라도 들여보내 달라고 하였다. 또 서간 ㉖에서는 어제 보내주신 것은 자세히 보았고, 이 녹지를 자세히 보고 이대로 하여주시고, 전날에 말씀하셨던 의장참의 송은창의 일은 잊지 마시고, 변장 최재천의 일은 어찌 되었습니까 라고 묻고 있다. 서간 ㉗에서는 들여보내신 것은 자세히 보았으며, 이 녹지는 전날에 날이 지나면 하여 주신다던 과거이오니 내일 중에 講經課에 합격시켜 주시기 바란다고 하였고, 서간 ㉘에서는 각각의 일도 내보였으니 보아 계실 듯하고, 父姓을 적어도 관계치 않기에 부성을 적었다고 하였으며, 서간 ㉙에서는 전날에 말씀하셨던 官資좀 내시고, 꼭 편지를 써서 경상감사에게 말씀을 하여 달라고 하였으며, 서간 ㉚에서는 말씀하신 과거는 落者가 없게 실수 없도록 하시고, 榜에서 빠지면 당초에 기별도 아니한 것인 줄로 안다고 하였다.

이처럼 인사청탁은 과거와 하급관리의 인사문제였다. 인사청탁자로는 의장참의 송은창, 변장 최재천의 이름이 들어 있다.

특히 현재 서간 ㉖의 서간 속에는「禁軍金俊植汰去代朴聖柱差定事」라는 녹지가 남아 있어, 당시 쓰였던 녹지의 형태를 알 수 있게 한다.

7. 왕실의 궁핍

서간 ⑫에서는 탄신일로 하여 심려 되며 날은 점점 임박하니 입이 써서 말이 안 나오고, 만사가 답답하온 중 次知가 초조 착급하는 모양은 차마 볼 수 없사오며 장차 그 날에 어찌 얼굴을 들는지 미리 답답하고, 오육번 하옵든 탄이라 서운 섭섭하게 지낼 일 대단하니 어떻다고 이루 다 말할 수 없으며, 어찌하여 세력 없게 된 일 애달프고, 의논하여도 고독히 된 일 감정에 복받쳐 애달프고 답답합니다 라고 하여, 여러 해 동안 탄신 잔치도 하여 드릴 수 없었던 형편을 잘 표현하고 있다. 여기서의 탄신일은 명성황후의 탄신일로 추측된다. 조선시대의 경우 대비・왕・왕비의 탄신일에는 병이나 상을 당한 경우를 제외하고는 잔치를 베풀어 드리는 것이 상례였다. 하여튼 본 서간을 통해 당시 궁핍했던 왕실의 재정 상태를 잘 알 수가 있다.

8. 서간이 쓰여 진 시기

1) 민길호의 사망

서간 ㉛에서 "어제 산지는 아버님 모실 묘자리오나 친히 보시니 적당하지 못하오신 것 같으니 낭패되고 걱정입니다.", 서간 ㉜에서 "어머님과 충경이 못보고 오니 섭섭 절통하며, 잠간이나 보니 돌아가신 아번님 뵌 것과 같습니다."라고 하였다.

민영소의 친부인 민길호가 세상을 뜬 것은 1886년 6월 11일이다. 이 때문에 민길호의 사망과 관련된 서간들은 이 시기에 쓰여 진 것이다. 1886년에 민영소의 관직은 이조참판, 부제학이었다.

2) 민영익의 환국

서간 ⑦에서는 민영익이 뜻밖에 발행하였다는 내용이 있고, 서간 ⑨과 ㉝에서는 민영익이 환궁(환국)한다는 내용이 있으며, 서간 ㉞에서는 민영익이 오늘 나온다는 내용이 있다.

1886년 7월경 고종을 비롯한 일부 조선정부 관료들이 러시아에 보호를 요청하면서, 고종이 다시 한 번 引俄拒淸策을 실시한 것이 제2차 조로밀약사건이다. 그러나 러시아에 접근하는 것을 반대하던 명성황후의 친정조카인 민영익은 조선과 러시아간에 비밀교섭이 진행되고 있는 동안 이를 원세개에게 알림으로써, 이 사실이 세상에 알려지게 되었다. 이에 원세개는 이홍장에게 전보를 쳐서 조선을 정벌하여 고종을 폐위시키자고 건의하였다. 그러나 이홍장은 사태를 관망하며 조용히 수습하는 쪽으로 결정을 내려 사태가 수습되었다. 이 때문에 민영익은 고종과 명성황후의 신임을 잃은 데다 여러 민씨들의 비방을 받고, 1887년 여름 청국으로 피신하였다.[44] 그 후 그는 주로 香港이나 상해에 머물면서 조선의 외교정책을 원거리에서 지원하였다.

하여튼 이러한 자료들로 보면 본 서간들이 쓰여 진 시기는 대체로 1886년부터 1895년 사이가 아닌가 추측된다. 상한은 1886년보다 약간 앞 설 수 있고, 하한은 명성황후가 일인들의 만행으로 시해된 1895년 8월 20일(음)이다.

맺음말

서간을 보낸 사람은 泳字 항렬의 민씨 성을 가지고 명성황

---

44) 具仙姬, 『韓國近代 對淸政策史 硏究』(혜안), 1999, 130~138쪽.

후의 최측근으로 중궁전의 살림살이를 전담하였던 상궁이 아니었나 추측된다. 또 그녀는 민규호의 후광으로 명성황후로부터 두터운 신임을 받고 있던 민영소와 연결하면서, 민영소의 청탁을 양전에 전달 시켜주고, 부족한 물품 및 자금을 민영소에게서 조달 받았다. 또 그녀는 궁체를 능숙하게 구사한 것으로 보아 전형적인 궁인이었으며, 궁궐 내에서 민씨 집안의 핵심역할을 했던 인물로 짐작된다. 그녀는 이러한 관계를 이용하여, 과거와 말단 관리들의 인사까지도 민영소에게 청탁하기도 하였다.

서간을 받은 사람은 민영소이다. 그는 민진영의 후손인 민길호의 아들인데, 민진원의 후손인 민규호에게 입계하여, 민규호의 후광으로 명성황후의 두터운 신임을 받으며, 주요 관직을 두루 거쳤다. 그는 명성황후가 그에 보낸 봉서나 본 궁녀의 서간을 통해 왕실과 매우 밀접한 관계를 유지하였음을 알 수가 있었다.

사실 매과나 매관매직은 나라를 멸망으로 이끈 장본인이었다. 그러나 매과와 매관매직이 개항이후 왕실의 지출 경비가 급증함에 따라 부족한 왕실 재정을 충당하기 위한 궁여지책으로 행하여졌음이 명성황후가 민영소에게 보낸 봉서와 본 궁녀의 서간을 통해서도 어느 정도 짐작할 수 있게 되었다.

제6장 민긍호 의병장의 연구

머리말

閔肯鎬는 좌찬성을 지낸 민제인의 후손이다. 고종 2년에 한양에서 출생하고, 본관은 여홍으로 閔致鳳의 외아들이었다. 명성황후와는 같은 민제인의 후손으로 20촌간이었다.

민긍호는 1897년(광무 원년)에 33세의 늦은 나이에 원주지방대에 입대하여 군인이 되고, 고성분견대의 下士가 되었다가 후에 춘천분견대에 전입되었다. 민긍호가 원주진위대와 인연을 맺게 된 이유를 확실하게 알 수는 없으나, 민긍호는 어머니가 원주 원씨이고, 또 친척들이 원주에서 살아왔던 것으로 보면, 원주는 세거지와 같은 연고가 있었던 것 같다.

1900년에 正校로 진급되어 춘천분견대에 있다가, 1905년에 特務正校(현 특무상사)로 발탁되어,[1] 원주진위대 본대로 전입되었다. 민긍호가 소속되어 있던 원주진위대는 지방에 있던 8개 진위대 중 제5대대로, 1897년 6월에 설치되어 경기도 일부와 강원도 전체를 관할 구역으로 하였다. 해산 당시 전체 병력은 615명이었고,[2] 본대인 원주에는 참령이하 장교 12명,[3] 병사 251명이 주둔하고,[4] 관할구역 내에 여주분견대, 춘천분견대, 죽산분견

---

1) 『承政院日記』 141책, 高宗 42년 11월 甲戌.
2) 서태원, 「대한제국기 원주진위대 연구」, 『湖西史學』 37, 2004, 214쪽.
3) 여기에는 軍醫인 參尉 權丙允과 軍司(餉官)인 참위 李漢昌도 포함된 것이다.
4) 戶叶薰雄 · 楢崎觀一, 『朝鮮最近史』, 1912, 149쪽. 그러나 1907년 8월 현재 정교이하 병사 가운 데 성명이 확인된 인물은 278명이다(왕현종, 「1907년 이후

대, 강릉분견대, 고성분견대를 두고 있었다.

민긍호는 병영 속성상 특무정교라는 직위로 하사관과 병졸들을 장악할 수 있었을 것이고, 이는 원주진위대 본대의 장교를 포함한 약 290명의 병력 중에서 일부 장교를 제외한 대부분의 하사관과 병졸들을 의병에 참여시킬 수 있는 계기가 되었다. 또 민긍호는 당시 43세로 일반 병사들의 아버지와 같은 위치에 있었던 점도 영향을 주었을 것으로 추측된다.

한편 그는 사람됨이 剛正하며 기개가 높고, 節操가 있었다고 한다. 군병 중에서 혹 기강을 잃은 사람이 있으면, 언제나 의리로써 타일러 다시는 잘못을 범하지 않게 하였고, 도처에서 민중들을 모아 놓고 연설을 할 때면 그 연설이 비장하였고, 또 그 분격한 마음을 이기지 못하여 언제나 눈물을 비처럼 흘렸으며, 청중들도 감동하여 눈물을 흘리지 않는 사람이 없었다고 전한다. 일본 사람들 조차도 그의 사람 됨됨이를 공경하였다고 하며, 참된 애국심이 있고, 유신혁명의 영향을 받은 정치사상을 갖고 있다고 표현하였다.[5] 또 그는 일본에서 빌린 1,300만원을 갚기 위한 국채보상운동에도 적극 참여하여, 1907년 5월에는 원주진위대 본대 병사들과 함께 한달 봉급을 의연금으로 출연하고,[6] 6월에

원주 진위대의 의병 참여와 전술 변화」, 『歷史敎育』 96, 2005, 144쪽). 한편 1908년 정부가 작성한 「前原州隊士卒姓名案」에는 귀순자 155명, 원주토착병 미귀자 13명, 客地士卒 45명, 前高城駐隊移附士卒 40명, 死亡士卒 21명 등 의병 활동에 참여한 277명의 성명이 표기되어 있다(「前原州鎭衛隊士卒姓名案軍警歸順幷付」『各道郡報告』 內閣編2(연세대학교 근대한국학연구소, 『원주독립운동사자료집』 I, 2004, 224~252쪽). 이처럼 여기에는 원주진위대 본대의 189명의 병사가 의병에 참여한 것으로 되어 있다.

5) 「暴徒史編輯資料」 江原道編, 『독립운동사자료집』 3, 597~600쪽.

6) 『皇城新聞』 1907년 5월 4일. 1900년 정교의 월급은 9元이었는데, 1907년 12월 말 춘천의 쌀값은 玄米 1두에 상미 35전, 중미 32전 5리, 하미 30전, 精米 1두에 상미 40전, 중미 37전 5리, 하미 35전이었다(「春警發 第12號」, 『暴徒ニ關スル編冊』, 1908년 1월 7일, 「春川警察署의 警務局長에의 報告」, 『韓國獨立運動史資料』 8, 427쪽).

도 3환 10전을 출연하였다.7) 이러한 국채보상운동의 적극 참여는 후일 의병봉기와도 무관하지 않을 것으로 보인다.

Ⅰ. 봉기

서울시위대의 항전 소식이 지방 진위대로 알려지자 제일 먼저 봉기한 부대는 원주진위대였다. 8월 1일 오후에 서울시위대의 해산과 항전 소식이 원주진위대에 알려지자, 영내 병사들이 동요하기 시작하였다. 대대장 참령 洪裕馨이 부하의 훈유에 적극 노력하였으나, 도리어 병사들의 반항심을 높였다. 이때 병사들은 군대를 해산하는 데 분통을 터뜨려 말하기를 "나라에 병사가 없으면 어찌 국가라 할 수 있겠는가. 이 忠逆의 판단에서 병사를 거두어들이는 일에 스스로 따라서는 안 될 것이다."라고 하여 군대를 해산하라는 명령에 순종할 수 없다고 하였다.8) 홍유형은 8월 2일 소집령을 받고 상경하였다. 홍유형이 군부의 電命에 의해 상경의 길에 오르자, 해산명령을 받으러 가는 것으로 판단한 특무정교 민긍호 등은 본격적인 봉기 준비를 시작하고, 우선 8월 3일 1개 소대를 파견하여 서울에서 돌아오는 홍유형을 砥平에서 붙잡아, 원주진위대의 병력을 이끌고 서울로 진군할 것을 요구하였다. 홍유형은 병사들을 속이고 야음을 타서 여주로 도망하여 상경하여 버렸다. 한편 또 다른 1개 소대를 죽산에 급파하여 동지를 규합하였다.9)

원주진위대 병사들은 마침 원주읍의 장날인 8월 5일(음 7월 27일) 오후 2시에 봉기하였다.10) 민긍호 등은 비상나팔을 불어

7) 『皇城新聞』 1907년 6월 3일.
8) 宋相燾, 『騎驢隨筆』.
9) 「朝鮮暴徒討伐誌」, 『朝鮮獨立運動』 1, 139쪽.

장교와 병사들을 집합시켜 봉기를 선언하였다. 제1중대장으로 대대장 대리인 강원도 원주출신인 정위 金德濟[11]를 봉기에 동참시킨 후 무기고를 부수고 소총 1,600여 정과[12] 탄환 4만여 발을 꺼내어 병사들에게 분배하고, 장꾼과 읍민들 중에서 호응자를 모집하여 무기를 지급하고 대오를 편성하였다.[13]

봉기한 원주진위대 병사들과 농민들은 1,000명의 병력으로 4개 부대를 편성하여 민긍호, 김덕제, 孫在奎(참위), 韓甲復 등의 지휘 하에 원주읍 우편취급소, 군아, 경찰분견소를 습격하는 한편 일인가옥을 파괴하고, 미처 도망하지 못한 일본인들을 처단하였다. 이로써 원주읍은 이들에 의해 완전 장악되었다. 또 약

---

10) 원주진위대 소속 하사급 이상 장교 44명 중 적어도 26명이 참여하고, 전체 참여자는 일부 장교를 포함하여 189~270명 정도의 인원이 참여하였다고 한다(왕현종, 「1907년 이후 원주 진위대의 의병 참여와 전술 변화」, 143~146쪽).

11) 봉기에 동참한 김덕제 이외 봉기에 반대한 정위(중대장) 權泰熙, 부위(부관) 權泰榮, 張世鎭, 白南肅, 李玄珪, 참위(소대장) 李顯用을 체포하였다(「官報」 3877號, 융희 원년 9월 21일). 일제는 해산한 下士卒 가운데 경찰관의 자격이 있는 자는 이를 경찰관으로 채용하고, 기타는 가급적 實業에 종사토록하여 間島로 이주시켜 개간에 종사시키거나 屯田法으로 황무지 개간에 종사시키도록 하고, 교육받은 士官은 한국군대에 머물 필요가 있는 자를 제외하고 기타는 일본군대로 부속시켜 실지연습을 시키려고 하였다(『駐韓日本公使館記錄』, 1907년, 日韓協定履行關係 覺書 3項). 이처럼 장교를 해산에서 제외한 것은 사병 해산에 적극 참여토록 하고, 사병들의 반항에 장교가 합세하지 않도록 하기 위한 것으로, 군사해산 때 많은 장교들이 사병들을 배신하는 결과를 가져왔다. 그러나 일제는 장교만은 그대로 두겠다던 약속을 어기고, 9월 3일에 1,225명을 대량 해고하고, 나머지 장교들도 1909년 7월 30일 「군부폐지령」에 따라 모두 군에서 쫓겨나고 말았다. 특히 앞서의 2중대장 권태희는 의병에 참여한 원주진위대 해산 병사들을 귀순시킨 공로로 은사금까지 받았던 자이다.

12) 李隣榮과 尹起榮 의병부대의 무기 확보에 결정적인 도움을 주었다(왕현종, 「1907년 이후 원주 진위대의 의병 참여와 전술 변화」, 148쪽). 한편 『雲崗李康秊先生倡義錄』에는 尹基榮은 을미의병 때부터 이강년과 함께 하였고, 정미의병 때에는 이강년 의병부대의 前軍將으로 활약하다, 1907년 10월 22일경에 이강년 의진과 작별하였다고 하였다(『雲崗李康秊先生倡義錄』, 57쪽).

13) 「朝鮮暴徒討伐誌」, 『朝鮮獨立運動』 1, 139쪽. 「遭難始末書」 「暴徒ニ關スル編冊」, 1907年 9월 20日, 『韓國獨立運動史資料』 8, 35쪽. 國防部戰史編纂委員會, 『義兵抗爭史』, 1984, 191~193쪽.

300여 명을 급파하여 충주로를 찾기 위해 남산으로 도망간 일본경찰대와 일본거류민을 추격하여 남산을 점령하였다. 봉기에 놀라 원주에서 춘천으로 도망한 일본인들의 제보로 원주진위대가 봉기했다는 것을 알게 된 서울의 조선주차군사령부는 충주의 警察顧問支部로 긴급 전문을 보내서 충주에 주둔하고 있던 일본군 수비대로 하여금 원주의 상황을 파악토록 하였다. 이에 8월 6일에는 원주 서방 고지에 진을 치고 있던 진위대 주력은 충주수비대장 二宮 소위가 이끄는 19명의 일본군 정찰대와 충돌하여, 약 2시간의 교전 끝에 이를 격퇴시켰다.[14] 이때 일본군 정찰대는 원주읍 서방 고지에 피난해 있던 거류민과 경무관을 데리고 충주로 퇴각하였다.[15]

또 이날 원주진위대의 봉기 소식을 들은 원주진위대 여주분견대의 병사들도 봉기를 만류하는 분견대장 白南肅 부위를 구금하여 앞세우고 죽음을 같이 하겠다고 하면서 원주본대에 합세하였다.[16]

원주진위대 봉기의 보고를 받은 조선주차군사령관 長谷川好道는 8월 6일 서울주둔 보병 제47연대 제3대대장 下林 소좌를 지휘관으로 삼아 보병 2개 중대, 기관총 4문, 공병 1개 소대로 구성된 一支隊를 원주에 급파하여, 원주 부근을 진압토록 하였다. 이들 부대는 8월 7일 서울을 출발하여 의병과의 충돌 없이 二水頭(두물머리), 砥平을 경유 8월 10일에 원주에 도착하여 토벌에 나섰으나, 지형에 밝은 지역민들의 비호를 받은 의병들의

14) 충주수비대의 정찰대가 원주에 나타난 것은 8월 6일 오전 9시경이었다고 한다(戸叶薫雄 ‥ 楢崎觀一, 『朝鮮最近史』, 168쪽). 『大韓每日申報』 1907년 8월 20일.

15) 朴殷植, 『韓國通史』 第三編第四十九章. 「朝鮮暴徒討伐誌」, 『朝鮮獨立運動』 1, 139~140쪽. 「遭難始末書」, 「暴徒ニ關スル編冊」, 1907년 9월 20일, 『韓國獨立運動史資料』 8, 35~36쪽. 國防部戰史編纂委員會, 『義兵抗爭史』, 191~192쪽.

16) 『官報』 3877호, 융희 원년 9월 21일. 한편 고성분견대도 참여하였다.

첩보는 민활하고 교묘하여 일본군의 행동을 탐지하고 유격전을 벌이기 때문에,[17] 원주에 도착 후 수일간 조금도 얻은 바가 없었다.[18] 일본군의 예봉을 피한 의병들은 이미 각 지방으로 확산되어 현지에는 없었으며, 주민들은 일본군의 야만적 수색을 피해 각처로 피난하였다. 이때 서울로 도주했던 원주진위대장 홍유형과 해산의 훈시를 받기 위해 서울에 있던 교관 古莊 대위도 봉기의 소식을 듣고 원주로 내려왔다.[19]

이에 앞서 봉기군은 8월 8일에 원주의 무기와 탄약들을 수습하여 평창으로 떠났다. 김덕제가 이끄는 약 600명은 평창에서 영동지역인 강릉, 양양, 간성, 고성, 통천, 흡곡지방으로 진출하였다. 동해안으로 진출한 김덕제 의병부대는 그곳 의병과 합세하여 3,000명의 대부대를 이루었다. 민긍호는 평창에서 영서지역으로 향하여 8월 10일 300여 명을 이끌고 주천을 거쳐 제천으로 들어갔으며 이후 1,000여 명으로 확대되었다.[20] 계속된 의병 소모 활동으로 민긍호 연합의병부대는 약 2,000명에 이르렀으며, 원주의 동막, 안창, 신림, 주천 등지와 여주, 횡성, 평창까지 장악하였다. 또 민긍호 연합의병부대는 독립부대르 나눠,[21] 원주, 제천, 영월, 충주, 죽산, 장호원, 여주, 이천, 양근, 홍천, 횡성 등지에서 활동하였다.[22]

---

17) 長谷川好道가 8월 30일 伊藤博文에게 보낸 전문에는 각 지방 폭도가 쉽사리 진정되지 않음은 그들의 출몰이 不絶하고, 폭도와 보통인과의 구별이 불명하기 때문이라고 하였다(『駐韓日本公使館記錄』, 1907년 電受).

18) 「朝鮮暴徒討伐誌」, 『朝鮮獨立運動』1, 140~141쪽.

19) 戸叶薰雄 · 楢崎觀一, 『朝鮮最近史』, 168~169쪽

20) 「朝鮮暴徒討伐誌」, 『朝鮮獨立運動』1, 140쪽. 「暴徒史編輯資料」 江原道編, 『독립운동사자료집』3, 597~598쪽.

21) 조선주차군사령부에서 1913년에 간행한 『朝鮮暴徒討伐誌』에도 민긍호는 전체의 수괴가 되어 수다한 소집단으로 분할하여 제천, 충주, 죽산, 장호원, 여주, 홍천 등 각 지방에서 횡포를 자행한다고 하였다.

22) 이때 동참한 의병장으로는 許俊, 李京三, 金萬軍, 高石伊, 金君必, 李韓昌, 韓基錫, 韓甲復, 尹起榮, 李康秊, 金生山, 邊鶴基, 曺仁煥 등이 있었다(「朝鮮暴

이리하여 원주를 중심으로 동으로 횡성, 강릉, 평창, 정선을 연결하고, 남으로 충주, 단양, 제천을 잇고, 서북으로 이천, 여주, 지평, 양근 등 제군을 잇는 6~7백리 지방에 창궐한 형세를 이루게 되었다. 사태가 이에 이르자 야전군 사령관 출신인 조선주차군사령관은 중대병력이나 소대병력의 동원으로 사태를 수습할 수 없다는 것을 깨닫고, 下林支隊의 성과가 여의치 않자 맹렬한 응징적 토벌을 개시할 필요를 느끼고, 무자비한 야만적인 일본군의 방화 살륙작전을 계획하게 되었다. 이에 따라 우선 충주에 서울의 보병 제51연대 足達 중좌로 하여금 제51연대 제2대대(2중대 결), 보병 제52연대 제2중대, 기관총 4문, 기병 제17연대 제3중대의 1개 소대, 공병 1개 소대로 편성한 支隊를 거느리고, 18일 서울을 출발 철도편으로 조치원에 도착하여 도보로 충주를 거쳐 청풍, 제천, 영월, 평창 부근의 의병들을 토벌토록 하였다. 또 서울 보병 제51연대로부터 境澤 대위가 이끄는 1개 소대를 보내 춘천수비대를 보강하고, 그 주력을 홍천 부근으로 진출케 하고. 다시 원산 보병 제50연대의 宇津江 대위에게 1개 중대와 기관총 2문을 주어 해로로 삼척에 파견하여 주력을 정선 방면으로 진출시키고, 대전의 보병 제14연대에서 안동 부근으로 파견하고, 西岡 대위가 이끄는 제11중대(1소대 결)의 주력은 영천에, 일부는 古直嶺 부근에 파견하여 각자 足達支隊를 지원토록 하였다.[23] 이리하여 일본군은 8월 20일까지 춘천 · 원주

徒討伐誌」, 『朝鮮獨立運動』 1, 140쪽). 이중에서 시위대 제1연대 중대장 출신인 허준은 이천, 여주, 양근지역에서, 하사 출신인 변학기는 봉화, 울진, 삼척지역에서, 양근 출생인 조인환은 양근, 광주지역에서 활약하였다. 이밖에 여주지역의 李求采, 장호원 지역의 평안도 출생으로 광부 출신인 方仁寬, 음죽, 여주지역의 음죽 출생으로 양반으로 농사를 하던 全鳳基 · 여주군 포수계장 출신인 韓聖寬, 이천, 양근지역의 농상공부 주사 출신인 任玉汝, 양근, 광주지역의 기병출신인 申昌鉉 등이 있었다.

23) 「朝鮮暴徒討伐誌」, 『朝鮮獨立運動』 1, 141~142쪽.

· 충주 · 영천 · 삼척 · 강릉을 잇는 포위망을 형성하였으나, 이러한 포위작전은 조금도 의병의 활동을 꺾지 못하였다.[24]

Ⅱ. 전개

1. 전황

민긍호는 그의 지휘 아래 강원도, 경기도 · 충청북도 일부지역에서 24~32개 조직을 거느리고 있었으며, 의병 부대원은 7,000~8,000명에 이르렀다.[25] 이들 민긍호 연합의병부대가 일제의 군경과 싸운 크고 작은 전투를 살펴보면 다음과 같다.

1) 連勝期

(1) 驪州邑 점령 전투

李求采[26]가 이끄는 약 200명이 1907년 8월 12일 원주진위대 여주분견대의 주둔지였던 여주로 진출하여 여주읍을 습격 점령하고, 경무분견소를 포위하여 일본경찰관과 가족을 처단하였다. 여주에서 농민들에게 권유하여 의병을 모집한 다음 음죽을 거쳐 장호원 방면으로 향하였으며, 농민들이 합세하여 의병수는 1,000명이나 되었다. 여주는 명성황후의 탄생지로서 배일감정이

---

24) 國史編纂委員會, 『韓國獨立運動史』 1, 1965, 266~267쪽.

25) 왕현종, 「1907년 이후 원주 진위대의 의병 참여와 전술 변화」」, 160쪽. 일제는 원주, 횡성, 평창, 영월, 정선 등지에 산재한 의병수를 약 5,000~6,000명이 될 것이라고 추산하였다(「警秘 第185號」 「暴徒ニ關スル編冊」, 1907년 12월 13일, 「原州警察分署의 警務局長에의 報告」, 『韓國獨立運動史資料』 8, 271쪽). 우리 측도 원주군에 있는 의병수를 7,000~8,000명 정도라고 하였고(『大韓每日申報』 1907년 11월 6일), 또 원주, 횡성, 영월, 정선, 창평 등지의 의병수를 6,000~7,000명이라고 하였다(『大韓每日申報』 1907년 12월 17일).

26) 이구채는 원주 부론면 손곡리에 세거하던 선비로서, 을미의병 당시 이인영의 종사로 활약하였다.

강하다 하여, 24일 원주의 下林支隊長은 沓谷 대위가 이끄는 중대(1개 소대 결)를 여주에 파견하여 의병들에게 도움을 준 촌락들을 불태우는 등 보복을 가하였다.[27)]

(2) 洪川邑 점령 전투

약 70~80명이 1907년 8월 13일 오후 3시에 횡성 방면으로부터 홍천읍을 습격하여 일본인들의 가옥을 파괴하였는데, 일인들은 내삼포로 도망하였다.[28)]

(3) 堤川邑 점령 전투

민긍호가 이끄는 약 350명이 1907년 8월 15일 제천 근처에서 행군 준비를 하고 있는데, 원주에서 제천 방면으로 정찰을 나왔던 末安 중위가 지휘하는 일본군 1개 소대를 만나게 되었다. 당시 민긍호 의병부대는 횡성에서 합류한 韓相說[29)] 등이 함께 있었는데, 일본군과 약 4시간 동안 치열한 교전을 하였고, 결국 일본군은 충주로 퇴각하였다. 교전 후 민긍호 의병부대는 제천으로 이동하면서 제천 부근에 주둔하고 있던 일본군을 상대로 이강년 의병부대와 연합작전을 벌여 일본군을 제천군 근좌면 원북 지방으로 퇴각 시키고 제천읍을 점령하였다.[30)] 이 전투는 원주지역으로 내려온 일본군 특별편성부대와 의병이 치른 첫 전투였으며, 의병들의 사기를 드높이는 승전을 올린 전투였다.

23일에는 足達 중좌가 이끄는 일본군은 제천이 의병의 본거지라고 하여 촌락의 대부분을 소각하는 보복을 가하였다. 즉 충

---

27) 『大韓每日申報』 1907년 8월 16 · 17일. 「朝鮮暴徒討伐誌」, 『朝鮮獨立運動』 1, 141쪽. 「暴徒史編輯資料」 京畿道編, 『독립운동사자료집』 3, 516~517쪽.

28) 『大韓每日申報』 1907년 8월 22일.

29) 한상렬은 횡성 출신으로 농업과 보부상 두목을 했던 양반출신 의병장이다. 한상렬 의병장과 같이 상당수 의병들은 만주지역으로 이동하여 독립군으로 항일무장투쟁을 이어갔다. 필자가 1995년에 원주에 사는 민긍호의 친척들에 대해 증언청취를 할 때, 민긍호의 친척 중에서 민긍호 의병부대에서 활동하다 만주로 건너가 독립군으로 활동하고, 러시아에서도 활동한 의병이 있었다.

30) 『大韓每日申報』 1907년 8월 18일.

주에서 제천으로 전진하던 足達支隊는 도중에 의병과의 충돌 없이 22일에 청풍을 거쳐 23일 오전 6시에 제천에 도착하고, 周浦, 提川道로 전진하던 제2중대는 朴達嶺 부근에서 민긍호 의병부대의 약 100명의 의병과 충돌하여 전투[31]를 벌인 후, 23일 오전 5시에 제천에 도착하여 촌락을 거점으로 저항하는 약간의 의병들을 제압하고 본대에 합류하였다. 제천은 의병의 근거지로서 주민들이 전적으로 의병에 협조하고, 북방 고지에는 散兵壕를 구축하고 있었는데, 일본군은 장래의 화근을 없애기 위해 촌락의 대부분을 이처럼 소각한 것이다.[32]

(4) 竹山邑 점령 전투

약 300명이 1907년 8월 15에 죽산읍을 습격하여 일본인들을 색출하여 처단하였다.[33] 또 이날 全鳳基가 이끄는 약 80여 명이 음죽읍을 습격하여 순사분파소를 습격하고, 순검 3명을 격퇴하고 가옥, 기물들을 파괴하였다.[34]

5) 長湖院 전투

1907년 8월 16일 장호원에서 충주수비대로부터 파견된 전선검사의 보호병 6명과 전투를 벌였다.[35]

또 음성군 황금산 금광의 광부와 합세한 方仁寬이 이끄는 약 150명이 1907년 8월 18일 오후에 서울에서 충주로 증파되던 보병 제51연대의 蘆澤 대위가 이끄는 1개 소대와 장호원에서 약 1시간 전투를 벌였다. 蘆澤이 이끄는 일본군은 19일에 충주에 도착하였다.[36]

---

31) 박달령 전투는 민긍호 의병부대의 주력이 교묘히 충주로 행군할 수 있도록 일본군의 예봉을 피하기 위한 작전이었다.

32) 「朝鮮暴徒討伐誌」, 『朝鮮獨立運動』 1, 142쪽.

33) 『大韓每日申報』 1907년 8월 17일. 「朝鮮暴徒討伐誌」, 『朝鮮獨立運動』 1, 141쪽.

34) 「暴徒史編輯資料」 京畿道編, 『독립운동사자료집』 3, 517쪽.

35) 「朝鮮暴徒討伐誌」, 『朝鮮獨立運動』 1, 141쪽.

36) 「朝鮮暴徒討伐誌」, 『朝鮮獨立運動』 1, 141쪽. 「暴徒史編輯資料」 京畿道編,

(6) 楊根邑 점령 전투

약 50명이 1907년 8월 17일 양근읍을 습격하여 우편취급소를 파괴하였다. 일본인들은 이미 피난하고 없었다.37)

(7) 深源寺 전투

약 100명이 1907년 8월 18일 철원군 신서면 보개산 심원사 등에 거점을 삼고 활동하다, 김화수비대의 공격을 받고 퇴각하였다.38)

(8) 利川 부근 전투

1907년 8월 19일에 이천 동남 약 20리에서 서울로부터 전선 검사를 위해 파견된 공병 1개 분대를 습격하였다.39)

(9) 襄陽邑 점령 전투

禹守吉이 이끄는 약 200명이 1907년 8월 19일 인제군 내면 방면에서 양양읍을 습격하여 우편취급소, 순사주재소 등을 파괴하고, 서면 明珠寺 산중으로 이동하였다.40)

(10) 麟蹄邑 점령 전투

약 330명이 1907년 8월 17일 인제읍을 습격하여 관사, 분파소, 우편취급소 등을 파괴하였다.41)

(11) 長湖院 부근 전투

약 300명이 1907년 8월 20일 장호원 동남 10리의 촌락에서 군량 호송을 위해 서울에서 충주로 향하던 보병 제50연대 소속 호송병 7명을 포위하여 습격하였다.42)

『독립운동사자료집』 3, 517쪽.

37) 「暴徒史編輯資料」 京畿道編, 『독립운동사자료집』 3, 517쪽.

38) 「暴徒史編輯資料」 江原道編, 『독립운동사자료집』 3, 605쪽.

39) 「朝鮮暴徒討伐誌」, 『朝鮮獨立運動』 1, 141쪽. 「暴徒史編輯資料」 京畿道編, 『독립운동사자료집』 3, 517쪽.

40) 「暴徒史編輯資料」 江原道編, 『독립운동사자료집』 3, 621쪽.

41) 『大韓每日申報』 1907년 8월 20일.

42) 『大韓每日申報』 1907년 8월 21일. 「朝鮮暴徒討伐誌」, 『朝鮮獨立運動』 1, 142쪽.

다급해진 조선주차군사령관은 21일 이천, 장호원, 여주 방면의 토벌을 위해 다시 대전의 보병 제14연대 제3대대장 不破 소좌로 하여금 小柳 대위가 이끄는 제9중대 및 수원수비대 長能村 대위가 이끄는 제3중대를 거느리고 이곳으로 파견토록 하고, 동시에 長明石 대위가 이끄는 서울의 보병 제51연대 9중대를 양근, 이천 방면으로 파견하여 不破토벌대와 협력하도록 하였다. 또 충주의 足達支隊도 1개 소대를 장호원 방면으로 파견하여 不破토벌대를 지원토록 하였다.[43)]

(12) 三陟邑 점령 전투

琴基哲[44)]이 이끄는 400명이 1907년 8월 22일 오전 8시 삼척읍을 점령하였는데, 일본군 수비대가 오자 臨溪 부근으로 퇴각하였다.[45)]

(13) 利川邑 점령 전투

任玉汝가 이끄는 약 20명이 1907년 8월 22일 오전 10시에 이천 읍내를 습격하여, 우편취급소 및 순사분파소를 파괴하였다.[46)]

(14) 梨浦 전투

약 80명이 1907년 8월 23일 여주 하류 약 40리에 위치한 이포 부근의 兩岸에서 22일 충주를 출발하여 서울로 돌아가던 선박을 습격하여 일본군 1명을 사살하고, 뭍으로 상륙한 일본군과 치열한 격투를 벌렸다. 중과부적으로 궁지에 몰린 일본군은 하

---

43) 「朝鮮暴徒討伐誌」, 『朝鮮獨立運動』 1, 142쪽.

44) 금기철은 울진군 봉전 출생으로 나이는 31세이고, 울진에서 의거하여 부하 50명을 이끌고 삼척, 葛田, 강릉 지역에서 활동하였다(「暴徒史編輯資料」 江原道編, 『독립운동사자료집』 3, 618쪽). 1907년 울진에서 의병부대를 조직하여 경상북도 북부 산간과 영동 지방을 근거로 의병장으로 활약하였고, 1912년 金相守와 함께 자금을 모집하다 체포되어 같은 해 대구복심법원에서 15년을 언도 받고 불복 상고하였으나, 고등법원에서 기각됨에 따라 형이 확정되어 옥고를 치렀다.

45) 「暴徒史編輯資料」 江原道編, 『독립운동사자료집』 3, 610쪽.

46) 「暴徒史編輯資料」 京畿道編, 『독립운동사자료집』 3, 517쪽.

나의 血路를 열어 여주 방향으로 도망하고, 24일에 여주에 도착하여 26일에 서울로 귀환하였다.[47)]

(15) 忠州邑 점령 전투

足達 중좌가 이끄는 足達支隊는 18일 오전 11시에 조치원에 도착하여 청주로 향하였는데, 청주 이북은 음성과 괴산 부근에 의병들이 집합하여 상황이 불안하다는 정보에 따라 주력은 음성으로, 1개 중대는 괴산을 경유하여 21일에 충주에 도착하였다.[48)] 支隊長인 足達 중좌는 충주에 도착한 후 충주수비대 및 원주의 下林支隊를 지휘하고, 필요에 따라서는 원산수비대로부터 파견 된 長田中 대위가 이끄는 보병 제50연대 제11중대의 강능파견대까지도 지휘토록 하였다.[49)]

전술한 것처럼 足達支隊가 충주에서 제천으로 진격할 때 제천에 주둔하고 있던 민긍호를 비롯한 연합의병부대는 충주공격을 위해 22일 제천을 출발하였다. 22일 오전 9시경 부대를 둘로 나누어 이강년 의병부대는 제천, 청풍, 충주로, 주력인 민긍호 의병부대는 제천, 주포, 충주로 길을 나누어 충주를 향해 진군하였다. 또 강릉으로부터 온 의병 약 200명도 오후 6시경 충주를 향하여 진격하였다. 이강년은 8월 23일에 충주에 먼저 도착하여 攻城 준비에 들어갔는데, 민긍호 의병부대의 약 100명은 도중에 박달재에서 충주에서 주포, 제천 방향으로 전진하던 足達支隊의 제2중대와 조우하여 격전을 벌이는 바람에 충주 도착이 늦었다. 이에 이강년은 단독으로 충주공략전을 벌였으나, 일

47) 『大韓每日申報』 1907년 8월 29일. 「朝鮮暴徒討伐誌」, 『朝鮮獨立運動』 1, 142쪽.

48) 「朝鮮暴徒討伐誌」, 『朝鮮獨立運動』 1, 142쪽.

49) 「朝鮮暴徒討伐誌」, 『朝鮮獨立運動』 1, 141~142쪽. 이에 따라 원주에 있던 下林支隊는 足達支隊를 지원하기 위해 佐藤 대위에게 보병 1개 중대(1소대 결)와 기관총 2문을 주어 安興을 거쳐 평창 방면으로 파견하고, 平島 중위에게 보병 1개 소대와 공병 약간을 주어 酒泉 방면으로 파견하였다(「朝鮮暴徒討伐誌」, 『朝鮮獨立運動』 1, 142쪽).

본군 2개 소대의 완강한 저항에 부딪쳐 실패하였다.

그러나 민긍호 의병부대 600명은 강릉에서 온 200명과 함께 8월 23일 오전 11시 30분경부터 충주읍을 공격하여 점령하였다.[50] 蘆澤 대위가 이끄는 충주수비대는 격전을 벌였으나, 중과부적이어서 대타격을 입었다.[51]

(16) 長壽洞 전투

양근 동북 약 20리의 장수동, 蓮安幕에 집단하고 있던 의병들은 1907년 8월 24일 明石중대의 습격을 받고 용문 등지로 퇴각하였다.

이때 不破支隊를 지원하기 위해 서울로부터 양근, 이천 방면으로 파견된 明石중대는 23일 양근에 도착하고, 24일에는 의병의 본거지인 장수동 일대에서 전투를 벌이고, 퇴각하는 의병들을 추격하여 용문 등의 근거지를 진압하였다. 일본군은 장래의 화근을 없애기 위해 용문사를 소각하고 달았다.[52]

(17) 雪峰山 부근 전투

전 시위보병 제1연대 중대장이었던 許俊이 이끄는 400명은 1907년 8월 30일 이천 북방 고지에서 서울에서 이천 방면으로 파견된 中村 소위가 이끄는 전선수리 호위병 1개 소대와 3시간 동안 전투를 벌인 후, 의병의 일부는 광주가도를 따라 퇴각하고, 주력 약 100명은 같은 날 이천 서쪽 약 2,000m에 있는 설봉산 부근에서 不破支隊와 전투를 벌였다.[53]

앞서 不破토벌대는 小柳중대를 죽산, 음죽 방면으로 진격하

---

50) 『大韓每日申報』 1907년 8월 27일.

51) 『大韓每日申報』 1907년 8월 24 · 27일. 「朝鮮暴徒討伐誌」, 『朝鮮獨立運動』 1, 142~143쪽. 그러나 「朝鮮暴徒討伐誌」에서는 충주수비대장인 서울에서 충주로 증파되던 보병 51연대의 蘆澤 대위가 격퇴하였다고 하였다.

52) 『大韓每日申報』 1907년 8월 29일. 「朝鮮暴徒討伐誌」, 『朝鮮獨立運動』 1, 143쪽.

53) 「朝鮮暴徒討伐誌」, 『朝鮮獨立運動』 1, 143쪽.

게 하고, 能村중대를 양지, 이천 방면으로 진격하게 하여, 26일에 장호원에서 만나 여주, 지평, 이포, 이천을 거쳐 30일에는 설봉산 부근에서 허준 의병부대와 본 전투를 벌인 후, 31일에 토벌대의 편성을 해체하고 각 수비지로 귀환하였다.[54]

(18) 平海邑 점령 전투

鄭敬泰[55]가 이끄는 약 60명은 9월 2일 오후 8시에 평해읍을 습격하여, 경무고문분견소를 공격하여 약 1시간 교전한 끝에 이들을 격퇴시키고, 분견소를 파괴하고 공문서류를 빼앗았다.[56]

이때 삼척에 상륙한 宇津江 대위가 거느린 부대는 24일 정선을 향하여 전진하고, 28일에는 영월로 나아가 足達支隊의 주력과 연락한 후 주력을 삼척에 두고, 울진, 고직령 방면을 수색하고 있었다.[57]

(19) 蔚珍邑 점령 전투

민긍호는 충주읍 점령 전투 후 8월 27일에 풍기경무분견소를 공격하여 분견소와 주요 건물을 소각하고, 일본 경관 1명을 사살하였다.[58] 또 순흥지역으로 이동하여, 29일 순흥경무분견소를 공격하여 소각하고, 31일에는 봉화경무분견소를 공격하여 소각하였다. 이어 민긍호는 약 80명을 이끌고 9월 5일 오전 11시에 울진읍을 공격하였다. 경무고문분견소를 습격하여 2시간여의

---

54) 「朝鮮暴徒討伐誌」, 『朝鮮獨立運動』 1, 143쪽.

55) 정경태는 춘천군 출생으로 군인 출신이다. 관동창의대장이라고 칭하고 成益鉉과 동일한 행동을 하였으며, 대개의 경우 성익현과 진퇴를 같이 하였다(「暴徒史編輯資料」 江原道編, 『독립운동사자료집』 3, 609쪽). 1907년 7월 성익현 의진의 都總將과 中軍將으로 활동하고, 1908년 5월부터 關東倡義將이 되어 활약하다가, 1911년에 34세로 교수형으로 순국하였다.

56) 「暴徒史編輯資料」 江原道編, 『독립운동사자료집』 3, 616쪽.

57) 「朝鮮暴徒討伐誌」, 『朝鮮獨立運動』 1, 143쪽.

58) 이강년 의병부대가 충주읍 전투 후 단양으로 이동하였다가 죽령을 넘어 경상도 풍기로 남하하였는데, 민긍호 의병부대도 충주읍 전투 후 이 길을 따라 풍기로 내려온 것으로 추정된다.

교전 끝에 순사부장 등을 사살하고, 분견소를 점령하여 공문서류 등을 취하였다.59)

이때 足達支隊를 지원하기 위해 안동으로 파견된 西岡중대는 진보 부근을 거쳐 영주에 진출하고, 27일에 풍기로 전진할 때 마침 풍기경무분견소를 습격하여 경관 1명을 사살한 민긍호 의병부대 약 300명과 충돌하였다. 교전 후 민긍호는 잠시 퇴각하였다가, 일본군이 식사 중인 오후 11경에 다시 역습하여 약 1시간 교전을 벌였다. 28일 오전 5시부터 일본군이 공격을 개시하자 민긍호는 서남 방면으로 퇴각하였다 이후 일본군은 부근을 수색하고 영주로 귀환하였다. 이어 민긍호는 29일 순흥경무분견소를, 31일에는 봉화경무분견소를 습격하여 소각시킨 것이다.60)

울진읍은 그 후 10월 18일과 22일에도 成益鉉,61) 鄭敬泰, 邊鶴基62) 등이 거느린 400명의 습격으로 받아 군아, 우편취급소, 경무고문분견소 및 민가의 과반이 소각되었다. 이 때문에 1908년 1월에 가서야 울진읍 부근 玉溪里의 민가에 수비대의 營舍와 경무고문분견소를 만들 수밖에 없을 정도로 큰 타격을 입었다.63) 습격에 대한 보고를 받은 삼척에 주둔하던 宇津江중대는

---

59) 「暴徒史編輯資料」 江原道編, 『독립운동사자료집』 3, 613쪽.

60) 「朝鮮暴徒討伐誌」, 『朝鮮獨立運動』 1, 143쪽.

61) 성익현은 춘천군 양반 출신이다. 관동총독, 관동창의대장이라 칭하고, 때때로 말을 타고 때로는 가마를 타고 혹은 도보로 의병의 선두에 서서 칼을 차고 이를 지휘하며, 삼척, 울진, 평해 지역에서 활동하였다(「暴徒史編輯資料」 江原道編, 『독립운동사자료집』 3, 609쪽).

62) 변학기는 봉화 출생으로, 안동 奉山의 승려로서 하사 출신이다. 1907년 해산 군인을 모아 의병을 일으키고 嶺南倡義大將에 추대되었다. 부장 洪秉八, 朴元道 등과 함께 400여 명을 이끌고 봉화, 울진, 삼척 등지에서 활동하고, 이강년 의병장의 우군장으로 활약하기도 하였다.

63) 「暴徒史編輯資料」 江原道編, 『독립운동사자료집』 3, 617쪽. 「春秘發 第1號의 1」, 『暴徒ニ關スル編冊』, 1908년 1월 7일, 「春川警察署의 內部警務局長에의 報告」, 『韓國獨立運動史資料』 8, 430쪽.

삼척경무분파소원과 함께 토벌을 위하여 25일에 울진으로 향하여 출발하여, 26일에 울진에 도착하였으나, 의병들은 정선 방면으로 이동한 후였다.64)

(20) 密洞 전투

약 100명이 1907년 9월 3일에 영월군 하동면 밀동에서 足達支隊에 속하여 영월에 있던 보병 제51연대의 石黑중대와 전투를 벌였다. 石黑중대는 순흥, 풍기, 단양을 거쳐 본 전투를 벌인 것이다.65)

(21) 洪川邑 점령 전투

總督將 金正三66)이 都領長 李星信 등 약 600명을 이끌고 홍천읍을 뚫고 춘천을 공격하기 위해 9월 2일 홍천읍 동쪽 10리에 집단하였다가, 9월 3일 오전 5시에 춘천수비대 橫尾 소위가 수비하는 홍천읍을 습격하여 점령하였다. 보고를 받은 춘천수비대는 8월 21일에 춘천으로 파견되었던 境澤 대위를 홍천으로 급파하였다. 의병부대는 다시 9월 7일 미영에 본대를 북방 고지에 두고 동 · 서 · 남방의 언덕에 진을 치고 홍천읍을 공격하여 3시간을 교전하여 수비대 및 지원대인 境澤中隊에 대 타격을 입히고 동북방 산중으로 퇴각하였다. 일본군은 홍천 공격은 더 없을 것이라 판단하고, 境澤중대와 경찰대가 9일에 춘천으로 귀환하자, 약 200명은 9월 10일 오전 5시에 홍천 화촌면으로부터 재차 홍천읍을 습격하여 점령하고, 토벌대가 둔영했던 인가를 방화하였다. 이 전투로 홍천읍은 몇 집을 남기고 모두 타 버렸다.67)

---

64) 「春秘發 第45號」, 『暴徒ニ關スル編冊』, 1907년 11월 13일, 「春川警務顧問支部의 內部警務局長에의 報告」, 『韓國獨立運動史資料』 8, 120~121쪽.

65) 「朝鮮暴徒討伐誌」, 『朝鮮獨立運動』 1, 144쪽.

66) 김정삼은 춘천군 북산외면 청평동 출생으로 원주, 홍천, 양구 등지에서 활동하다가, 1907년 11월에 양구군 선안리에서 전사하였다.

67) 『大韓每日申報』 1907년 9월 13일. 「朝鮮暴徒討伐誌」, 『朝鮮獨立運動』 1,

(22) 狼川邑 점령 전투

약 600명이 두 부대로 나누어 200명은 앞서의 홍천읍 점령 전투를 실시하고, 동일한 시간에 약 400명은 낭천(華川)읍을 습격하여 점령하고, 군아의 다수의 총기와 탄약을 노획하므로서 의병부대는 무기와 탄약을 공급받았다.[68)]

(23) 場安里 전투

약 300명이 1907년 9월 7일 춘천 장안리에서 춘천수비대 1개 소대와 전투를 벌였다. 25일에도 의병들은 장안리에서 전투를 벼였다. 이는 일련의 춘천읍 포위 작전 중 하나였다. 의병들은 강원도관찰사 황철의 목을 자르고 일본인들을 몰살할 것이라고 성언하면서 세력을 떨치자, 감영의 소재지인 춘천읍내도 인심이 흉흉하여 읍민들은 생업을 할 수 없어 촌락으로 피난하였다가, 아침에 귀가하였다가 저녁에는 위험을 염려하여 다시 피난하는 실정이었다. 그러나 이 일대에서 활동하던 池龍起[69)]의 정찰대장인 崔永錫이 9월 14일 춘천 인남리에서, 鄭聖翼이 9월 16일에 춘천 서하면에서 경찰대에 체포되는 불운을 격기도 하였다.[70)]

(24) 安峽邑 점령 전투

약 300여 명이 1907년 9월 12일경 안협읍을 습격하여, 일진회 회원을 죽이고 수일간 체류하였다.[71)]

25) 平康邑 습격 전투

144쪽. 「暴徒史編輯資料」 江原道編, 『독립운동사자료집』 3, 590~591쪽.

68) 『大韓每日申報』 1907년 9월 13일. 「朝鮮暴徒討伐誌」, 『朝鮮獨立運動』 1, 144쪽.

69) 지용기의 본명은 池弘敏이다. 원래 춘천군 출생으로 춘천군 서기였는데, 춘천군 서상면에서 의거하여 부하 350명을 거느리고, 화천, 양구, 춘천 사이에서 활동하였으나, 1907년 11월 3일 방동 전투에서 전사하였다(「暴徒史編輯資料」 江原道編, 『독립운동사자료집』 3, 586쪽).

70) 「暴徒史編輯資料」 江原道編, 『독립운동사자료집』 3, 591~592쪽.

71) 「暴徒史編輯資料」 江原道編, 『독립운동사자료집』 3, 607쪽.

延基羽가 이끄는 약 50명이 1907년 9월 14일에 평강읍을 습격하였다.[72)]

(26) 蔚珍邑 전투

정경태가 이끄는 약 80명이 울진읍내에 머물다가, 1907년 9월 15일 오전 5시 扇海丸편으로 상륙한 삼척분견대의 습격을 받고 퇴각하였다.[73)] 이에 앞서 삼척분견대는 13일 선해환편으로 울진에 상륙하여, 전 원주진위대 참령 朴準成이 이끄는 약 100명과 교전을 한 후 같은 날 오후에 삼척으로 귀환했다고 한다.[74)] 한편 8월 21일에 삼척에 도착한 宇津江 대위가 이끄는 삼척분견대는 24일 정선, 28일 영월로 가서 足達支隊의 주력과 연결하고, 이후 주력을 삼척에 두고, 울진과 古直嶺 일대를 수색하고 있었다.

(27) 杆城邑 습격 전투

朱光錫[75)]이 이끄는 약 50명이 1907년 9월 15일 고성군 방면에서 간성읍을 습격하였으나, 강릉수비대가 토벌 출동중임을 알고 산중으로 퇴각하였다.[76)]

(28) 長湖院邑 습격 전투

---

72) 「暴徒史編輯資料」 江原道編, 『독립운동사자료집』 3, 606쪽.

73) 「暴徒史編輯資料」 江原道編, 『독립운동사자료집』 3, 612쪽.

74) 「朝鮮暴徒討伐誌」, 『朝鮮獨立運動』 1, 144쪽.

75) 주광석은 간성군 율암리 출생으로 나이는 40세이고, 간성에서 의거하여 부하 100여 명을 거느리고 간성, 양양, 고성에서 활동하였다(「暴徒史編輯資料」 江原道編, 『독립운동사자료집』 3, 618쪽). 주광석은 1908년 1월 중순 인제군 내면 신흥동에서 일본군과의 전투에서 퇴각하는 과정에서 넘어지며 다리가 부러져 보행이 어렵게 된 후 해방불명 되었다고 한다(「江秘發 第4號」 「暴徒ニ關スル編冊」, 1908년 2월 29일, 「江陵警察分署의 警務局長에의 報告」, 『韓國獨立運動史資料』 10, 1980, 64쪽. 「警秘 第445號」 「暴徒ニ關スル編冊」, 1908년 3월 16일, 「江陵警察分署의 警務局長에의 報告」, 『韓國獨立運動史資料』 9, 358쪽).

76) 「暴徒史編輯資料」 江原道編, 『독립운동사자료집』 3, 621쪽. 1907년 8월 28일에도 산포수를 포함한 약 150명이 간성읍을 점령하여 일어학교와 우편취급소를 파괴하고 4일간 머물렀다(『大韓每日申報』 1907년 9월 18일).

약 400명이 9월 19일 동남방면으로부터 장호원읍을 습격하여 장호원수비대와 2시간의 교전을 벌였는데, 일본군은 패하여 달아났다. 이때 의병부대는 부근의 전선을 모두 파괴하였다.[77]

(29) 伊川邑 점령 전투

金溱默[78], 黃周日[79]이 이끄는 약 150명이 1907년 9월 19일 이천읍을 습격하여 관사의 건물을 파괴하였다.[80]

(30) 鼎足 부근 전투

약 300명이 1907년 9월 20일에 춘천 남쪽 약 10리의 정족 부근에서 鎌田중대의 부하 2개 소대와 2시간 전투를 벌인 후 동쪽 大龍山으로 퇴각하였다. 이때 19일에는 境澤중대는 서울로부터 파견된 보병 제52연대의 鎌田 대위가 이끄는 제12중대와 교대하고 서울로 귀환하였다.[81]

(31) 文幕 부근 전투

약 100명이 1907년 9월 22일 원주 서방의 문막 부근에서 원주 下林支隊에서 정찰을 위해 파견 된 平島소대의 야습을 받고 퇴각하였다.[82]

(32) 酒泉 전투

의병들은 1907년 9월 24일 평창 부근 주천에서 일본군 토벌

---

77) 『大韓每日申報』 1907년 9월 22 · 27일. 「朝鮮暴徒討伐誌」, 『朝鮮獨立運動』 1, 145쪽. 「暴徒史編輯資料」 京畿道編, 『독립운동사자료집』 3, 518쪽.

78) 김진묵은 평북 창성 출생으로, 12월 6일에는 부하 36명을 거느리고 평강군 유현리에서 엄동이 닥치고 있으나 방한의 준비가 되어 있지 않고, 총기도 소수로 열등하며 일본군의 추격이 심하자, 明春 온난할 때 재집합 할 것을 약속하고 일시 의병을 해산하였다(「金秘發 第167號」, 『暴徒ニ關スル編冊』, 1907년 12월 19일, 「金城警務分署의 警務局長에의 報告」, 『韓國獨立運動史資料』 8, 286쪽).

79) 황주일은 포수 출신으로, 부하 70~80명을 거느리고 철원, 안협, 이천, 평강 지방에서 활동하던 의병장이다(「暴徒史編輯資料」 江原道編, 『독립운동사자료집』 3, 602쪽).

80) 「暴徒史編輯資料」 江原道編, 『독립운동사자료집』 3, 606쪽.

81) 『大韓每日申報』 1907년 9월 22일. 「朝鮮暴徒討伐誌」, 『朝鮮獨立運動』 1, 144쪽.

82) 「朝鮮暴徒討伐誌」, 『朝鮮獨立運動』 1, 145쪽.

대의 야습을 받고. 일본군은 주천을 점령하였다.[83]

(33) 鳳腹寺 전투

민긍호가 이끄는 약 350명은 횡성군 갑천면 갑천리 및 갑천리 동방 약 10리 지점에 있는 봉복사[84]를 근거로 활동하며 冬營 준비를 하고 있었는데, 원주 下林支隊長이 파견한 佐藤 대위가 이끄는 기관총 2정을 가진 보병 2개 소대가 정보를 입수하고 습격을 가하자, 의병부대는 9월 23일 오후 1시에 이를 맞아 치열한 격전을 벌였다. 일본군은 봉복사에 방화하여 불태우고 원주로 돌아갔다.[85] 이로써 민긍호는 봉복사 거점을 잃고 홍천으로 이동하였다. 봉복사 전투는 민긍호가 울진읍 점령 전투를 치루고, 평창, 영월을 거쳐 이곳 봉복사에서 치룬 전투였다.

(34) 沙灘 전투

약 200명이 1907년 9월 24일 새벽에 양근 서북 약 10리의 사탄에서 양식 호위를 위해 서울에서 한강을 따라 충주로 향하던 보병 제51연대 湯淺 소위가 이끄는 1개 소대가 숙영하는 것을 동북 고지 및 서방으로부터 기습을 가하여 2시간의 전투를 벌였다.[86]

(35) 龜浦 부근 전투

약 200명이 1907년 9월 25일 오후 2시경 양근 상류 약 10리 반 되는 구포 부근에서 湯淺小隊를 만나 전투를 벌일 때 마침

---

83) 『大韓每日申報』 1907년 10월 4일.

84) 강원도 후기의병의 근거지로는 횡성의 鳳腹寺와 철원 남쪽에 위치한 보개산의 深源寺가 있었는데, 봉복사는 민긍호 의병부대가 자주 주둔하고, 심원사는 허위, 연기우, 왕회종 의병부대가 주로 이용하였는데, 일제는 이들 사찰이 의병활동의 거점으로 활용된다는 이유로 소각해 버렸다. 이밖에 강원도 내에서는 원주군 소계면 九龍寺, 횡성군 둔내면 鳳勝寺, 횡성군 抱腹寺, 삼척군 근덕면 靈隱寺, 인제군 千雪嶺 神興寺, 양양군 서면 明珠寺, 양구군 상동면 深谷寺, 통천군 隱蹟寺 · 龍貢寺, 금강산 長安寺 등도 義陣으로 활용되었다.

85) 「朝鮮暴徒討伐誌」, 『朝鮮獨立運動』 1, 145쪽.

86) 「朝鮮暴徒討伐誌」, 『朝鮮獨立運動』 1, 145쪽.

원주 下林隊와 수비 교대를 하기 위해,87) 서울에서 파견 된 田邊 대위가 이끄는 보병 제51연대 제1중대가 구포 방향에서의 총성을 듣고 부근을 정찰을 하자, 의병 300명이 구포를 향하여 전진하는 것을 보고, 1개 소대를 구포 방면으로 우회하여 湯淺小隊와 합동으로 삼면으로부터 협공하였다. 이에 의병들은 동쪽으로 퇴각하였다.88)

(36) 沒雲峙 전투

약 250명(한병 100여 명 포함)이 1907년 9월 27일 평창 부근의 몰운치에서 일본군 토벌대와 전투를 벌였는데, 일본군 1명이 사살되고 일본군은 진부로 도주하였다.89)

37) 驪州邑 습격 전투

全鳳基와 韓聖寬이 이끄는 약 400명은 1907년 9월 29일 여주읍에서 숙영하는 150명의 田邊中隊와 湯淺小隊를 공격하여 약 2시간을 교전한 후 北城山 방면으로 퇴각하였다.90)

2) 奮鬪期

(38) 縣倉里 전투

약 40명이 1907년 10월 2일 새벽 인제군 기린면 현창리 남단에서 강릉수비대로부터 양양에 파견된 정찰대를 닺아 전투를 벌리고, 다시 약 300명이 북쪽 현창리 및 창촌리에서 정찰대를 약 2시간 포위 공격하여 岩元 경부를 사살하고, 밝을 무렵에 약 200명이 다시 남쪽으로부터 배후를 치면서 나팔을 불며 공격하자,91) 정찰대는 겨우 포위망을 뚫고 진부역분파소로 퇴각하였다

---

87) 下林支隊와 足達支隊는 9월 30일에 해산하고, 하림지대는 10월 3일 원주를 출발하여 수원에 이르러 이곳을 수비하고, 족달지대는 10월 3일에 서울로 귀환하였다.

88) 「朝鮮暴徒討伐誌」, 『朝鮮獨立運動』 1, 145쪽.

89) 『大韓每日申報』 1907년 10월 4일.

90) 『大韓每日申報』 1907년 10월 2일. 「朝鮮暴徒討伐誌」, 『朝鮮獨立運動』 1, 145쪽. 「暴徒史編輯資料」 京畿道編, 『독립운동사자료집』 3, 519쪽.

91) 나팔 소리는 의병들의 공격 신호이다.

가 탄약을 공급 받고 다시 의병과 전투를 하였다.92)

(39) 梧柳亭 부근 전투

약 60명이 1907년 10월 5일 홍천 서쪽 약 10리인 오류정 부근에서 小林討伐隊의 기습을 받고 전투를 벌였다. 이때 이 의병부대의 의병장은 양근군 북면에 있었다. 한편 철원부근에서는 金城과 김화수비대의 토벌로 金溱默, 王會鍾93) 의병부대는 京元街道의 동쪽으로 옮겨 춘천, 낭천, 양구 부근에서 활동하고 있었다. 일본군은 이를 토벌하기 위해 小林 대위가 이끄는 서울 보병 제55연대 제5중대에 기병과 공병 약간을 포함한 토벌대를 파견하였다. 본 토벌대는 16일에 서울로 귀환하였다.94)

(40) 寧越邑 습격 전투

약 400명이 1907년 10월 6일 오전 6시에 영월읍을 습격하려 했는데, 영월수비대가 이를 알고 전날 밤 11시부터 영월 서방 천 미터 고지에서 방어를 하였다. 의병들은 세 방면에서 공격을 하여 2시간 동안 치열한 교전을 하다 퇴각하였다.95) 영월 읍내(읍내 중심지 호수는 70~80호)는 이번의 습격 이전에도 의병들의 습격을 받아 人家 약 3분의 2가 불타고 피해민들은 부근 촌락으로 피난하였다. 이번 재습으로 老幼婦女가 모두 피난하였기 때문에 읍내는 적막하였다. 10월 31일에 가서야 영월분파소의 사무를 개시하고, 피난민들을 안도시키며 시장도 개설하고, 피난 중인 군수 이하에게도 군청으로 돌아올 것을 촉구하고 질서 회복에 힘썼다고 한다. 한편 이때 본군 상동면장 南泌元은 의병

---

92) 『大韓每日申報』 1907년 10월 20일. 「朝鮮暴徒討伐誌」, 『朝鮮獨立運動』 1, 150쪽.

93) 왕회종은 경기도 마전군 출생 의병장으로 양주, 파주, 적성, 김성, 평강 등지에서 활동하다 만주로 망명하였다.

94) 『大韓每日申報』 1907년 10월 9일. 「朝鮮暴徒討伐誌」, 『朝鮮獨立運動』 1, 151쪽.

95) 『大韓每日申報』 1907년 10월 12일.

장이 되어 50~60명을 이끌고 영월군 천상면, 북면 일대에서 활동을 하였다.96)

(41) 水仁里 전투

약 300명은 1907년 10월 7일 춘천 수인리에서 춘천수비대의 河合 소위가 이끄는 토벌대와 2시간의 응전을 하였으나, 본거지 수인리에서 퇴각하였다.97)

(42) 楡木洞 전투

약 70명이 1907년 10월 8일 새벽에 홍천군 남면 유목동에서 小林討伐隊의 공격을 받고 전투를 벌인 후 인제, 춘천 방면으로 퇴각하였다.98)

(43) 狼川 부근 전투

池龍起가 이끄는 약 200명은 1907년 10월 10일 낭천 동쪽 약 10리에서 小林討伐隊 및 김화수비대로부터 파견된 森友小隊, 三浦小隊와 전투를 벌인 후 동쪽 방면으로 퇴각하였다.99)

(44) 高城邑 습격 전투

朱光錫이 이끄는 약 100여 명이 1907년 10월 10일 고성읍을 습격하여, 고성분견대와 약 1시간의 전투를 하였다.100)

(45) 鐵原邑 점령 전투

약 300명이 1907년 10월 13일 철원읍을 습격하여, 우편취급소의 공용 서류 및 기구를 소각, 순검의 가옥을 파괴하고 15일까지 체류하였다.101)

---

96) 「警秘 第79號」, 『暴徒ニ關スル編冊』, 1907년 11월 10일, 「原州警務分遣所의 警務局長에의 報告」, 『韓國獨立運動史資料』 8, 101쪽. 「報告書」, 『暴徒ニ關スル編冊』, 1907년 11월 10일, 「原州分遣所의 警視總監에의 報告」, 『韓國獨立運動史資料』 8, 102쪽.

97) 「暴徒史編輯資料」 江原道編, 『독립운동사자료집』 3, 593~594쪽.

98) 『大韓每日申報』 1907년 10월 15일. 「朝鮮暴徒討伐誌」, 『朝鮮獨立運動』 1, 151쪽.

99) 「朝鮮暴徒討伐誌」, 『朝鮮獨立運動』 1, 151~152쪽.

100) 「暴徒史編輯資料」 江原道編, 『독립운동사자료집』 3, 621쪽

(46) 歙谷邑 점령 전투

金相泰[102]가 이끄는 약 70명이 1907년 10월 17일에 총기와 도검을 휴대하고 흡곡읍을 습격하여 일어교사 1명, 통천우편체송인 1명을 참살하고, 순검 1명을 총살, 군주사 등을 붙잡았다. 흡곡읍을 점령한 의병들은 이어 통천읍을 습격하겠다고 聲言하였다.[103]

(47) 法泉浦 부근 전투

약 100명이 1907년 10월 17일 오후 원주 법천포 하류 약 10리에서 충주에서 한강을 따라 용산으로 향하던 일본군 육군 환자 운송선을 공격하여 운송선의 호위병과 전투를 벌였다. 배의 船夫는 모두 상륙하여 도망하고, 나머지는 도보로 장호원으로 피난하였다. 이 소식을 접한 이천수비대 25명은 18일에 법천포 부근을 정찰 중 오후 3시 반에 홍호리에서 의병 약 400명과 전투를 벌였으며, 의병들은 동남 방면으로 퇴각하였다.[104]

---

101) 「暴徒史編輯資料」 江原道編, 『독립운동사자료집』 3, 608쪽.

102) 김상태는 양구군 수입면 오천리 출생으로 관병 출신이며, 당시 32세(혹은 37~38세)로 부하 100명 내외를 거느리고 김성, 회양, 통천, 흡곡 지방에서 활동하던 의병장이다(「暴徒史編輯資料」 江原道編, 『독립운동사자료집』 3, 604쪽. 「金秘發 第108號의 1」, 『暴徒ニ關スル編冊』, 1907년 11월 8일, 「金城警務分遣所의 警務局長에의 報告」, 『韓國獨立運動史資料』 8, 99쪽. 「金秘發 第168號」, 『暴徒ニ關スル編冊』, 1907년 12월 23일, 「金城警務分署의 警務局長에의 報告」, 『韓國獨立運動史資料』 8, 292쪽). 1907년 11월 11일에는 김상태를 체포하기 위한 김성수비대는 김상태의 가택을 수색하여 화약 2숨 가량을 압수하고, 가옥 전체를 소각시켰다(「金秘發 第117號」, 『暴徒ニ關スル編冊』, 1907년 11월 12일, 「金城警務分遣所의 警務局長에의 報告」, 『韓國獨立運動史資料』 8, 110~111쪽). 가옥의 방화에 대해 김상태는 이는 실로 大井里 惡漢의 계략에서 나온 것으로 보고, 수입면 면장과 대정리 有司에게 倡義將의 이름으로 檄文을 보냈다(「金秘發 第129號」, 『暴徒ニ關スル編冊』, 1907년 11월 22일, 「金城警務分遣所의 警務局長에의 報告」, 『韓國獨立運動史資料』 8, 136쪽).

103) 「金秘發 第39號의 47」, 『暴徒ニ關スル編冊』, 1907년 10월 29일, 「金城警務顧問分遣所의 警務顧問에의 報告」, 『韓國獨立運動史資料』 8, 69~70쪽.

104) 『大韓每日申報』 1907년 10월 22일. 「朝鮮暴徒討伐誌」, 『朝鮮獨立運動』 1, 152쪽.

(48) 蒼洞里 부근 전투

약 80명이 1907년 10월 17일 제천 동쪽 약 35리의 창동리 부근에서 영월로부터 제천으로 향하던 연락병을 공격하였다. 제천으로부터 증원병이 출동하자, 의병들은 서쪽으로 퇴각하였다.105)

(49) 通川邑 점령 전투

흡곡읍 점령 전투를 치른 金相泰가 이끄는 약 80명(과반은 총검을 휴대)은 1907년 10월 20일 오전 7시경에 읍내 분파소에 근접한 동북 山上 및 서방 평지의 3면으로부터 포위를 하며 공격을 하였다. 이에 앞서 통천읍을 습격한다는 정보에 따라 통천 분파소 보조원은 18일에 장전수비대에 지원을 요청하여, 19일 오후 9시에 6명의 지원을 받고 경계 중인 상태였다. 의병들은 교전 4시간 만에 일단 후퇴하여 부근 촌락 및 산록에 잠복하였다. 통천읍을 고수할 수 없는 형편이므로 출동한 수비대장의 명에 따라 통천우편취급소장, 체송인, 군주사, 순검 등을 인솔하고 21일 새벽 2시 통천 읍내를 나와 長箭으로 철수하였다.106)

(50) 高城邑 습격 전투

약 400명이 1907년 10월 20일에 고성읍을 습격하여 군주사 및 순검의 가옥을 소각하고, 15명의 수비대와 전투를 벌였다.107)

(51) 上杻峙 전투

약 300여 명(韓兵 100명 포함)이 1907년 10월 21일 원주로부터 약 50리의 상뉴치에서 원주에서 서울로 돌아가던 강원도 선유사 洪祐晳과 그를 호위하던 보병 제50연대 志賀 소위이하 일본군 20명을 매복하여 공격하였다. 이 전투에서 일본군 2명을

105) 「朝鮮暴徒討伐誌」, 『朝鮮獨立運動』 1, 152쪽.

106) 「金秘發 第39號의 47」, 『暴徒ニ關スル編冊』, 1907년 10월 29일, 「金城警務顧問分遣所의 警務顧問에의 報告」, 『韓國獨立運動史資料』 8, 69~70쪽.

107) 「金秘發 第39號의 47」, 『暴徒ニ關スル編冊』, 1907년 10월 29일, 「金城警務顧問分遣所의 警務顧問에의 報告」, 『韓國獨立運動史資料』 8, 70쪽.

사살하고 2명을 부상시켰으며, 선유사는 원주로 되돌아갔다.[108)]

(52) 南坪里 전투

元韓兵[109)] 약 40명이 1907년 10월 24일 오전 6시에 정선 읍내에서 15리에 있는 남평리에서 일본군 연락병과 충돌하여 전투를 벌였다.[110)]

(53) 美灘里 전투

약 150명이 1907년 10월 25일 오전 8시에 정선 읍내에서 50리 떨어진 미탄리에서 정선수비대로부터 파견된 7명과 4시간 동안 전투를 벌였다. 이 당시 정선 지방은 치안이 매우 불안하여 정선 읍내의 사람들은 대부분 피난하고 빈집이 많은 상태였다.[111)]

(54) 屯村 전투

원주수비대의 山本 소위가 이끄는 토벌대는 횡성군 상물안리 서방 약 10리 내외의 屯村, 蟾室, 占砂里, 弓巨里, 三山里에 약 1,000명이 집합하여 冬營의 준비를 하고 있다는 정보에 따라 1907년 10월 28일에 둔촌에 이르자, 關東大陣의 후군 약 150명이 이에 대항하여 오전 6시부터 8시 15분까지 전투를 벌였다. 의병들은 三方 고지에 진지를 구축하는 등 토벌대의 공격에 대비하고 있었다. 관동대진은 지평 방면으로 퇴각하였다.[112)]

---

108) 「春秘收 第242號」, 『暴徒ニ關スル編冊』, 1907년 10월 26일, 「春川警務顧問支部의 警視總監에의 報告」, 『韓國獨立運動史資料』 8, 67쪽.

109) 양구군 내에는 약 800명 이상의 의병이 활동하고 있었는데, 이들 중에는 한병이 혼재하여 의병들을 조종하고 있었다고 한다(「春秘發 第45號」, 『暴徒ニ關スル編冊』, 1907년 11월 13일, 「春川警務顧問支部의 內部警務局長에의 報告」, 『韓國獨立運動史資料』 8, 120쪽). 이처럼 의병부대 내에서 주로 해산군인들이 의병들을 지도하고 있었음을 알 수가 있다.

110) 「原秘收 第34號의 1」, 『暴徒ニ關スル編冊』, 1907년 11월 1일, 「原州分遣所의 警視總監에의 報告」, 『韓國獨立運動史資料』 8, 86쪽.

111) 「原秘收 第34號의 1」, 『暴徒ニ關スル編冊』, 1907년 11월 1일, 「原州分遣所의 警視總監에의 報告」, 『韓國獨立運動史資料』 8, 86쪽.

112) 「原秘發 第40號」, 『暴徒ニ關スル編冊』, 1907년 10월 29일, 「原州分遣所의

(55) 乾法寺 전투

약 600명이 1907년 10월 28일에 간성군 건법사에서 토벌을 위해 출동한 小野崎隊와 전투를 벌였다. 전투 후 의병들은 인제 방면으로 퇴각하였다. 이번 토벌대의 화물운반부 중에 의병 2명이 혼입된 것이 발각되어 총살되었다.113)

(56) 龍田里 전투

평강군 서면 하남양리에 약 100여 명이 집합하고 있다는 정보에 따라, 1907년 10월 28일에 이를 토벌하기 위해 출동한 토벌대와 용전리에서 20여 명이 충돌하여 전투를 벌이고, 회양군 방면으로 퇴각하였다.114)

(57) 淮陽邑 습격 전투

金相泰가 거느린 약 40명이 1907년 10월 30일 오전 6시에 회양읍 서쪽 평강에 접한 방향으로부터 회양읍을 습격하여 우편소원, 우편소 호위병 4명과 전투를 벌였다. 의병들은 일단 후퇴하여 부근 산중에 잠복한 후 평강 방면으로 퇴각하였다. 이날 오후 4시에 소식을 접한 臼井이 이끄는 김성수비대가 회양읍에 도착하였다.115)

(58) 音室 전투

약 300명이 충주에서 청풍 도로상의 음실에서 충주수비대의 1개 소대와 전투를 벌였다.116)

(59) 朴達嶺 부근 전투

警視總監에의 報告」, 『韓國獨立運動史資料』 8, 71~72쪽.

113) 「通川郡暴徒」, 『暴徒ニ關スル編冊』, 1907년 10월 28일, 『韓國獨立運動史資料』 8, 68~69쪽.

114) 「通川郡暴徒」, 『暴徒ニ關スル編冊』, 1907년 10월 23일, 『韓國獨立運動史資料』 8, 68~69쪽.

115) 「電報」, 『暴徒ニ關スル編冊』, 1907년 10월 31일, 「金城警務顧問分遣所 발신」, 『韓國獨立運動史資料』 8, 73쪽. 「官報」, 『暴徒ニ關スル編冊』, 1907년 11월 1일, 『韓國獨立運動史資料』 8, 84쪽.

116) 「朝鮮暴徒討伐誌」, 『朝鮮獨立運動』 1, 154쪽.

약 400명이 1907년 10월 31일 제천 박달령 부근에서 충주 평창간 전선가설 엄호소대와 전투를 벌였다.117)

(60) 多水洞 전투

약 200명(한병 포함)이 1907년 11월 2일 오후 3시에 평창에서 10리 떨어진 평창군 북면 다수동에서 평창수비대와 전투를 벌이고, 횡성 방면으로 퇴각하였다. 한편 평창분파소도 10월 31일에야 겨우 사무를 개시할 수 있었다.118)

(61) 芳洞 전투

춘천읍을 습격하기 위해 池龍起가 이끄는 약 380명이 1907년 11월 2일 밤에 춘천읍에서 10리 떨어진 춘천군 서하면 방동에 주둔하였다. 이러한 정보에 따라 춘천수비대장 謙田 대위는 11월 3일 오전 3시에 2개 소대(60명)의 병력을 인솔하고 경찰대와 함께 출동하였다. 의병들은 춘천으로부터 방동방면으로 통하는 沿道 渡船場을 봉쇄하여 토벌대를 막았다. 토벌대는 우회하여 한강을 건너 오전 6시 30분에 의병들이 주둔한 방동에 도착하였다. 의병들은 이를 모르고 겨우 哨線을 유지한 채 각 민가에 10명 내지 20명씩 유숙하고 있었다. 마침 전날 의병 내에 內訌이 있어 분열되고 잔여 의병수는 220명이었다. 토벌대는 7시를 기하여 3방면으로부터 일제히 기습하자, 의병들은 불의의 공격을 받고 퇴각하였다. 이 전투에서 의병장 지용기 등이 전사하고, 한국기 등을 빼앗겼다.119)

---

117) 「朝鮮暴徒討伐誌」, 『朝鮮獨立運動』1, 154쪽.

118) 「警秘 第79號」, 『暴徒ニ關スル編冊』, 1907년 11월 10일, 「原州分遣所의 警務局長에의 報告」, 『韓國獨立運動史資料』8, 101쪽. 「報告書」, 『暴徒ニ關スル編冊』, 1907년 11월 10일, 「原州分遣所의 警視總監에의 報告」, 『韓國獨立運動史資料』8, 102쪽.

119) 『大韓每日申報』 1907년 11월 9일. 「警秘 第6號」, 『暴徒ニ關スル編冊』, 1907년 11월 3일, 「春川警務顧問支部의 電報」, 『韓國獨立運動史資料』8, 88쪽. 「春秘發 第43號」, 『暴徒ニ關スル編冊』, 1907년 11월 4일, 「春川警務顧問支部의 內部警務局長에의 報告」, 『韓國獨立運動史資料』8, 91~93쪽. 「警秘

(62) 襄陽邑 점령 전투

민긍호는 朴化南,[120] 朱光錫과 함께 약 200명(한병 50명 포함)을 이끌고 11월 4일 양양읍을 습격하여 순사주재소를 파괴하고, 군아의 서류 및 학교 2동, 민가 2동을 소각하고 武田 軍曹를 사살하였다. 이에 강릉수비대는 桶口 曹長 등 15명에 강릉경무분견소원으로 구성된 토벌대로 토벌에 나서 6일 오전 4시에 背面으로부터 양양읍을 공격하였다. 이에 의병들은 완강히 저항하였으나, 결국 오전 10시에 양양읍에서 퇴각하였다.[121]

(63) 鐵把嶺 전투

약 50명이 1907년 11월 3일 오전 10시경에 춘천 철파령에서 춘천우체국으로부터 경성우체국으로 가는 우편물을 호송하던 우편호위기병 5명을 기습하였다.[122]

(64) 三馬峙 전투

약 150명(한병 포함)이 1907년 11월 6일 오전 11시 반경 횡성군 고모곡 일대의 의병들을 토벌하기 위해 홍성에서 횡성군으로 향하던 보병 1개 소대 및 기병 6기로 구성된 춘천수비대를 기습하여 1시간의 전투를 벌였다.[123]

第26號」, 『暴徒ニ關スル編冊』, 1907년 11월 7일, 「春川警務顧問支部의 報告」, 『韓國獨立運動史資料』 8, 98쪽. 「暴徒史編輯資料」 江原道編, 『독립운동사자료집』 3, 594쪽.

120) 朴化南(朴華南, 朴和南, 朴河南)은 충남 은진군 출생으로 나이는 70세이고, 제천에서 의거하여 부하 80명을 거느리고 원주, 양양, 강릉 지역에서 활동하였다(「暴徒史編輯資料」 江原道編, 『독립운동사자료집』 3, 617쪽).

121) 「春秘發 第46號」, 『暴徒ニ關スル編冊』, 1907년 11월 22일, 「春川警務顧問支部의 內部警務局長에 報告」, 『韓國獨立運動史資料』 8, 138쪽. 「暴徒史編輯資料」 江原道編, 『독립운동사자료집』 3, 622쪽.

122) 『大韓每日申報』 1907년 11월 8일. 「警秘 第9號」, 『暴徒ニ關スル編冊』, 1907년 11월 4일, 「春川警務顧問支部의 電報」, 『韓國獨立運動史資料』 8, 90쪽. 「春秘發 第45號」, 『暴徒ニ關スル編冊』, 1907년 11월 5일, 「春川警務顧問支部의 內部警務局長에의 報告」, 『韓國獨立運動史資料』 8, 98쪽.

123) 「春秘發 第41號의 1」, 『暴徒ニ關スル編冊』, 1907년 11월 15일, 「春川警務顧問支部의 內部警務局長에의 報告」, 『韓國獨立運動史資料』 8, 125쪽.

(65) 伊川邑 점령 전투

金溱默, 金永俊,124) 趙良西125) 등이 이끄는 약 350명이 평강126)으로부터 1907년 11월 5일 새벽 6시경 이천읍을 습격 점령하였다. 경찰대, 자위대, 토산수비대가 출동하여 저항했으나 격전을 통해 이들을 패주시키고 읍내를 점령하였다. 전투과정에서 가옥 121호가 불타고 공문서류가 소각되었다. 또 군청, 경찰관 분파소, 우편취급소를 헐어버렸다. 일본인들은 경의선 南川驛으로 피난하고, 읍민들은 부근 촌락으로 피난하였다.127) 일제는 이천읍을 안정시키기 위해 11월 17일에 보병 제50연대 제8중대 소위 井伊泰助 이하 34명을 이천 수비를 위해 주둔시켰다. 이로써 읍민들의 불안한 상태가 안도를 찾게 되었다.128)

---

124) 김영준(金億石)은 김성군 북면 허기리에서 출생한 白木商출신으로, 강성할 때는 부하 200여 명을 거느리고 이천, 안협, 평강, 안변 등지에서 활동하였다(「暴徒史編輯資料」 江原道編, 『독립운동사자료집』 3, 603쪽). 허위 의진에도 활동하고, 1909년 10월에 체포되어, 1910년에 43세로 교수형으로 순국하였다(독립운동사편찬위원회, 『독립운동사자료집』 별집1, 1974, 260~262쪽).

125) 조양서는 안협군 출생으로, 부하 70~80명을 거느리고 伊川, 안협, 철원, 평강 등지에서 활동하였다(「暴徒史編輯資料」 江原道編, 『독립운동사자료집』 3, 603~604쪽).

126) 평강군은 당시 의병의 활동이 활발하였는데, 11월 2일 京城野中隊가 토벌을 목적으로 평강에 오자 의병들이 부근 촌락에 잠복하여 있어도, 주민들은 이를 숨기고 고하지 않았다. 이들 의병들이 대거 이천읍을 습격한 것이다(「金秘發 第119號」, 『暴徒ニ關スル編冊』, 1907년 11월 13일, 「金城警務分遣所의 警務局長에의 報告」, 『韓國獨立運動史資料』 8, 119쪽).

127) 「金秘發 第117號」, 『暴徒ニ關スル編冊』, 1907년 11월 12일, 「金城警務分遣所의 警務局長에의 報告」, 『韓國獨立運動史資料』 8, 108~109쪽. 「瑞警收 第1688號」, 『暴徒ニ關スル編冊』, 1907년 11월 10일, 「瑞興警務分署의 警務局長에의 報告」, 『韓國獨立運動史資料』 8, 103~104쪽. 「金秘發 第119號」, 『暴徒ニ關スル編冊』, 1907년 11월 13일, 「金城警務分遣所의 警務局長에의 報告」, 『韓國獨立運動史資料』 8, 118~119쪽. 「暴徒史編輯資料」 江原道編, 『독립운동사자료집』 3, 608쪽.

128) 『大韓每日申報』 1907년 11월 16일. 「金秘發 第133號」, 『暴徒ニ關スル編冊』, 1907년 11월28일, 「金城警務分遣所의 警務局長에의 報告」, 『韓國獨立運動史資料』 8, 152쪽.

(66) 臨溪驛 습격 전투

약 100여 명(한병 50여, 포수 50여)은 1907년 11월 7일 새벽 4시경 정선으로부터 약 75리 지점에 있는 하림계의 임계역 遞步哨를 나팔을 불며 습격하여 3시간의 격전을 벌였다. 이 전투로 하림계의 민가는 8호를 남기고 모두 소실되었다.

(67) 龍田里 전투

1907년 11월 12일 철원 교대를 위해 김성을 출발한 一部隊는 이날 밤에 평강읍에서 자고, 13일 출발시 평강군 서면 하남양리에 의병 100여 명이 집합하여 있다는 정보에 따라, 이 곳으로 가는 도중 평강읍으로부터 15리 거리인 서면 용전리의 민가에서 휴식 중인 의병 20여 명과 약 30분간 교전하였다. 의병들은 회양군 남곡면 하송간리 방면으로 퇴각하였다.129)

(68) 美老里 전투

약 60명이 伊川邑으로부터 동북 70리 이천군 미노리에서 집단하여 이천읍을 재 습격하려고 하자, 이천수비대 中村 소위가 이끄는 토벌대는 1907년 11월 15일 새벽에 기습을 하여 오전 6시 반부터 8시 반까지 전투를 벌였다.130)

(69) 黃池里 전투

金生山이 이끄는 약 600명이 1907년 11월 18일에 삼척 황지리에서 안동수비대의 1개 소대와 전투를 벌였다. 이 전투에서 의병장 김생산이 체포되었다.131)

(70) 三街里 부근 전투

약 150명이 1907년 11월 19일 김성 삼가리 부근에서 김성수

---

129) 「金秘發 第121號」, 『暴徒ニ關スル編冊』. 1907년 11월 15일, 「金城警務分遣所의 警務局長에의 報告」, 『韓國獨立運動史資料』 8, 123쪽.

130) 『大韓每日申報』 1907년 11월 20일. 「金秘發 第133號」, 『暴徒ニ關スル編冊』, 1907년 11월 28일, 「金城警務分遣所의 警務局長에의 報告」, 『韓國獨立運動史資料』 8, 152쪽.

131) 「朝鮮暴徒討伐誌」, 『朝鮮獨立運動』 1, 157쪽.

비대 37명과 전투를 벌였다.[132)]

71) 東沙洞 전투

金相泰와 李斗恒[133)]이 이끄는 약 110명(한병 10명, 포수 100명, 화승총 약 80정 휴대, 나머지는 單發韓兵銃 휴대)이 회양군 속사동에서 1907년 11월 19일 오전 11시에 김성수비대장 臼井 대위가 이끄는 40명의 토벌대와 약 1시간 전투를 벌이고, 간성군 방면으로 퇴각하였다.[134)]

(72) 連谷 전투

尹起榮이 이끄는 약 220명이 1907년 11월 20일에 강릉군 연곡면에서 강릉수비대 30명으로 구성된 五十嵐討伐隊와 전투를 벌였다. 강릉수비대는 19일 주문진 부근의 連谷驛 서방에서 약 20명의 의병과 전투를 벌이고, 20일에는 연곡역 서방 약 2,000m 부근인 연곡면 가평에서 윤기영 의병부대와 전투를 벌인 것이다. 이 전투에서 의병장 윤기영이 전사하는 등 피해를 입고 감랑리 방면으로 퇴각하였다.[135)]

(73) 楊口邑 점령 전투

金德興이 이끄는 약 120~130명은 1907년 11월 20일 새벽 양구를 기습하여 경찰대를 소탕하고 양구읍을 점령하였다. 이에 藤井이 이끄는 춘천수비대와 경찰대가 긴급 출동하여 이날 저녁 7시에 두 방면에서 공격을 가해 왔으므로 이를 맞아 치열한 격전을 벌렸다. 이 전투에서 의병장 김덕흥이 전사하고 퇴각하

---

132) 「朝鮮暴徒討伐誌」, 『朝鮮獨立運動』 1, 157쪽.

133) 이두항은 평안도 출생으로, 1907년 12월 14일에 회양군에서 활동하던 李斗恒, 金相泰가 이끄는 의병이 일병과 교전하다 양구 남방으로 퇴각하였다(『大韓每日申報』 1907년 12월 21일).

134) 「金秘發 第129號」, 『暴徒ニ關スル編冊』, 1907년 11월 22일, 「金城警務分遣所의 警務局長에의 報告」, 『韓國獨立運動史資料』 8, 135~136쪽.

135) 「朝鮮暴徒討伐誌」, 『朝鮮獨立運動』 1, 157쪽. 「報告書」, 『暴徒ニ關スル編冊』, 1907년 11월 27일, 「元山警察署의 師團長에의 打電」, 『韓國獨立運動史資料』 8, 255쪽.

였다. 또 11월 21일 밤 8시에 金敬和[136]가 주둔하던 양구 선안리에 춘천수비대가 야습하여 왔으므로 이와 치열한 전투를 벌였다. 이 전투에서 의병장 김경화와 金正三 등이 전사하고, 江陵倡義大將, 倡義, 總督處, 江陵倡義處라는 깃발을 빼앗기는 등 패배를 하였다.[137]

(74) 麟蹄 동북방 전투

약 400명이 1907년 11월 21일 인제 동북 35리에서 인제수비대 정찰대와 전투를 벌였다.[138]

(75) 大和驛 전투

약 270명이 1907년 11월 23일 평창 대화역에서 충주수비대 21명과 전투를 벌였다.[139]

(76) 철판리 전투

약 30명이 1907년 11월 25일 새벽 4시에 철판리에서 춘천수비대와 전투를 벌였다.[140]

(77) 德道院 부근 전투

1907년 11월 25일 淸平川守備隊로부터 동방 30리의 미사천 부근에 약 300명의 의병이 집단을 이루고, 26일 새벽 청평천수비대를 습격하려한다는 정보에 따라, 춘천수비대는 이에 대한 지원으로서 26일 새벽 1시에 15명의 군대를 급파하였다. 진행

---

136) 김경화는 본적은 미상으로 양구, 홍천 등지에서 활동하던 의병장이다.

137) 『大韓每日申報』 1907년 12월 5일. 「警秘 第88號」, 『暴徒ニ關スル編冊』, 1907년 11월 26일, 「春川警務顧問支部의 警務局長에의 報告」, 『韓國獨立運動史資料』 8, 144쪽. 「春秘發 第48號」, 『暴徒ニ關スル編冊』, 1907년 11월 26일, 「春川警務顧問支部의 內部警務局長에의 報告」, 『韓國獨立運動史資料』 8, 147~148쪽. 「暴徒史編輯資料」 江原道編, 『독립운동사자료집』 3, 594~595쪽. 1907년 8월 28일에도 약 50명이 양구읍을 점령하여 순검 1명을 사살, 우편취급소를 파괴하고 3일간 머물렀다(『大韓每日申報』 1907년 9월 20일).

138) 「朝鮮暴徒討伐誌」, 『朝鮮獨立運動』 1, 157쪽.

139) 「朝鮮暴徒討伐誌」, 『朝鮮獨立運動』 1, 158쪽.

140) 「電報 第18號」, 『暴徒ニ關スル編冊』, 1907년 11월 26일, 「春川警務署의 內部警務局長에의 電報」, 『韓國獨立運動史資料』 8, 145쪽.

도중 새벽 2시 30분에 춘천읍에서 서남 약 15리 거리의 덕도원 부근에서 돌연 약 30명의 의병과 충돌하여 교전하였다. 이들 의병들은 춘천군 명월리 방면으로 퇴각하였다.141)

(78) 倉洞 전투

약 200여 명이 홍천읍으로부터 45리 떨어진 홍천군 남면 창동에 집단하고 있다는 정보에 따라, 토벌에 나선 홍천분견대 田村 소위가 거느린 14명과 경찰은 1907년 11월 27일 오전 2시 30분에 홍천읍을 출발하여 陽德院을 경유 오전 6시에 창동에 도착하여 기습을 가하자, 의병들은 불의에 기습을 받고 퇴각하였다.142)

(79) 江陵邑 습격 전투

민긍호는 韓甲復, 朴化南, 朱光錫, 朴乃益,143) 尹起榮 등과 함께 양양에 유진하며 의병을 소모하던 중 먼저 강릉수비대 앞으로 일본군의 攻來할 것을 기대하고 있다는 편지를 보내 전투를 요구하였다.144) 이에 놀란 일본군은 강릉수비대 이외에 海軍陸

---

141) 「春秘發 第49號」, 『暴徒ニ關スル編冊』, 1907년 11월 29일, 「春川警務署의 內部警務局長에의 報告」, 『韓國獨立運動史資料』 8, 158쪽.

142) 「警秘 第106號」, 『暴徒ニ關スル編冊』, 1907년 11월 28일, 「春川警務顧問支部의 警務局長에의 電報」, 『韓國獨立運動史資料』 8, 157쪽. 「春秘發 第49號」, 『暴徒ニ關スル編冊』, 1907년 11월 29일, 「春川警務署의 內部警務局長에의 報告」, 『韓國獨立運動史資料』 8, 158쪽. 「暴徒史編輯資料」 江原道編, 『독립운동사자료집』 3, 595쪽.

143) 박내익은 강릉읍 습격 전투 후 부하와 같이 홍천군 지방으로 이동하였다(「江秘發 第4號」 「暴徒ニ關スル編冊」, 1908년 2월 29일, 「江陵警察分署의 警務局長에의 報告」, 『韓國獨立運動史資料』 10, 1980, 64쪽. 「警秘 第445號」 「暴徒ニ關スル編冊」, 1908년 3월 16일, 「江陵警察分署의 警務局長에의 報告」, 『韓國獨立運動史資料』 9, 358쪽).

144) 민긍호 등이 거느린 의병은 약 500명이었고, 민긍호와 한갑복이 거느린 부하는 舊韓兵이며, 주광석 등이 거느린 부하는 民兵이었다. 의병들은 주간에는 양양읍 내에, 야간에는 부근 마을에 散宿하였다고 한다(「報告書」, 『暴徒ニ關スル編冊』, 1907년 11월 15일, 「長箭巡査駐在所의 元山警察署長에의 報告」, 『韓國獨立運動史資料』 8, 124쪽).

戰隊 1개 중대를 강릉에 상륙시켰다. 민긍호는 주광석, 박화남, 박내익 등과 함께 약 1,000명[145]을 거느리고 連谷 방면으로부터 1907년 11월 27일 새벽 4시에 강릉읍에 대한 공격을 개시하고, 우선 일본군의 저항을 분쇄하면서 강릉읍의 외곽 서북방 및 서남방 고지를 점령하였다. 이어 강릉읍을 서 · 남 · 북 3면에서 포위하여 읍내 민가에 방화 火煙을 신호로 강릉읍의 내부를 점령하려 했으나, 증파된 일본군 육전대의 3시간에 걸친 완강한 저항으로 강릉읍을 점령하는데 실패한 채 오전 7시 30분에 외곽으로 철수하였다. 민긍호는 11월 28일 오전 10시 30분에 韓甲復, 崔燉鎬[146] 등 약 600명을 거느리고 북방으로부터 재차 강릉읍을 공격하기 시작하여 강릉읍 중앙으로부터 2,500미터 지점까지 진출하여 2시간의 격전 끝에 강릉읍을 거의 점령하는데 성공한 듯 했으나, 일본군 육전대의 결사적 저항과 탄환의 고갈로 작전을 중단한 채 양양 방면으로 퇴각하였다.[147] 쌍방 간에 많은 사상자를 낸 이번 전투는 민긍호 의병부대가 일본군과 수행한 가장 대규모의 격전이었다. 이번 강릉읍 습격 전투는 양양부근에 양식의 결핍, 기후관계로 인한 일본군의 교대 시 혼잡

---

145) 이중에서 ⅔ 정도만 총기를 휴대하고, 탄약은 결핍된 상태였다.

146) 최돈호는 정선군 봉평리 출생으로 나이는 38세이고, 부하 150명을 거느리고 강릉군 구정면 용수동에서 의거하여 정선, 평창, 강릉 지역에서 활동하다 전사하였다(「暴徒史編輯資料」 江原道編, 『독립운동사자료집』 3, 618쪽).

147) 『大韓每日申報』 1907년 12월 6 · 8일. 「報告書」, 『暴徒ニ關スル編冊』, 1907년 11월 15일, 「長箭巡査駐在所의 元山警察署長에의 報告」, 『韓國獨立運動史資料』 8, 124쪽. 「報告書」, 『暴徒ニ關スル編冊』, 1907년 11월 27일, 「江陵守備隊長이 元山守備隊長에게」, 『韓國獨立運動史資料』 8, 148~150쪽. 「江陵 第167號」, 『暴徒ニ關スル編冊』, 1907년 11월 30일, 「江陵警務分遣所의 內部警務局長에의 報告」, 『韓國獨立運動史資料』 8, 160쪽. 「報告 第32號」, 『暴徒ニ關スル編冊』, 1907년 11월 30일, 「제11중대장의 元山守備隊長에의 보고」, 『韓國獨立運動史資料』 8, 162~163쪽. 「暴徒史編輯資料」 江原道編, 『독립운동사자료집』 3, 622쪽. 「報告書」, 『暴徒ニ關スル編冊』, 1907년 12월 7일, 「元山守備隊의 報告」, 『韓國獨立運動史資料』 8, 254쪽.

(보병 제49연대의 교대병은 이날 오후 7시 40분 도착), 수비병이 소수인 점을 노린 것으로,[148] 강릉수비대를 함락시키고 부근에 주둔하고 있던 일본군을 습격하려고 계획된 것이었다.[149] 또 양양 방면으로 철수하는 과정에서 민긍호 의병부대 약 300명이 司令部라고 쓴 큰 깃발을 들고 1907년 11월 28일 오전 11시경 양양으로 가는 本道 상에 진군하다가 일본군 1개 소대를 만나 이를 포위하여 1시간여의 격전을 벌렸다.[150] 여기서 사령부 깃발은 진위영 창의사령부 깃발이다.

(80) 馬谷 전투

약 300명이 1907년 12월 2일 청풍 북쪽 40리의 마곡에서 제천수비대의 49명과 전투를 벌이고, 청풍 방면으로 퇴각하였다.[151]

(81) 旌善邑 습격 전투

약 280명이 1907년 12월 4일 밤 11시경에 정선읍을 습격하여 정선수비대 兵舍를 일시 공격하였으나 진격하지는 않고, 5일 오전 8시에 재차 남산 산위에서 수비대 병사를 향해 사격을 하면서 산록으로 회전하여 개울을 건너 전진하여 정선읍을 점령하려고 치열한 전투를 벌이고, 신동면 방면으로 퇴각하였다.[152]

(82) 沙芝谷 전투

---

148) 「報告書」, 『暴徒ニ關スル編冊』, 1907년 11월 27일, 「江陵守備隊長이 元山守備隊長에게」, 『韓國獨立運動史資料』 8, 150쪽.

149) 「春秘發 第56號」, 『暴徒ニ關スル編冊』, 1907년 12월 16일, 「春川警務署의 內部警務局長에의 報告」, 『韓國獨立運動史資料』 8, 282쪽.

150) 「報告書」, 『暴徒ニ關スル編冊』, 1907년 12월 5일, 「巡査部長의 元山警察署長에의 報告」, 『韓國獨立運動史資料』 8, 244~245쪽.

151) 『大韓每日申報』 1907년 12월 10일. 「朝鮮暴徒討伐誌」, 『朝鮮獨立運動』 1, 158쪽.

152) 『大韓每日申報』 1907년 12월 13일. 「旌警秘 第681號」, 『暴徒ニ關スル編冊』, 1907년 12월 6일, 「旌善分派所의 警視統監에의 報告」, 『韓國獨立運動史資料』 8, 246~247쪽.

민긍호는 강릉읍 습격 전투 후 양양을 거쳐 崔道煥,153) 池龍起(?) 등과 1,500명을 거느리고 인제군 인제면에 주둔하며 의병을 소모하고 있었다.154) 민긍호는 12월 7일에는 崔仁淳과 함께 300여 명을 거느리고 횡성군 갑천면 당현동에서 유숙하고, 8일에는 동면 유곡동을 경유 갑천리에 머물렀다. 이에, 원주수비대의 臼井 중위가 이끄는 16명의 토벌대는 8일 오전 10시에 원주군 외정곡동 학곡 및 백교리 부근에서 의병 약 70명과 교전을 하였다. 의병들은 전투 후 횡성군 갑천면 동평 방면으로 이동하였다.155)

또 민긍호가 韓甲復, 尹成玉, 韓相說과 함께 1,200~1,300명을 거느리고 횡성 동평 부근에 있다는 정보에 따라 원주수비대 山本 소위는 부하 12명과 韓兵 10명을 인솔하고, 12월 12일에 토벌에 나서 13일에 동평에 도착하여 보니, 민긍호는 2~3일 전에 이곳 면장을 포박하여 홍천 서석면 방면으로 떠난 후였고, 당현으로부터 사지곡에 걸쳐 숙영 중이던 호남창의대장 韓基錫156)이 이끄는 400여 명을 야습하였다. 취사준비 중이던 의병들은 일본군의 기습을 받고 3시간 동안 응전하였으나, 의병장

153) 최도환은 화천군 덕동 출생으로, 원래 옹기점 보부상 班首로 그 조직을 활용하였다. 1906년에 起義하였고, 1907년 이후 강원도와 경기도 등지에서 활동하였다. 1907년 11월에 양구군 방산면에서 崔東煥이 李順渠, 金順光 등과 함께 의병 200여 명과 더불어 화약을 제조하였다고 하는데(「春秘發 第44號」, 『暴徒ニ關スル編冊』, 1907년 11월 20일, 「春川警務顧問支部의 內部警務局長에의 報告」, 『韓國獨立運動史資料』 8, 133쪽), 여기서 최동환도 최도환이 아닌지 모르겠다. 1911년 춘천감옥에서 수감 중 순국하였다.

154) 「春秘發 第53號」, 『暴徒ニ關スル編冊』, 1907년 12월 11일, 「春川警務署의 內部警務局長에의 報告」, 『韓國獨立運動史資料』 8, 265쪽 「春秘發 第56號」, 『暴徒ニ關スル編冊』, 1907년 12월 16일, 「春川警務署의 內部警務局長에의 報告」, 『韓國獨立運動史資料』 8, 282쪽.

155) 「原秘發 第58號」, 『暴徒ニ關スル編冊』, 1907년 12월 9일, 「原州警務分署의 警務局長에의 報告」, 『韓國獨立運動史資料』 8, 258쪽.

156) 한기석은 민긍호가 봉기하자 동참한 의병장이다.

한기석 등이 전사하는 등 피해를 입었다.157)

(83) 寒峙洞 전투

약 150명은 1907년 12월 8일 오후 6시에 통천군 한치동에서 정찰 중이던 장전수비대 8명과 충돌하여 전투를 벌였다.158)

(84) 自浦洞 전투

민긍호가 약 1,000여 명의 의병부대를 2명의 부장과 함께 지휘하여 횡성 부근에 주둔하고 있다는 정보에 따라, 이를 토벌하기 위해 평창수비대와 평창분파소가 출동하였다. 1907년 12월 19일 횡성군 둔내면 자포동에서 朱基俊이 지휘하는 약 150명이 일본군과 약 3시간 동안 전투를 치루고 주기준 의병부대는 평창의 봉평 방면으로 퇴각하였다.159)

(85) 鳳勝寺 전투

횡성군 동평 부근에 의병들이 集屯하고 있다는 정보에 따라, 원주수비대 山本 소위는 수비대 16명, 韓兵 16명, 순사 1명을 거느리고 토벌에 나서 1907년 12월 19일 오전 6시 30분에 의병의 집둔지인 횡성군 둔내면 봉승사에 도착하여 민가에 잠복 중인 의병 35명을 포위하여 약 1시간의 전투를 벌였다. 이 전투에서 한병 출신 의병장 韓必洙160)가 전사하였다. 토벌대는 오후 2시 30분에 횡성군 둔내면 방내리의 남쪽 10여 리의 河岸에 이르자 북방 약 600m의 고지에서 의병 240~250여 명으로부터 약 40분간의 공격을 받았다.161)

---

157) 「原秘發 第63號」, 『暴徒ニ關スル編冊』, 1907년 12월 16일, 「原州警務分署의 警務局長에의 報告」, 『韓國獨立運動史資料』 8, 279쪽.

158) 「金秘發 第167號」, 『暴徒ニ關スル編冊』, 1907년 12월 19일, 「金城警務分署의 警務局長에의 報告」, 『韓國獨立運動史資料』 8, 287쪽.

159) 「原秘發 第4號의 1」, 『暴徒ニ關スル編冊』, 1908년 1월 7일, 「原州警察分署의 警務局長에의 報告」, 『韓國獨立運動史資料』 8, 424쪽. 「警秘 第70號」, 『暴徒ニ關スル編冊』, 1908년 1월 14일, 「原州警察分署長의 警務局長에의 報告」, 『韓國獨立運動史資料』 8, 435쪽.

160) 한필수는 대한제국 군인 출신으로, 30~40명을 이끌고 활동하던 의병장이다.

(86) 珍富 부근 전투

약 300명이 1907년 12월 19일 진부 서북 약 100리에서 진부 수비대의 1개 소대와 전투를 벌였다.162)

(87) 고진리 전투

약 50~80명이 1907년 12월 20일 오전 10시에 양구군 고진리에서 김성수비대의 三浦소대와 충돌하여 1시간 동안 전투를 벌였다.163)

(88) 語實里 전투

대부분 조총을 소지한 약 60명이 1907년 12월 20일 오전 10시에 양구군 수입면 어실리(魚室洞)에서 김성수비대의 습격을 받고, 1시간의 전투에서 참패하였다.164)

(89) 寧越 북방 전투

약 200명이 1907년 12월 26일 영월 북방 약 20리에서 영월 수비대의 토벌대와 전투를 벌였다.165)

(90) 紫雲里 전투

약 600명이 홍천군 서석면 청량리에 집결하여 있다가 홍천 수비대의 토벌이 있다는 정보에 따라, 1907년 12월 27일 자운리로 이동하였다. 그중 약 100명은 자운리에서 추격하는 수비대와 약 20분간 전투를 벌였다. 이 전투에서 의병장 洪夫三이 전사하였다.166)

---

161) 「原秘發 第65號의 1」, 『暴徒ニ關スル編冊』, 1907년 12월 21일, 「原州警務分署의 警務局長에의 報告」, 『韓國獨立運動史資料』 8, 289쪽.

162) 「朝鮮暴徒討伐誌」, 『朝鮮獨立運動』 1, 159쪽.

163) 「電報」, 『暴徒ニ關スル編冊』, 1907년 12월 21일, 「金城警務分署의 警務局長에의 報告」, 『韓國獨立運動史資料』 8, 290쪽.

164) 「金秘發 第169號」, 『暴徒ニ關スル編冊』, 1907년 12월 23일, 「金城警務分署의 警務局長에의 報告」, 『韓國獨立運動史資料』 8, 300쪽. 「暴徒史編輯資料」 江原道編, 『독립운동사자료집』 3, 607쪽.

165) 「朝鮮暴徒討伐誌」, 『朝鮮獨立運動』 1, 160쪽.

166) 「警秘 第276號」, 『暴徒ニ關スル編冊』, 1907년 12월 30일, 「春川警務署의

(91) 楸洞里 전투

韓甲復이 이끄는 약 30명이 1907년 12월 28일 미명에 횡성군 청룡면 추동리에서 숙영 도중 田村 소위가 이끄는 홍천분견대의 불의에 기습을 받고, 약 1시간이나 응전하였으나 참패하였다. 이 전투에서 의병장 한갑복이 전사하였다.[167]

3) 苦戰期[168]

(92) 양두리 전투

양구에서 30리 되는 양구군 상동면 상정에 약 800명의 의병이 집단하여, 양구수비대를 습격하려고 한다는 정보에 따라, 양구수비대장 藤江 소위가 이끄는 토벌대가 1908년 1월 3일 오전 7시 양구군 양두리와 반동에서 약 800명의 의병과 4시간의 전투를 벌였다. 이 전투에서 의병장 李允禮가 전사하였다.[169]

(93) 林塘里 전투

민긍호가 李麟榮, 鄭煥夏, 申乭石, 吳泳煥과 함께 1,200~1,300명을 거느리고 양구 임당리 부근에 숙영하고 있을 때, 1908년 1월 3일 양구수비대장 藤江 소위가 부하 12명을 거느리고 공격하자, 오전 3시 반경 의병은 임당리 범동 및 자작현의 동서 양측의 고지를 점령하고서 그 측면으로 공격하는 수비대와 전투를 벌이면서 정오경에 북방으로 이동하였다.[170]

警務局長에의 電報」, 『韓國獨立運動史資料』 8, 317~318쪽.

167) 「朝鮮暴徒討伐誌」, 『朝鮮獨立運動』 1, 160쪽. 「春警秘官 第61號」, 『暴徒ニ關スル編冊』, 1907년 12월 3일, 「春川警察署의 內部警務局長에의 報告」, 『韓國獨立運動史資料』 9, 238~239쪽. 「暴徒史編輯資料」 江原道編, 『독립운동사자료집』 3, 595쪽.

168) 이 지역에서 의병활동이 가장 활발하던 시기는 1907년 7월부터 12월 상순까지이고, 그로부터 점차 쇠퇴하였다고 한다(「暴徒史編輯資料」 江原道編, 『독립운동사자료집』 3, 610쪽).

169) 『大韓每日申報』 1908년 1월 7일. 「警秘 第88號」, 『暴徒ニ關スル編冊』, 1908년 1월 5일, 「春川警務署의 警務局長에의 電報」, 『韓國獨立運動史資料』 8, 423쪽.

170) 「朝鮮暴徒討伐誌」, 『朝鮮獨立運動』 1, 174쪽. 「春秘發 第1號의 1」, 『暴

(94) 春川 부근 전투

약 20명이 1908년 1월 5일 춘천군 왕곡에서 일본군 토벌대와 교전하다 퇴각하고, 또 약 200명(신식총을 소지한 한병 포함)이 춘천군 방천리 부근에서 일본군과 교전하였다.171)

(95) 狼川 부근 전투

약 200명이 1908년 1월 6일 낭천 동남 약 50리에서 낭천수비대 22명과 전투를 벌였다.172)

(96) 山溪里 전투

약 500명이 1908년 1월 7일 오전 6시에 강릉군 옥계면 산계리에서 강릉수비대와 교전하였다. 교전 후 의병들은 강릉군 계항리를 거쳐 정선군으로 퇴각하였다.173)

(97) 倉里 전투

약 200명이 1908년 1월 8일 낭천 서남 창리에서 낭천수비대와 전투를 벌였다.174)

(98) 橫城 서방 전투

약 40명이 1908년 1월 10일 오후 11시 횡성 서쪽에서 원주수비대와 전투를 벌였다.175)

(99) 鳳基 전투

약 100명이 1908년 1월 17일 김성군 봉기 근처에서 김성수비대와 전투를 벌였다.176)

徒ニ關スル編 1908년 1월 7일, 春川警察署의 內部警務局長에의 報告」, 『韓國獨立運動史資料』 8, 428~429쪽.

171) 『大韓每日申報』 1908년 1월 12일.

172) 「朝鮮暴徒討伐誌」, 『朝鮮獨立運動』 1, 175쪽.

173) 「江發 第7號」, 『暴徒ニ關スル編冊』, 1908년 1월 30일, 「江陵分署의 警務局長에의 報告」, 『韓國獨立運動史資料』 8, 440쪽.

174) 「朝鮮暴徒討伐誌」, 『朝鮮獨立運動』 1, 175쪽.

175) 『大韓每日申報』 1908년 1월 18일. 「朝鮮暴徒討伐誌」, 『朝鮮獨立運動』 1, 175쪽.

176) 『大韓每日申報』 1908년 1월 25일. 「朝鮮暴徒討伐誌」, 『朝鮮獨立運動』 1, 175쪽.

(100) 용수동 전투

金春洙[177]가 이끄는 약 40명이 1908년 1월 17일 홍천군 남면 용수동에서 춘천수비대와 전투를 벌였다.[178]

(101) 楡木亭 부근 전투

약 50명이 1908년 1월 21일 유목정 부근에서 진부수비대와 전투를 벌였다.[179]

(102) 서울진공작전

서울에 있는 五賊七奸을 제거하고, 통감부를 쳐부수어 종래의 굴욕적 조약을 파기하여 대한제국의 국권을 회복하고, 의병 중에서 인물을 선임하여 정부를 조직한다는 1908년 1월 13도 연합의병부대의 1차 서울진공작전은 의병전쟁의 최고 정점을 보여 주었다고 볼 수가 있다. 본래 민긍호 의병부대의 전술은 먼저 원주와 충주를 습격하고, 다음으로 경성으로 향한다는 것이었다.[180] 그러나 민긍호는 11월 10일경에 이인영이 주도하는 연합의병부대와 전술적 연합에 따라, 11월 25일로 1차 서울진공작전을 수립하였었다.[181] 이마저도 경기도 지평에서 주둔하고 있던 이인영 의병부대가 11월 7일부터 이틀간의 전투에서 일본군에게 패함으로서,[182] 난관에 부닥치게 되자, 11월 15일에 평창

177) 김춘수는 양근군 북면 소설리 출생으로 농업을 하였으며, 200여 명을 이끌고 양근, 지평, 광주 등지에서 활동하던 의병장이다(「暴徒史編輯資料」 京畿道編, 『독립운동사자료집』 3, 506쪽).

178) 『大韓每日申報』 1908년 1월 29일. 「朝鮮暴徒討伐誌」, 『朝鮮獨立運動』 1, 175쪽.

179) 「朝鮮暴徒討伐誌」, 『朝鮮獨立運動』 1, 175쪽.

180) 『大韓每日申報』 1907년 11월 9일.

181) 「報告書」, 『暴徒ニ關スル編冊』, 1907年 11월 10일, 「長箭巡査駐在所의 元山警察署長에의 報告書」, 『韓國獨立運動史資料』 8, 103쪽.

182) 「原秘發 第46號의 1」 『暴徒ニ關スル編冊』, 1907년 11월 10일, 「原州分遣所의 警視總監에의 報告」, 『韓國獨立運動史資料』 8, 104~105쪽. 「朝鮮暴徒討伐誌」, 『朝鮮獨立運動』 1, 156쪽. 1907년 9월에 허위의 의진에서 활동하다, 11월부터 12월 중순까지 이인영 의진에서 참모장 역할을 하던 경남 거창출생으로, 양반 유생인 金壎(37세)의 진술에 의하면, 이번 지평군 三山里전투는 의병수 약

근처에 주둔하고 있던 민긍호 의병부대는 향후 계획에 대해 숙고하게 되고, 대거 평창을 습격하던가 아니면 11월 25일을 기하여 원래 계획대로 경성으로 나아가 각국 영사에게 의뢰하여 항복하든가 두 가지 방책을 고민하였다.[183] 이렇게 되자 관동창의 대진은 다시 대오를 정비하고, 11월 하순에 관동창의대라는 연합의병부대를 조직하고 관동창의대장 李麟榮, 총독장 李求采, 중군장 李殷瓚,[184] 진위대사령부 閔肯鎬 등을 임명하였다.[185]

양주로의 진격이 늦어지자 관동창의대는 일본군과의 교전을 최소화 하면서 여러 지역으로 분산하여 이동하였다. 민긍호, 한갑복, 한상열, 윤성옥 의병장 등은 1,200~1,300명의 의병을 이

5,000명, 일본병 500~600명이나 참가하였다고 한다(韓憲警乙 第404號」 『暴徒ニ關スル編冊』, 1908년 4월 9일, 「韓國駐箚憲兵隊長의 內部警務局長에의 通報」, 『韓國獨立運動史資料』 10, 129쪽). 일본군은 서울 주둔 제13사단 보병 제51연대 제3대대장 坂部 소좌의 통솔 하에 12중대, 기병 제17연대 제3중대의 1개 소대, 임시 山砲 1개 소대 및 공병 제13대대의 1개 소대로 구성된 토벌대를 파견하였다. 또 坂部 소좌의 지휘 하에 서울에서 충주까지 한강 연안을 따라 토벌을 감행했던 赤倉 대위가 이끄는 토벌대를 포함하고 춘천, 원주수비대까지 참여한 대토벌작전이었다. 이처럼 일본군은 山砲隊까지 출동한 의병전쟁 중에서 가장 규모가 큰 전투였다.

183) 「原警秘收 第46號의 1」 『暴徒ニ關スル編冊』, 1907년 11월 25일, 「原州分遣所의 警務局長에의 報告」, 『韓國獨立運動史資料』 8, 142쪽. 각국 영사에게 의뢰하여 항복하겠다는 것은 사실이라기보다는 의병의 모집과 서울로 진공해 가는 과정에서 일본군을 기만하기 위한 하나의 방책이라고 한다(심철기, 「이인영 의병장과 정미 원주의병전쟁」, 『강원도 항일의병투쟁의 재조명』, 의암학회, 2013, 44쪽).

184) 이은찬은 원주군 부흥사면 신성리 출생의 유생이며, 1907년 9월 이구채와 더불어 원주에서 의병을 일으켜 해산군인 80명을 포함하여 500명의 의병을 소모한 뒤 문경의 이인영을 찾아가 대장으로 추대하였다. 서울진공작전이 실패한 후 임진강 유역에서 허위와 손을 잡고 재차 임진강의병연합부대를 편성한 뒤 허위를 총대장으로 추대하였다. 허위가 순국한 후 양주, 포천, 영평, 연천, 삭령, 금천, 배천 등지에서 유격전을 전개하였다. 1909년 3월에 체포되어, 같은 해 32세로 교수형으로 순국하였다(독립운동사편찬위원회, 『독립운동사자료집』 별집1, 254~255쪽).

185) 「原秘發 第50號」 『暴徒ニ關スル編冊』, 1907년 11월 28일, 「原州警務分署의 警務局長에의 報告」, 『韓國獨立運動史資料』 8, 155~157쪽.

끌고 횡성군 동평에 주둔하고 있다가, 민긍호 의병장 등의 일대는 홍천 서석면 방면으로 이동하여, 12월 7일에는 부장 韓幸福과 해산군인 100여 명이 포함된 300여 명의 의병을 이끌고 인제로부터 양구를 경유하여, 회양군 문등면 방면으로 이동하였다가, 崔道煥 의병장이 이끄는 208명의 의병과 金相希 의병장이 이끄는 70여 명의 의병과 함께 14일 고방산리를 출발하여 화천군 천미 방면으로 이동하였다.[186] 이처럼 일본수비대와 교전을 치루며 여러 지역으로 이동해 나갔고, 12월 중순에는 횡성군 둔내면 부근에 있다가, 인제 방면으로 나와 가평방면으로 진출하고,[187] 다시 경기도 양주로 진출하였다.[188]

본래 문경에 거주하던 유학자 이인영은 원주에서 기병한 李殷瓚과 李求采의 권유에 따라 관동의병대장으로 추대되었다. 9월 2일에 원주에서 거의한 이인영부대는 각도 의병장에게 격문을 띄우고, 또 대한관동창의대장 이인영의 이름으로 해외동포에게 격문을 보내 각국 영사관 및 해외동포에게 당당하게 항일전쟁선언을 하였다. 이에 따라 양주의 대진소에는 각지에서 분산적인 활동을 지속해 온 약 1만 명(실질적으로는 8천명 전후)의 의병부대가 집결했으며, 그 중에는 양총을 소지한 약 3,000명의 해산군인과 포수가 포함되어 있었다. 이리하여 1908년 1월 초순에 이인영을 중심으로 각 지방 의병장들이 협력하여 13도 창의대진소가 편성되었는데, 十三道義兵總大將 李麟榮, 軍師長 許蔿, 關東倡義大將 閔肯鎬, 湖西倡義大將 李康秊, 嶠南倡義大將 朴正斌, 鎮東倡義大將 權重熙, 關西倡義大將 方仁寬, 關北倡義大將

186) 「春秘發 第59號」 『暴徒ニ關スル編冊』, 1907년 12월 20일, 「春川警務署의 內部警務局長에의 報告」, 『韓國獨立運動史資料』 8, 287~288쪽.

187) 「原秘發 第4號의 1」, 『暴徒ニ關スル編冊』, 1908년 1월 7일, 「原州警察分署長의 警務局長에의 報告」, 『韓國獨立運動史資料』 8, 426쪽.

188) 「警秘 第70號」 『暴徒ニ關スル編冊』, 1908년 1월 14일, 「局長의 統監代理에의 보고」, 『韓國獨立運動史資料』 8, 435쪽.

鄭鳳俊, 湖南倡義大將 文泰洙(본명 泰鉉)이었다.

이중에서 주력부대는 민긍호와 이은찬이 인솔한 원주지방으로부터 온 6,000명이었다. 13도창의부대는 서울을 향하여 진격을 시작하였는데, 13도창의군 전체 연합부대가 도착하기 전에 군사장 허위는 동대문 밖 30리 지점까지 진격하였으나, 이미 동향을 탐지하고 있던 일본군은 망우리에서 진을 치고 있다가, 1908년 1월 15일경 허위 의병부대에 대해 선제공격을 가하자, 전투를 벌였으나 선봉대 의병장 金奎植과 延基羽가 적의 탄환을 맞고 부상당하는 등 손실이 막대하여 일단 후퇴하고 말았다. 1월 28일에 이인영이 이끄는 관동창의대도 참여하는 서울진공작전이 시행되어 일본군과 치열한 전투를 전개하고 후퇴하였다. 그러나 마침 총대장 이인영은 고향에서 병중에 있던 부친의 부고가 전달되자 허위에게 군무를 위탁하고 총대장직을 사임하면서, 서울탈환작전을 중지하라는 통문을 각 의병들에게 돌리도록 지시하고, 그 날로 귀향하였다. 이에 따라 13도 창의연합부대는 졸지에 서울 진격작전을 중지하게 되었다. 서울 진공 실패 후 의병부대들은 각자 분산 활동하게 되었다.[189]

일본군과 싸우며 진격하던 민긍호 의병부대는 집결지에 미처 도착하지 못하여,[190] 서울진공작전에 참여하지 못했기 때문에 전력을 그대로 보존하였으나, 일본군에 대항할 수 있는 실질적 전투력을 갖춘 부대였기 때문에, 1908년 2월 이후 일본군의 집중적인 공격을 받았다.

(103) 長湖院 동방 전투

---

189) 姜在彦, 「의병전쟁의 발전」, 『한국사』 43(국사편찬위원회), 1999, 473~477쪽.

190) 이때 민긍호는 2,000명의 의병을 거느리고, 양주로 진출하는 과정에서 다수의 크고 작은 전투를 치렀다. 이처럼 가장 전투력이 높았던 민긍호 의병부대가 일본군과의 교전으로 인해 늦어진 것도 서울진공작전의 실패원인 중에 하나였다. 이강년 의병부대도 일본군에 막혀 가평 화악산 일대까지간 북상하였다.

약 60명이 1908년 1월 31일 장호원 동쪽에서 일본군 토벌대와 1시간 전투를 벌이고 관덕 북쪽 산골로 퇴각 하였다.[191]

(104) 麟蹄 북방 전투

약 150명이 1908년 2월 5일 인제 북쪽 60리에서 인제수비대의 습격을 받고 전투를 벌인 후 북쪽 산중으로 퇴각하였다.[192]

(105) 鐵原 서남방 전투

약 50명이 1908년 2월 14일 철원 서남 약 40리에서 평강수비대와 전투를 벌였다.[193]

(106) 文幕 부근 전투

약 60명이 1908년 2월 22일 원주 문막 부근에서 원주수비대 11명과 전투를 벌였으나 참패하였다.[194]

(107) 淸洞 부근 전투

이한상이 이끄는 약 30명이 1908년 2월 25일 진부 내면 청동 부근에서 진부수비대와 전투를 벌였다.[195]

2. 분석

민긍호 연합의병부대의 활동 범위는 강원도 전역을 포함하고, 경기도는 여주, 이천, 음죽, 죽산, 장호원, 지평, 양근, 충청북도는 제천, 청풍, 충주 등지였다. 또 공격대상은 일본군 수비대, 일본군 연락병, 일본군 군량운송병, 경찰대, 전선가설보호병, 전선수리보호병, 일본거류민, 친일적 官長, 일진회원, 자위대원, 일본군 토벌대 안내자, 郡主事, 면장, 이장을 비롯한 일제에게 편익을 준 협조자, 군아, 우편취급소, 경무분견소, 일진회사무소,

---

191) 『大韓每日申報』 1908년 2월 13일.

192) 『大韓每日申報』 1908년 2월 16일. 「朝鮮暴徒討伐誌」, 『朝鮮獨立運動』 1, 176쪽.

194) 「朝鮮暴徒討伐誌」, 『朝鮮獨立運動』 1, 176쪽.

195) 『大韓每日申報』 1908년 3월 4일. 「朝鮮暴徒討伐誌」, 『朝鮮獨立運動』 1, 176쪽.

전선시설,[196] 한강운항 일본군 수송선[197] 등 다양하였다.

전체적인 전황을 보면 1907년 8~9월은 연승기,[198] 일본군의 사단연합 토벌이 행해지기 시작한 10월 이후 10~12월은 분투기,[199] 1908년 1~2월은 고전기[200]라고 볼 수가 있다.

---

196) 의병부대의 통신시설 파괴로, 일본군은 각 부대가 파견된 지방 상호간의 거리가 멀기 때문에 타 부대의 행동을 알 수 없으므로, 협동작전을 원활하게 할 수 없게 되었다(「朝鮮暴徒討伐誌」, 『朝鮮獨立運動』 1, 144쪽). 전선시설 파괴는 서울, 충주 간, 서울, 춘천 간이 심하였다.

197) 한강 연안에서 수운으로 이동하던 일본군 수송선에 대한 공격이나 일본군의 보급품 등을 탈취하는 등 일본군의 물자수송을 방해하는 활동이 급증하자, 일본군은 10월 23일에 서울주둔 제13사단 제51연대 제11중대에 기병을 포함하여 赤倉 대위가 이끄는 토벌대를 편성하여, 서울에서 충주까지 한강 연안을 따라 31일까지 토벌을 행하였다(「朝鮮暴徒討伐誌」, 『朝鮮獨立運動』 1. 152쪽).

198) 9월 1개월은 강원도관찰사가 주재하는 춘천읍 조차도 거의 포위 상태에 있었다. 또 9월과 10월에는 京元線路를 제외하고 각 군은 우편이 두절되고, 일반인들은 특별한 일이 없으면 여행을 보류하고, 상인의 왕래도 적어 시장이 적막하고, 징세 기타 행정사무는 일시 정지 상태였으나, 11월 중순부터 각 군에 군대를 배치함에 따라, 점차 질서가 회복되었다고 한다(「金秘發 第168號」 『暴徒ニ關スル編冊』, 1907년 12월 23일, 「金城警務分署의 警務局長에의 報告」, 『韓國獨立運動史資料』 8, 293쪽).

199) 10월 초순에 제1회 대토벌을 감행하였다(「春秘發 第43號」 『暴徒ニ關スル編冊』, 1907년 11월 4일, 「春川警務顧問支部의 內部警務局長에의 報告」, 『韓國獨立運動史資料』 8, 91쪽). 한편 1907년 12월 22일 현재 강원도 북부지역의 일본군 수비대 상황은 김성수비대 87명, 김화수비대 91명, 평강수비대 20명, 이천수비대 33명, 철원헌병대 28명, 회양수비대 31명, 통천수비대 15명이고, 안협은 이천수비대, 흡곡은 통천수비대가 관할하였다(「金秘發 第168號」 『暴徒ニ關スル編冊』, 1907년 12월 23일, 「金城警務分署의 警務局長에의 報告」, 『韓國獨立運動史資料』 8, 296~297쪽).

200) 冬期의 계절로 접어들자 의병들은 각 촌락으로부터 綿 혹은 冬衣 등을 징발할 수밖에 없었다(「春秘發 第45號」, 『暴徒ニ關スル編冊』, 1907년 11월 13일, 「春川警務顧問支部의 內部警務局長에의 報告」, 『韓國獨立運動史資料』 8, 120쪽). 또 추운 겨울철이 되자 중부지방의 산악에는 살을 에이는 추위와 함께 눈이 깊게 쌓여서 은신도 어려웠고, 이동과 공격도 어려웠다. 반면 일본군은 눈발자욱을 따라 의병부대를 추격하기가 용이하였다. 이러한 조건을 이용하여 일본군은 특히 실질적 전투력이 강한 민긍호 의병부대에 대해서는 집중적으로 대규모 토벌대를 투입, 공격을 강화했고 민긍호 의병부대는 설상가상으로 탄약이 고갈되어 더욱 어려움을 겪었다(愼鏞廈, 「閔肯鎬義兵部隊의 抗日武裝鬪爭」,

민긍호는 대부대의 수괴가 되어, 다수의 소집단으로 분할해서 제천, 충주 죽산, 장호원 등의 각 지방에 隱現出沒하여 橫暴을 進하였다.[201]

의병은 요로에 진을 치고 탄약을 제조하며 백성들은 돌을 모아 쌓고, 사면에 복병을 하였기 때문에 일병이 의병의 기세를 무서워하여 감히 공격을 하지 못 한다.[202]

當管內는 지리상의 관계이라 할지 他管內에 비하여 頗히 폭도의 출몰이 빈번한 경향으로써 時局以來 此의 토벌을 하기 玆에 十數回에 及하였다고 하나, 彼等禽獸와 같은 匪賊 等은 우리 토벌대가 향할 때는 潰走四散하고 또 아군이 철수 후는 蝟集하는 등 거의 飯上의 靑蠅과 같이 실로 變現出沒無常하므로써 軍隊及 我警察隊는 항상 이에 소탕진압에 우려하고 있다하나, 彼等은 교묘히 험악한 산간을 이용하여 종적을 감추는 등 소탕에 곤란한 상태에 있다.[203]

폭도들은 주간에는 고지에 보초를 배치하고, 그들의 연락을 취하고 있으므로 야습을 하기로 결정하고 밤이 되기를 기다렸다.[204]

目下 춘천군 각 촌락에 횡행하는 폭도 등은 全然最初의 행동과는 一變하여 彼等은 다수의 단체를 이룰 때는 곧 토벌되므로, 근래에 至하

『한국독립운동사연구』 4(독립기념관 한국독립운동사연구소, 1990, 95쪽). 특히 탄약 문제는 심각하였다. 양구군 방산면 등매동(씨름골)에 의병 300~400명이 집단하여 화약제조장을 설치하고, 화약을 제조하며 각 面洞의 주민들에게 火藥稅를 징수하였다(「春秘發 第41號의 1」 『暴徒ニ關スル編冊』, 1907년 11월 15일, 「春川警務顧問支部의 內部警務局長에의 報告」, 『韓國獨立運動史資料』 8, 127쪽). 또 양구군에서는 군내 각 面洞에 각 단체를 조직하고, 양구군 군주사 任景能으로 하여금 군내에서 탄환의 재료에 쓰일 鉛과 鐵의 구입에 쓰일 세금을 징수하기도 하였다(「春秘發 第44號」, 『暴徒ニ關スル編冊』, 1907년 11월 20일, 「春川警務顧問支部의 內部警務局長에의 報告」, 『韓國獨立運動史資料』 8, 133쪽). 이처럼 의병은 향촌기반과 밀접한 관련이 있는데, 군자금도 洞契(村契) 형식으로 거출하기도 하였으며, 일제는 의병의 이 같은 향촌기반을 파괴하려고 애썼다. 한편 강원도에서는 원주진위대의 주요 재정으로 활용되었던 각 군의 結錢이나 戶錢 등 公錢이나 驛土의 賭錢을 선납 받아 군자금으로 활용하는 경우도 있었다(서태원, 「대한제국기 원주진위대 연구」, 194~204쪽).

201) 「朝鮮暴徒討伐誌」 『朝鮮獨立運動』 1, 140쪽.

202) 『大韓每日申報』 1907년 8월 27일.

203) 「春秘發 第45號」 『暴徒ニ關スル編冊』, 1907년 11월 5일, 「春川警務顧問支部의 內部警務局長에의 報告」, 『韓國獨立運動史資料』 8, 96쪽.

204) 「春秘發 第48號」 『暴徒ニ關スル編冊』, 1907년 11월 26일, 「春川警務顧問支部의 內部警務局長에의 報告」, 『韓國獨立運動史資料』 8, 147쪽.

여는 其行動을 바꾸어 소단체를 조직하고 특히 야간만 행동하고 있는 상황이다.205)

당 원주읍에서 5,6리(한리로는 50, 60리 : 필자) 거리에 있는 각처에는 폭도가 100, 200, 혹은 3 · 400명가량이 屯集하고 있는 모양이며, 當 수비대가 토벌하려고 이에 향한즉 그들은 기민하게도 이를 察知하고 遁走하여 자재로 그 종적을 감추고, 토벌대가 떠나가면 다시 現出하여 폭행을 하는 현황으로 도저히 이를 전멸함은 至難하다.206)

관내 폭도의 動勢에 就하여는 不絶히 정찰 경계하고 있으나, 彼等은 항상 아 군대 및 경찰의 隙을 窺하여는 각처에 출몰하여 금일 甲地에 횡행하다가, 명일에 至하면 홀연 乙地에 집합하여 變幻出沒이 거의 捕風提雲의 감이 있다. 특히 彼等은 지방의 지리에 정통함으로써, 아 토벌대가 향할 시는 間道로 1일에 10리(한리로는 100리 : 필자) 혹은 15,6리(한리로는 150, 160리 : 필자)의 먼 지방에 도주하여 그 종적을 감추고, 또 彼等은 항상 각 일본군대 및 경찰의 駐留地에 행상인 혹은 각종의 방법으로써 밀정자를 出하여 시종 아 군대 경찰의 행동을 통보하는 等事가 있다.207)

군대 및 경찰은 폭도의 정보를 得함과 공히 시기를 잃치 않고 토벌차 향한다 하나, 彼 폭도 등은 항상 其村落의 인민으로 하여금 1,2리(한리로는 10리, 20리 : 필자) 혹은 4,5리(한리로는 40리, 50리 : 필자)의 지점에 密偵者를 파견하여 순차 보초를 出하여 我의 행동을 前知하여 교묘히 其蹤迹을 감추어 유감이나마 其效를 奏치 못한다. 여하히 우리 용감한 군대라 하더라도 此를 掃蕩盡滅하기는 도저히 至難의 事에 속

205) 「春秘發 第49號」 『暴徒ニ關スル編冊』, 1907년 11월 29일, 「春川警務署의 內部警務局長에의 報告」, 『韓國獨立運動史資料』 8, 159쪽.

206) 「原秘發 第53號의 1」 「暴徒ニ關スル編冊」, 1907년 12월 3일, 「原州警務分署의 警務局長에의 報告」, 『韓國獨立運動史資料』 8, 235쪽.

207) 「春秘發 第51號」 「暴徒ニ關スル編冊」, 1907년 12월 6일, 「春川警務署의 內部警務局長에의 報告」, 『韓國獨立運動史資料』 8, 249쪽. 한 예로 고성군 상정리의 李德根(23세), 고성군 하정리의 權錫根은 1907년 10월 20일에 고성읍을 습격했던 의병의 徒類로 召募將 金玉培의 부하로서, 일본군의 행동을 정탐하던 의병이었다. 이들은 체포되어 長箭에서 총살되었다. 특히 권석근은 금강산의 토벌을 위해 원산에서 출동한 小野崎 토벌대의 荷物運搬夫로 참여하여 밀정을 하다 순검에게 발각되어 체포되었다(「報告書」 「暴徒ニ關スル編冊」, 1907년 11월 4일, 「長箭巡査駐在所의 元山警察署長에의 報告」, 『韓國獨立運動史資料』 8, 90~91쪽. 「金秘發 第125號」 「暴徒ニ關スル編冊」, 1907년 11월 15일, 「金城警務分遣所의 警務局長에의 報告」, 『韓國獨立運動史資料』 8, 122~123쪽).

한다. 따라서 此의 소탕을 기하는 방책으로서는 사방으로부터 순차 압박하여 彼를 궁지에 進入케하여, 其 根底를 蔎는 방법을 취하는 외에 최상의 책은 없으리라고 사료된다.[208]

폭도의 經路는 間道를 왕복한다. 즉 회양군 장양면, 상초북면, 난곡면을 경유 평강군으로 出하여 그로부터 이천군에 至하고, 또 철원군으로 향하고 있는 형적이 있어서 장양면이 거의 폭도의 소굴이었음은 금강산록으로 同山에 출입하는 통로에 沿하고 있기 때문이다.[209]

일본군의 소위 攪拌作戰 때문에 의병들은 적은 병력으로 분산 활동하게 되었다. 일본군의 교반작전은 토벌군을 세분하여 한정된 국지에 포위하여 수색을 실행하고, 전후좌우로 몇 번이나 되풀이 왕래되거나 기병적 수단을 써서 의병을 현혹시키는 교란작전인데, 이에 대응하기 위해 의병들은 부대를 소조[210]로 나누어 유격전을 전개하였다. 이 때문에 초기에 의병의 대부대가 지방의 주요 읍을 공격, 점령하는 데 성공한 데 반해, 후기에는 차차 산간벽지로 물러서서 일본군을 기습하는 작전을 벌이지 않을 수 없게 되었다.[211]

이처럼 민긍호 의병부대도 화력에서 절대적으로 우세한 일본군과의 대규모 정면 대결을 피하면서, 익숙한 지형을 최대한으로 활용하여 산악지대[212]를 무대로 치고 빠지는 소규모의 유격전(게릴라전)을 전개하였다.[213] 각 지역에 파견된 유격부대들

---

208) 「春秘發 第59號」 『暴徒ニ關スル編冊』, 1907년 12월 20일, 「春川警務署의 內部警務局長에의 報告」, 『韓國獨立運動史資料』 8, 288쪽.

209) 「金秘發 第168號」 『暴徒ニ關スル編冊』, 1907년 12월 23일, 「金城警務分署의 警務局長에의 報告」, 『韓國獨立運動史資料』 8, 291~292쪽.

210) 의병의 기본 편성단위는 전통적인 什長制에 비탕을 두고 있었다. 義陣에서 1호에 10명씩을 유숙시킨 경우도 이와 관련이 있다고 볼 수가 있다.

211) 朴成壽, 「정미의병」, 『한국사』 43(국사편찬위원회), 1999, 425쪽.

212) 강원도는 산악이 많다는 지형조건이 이 시기에 전국에서 가장 의병활동이 왕성하게 전개될 수 있는 요인이 되었다고 볼 수가 있다.

213) 정미의병의 보편적 전술인 유격전은 단위 의병의 수는 늘어나고 편제 성원은 수백, 수십 명으로 감소하며 정예화 되는 경향과도 관련이 있는데, 이러한 경향

은 진위영 창의사령부의 지휘를 받았다. 또 당시 강원도 지역에서 활동하던 22명의 군인출신 의병장[214]과 일반 의병장들도 진위영 창의사령부와 긴밀하게 연계하며 유격전을 전개하였을 것으로 추측된다.

또 의병들은 화력의 열세를 고려하고, 탄환을 염려하여 일본군과 장시간의 전투를 피하면서 퇴각하는 전술을 활용하였기 때문에, 일본군의 보고서에는 의병들이 항상 패주하는 것으로 되어 있다.

한편 앞서 언급한 전투에 대한 일제 측의 상부의 보고 자료는 과장하여 보고되는 일이 많았기 때문에 전황 파악에는 이를 고려하여야 한다. 이 때문에 앞서 전투 상황을 언급하면서 전상자 상황은 서술하지 않았다. 전투 상황으로 보면 이른 새벽이나 야간, 식사 중이나 휴식 등 방어태세를 갖추지 못한 상황에서 일본군의 기습을 받았을 때가 다른 전투에 비해 의병들의 피해가 컸었다. 즉 일본군 토벌대는 초기에는 시위적 행동을 취하였기 때문에 의병들은 이들 예봉을 피하기가 용이 하였고, 또 일본군은 야간작전이 어렵기 때문에 야간 전투를 피하였던 것도 의병들의 활동을 쉽게 하는 계기가 되었으나, 점차 야간 기습작전에 주력함으로서 의병들의 피해는 자연 크기 마련이었다. 특히 야습일 경우 일본군 토벌대는 의병장 등 지휘부가 유숙하는 가옥에 대한 정확한 정보를 입수하고, 이에 대한 공격을 집중하였기 때문에 의병장들이 피해를 보는 경우가 많았다.

정보는 전투의 기본임으로 의병과 일본군은 치열한 정보전

은 이미 을사의병 때부터 나타난다고 한다(朴敏泳, 「을사의병」, 『한국사』 43, 국사편찬위원회, 1999, 407쪽).

214) 姜聖集, 權用吉, 金龜成, 金圭植, 金德文, 金德濟, 金相泰, 金億石, 金用石, 金雲仙, 金益顯, 金致洙, 閔肯鎬, 邊學基, 孫在奎, 沈相熙, 李金可, 李用順, 張善執, 張賢召(賢台), 鄭敬泰, 崔應善이다(왕현종, 「1907년 이후 원주 진위대의 의병 참여와 전술 변화」, 135쪽).

을 전개하였다. 의병은 지방의 연계 조직을 활용하고, 행상인을 침투시키거나, 일본군 토벌대의 짐꾼 속에 의병을 침투시키는 등 적극적인 방법도 활용하였다. 일본군은 한국 순사를 통역 겸 길잡이로 이용하고, 또 일진회원 및 자위대원 등을 활용하였으며, 적극적으로 밀정을 의병의 활동 지역에 침투시켜 정보를 수집하였다.

또 일본군 토벌대는 의병과 의병 협력자들의 가옥을 불태우는 등 무자비한 만행을 자행하고, 의병들도 토벌대가 돌아간 후 토벌대의 길잡이 안내자 및 협력자들을 색출하여 응징하였다.

한편 활동력이 가장 왕성한 20~40대의 청장년층으로 구성된 민긍호 의병부대는 군령을 정제하여 군율을 엄숙하게 하였으므로, 이로 인해 주변의 침탈이 적었기 때문에 주민들도 즐거이 따랐다고 한다[215] 또 민긍호는 동해안의 산곡을 왕래하면서 백성들에게 밥만 달라고 하였고 다른 요구는 하지 않았으며, 그의 부하들은 겨울철에 솜옷도 입지 못하여, 많은 병사들이 손가락이 떨어져 나갔다고 하는 눈물겨운 이야기들이 전하고 있다.[216] 민긍호 자신도 봉기 후 검은 머리가 하나도 남지 않을 정도로 있는 힘을 다하여 일제와 싸웠다.[217] 의병들이 국권회복을 위해 강력한 화력을 가진 일제의 군경에 대항하여,[218] 용감하게 싸울 수 있었던 힘은 義였다.[219]

215) 『大韓毎日申報』 1907년 8월 15일.

216) 『梅泉野錄』 卷六 隆熙 二年 戊申.

217) 『勸業新聞』 1913년 7월 30일.

218) 1907년 11월 3일 김성군 임남면 달전리에 있던 약 80명의 의병 중에서 洋銃 소지자 8명, 조총(화승총) 소지자 60명이었고, 12명은 총도 소지하지 못하였다(「金秘發 第108號의 1」 『暴徒ニ關スル編冊』, 1907년 11월 8일, 「金城警務分遣所의 警務局長에의 報告」, 『韓國獨立運動史資料』 8, 99쪽). 더구나 1907년 10월 건봉사에 집합하여 있던 의병 약 100명 중에서 반은 총기조차 휴대하지 못하였다고 한다(「報告書」 「暴徒ニ關スル編冊」, 1907년 11월 4일, 「長箭巡査駐在所의 元山警察署長에의 報告」, 『韓國獨立運動史資料』 8, 90~91쪽).

Ⅲ. 회유

일제 통감부는 전국적으로 항일무장투쟁이 세차게 확산되자, 순종의 이름으로 의병들은 해산하여 귀순하라는 조칙을 만들어 각도에 宣諭使를 파견하여 의병장들을 회유하여 귀순토록 하였다. 1907년 8월 26일에 각도에 선유사를 임명하였는데, 강원도 선유사에는 洪祐晳이 임명되었다. 이때 선유사 파견을 순종에게 주청했던 내각총리대신 李完用과 내부대신 任善準은 선유 대상자인 의병들을 불량배들이 어리석은 백성들을 선동하여 제멋대로 모였다가 흩어졌다 하면서, 성읍을 노략질하고 수령들을 학살하는 자들이라고 하였다.[220] 의병들에 대한 이러한 인식은 당시 친일파들의 일반적인 생각이었다고 볼 수가 있다. 홍우석은 황제의 조칙과 선유사의 인장, 귀순자 物侵憑票의 관계서류와 자료를 갖고 1907년 9월 24일에 서울을 출발하여 강원도로 향하게 되었다.[221]

이때 홍우석의 보고서에는

> 다시 소요지방을 탐문하여 보니 원주진위대 해산 병정의 출몰지역은 홍천과 횡성 등지였다. 10월 8일 안에 위험을 무릅쓰고 홍천에 달려가니… 다시 횡성을 향하여 가는 길에 匪魁 민긍호의 서신이 보발로 두 차례 걸쳐 전해 왔기 때문에, 그 서류는 이미 첨부하여 본부에 보고하였으며, 자세히 성상의 惻怛의 조서를 열거하며 민생의 위태로운 사정을 장황하게 설명하였다. 시세의 형편을 반복적으로 논변하여 병기를 놓고 귀화하라는 뜻으로 답서를 보내어 칙유하였고… 민긍호의 서신이 또 도착하였던 바 그 미련한 생각으로 마음을 돌리지 못하는 것을 아

219) 守正修常함을 義라 한다.
220) 『純宗實錄』 권1, 純宗 즉위년 8월 25일.
221) 愼鏞廈, 「閔肯鎬義兵部隊의 抗日武裝鬪爭」, 71~72쪽.

무리 편지를 해도 풀지 못할 것이요, 오직 대면해서 설득을 해야 하겠으므로 그 약속한 날 기어이 원주에서 회동하자는 생각으로 답서를 지어 보내고, 10월 15일에 원주 경계에 도착하여… 10월 18일 하오로 민긍호가 約會書를 답송하였으므로, 本使와 위원 및 보호대 소위, 警務補, 일진회 회원 등으로 該郡의 臺壓店으로 가서 태극기를 세워 표시해 놓았더니, 그도 역시 500여 명의 무리를 이끌고 서로 바라 볼 수 있는 2里 거리의 산위로 왔다. 그러므로 그 무리를 초치한 가운데 소위 그들 가운데 이른바 解事者 3, 4명을 작은 여울 북쪽에다 초치하고 성상의 조서를 받들어 효유하고, 腎腸을 다 털어서 할 말을 다 했으나, 그들은 말도 되지 않는 6개 조항을 시행하라고 강청하였으며, 어리석은 자들의 말을 갑자기 귀화시키기는 어렵기 때문에 책망하고 효유하는 사이 해가 이미 어두웠다. 그들이 습격을 받을까 의심하였으므로, 기어이 귀순토록 하여 그 마음을 늦추어 주려고 다시 그 다음날 회동을 약속하고 본군으로 돌아왔다. 다만 그 괴수가 혹 의심을 품고 멀리 피할까 싶어 당일 밤에 간단히 위원 및 읍내의 父老와 군주사를 데리고 다시 대압점으로 가서 보호병을 일체 없애고 부노로 하여금 민긍호를 소개하게 하려는 한편, 本使가 서신을 써서 사람을 시켜 초치하여 말로 효유하려고 하였으나, 거의 새벽까지 기다렸는데도 그들은 오지 않았다. 그 다음날인 19일 정오에 다시 그 곳에 가서 그들이 오기를 기다렸으나, 그들은 무슨 생각으로 끝까지 오지 않으므로 부득이 돌아왔다.222)

앞의 보고서를 요약하면 선유사 홍우석은 위험을 무릅쓰고 민긍호 의병부대의 항일무장투쟁이 가장 치열하게 전개되던 홍천과 횡성 지역으로 들어갔다. 10월 8일에 홍천으로 갔다가 횡성으로 가던 도중 두 차례에 걸쳐 보발로 민긍호로부터 공한을 받았다. 이때 민긍호가 보낸 공한은 홍우석이 첨부하여 본부에 보고하였다고 하나 현재 내용이 전하지 않는다. 이때 홍우석은 순종의 조서를 열거하고 민생의 위태로운 사정, 시세의 형편 등을 설명하면서 무기를 버리고 귀순할 것을 권하는 답서를 민긍

222) 『宣諭日記』 제3책(江原道宣諭使 洪祐晳日記).

호에게 보냈다. 그러나 이에 대해 민긍호는 거절하는 내용을 담은 답서를 보낸 듯하며, 이에 홍우석은 직접 민긍호를 만나 설득시킬 목적으로 원주군 대압점에서 회합하자는 내용을 담은 공한을 보냈고, 민긍호가 이를 승낙함으로써, 10월 18일 오후에 회합하기로 약속이 이루어졌다. 대압점은 원주읍 북방에 있었던 주막촌의 명칭이다. 회합 장소는 대압점에 있던 松月亭이었다.[223]

약속날인 18일 오후에 홍우석은 위원, 일진회 회원, 보호대 소위, 경무보 등을 이끌고 회합 장소인 송월정으로 나아가자, 민긍호는 일본군의 습격을 염려하여 500여 명의 의병들과 함께 2리 정도 떨어진 산 위에 진을 치고, 부하들만 홍우석에게 보냈다. 홍우석은 이들에게 순종의 조서를 받들어 효유하였다고 한다. 민긍호의 공한에 의하면 이때 홍우석은 주막에서 步撥을 시켜 순종의 조서를 민긍호 의병부대로 부쳐왔다고 하였다. 대압점의 주막에서 황제의 조서를 보냈다는 것이다. 황제의 선유사로 내려 왔으면 위험을 무릅쓰고 單騎로라도 의병부대로 직접 가서 조서를 전달하고, 효유를 했어야 했을 것이다. 민긍호의 말대로 의를 앞세우는 의병이 과연 봉명사신에게 해를 입혔겠는가? 민긍호는 홍우석의 예를 들어 우리나라에 인재가 없음을 한탄하였다.

한편 이때 민긍호가 거느린 의병부대의 병력이 500여 명이라는 대병력이었다는 점은 당시 민긍호 의병부대의 軍勢가 대단하였음을 짐작하게 한다.[224] 이는 일본군의 습격을 대비하기 위한 것이겠지만, 겉으로는 선유에 응하는 척 하면서 이를 이용하여 민긍호 의병부대의 세를 대외적으로 과시하려는 효과도 노

223) 「暴徒史編輯資料」 江原道編, 『독립운동사자료집』 3. 598쪽.
224) 민긍호는 봉복사 전투 후 홍천으로 이동한 후 홍천, 인제 지역에서 활동하다 이곳으로 온 것이다(「暴徒史編輯資料」 江原道編, 『독립운동사자료집』 3, 598쪽).

린 듯하다. 민긍호 의병부대는 잘 훈련된 진위대의 해산 병사들이 주축을 이루고 현대적인 전술을 활용하였기 때문에,[225] 기관총을 비롯한 무기 면에서 열세한 것을 제외하면 일본군과 맞붙어도 손색이 없었으므로, 일제의 군경들도 두려워하던 부대였다.

이때 의병들은 6개 조항의 시행을 요구하였다. 의병들이 요구했던 조항의 내용들은 알 수는 없으나, 보고서에 세부조항에 대한 언급이 없고, 말도 되지 않는 조항이라고 표현한 것을 보면, 일제 통감부에서 받아들일 수 없는 조항들이라고 볼 수가 있다.

해가 저물어 다음날 회동키로 약속하고 본군으로 돌아갔던 홍우석은 그날 밤 위원, 읍내의 부노, 군주사를 대동하고 다시 송월정으로 가서 서신을 써서 민긍호를 만나자고 하였으나, 거의 새벽까지 기다렸는데도 민긍호는 오지 않고, 다음날 19일 정오에 다시 그 곳에 가서 그들이 오기를 기다렸으나, 민긍호는 끝내 나타나지 않았다.

이때 홍우석은 민긍호를 습격하여 체포할 목적으로 밤중에 민긍호와 회동하려고 획책하였으나, 이를 알아차린 민긍호가 응하지 않은 것이다.[226] 즉 민긍호는 의병들의 요구 조항이 받아드려질 가능성이 없고, 또 일본군의 기만적인 습격을 두려워하

---

225) 민긍호가 봉기하자 壯士 延起浩, 姜基東 등이 外兵을 모집하여 이에 따르고, 해산 京兵도 많이 합류하였다고 한 것을 보면(申龍鎭, 『韓末忠義錄』 卷之三 丙午丁未義兵), 민긍호 의병부대에는 해산 경병도 많이 포함되었던 것으로 보인다. 즉 해산된 시위대 군인의 대부분도 지방으로 도망하여 의병에 뛰어 들어, 오랫동안 항일무장투쟁을 전개시키는 원동력이 되었다. 여기서 연기호는 延起羽로 부교출신이며, 聳擾倡義大將으로 파주, 양주, 적성, 교하, 고양, 안협, 평강, 철원에서 활동하던 의병장이고, 강기동도 부교출신으로 경기도에서 활동하던 의병장이다.

226) 愼鏞廈, 「閔肯鎬義兵部隊의 抗日武裝鬪爭」, 72~73쪽. 즉 홍우석은 민긍호를 선유하되, 선유가 어려우면 자기가 한양으로부터 대동한 일본군 소위가 인솔하는 일본병 20명으로 구성된 보호대로 하여금 민긍호를 체포하려고 한 것이다.

여 홍우석을 만나지 않았다고 볼 수가 있다. 후일 민긍호는 이때의 일을 횡성군수 심홍택에게 다음과 같이 술회하고 있다. "우리 의병으로서는 최초 선유사(홍우석 : 필자)가 당지에 왔을 때 자기들에 대해 선유사는 상당한 회견을 하고, 상호 의지가 소통하도록 회담을 하였더라면, 사정에 따라서는 그때 귀순하였을지도 모르는데, 선유사는 자기들과는 아무런 회견도 하지 않고, 도리어 일본군대로 토벌하기에 이르렀음을 심히 자기들의 감정을 해쳤던 것이다."[227]라고 하였다.

한편 이때 이강년는 선유사 홍우석 일행이 일을 마치고 10월 21일 서울로 가기 위해 원주에서 酒川 방향으로 간다는 정보를 입수하여, 白南圭 · 權用佾이 이끄는 의병 약 300여 명을 上杻峙에 매복시켜, 20명의 일본군의 호위를 받으며 가는 선유사 일행을 공격하여, 일본군 2명을 사살하고 2명을 부상시켰으며, 홍우석은 간신히 원주로 되돌아왔다.[228] 홍우석은 그 후 의병들의 공격을 받으며, 문막에서 선유하는 글을 길에 버리고,[229] 충주로 피신하였다.[230]

선유사 홍우석이 민긍호를 귀순시키는데 실패하자, 강원도관찰사 黃銕[231]이 정령이 행해지지 않음을 개탄하고, 10월 초순에 강원도선유사의 기만적인 선유활동에 분개하면서 吳正默,[232] 崔

---

227) 「春秘發 第四四號」 「暴徒ニ關スル編冊」, 1907년 11月 12일, 「春川警察署의 內部警務局長에의 報告」, 『韓國獨立運動史資料』 8, 112쪽.

228) 「春秘收 第242號」 「暴徒ニ關スル編冊」, 1907년 10월 26일, 「春川警務顧問支部의 警視總監에의 報告」, 『韓國獨立運動史資料』 8, 67~68쪽.

229) 『大韓每日申報』 1907년 11월 5일.

230) 「原秘收 第33號의 1」 「暴徒ニ關スル編冊」, 1907년 10월 30일, 「原州分遣所의 警視總監에의 報告」, 『韓國獨立運動史資料』 8, 72쪽.

231) 황철이 강원도관찰사로 부임한 것은 1907년 5월이었다(『高宗實錄』 권48, 高宗 44년 5월 30일).

232) 吳正默은 횡성 출신으로 횡성군 수 슨교 겸 포수계장 출신인데, 민긍호가 오정묵을 포군대장으로 영입한 것은 현지 사정에 밝은 포수 책임자로서, 의병전력의 증강에 큰 도움이 되리라 판단했기 때문이라고 한다(홍영기, 「강원도 후기의병

順仁 의병장 등과 함께 횡성, 원주, 홍천 등지에서 의병전쟁을 전개하던 민긍호에게,[233] 직접 공한을 보내게 되었다.[234] 1907년 후반기부터 1908년 전반기까지 강원도는 충청도와 함께 의병들의 항일무장투쟁이 가장 치열하게 전계되던 지역이다.[235]

1. 1차 공한

1) 황철의 1차 공한

盖國依於民 ᄒᆞ고 民依於兵 ᄒᆞ니 民出賦稅 ᄒᆞ야 贍補國用 ᄒᆞ고 兵以禦侮 ᄒᆞ야 保全國權 ᄒᆞ노니 二者相制에 不可闕一이라 兵若妄動하면 民陷塗炭 ᄒᆞ고 兵出無名이면 事故不成 ᄒᆞ며 順德者는 興ᄒᆞ고 逆德者는 亡홈이 必要ᄒᆞᆫ 影響이 在此 ᄒᆞᆫ지라 現今 我韓 形便이

太皇帝陛下께옵서

의 특성」, 『강원도 항일의병투쟁의 재조명』, 의암학회, 2003, 28쪽). 포수 20여 명을 인솔하고 봉복사에 수렵차 출장 중 민긍호의 권유로 포군대장이 되었다고 하는 것으로 보아, 민긍호 의병부대가 봉복사에 거점을 삼고 유진하고 있었던 시기로 추정된다. 이 무렵인 1907년 9월에 일제는 銃砲及火藥類團束法을 공포하여 포수들이 소지한 총기류를 불법화하고, 강제로 회수하려하자, 포수들은 심한 생계의 위협을 받아 의병에 투신하는 사람이 증가할 때였다. 포수들은 총기를 압수당하면 매년 50원 내지 100원 가량의 수입을 잃어 기아에 빠지게 된다. 강원도 북부인 김성, 평강, 이천, 안협, 철원, 김화, 회양, 통천, 흡곡에서의 9월 1일부터 12월 21일까지 포수는 175명, 압수총기는 207정, 의병에 참여한 포수는 92명이었다(「金秘發 第168號」 『暴徒ニ關スル編冊』, 1907년 12월 23일, 「金城警務分署의 警務局長에의 報告」, 『韓國獨立運動史資料』 8, 294~295쪽). 한편 오정묵은 1908년 4월 3일에 귀순할 때에도, 그가 거느린 부하 포수 60명을 귀순시켰다(「暴徒史編輯資料」 江原道編, 『독립운동사자료집』 3, 598~599쪽).

233) 「京秘發 第44號의 1」 『暴徒ニ關スル編冊』, 1907년 11월 5일, 「原州分遣所의 警視總監에의 報告」, 『韓國獨立運動史資料』 8, 93쪽.

234) 강원도는 10월 13일에 관내의 각 군에 폭도 귀순에 대한 항복 장려를 고시하였다(「金秘發 第168號」 『暴徒ニ關スル編冊』, 1907년 12월 23일, 「金城警務分署의 警務局長에의 報告」, 『韓國獨立運動史資料』 8, 293쪽).

235) 강원도는 의병이 치열하여 守宰가 모두 달아나서, 官을 비운 곳이 19군이나 되었다고 한다(『梅泉野錄』 卷六, 隆熙元年 丁未 八月).

祖宗舊法을 欽承ᄒᆞ사

新皇帝陛下께옵서

大位를 陟 ᄒᆞ시니 孰不蹈舞贊祝이오며 兵隊解散 ᄒᆞ 라신 詔勅은 日後徵兵之計에 出 ᄒᆞ야시니 軍人資格으로 言之면 皇命을 欽遵홈이 固當 ᄒᆞᆫ 事由요 一時激昂홈은 一介匹夫의 勇에 不過인ᄃᆡ 度德量力치 못ᄒᆞ고

皇命을 抗拒 ᄒᆞ고 聚衆結黨 ᄒᆞ야 據險守要 ᄒᆞ고 朝聚暮散 ᄒᆞ며 東閃西忽 ᄒᆞ야 剽殺長吏 ᄒᆞ고 掠奪鄕吏 ᄒᆞ야 蚊山을 不量ᄒᆞ고 螳斧를 自成ᄒᆞ며 與外國莫强之兵으로 相與抗衡 즉 以無智無敎烏合之衆으로 猝當有紀律驚勇之兵 ᄒᆞ야 譬如驅群羊而格猛虎는 不待智者而可明이라 近又步騎砲工等兵이 多數進入於本道ᄒᆞ엿슨즉 機械之精巧와 糧積之豊裕가 曷以抵當이며 貴等이 一番發動 즉 有一番之害 ᄒᆞ고 二番發動 즉 有二番之害 ᄒᆞ야 至於全國人民이 無不受毒 ᄒᆞ야 村落이 燒燼 ᄒᆞ고 家室이 蕩掃 ᄒᆞ며 老幼妻孥가 顚連流離 ᄒᆞ야 男啼女哭에 雲愁雨慘 ᄒᆞ니 是果利於日本乎아 利於我韓乎아 現今風高木脫 ᄒᆞ고 霜雪將至 ᄒᆞ기시니 未諳貴等이 餱粮을 從何辦得이며 器械을 從何備求이며 亦將從何駐札 ᄒᆞ야 支過全冬乎아 且以本省言之라도 民戶被燒가 多而三四百戶요 小而四五十戶라 無辜生靈이 號泣彷徨에 靡所止泊케ᄒᆞ니 是誰之咎며 是誰之由오 雖然이나 轉危爲安 ᄒᆞ고 回咷作笑가 此時에 在 ᄒᆞ여시니 以時勢言之컨ᄃᆡ 貴等이 投戈擲銃 ᄒᆞ고 效順歸化 ᄒᆞ야 蠻觸之蝸은 可抛 ᄒᆞ고 渤海之犢를 是買 ᄒᆞ야 農者農 ᄒᆞ고 商者商 ᄒᆞ고 拔其俊異에 奏聞拜官 ᄒᆞ고 世世子孫이 共享太平홈이 曷不休哉아 嘗試言之컨ᄃᆡ 我國形勢가 忍辱呑根 ᄒᆞ고 君臣上下가 奮勵圖治 ᄒᆞ야 廣設其學校 ᄒᆞ야 導養智識 ᄒᆞ고 擴張其實業 ᄒᆞ야 扶植國力然後에 庶可以挽回獨立之權이요 不然이면 誰君臣上下가 同死社稷이라도 何補於國이며 何賴於民이리요 肆昔吳王이 臥薪嘗膽 ᄒᆞ고 沛共이 忍辱漢中이 良

由是也라 本使가 職在方伯 ᄒᆞ야 亦是聖化中一物이라 安肯俯首聽命於外人 ᄒᆞ야 只圖一身之榮華와 目前之利益哉아 竊以一省之人民이 不下於百餘萬而猿鶴沙虫이 不免胥溺之嘆 ᄒᆞ니 十人이 將死 ᄒᆞ면 救一人死 ᄒᆞ고 百人이 將死 ᄒᆞ면 救十人死 ᄒᆞ며 豈非極樂海中에 慈悲大航乎아 玆以馳告 ᄒᆞ니 幡然改圖 ᄒᆞ야 生命財産을 保護 ᄒᆞ고 安寧秩序을 維持 ᄒᆞ야 棄擲一時妄動之前愆 ᄒᆞ고 更圖改過勿憚之古訓 ᄒᆞ야 若歸順

皇帝즉 依左開 另施홈

隆熙元年 十月 日

江原道觀察使 黃鍈 章

鎭衛隊前特務正校 閔肯鎬部下一同

左開

一. 先使知事人으로 僞使价 ᄒᆞ야 說明歸順之意事

一. 歸順處所을 以某地約束事

一. 懸白旗於前 ᄒᆞ고 銃口는 向地事

一. 一切軍器彈藥等件늘 交付于本道事

一. 監視於本道警務廳事

一. 本使가 奏稟于

天階蕩滌罪過亟圖自新事

印236)

(대체로 나라는 국민을 의지하고, 국민은 병사를 의지하는 것이니, 국민은 세금을 내어 국가의 국용을 돕고, 병사는 방어하며 국권을 보전하는 것이니, 이 두 가지 것이 서로 법이 되어 하나도 뺄 수 없는 것입니다. 만일 병사가 함부로 동하면 국민은 도탄에 빠지고, 군대의 출동이 명분이 없으면 일이 이루어지지 않는 것입니다. 덕을 따르는 사람은 흥하고, 덕을 거스리는 사람은 망하는 것이니, 필요한 영향이 이에 있다고 할 것입니다.

236) 「春秘發 第44號」 「暴徒ニ關スル編冊」, 1907년 11월 12일, 「春川警察署의 內部警務局長에의 報告」, 『韓國獨立運動史資料』 8, 113~114쪽 (別紙) 第一號.

지금 우리 한국의 형편이 태황제폐하께서 조정의 구법을 계승하여, 신황제폐하께서 대위에 오르시니 누가 蹈舞贊祝을 하지 않으며, 군대를 해산하라는 조칙은 이후 징병의 계책에서 나온 것이니,237) 군인 자격으로 말하면 황명을 따르는 것이 타당할 것이요, 일시 격앙하는 것은 일개 필부의 용맹에 불과한 것인데, 덕과 힘을 헤아리지 못하고, 황명에 항거하고 군중을 모아 무리를 만들어서 요새를 점거하고, 아침에 모였다가 저녁에 흩어지며, 동쪽에 번쩍 서쪽에 번쩍하며, 관장을 살해하고 향리를 약탈하며, 자기가 작은 것을 헤아리지 못하고 큰 호를 부르고 있습니다.

외국의 막강한 병사와 서로 싸우면 아무 지혜도 없고 교육도 받지 못한 오합지중으로 갑자기 기율이 있고 용맹한 병사를 맞이하는 것은, 양떼를 맹호의 앞으로 모는 것과 같은 것은 智者를 기다리지 않아도 명백한 사실일 것입니다. 요즈음 또 步騎와 砲工 등 많은 병사들이 본도에 진입하였은즉 그 정교한 기계와 풍부한 군량을 어찌 감당할 수 있을 것이며, 그대들이 한번 움직이면 한 번의 해가 있고, 두 번 움직이면, 두 번의 해가 있어서 전국의 인민이 그 해독을 받지 않는 사람이 없고, 촌락은 불에 타고 가옥이 소탕하며 늙은이와 어린이, 처와 자식이 모두 길바닥에 엎어지면서 흩어지고 떠돌며 남녀가 모두 울며 구름과 비가 참담하니, 이것이 일본에게 이로울 것인가 한국에게 이로움이 되겠습니까?

지금 바람은 높고 나무도 낙엽이 지는데 서리와 눈이 내릴 것이니, 그대들이 식량을 어떻게 구하고 기계를 어떻게 구비할 것이며, 또한 어디에 주둔하여 이 겨울을 지낼 것인지 모르겠습니다.

그리고 본도의 경우를 말하더라도 불탄 민호가 300~400호요, 적으면 40~50호가 됩니다. 무고한 생명이 울부짖으면서 방황하여 정착할 수 없도록 하니, 이것이 누구의 과실이며 누구 때문입니까? 그러나 위태로운 것이 안정되고 성내는 것이 웃음이 되는 것이 이때에 있으니, 시세로 말하건대 그대들이 창과 총을 던져 버리고 귀화하여 싸움을 포기하고, 발해의 송아지를 사들여서 농사꾼은 농사를 짓고, 상인은 장사를 하고 준걸한 사람을 선발한 후 주문하여 관리로 임명하고, 대대로

237) 1907년 7월 31일의 군대해산에 관한 순종의 칙령에는 "軍制刷新을 圖하야 士官養成에 전력하고 타일 징병법을 발포하야 공고한 병력을 구비하고자 한다." 고 되어 있으나, 이는 기만적인 언사를 나열한 것으로, 한국을 합병하는데 마지막 걸림돌이 되는 한국군대를 해산시키기 위한 일제의 속임수였다.

자손이 다 같이 태평을 누리는 것이 어찌 아름다운 것이 아니겠습니까?

실험삼아 말하건대, 우리나라 형세가 모욕과 원한을 참고 군신 상하가 용기를 내어 정치를 해서 널리 학교를 설립하여 지식인을 양성하고, 산업을 확장하여 국력을 扶植한 후에 독립의 권리를 만회할 것이요, 그렇지 않으면 비록 군신 상하가 사직을 위해 함께 죽을지라도 어찌 나라의 보탬이 되고 백성에게 도움이 되겠습니까? 吳王이 와신상담하고, 沛公(劉邦 : 필자)이 漢中에서 욕을 참은 것은 이런 이유 때문입니다.238)

本使가 방백의 직에 있음도 聖化 중의 한 사람으로, 어찌 머리를 구부려 외인의 명령을 따라서 일신의 영화와 목전의 이익만 도모하겠습니까? 본도의 인민이 백여 만에 내리지 않고, 귀한 사람과 천한 사람이 일본인들의 손아귀에서 벗어나지 못하니, 10인이 죽을 때 한 사람의 죽음을 구제하고, 100인이 죽을 때 10인의 죽음을 구하면, 이것이 어찌 極樂 海中에 자비의 큰 배가 아니겠습니까? 이에 고하니 번연히 마음을 바꾸어 생명과 재산을 보호하고, 안녕과 질서를 유지하여 일시적으로 망동했던 전일의 허물을 버리고, 다시 허물을 고치기를 꺼려하지 않는 옛 훈계를 도모하여 황명을 따르면 左開에 의거 별도로 시행하겠습니다.

左開

一. 먼저 일을 할 줄 아는 사람으로 하여금 사신을 삼아 귀순의 뜻을 설명할 것.

一. 귀순할 장소를 기타로 약속할 것.

一. 앞에 백기를 들고 총구는 땅으로 향할 것.

一. 일체의 군기와 탄약 등을 본부로 교부할 것.

一. 본도 경무청의 감시를 받을 것.

一. 본사가 황제에게 아뢰어 죄과를 탕척하고 속히 自新토록 도모할 것.)

10월 초순에 쓰여 진 황철의 1차 공한의 핵심은 헛된 고생을 하지 말고, 시세에 타협하여 무기를 버리고 일제에 귀순하라

238) 황철은 당시 상황으로서는 일본의 막강한 세력 앞에 어찌할 수 없으니, 앞으로 국력을 배양한 후에 독립의 권리를 되찾자는 시대 상황에 타협적인 제시를 하고 있다.

는 내용이다. 일제 밑에서 국력을 부양하였다가 후에 독립의 권리를 만회하자는 주장은 항일무장투쟁을 통해 이 땅에서 일제를 몰아내고, 국권을 회복하자는 의병들의 주장과는 상치되는 것이다. 특히 항일무장투쟁의 원인이 일제의 한국 침탈에 있다는 점을 망각하고, 항일무장투쟁에서 야기된 허물을 모두 의병들에게 돌리고 있는 점은 이해하기 어려운 것이다. 그는 개화파로 갑오경장 때 친일 내각에 등용되었다가, 아관파천으로 일본으로 망명한 후 을사륵약 후에 다시 등용되어 강원도관찰사가 되었던 친일파였다.239)

2) 민긍호의 1차 회답공한

황철의 1차 공한에 대한 민긍호의 1차 회답공한은 필사본이

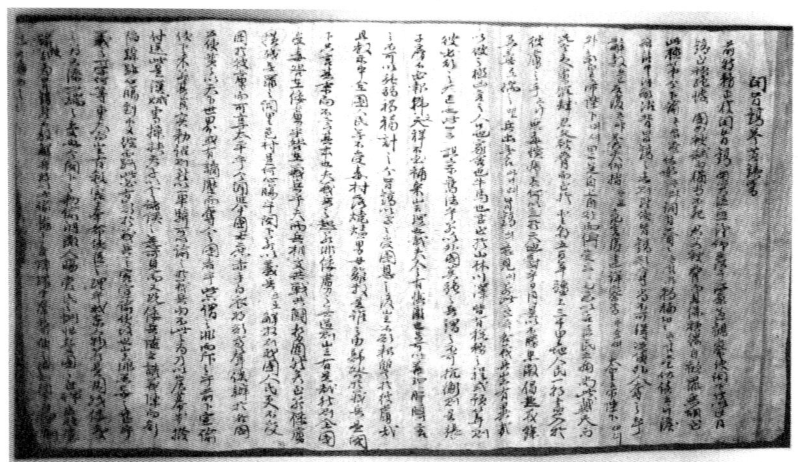

<사진 1> 민긍호의 1차 희답공한

239) 황철은 사진업을 하였으며, 또 서예를 하여 고미술품가게에서 간혹 그의 작품을 볼 수가 있다.

전하고 있다.[240] 필자가 소장하고 있던 필사본은 가로 44.5cm, 세로 24.2cm이며, 바탕은 얇은 한지이다.[241] 지질, 먹감, 서체 등으로 보아 이 무렵에 필사된 것으로 추정된다. 이 필사본의 글씨가 관아의 아전들만 썼던 서체인 점이 주목이 된다. 공한의 원본은 강원감영에서 춘천경찰서를 거쳐 내부 경무국장에게 보내졌을 것이므로, 처음의 필사본은 강원감영에서 만들어졌을 것으로 추정된다. 한편 국문부문은 필사에 불편했기 때문인지 필사과정에서 많이 생략하였다. 또 끝부분의 「此肯鎬之」 이하는 인사말에 불과하기 때문에 생략하였다.

前 特務正校 閔肯鎬 痛哭泣血 謹仰覆于江原道觀察使閤下伏以肯鎬 至頑絶悖 ᄒᆞ야 國母被弑而猶尙不死 ᄒᆞ고

君父被脅而且保頑縷 ᄒᆞ니 自顧罪惡이 胡至此極이 잇고 第今下諭 ᄒᆞ심을 伏承 ᄒᆞ와 詞旨眷眷 ᄒᆞ 심과 禍福의 切切 ᄒᆞ 심을 伏讀 ᄒᆞ오니 淚簌沾巾이오며 汗欲沾背이오나 肯鎬之志則雖使肯鎬로 欲奪이라도 尙不可得커든 況使外人奪之乎잇가 辭意를 反復 ᄒᆞ야 蒼天을 仰指 ᄒᆞ옵고 危言으로 復達하오니 詳察焉 ᄒᆞ옵소서

太皇帝陛下께옵셔와

新皇帝陛下께옵셔 果是自 上으로 自行而傳 ᄒᆞ시며 受 ᄒᆞ신事온잇가 乙未以後로 臣民之痛이 尙此戴天而況今夷虜從肆에 君父被脅而至於

聖朝五百年餘年疆土와 三千里地人民이 一朝盡入於彼虜之手하니 惡毒憤痛 ᄒᆞ와 其何以 立於天地 ᄒᆞ며 對乎日月 ᄒᆞ릿가 是以로 不勝忠激 ᄒᆞ와 倡起義旅 ᄒᆞ니 愚意로 立揣之 ᄒᆞ면 兵出無名은 아니오며 肯鎬의 意見이 若此ᄒᆞᆫ則 各義兵이 豈有異哉릿가

240) 愼鏞廈, 「韓末義兵將 閔肯鎬의 公翰」, 『韓國學報』 34(一志社), 1984년 봄, 214~222쪽.

241) 앞으로의 보존을 염려하여, 여주의 명성황후 기념관에 넘겼다.

以彼之極凶言之 ᄒᆞ면 人口也와 家舍也와 牛馬也와 甚至於山林川澤也에 皆有稅務之程式預算則彼必行之乃已也니 此豈

祖宗舊法乎잇가 若以外國莫强之兵으로 謂之不可抗衡則是은 張子房이 不必報韓이오 文天祥이 不必輔宋이니 豈理也哉잇가 夫人之有憤激也에 只可以義理肝膽으로 言之오 不可以强弱禍福으로 計之이니 今 肯鎬以世世受

國恩之後로 豈不欲報讐於被虜乎 且 敎示中 全國人民이 無不受毒 ᄒᆞ야 村落燒燼과 男女離散이 是誰之由오 하야 歸咎義兵하시니 是는 閤下只言其末而不言其本也로소이다 夫義兵之起가 若非倭虜之無道則豈有是哉리요 然則全國受毒이 咎在倭虜乎잇가 咎在義兵乎잇가 夫兩鋒相交에 共戰共鬪는 勢固然矣언니와 至若倭虜가 燒殘無罪之閭里邑村는 是何心腸乎잇가

閤下若以義兵으로 解散則我國人民이 更不受困於被虜而可享太平乎잇가 今聞擧國士庶가 赤手白衣로 將欲齊聲談辨於各國公使 ᄒᆞ야 質之以天下世界에 或有謪壓而奪人之國者乎아ᄒᆞᆫ다ᄒᆞ니 若然則義兵은 姑舍 ᄒᆞ고 我國民心을 縱可見矣니 此亦謂之非而斥之乎잇가 前日宣諭使之下來에 若其眞實勅詔인ᄃᆡ 則雖以單騎라도 可以諭之於義兵而不此之爲 ᄒᆞ고 乃以炭幕步撥로 付送ᄒᆞ니 此是漢賊曹操挾天子以命諸侯之意을 可見而又況以倭兵隨之ᄒᆞ고 誘義陣而欲陷 ᄒᆞ야 蹤迹心腸이 到處綻露 ᄒᆞ니 此必有疑於義兵之害宣諭使故也니 豈非愚忘之甚乎잇가 義之一字가 何等重大而豈有殺害奉命使臣之理乎잇가 我東人物이 若是凋殘 ᄒᆞ니 倭憂之外에 又添一端之憂也로소이다 今 閤下之飭諭가 洞澈人腸ᄒᆞ야 愛民之惻怛과 憂國之至誠이 逈出於宣諭使行爲 ᄒᆞ시니 肯鎬가 雖不敎解兵이나 將以此諭로 輪于各陣 ᄒᆞ고 環于郡黎 ᄒᆞ야 使之咸知閤下의 至誠惻怛之意케 ᄒᆞ노니 此肯鎬之仰報閤下之萬一也로소이다 瀆冒尊威 不勝悚惶之至

丁未 九月 二十日

鎭衛營倡義司令部大將前特務正校 閔肯鎬 章
江原道觀察使 黃鋏 閤下[242]

(前特務正校 민긍호는 피눈물로 통곡하며 강원도관찰사 합하에게 삼가 답서를 올립니다. 엎드려 생각해 볼 때 긍호는 지극히 완고하고, 더없이 悖戾하여 국모가 시해되었으나 아직 죽지 않고, 君父가 협박을 받고 있으나 목숨을 보존하고 있으니, 그 죄악을 돌아 볼 때 어찌 이와 같이 할 수 있겠습니까? 지금 내려주신 諭示를 받아보고, 그 眷眷한 詞旨와 절절한 禍福을 읽어 보니 눈물이 수건을 적시고 땀이 등을 적십니다. 이 긍호의 뜻은 긍호로 하여금 앗으려고 해도 그렇게 할 수 없는데, 하물며 외인이 앗을 수 있겠습니까? 그 하교를 반복해 읽고 하늘을 가리켜 맹세한 후 위태로운 말을 다시 전하오니 자세히 살펴보시기 바랍니다.

태황제폐하와 새 황제폐하께서 과연 위에서부터 自行하여 전수한 것입니까? 乙未年 이후 신민들이 그 통한을 터뜨리고 지금까지 그들과 함께 한 하늘 아래 살고 있는데, 하물며 지금 일본 오랑캐들이 마음대로 악행을 자행하고, 君父는 협박을 당하여 聖朝 5백년의 강토와 삼천리의 인민이 저 오랑캐의 손아귀에 다 들어가고 있으니, 그 악독함에 대한 분통한 마음을 가지고 어찌 천지 사이에 서 있을 수 있으며 日月을 대할 수 있겠습니까? 그러므로 그 복바친 충성심을 견디지 못하고 의병을 일으켰습니다. 저의 미련한 마음으로 헤아려 보면 의병을 일으킨 것이 아무런 명분이 없었던 것도 아니며, 긍호의 의견이 이와 같은즉 모든 의병들이 어찌 다른 마음을 가질 수 있겠습니까? 그들의 극한 兇行을 말한다면 人口, 家舍 · 牛馬 및 山林, 川澤에 이르기까지 稅務의 規則과 예산이 있습니다. 그렇다면 그들은 이것을 반드시 이행하고야 말 것입니다. 이것이 어찌 조종의 옛 법이라고 할 수 있겠습니까?

만일 외국의 막강한 병력을 대항하지 못한다고 말한다면, 이것은 張子房(子房은 張良의 자 : 필자)이 반드시 韓나라의 원수를 갚지 못했을 것이며, 文天祥(1236~1283, 원에 대항하여 募兵抗戰 : 필자)이 宋나라를 돕지 못했을 것입니다. 이것이 어찌 이치라고 할 수 있겠습니까?

---

242) 이 공한은 『暴徒ニ關スル編冊』의 「春秘發 第44號」 (別紙) 第二號에 실려 있다. 본고에서는 (別紙) 第二號를 바탕으로 필사본에서 빠진 국문 부분과 마지막에 생략된 부분을 첨가하였다. (別紙) 第二號의 공한에는 오자가 상당히 많으므로, 본 필사본을 참고하여야 한다.

무릇 사람이 憤激함이 있으면 의리와 간담으로 말할 것이며, 강약과 화복을 헤아려서는 안 될 것입니다. 지금 긍호는 대대로 국은을 입은 후예로서 어찌 저 오랑캐에게 복수를 하지 않으려 하겠습니까?[243] 그리고 교시 중 전국의 인민이 그들의 해독을 받지 않은 사람이 없어, 촌락이 모두 불에 타고 아들과 어머니가 흩어졌으니 이것이 누구의 때문인가라고 하면서, 그 허물을 의병에게 돌리고 있습니다. 이것은 합하께서 다만 末梢만 말하고 그 근본은 말하지 않은 것입니다. 무릇 의병이 일어난 것은 만일 倭虜가 무도한 일을 하지 않았다면 어찌 이런 일이 있을 수 있겠습니까? 그렇다면 전국이 그들의 해독을 받은 것은 그 허물이 왜노에게 있겠습니까, 의병에게 있다고 하겠습니까? 양국의 병사가 서로 전쟁을 벌이는 것은 형세가 그러 합니다. 그러나 왜노들이 아무 죄도 없는 閭里와 邑村에 행패를 부리고 있으니 이것이 무슨 심술이옵니까? 합하께서 만일 의병이 해산하면 우리나라 인민이 다시 그들에게 곤욕을 당하지 않고 태평을 누린다고 생각하십니까?

지금 들은 말에 의하면 온 나라 士庶들이 赤手와 白衣로 장차 같은 소리로 각국공사와 담판을 벌리고 천하세계에서 혹 譎計로 제압하여 남의 나라를 빼앗은 나라가 있는가라고 質正한다 하는데, 이런 일도 또한 잘못된 일이라고 하면서 배척할 수 있겠습니까? 전일 선유사가 내려올 때 그가 참으로 조서를 가지고 왔었다면 單騎를 타고 와서 의병을 효유하였을 것인데, 이와 같이 하지 않고 주막에서 步撥을 시켜 부쳐왔으니, 이것은 漢의 적인 曹操가 천자를 끼고 제후를 호령하는 뜻을 엿볼 수 있습니다. 하물며 왜병들이 따라와서 義陣을 유인하여 그들의 함정에 빠뜨리려고 하였습니다. 그들의 종적과 心腸은 도처에서 탄로나고 있습니다. 이것은 반드시 의병들이 그 선유사를 해칠까 싶기 때문이니 어찌 어리석고 경솔함이 심하다고 아니할 수 있겠습니까? 義라는 한 글자가 얼마나 중대한 것인데 어찌 奉命使臣을 살해할 이치가 있겠습니까? 우리나라의 인물이 이와 같이 凋殘한 것은 왜인의 걱정 이외에 또 하나의 걱정거리를 더하고 있는 셈입니다.

지금 합하의 勅諭는 사람들의 腸腑를 꿰뚫어 보고 있고, 그 백성을 사랑하는 측달한 마음과 나라를 걱정하는 지성은 선유사의 행위에서 나온 것이므로, 긍호가 비록 의병을 해산하지는 않더라도 장차 이 칙유를 各陣에 돌리고, 여러 백성들에게도 돌리어 합하의 지성과 측달한 뜻을 感知하도록 하겠습니다. 이것은 긍호가 합하에게 만분지 일이라도

243) 민긍호는 선대에서 많은 벼슬을 하였다.

보답하려는 것입니다. 높은 위엄을 모독하여 너무 황송함을 견딜 수 없습니다.)

이처럼 강원도관찰사 황철에게 보낸 민긍호의 답서는 형식상 예의가 깍듯이 갖추어져 있으나, 황철의 공한에 대한 자신의 소견을 날카롭게 피력하고 있다.

첫째, 자기는 사람됨이 완고하고 패려하여 국모가 살해되고, 君父가 협박을 받고 있는데도 목숨을 보존하고 있는 큰 죄를 범하고 있다는 점을 반성하고 있다.

둘째, 국권을 침탈당한 후 의병을 일으킨 의지는 자기 자신으로 하여금 빼앗고자 해도 빼앗을 수 없거늘 하물며 타인의 선유로 빼앗을 수 있는 것이 아니라는 점을 강조하였다.

셋째, 황철의 공한에 고종께서 조정의 구법을 계승하여 순종이 대위에 오르시니 누가 蹈舞贊祝하지 않겠는가라는 엉뚱한 말에 민긍호는 이것이 스스로 전위된 것인가를 반문하고 있다. 즉 일제에 의해 강제로 황위를 물려준 것임을 반박한 것이다.

넷째, 자신들이 의병을 일으킨 동기는 을미년의 국모시해에 대한 통한과 일제가 마음대로 악행을 자행하고, 군부를 협박하여 聖朝 5백년의 강토와 삼천리의 인민이 일제의 손아귀에 다 들어가고 있는데 대해, 그 악독함에 대한 분통한 마음과 복받치는 충성심을 견디지 못하여 의병을 일으켰다는 점을 분명하게 밝히고 있다.

다섯째, 일제가 우리의 인구, 가사, 우마, 산림, 천택에 모두 세금을 강제로 징수하고, 국가재정을 모두 빼앗아 가는데 대한 兇行을 규탄하고 있다.

여섯째, 황철이 일제의 막강한 병사와 서로 싸우는 것은 양떼를 맹호 앞으로 모는 것과 같으니. 의병을 해산하고 귀순하라고 한데 대해, 민긍호는 일이라는 것이 강약과 화복만으로 되는

것이 아니고 의리와 용기가 중요하다는 점을 강조하고, 항일무장투쟁을 계속할 것임을 피력하고 있다,

일곱째, 황철이 촌락이 불타고 늙은이와 어린이, 처와 자식이 길바닥에 엎어지며 흩어지고 떠도는 원인을 의병에게 전가시킨데 대해, 민긍호는 이는 末만을 말하고 本을 말하지 않은 것으로, 이는 일제가 무도했기 때문이라는 점을 강조하고 있다.

여덟째, 황철이 창과 총을 던지고 귀순하라고 한데 대해, 민긍호는 만일 의병이 해산하면 우리나라 인민이 다시 일제에게 곤욕을 당하지 않고 태평을 누릴 수 있겠는가라고 반문하고, 이 때문에 의병을 해산할 수 없다고 하였다.

아홉째, 우리나라 전국의 선비와 서민들이 赤手로 白衣로 각국공사와 담판을 하여 전 세계에서 간사한 꾀를 부려 강제로 남의 나라를 빼앗은 나라가 일본을 제외하고 또 있는가라고 질정을 한다 하는데, 이것도 잘못이라고 배척하려 하는가라고 반문하고 있다. 이처럼 민긍호는 1907년 6월에 네델란드 헤이그에서 열린 제2회 만국평화회의에 대해 크게 인식하고 있었던 것 같다. 즉 외교협상론도 하나의 투쟁방식임을 생각하고 있었다.

열째, 비록 의병을 해산하지는 않더라도 황철이 보낸 공한을 각 진에 돌리고, 여러 백성들에도 돌리어 관찰사의 뜻을 알려주겠다고 약속하고 있다.

하여튼 황철과 민긍호의 공한을 비교하여 보면, 황철과 민긍호는 器局面에서 차이점을 엿 볼 수가 있다. 문천상처럼 나라를 위해 의롭게 살기를 원했던 민긍호는 의병부대를 통솔할 만한 그릇이었음을 확인할 수가 있었다. 민긍호 의병부대가 그토록 일사불란하게 치열한 항일무장투쟁을 벌릴 수 있었던 데에는 지도자인 민긍호의 이러한 품격을 믿고 따랐던 의병들의 신뢰성도 큰 몫을 했다고 볼 수가 있다.

2. 2차 공한

1) 황철의 2차 공한

민긍호를 귀순시키는 데 실패한 황철은 이번에는 횡성군수 沈興澤으로 하여금 민긍호 의병부대가 주둔하고 있던 홍천군 左雲(홍천군 영귀미리 坐雲里)으로 11월 6일에 쓰여 진 2차 공한을 가지고 가서 귀순토록 권유하였다. 심홍택은 11월 7일에 춘천을 출발, 8일에 민긍호와 면담하고, 10일에 춘천으로 돌아왔다. 이때 민긍호는 심홍택에게 자기들은 일본군대와 적대하기 어려운 일임은 물론이나 대적할 수 없을 때는 四散하고, 또 틈을 보아 집합하여 폭동하면 여하히 용맹한 일본군대라고 할지라도 토벌이 곤란할 것이라고 생각한다고 하고, 이렇게 자기들은 목적을 영원히 계속할 것이라 하였다 한다. 또 그는 지금 자기 부하가 400명이며, 그 중에서 전 진위대병력이 250명이고, 다수의 무기가 있다는 점과 강원도 내에는 의병의 총 조직수가 32개이고, 이들 부하는 다 자기가 지휘한다고 하였다.[244] 심홍택이 민긍호와 면담 중 다수 의병들이 주위를 둘러싸고 심히 욕을 퍼부으며 폭행을 하려고 하였으나,[245] 민긍호가 제지하여 무사히 귀환할 수 있었다.[246]

前書가 太涉倉卒 ᄒᆞ야 未能罄竭所蘊矣이러니 接得貴復 ᄒᆞ니 不覺血淚自墮也라 夫以我國今日之形勢로 言之則內修之政이 不擧 ᄒᆞ고 外攘之略이 不兢뿐더러 文不足以華國 ᄒᆞ고 武不足이固圉 ᄒᆞ야 駸駸然至于今日에 莫可收拾 ᄒᆞ야 外人之壓侮가 滋甚ᄒᆞᆫ 地境에 至 ᄒᆞ얏시니 孰不扣胸痛哭이리요마는 人而不能明見

---

244) 민긍호 의병부대를 중심으로, 강원도 내 32개 의병조직이 서로 연계하여 활동하고 있었던 것으로 보고 있다(왕현종, 「1907년 이후 원주 진위대의 의병 참여와 전술 변화」, 152쪽).

245) 일제의 앞잡이 노릇을 하는 官長들에 대한 의병들의 증오가 대단했음을 알 수가 있다. 심흥택은 의병들이 두려워 비교적 안전한 춘천으로 피신한 적도 있었다.

246) 「春秘發 第44號」 「暴徒ニ關スル編冊」, 1907년 11월 12일, 「春川警察署의 內部警務局長에의 報告」, 『韓國獨立運動史資料』 8, 111~112쪽.

天下之大勢면 不可謂之智也요 不度目前之迫害 ᄒᆞ고 徒逞匹夫之忿爭이면 不可謂之勇也요 不顧生靈之羸瘠 ᄒᆞ고 專事螳臂之拒轍이면 不可謂之仁也니 盖智仁勇三者ᄂᆞᆫ 天下之大道니 貴下도 想亦講之熟矣라 嘗試言之컨ᄃᆡ 甲午日淸之戰과 甲辰日露之役을 苟究其源則擧由我大韓에 外交失當之由니 曷尙言哉아 大抵我

帝國이 自檀箕以來로 歷止羅麗之前에 只有依賴之志 ᄒᆞ고 全無獨立之想 ᄒᆞ야 根抵가 未固 ᄒᆞ고 枝葉이 凋殘 ᄒᆞ니 志士之恢憂가 至此而當何如哉아 貴書曰擧國臣庶가 赤手白衣로 將欲談判於列强公使 ᄒᆞ야 質之以國際公法云者必因曩日海牙平和會議問題 ᄒᆞ야 至此呶呶나 然이나 此ᄂᆞᆫ 國際法上에 容許치 아니ᄒᆞᄂᆞᆫ 바요 不過書生對案公談이니 何哉오 李儁之剚刃과 李瑋鍾之未返이 已爲前鑑則縱有獨立之志氣라도 便是銕船之渡海라 經云人必自侮而後 人이 侮之 ᄒᆞ고 國必自伐而後에 國이 伐之라 ᄒᆞ니 朽木에 蠹生 ᄒᆞ고 臭肉에 蛆現이 豈非炳然如觀火乎아 爲今之計건ᄃᆡ 明析利害 ᄒᆞ야 取舍乎此가 可以謂之智也오 聞善言則怳然自悟 ᄒᆞ야 改而勿憚이 可以謂之勇也요 憂人之憂 ᄒᆞ고 慘人之慘이 可以謂之仁也라 故로 本使가 不負眷眷之誼 ᄒᆞ야 將派道內橫城郡守沈興澤 ᄒᆞ야 告以血誠 ᄒᆞ노니 翻然改悟 ᄒᆞ야 上以荅

皇上陛下之宸憂 ᄒᆞ고 下以副本使之厚望 ᄒᆞ야 偃武息戈 ᄒᆞ고 修德養力이면 必至大成之日이 猶爲未晩이니 再三深諒 ᄒᆞ야 以此布諭部衆 ᄒᆞ야 革心歸順이면 共享太平이 卽今日之好機會여ᄂᆞᆯ 若執迷不悟 ᄒᆞ고 恝拒本使之血誠이견 倘後悔之何及가 書不盡言

隆熙 元年 十一月 六日

江原道觀察使 黃 銕 章

前 鎭衛隊 前特務正校 閔肯鎬 部下一同247)

---

247) 「春秘發 第44號」 「暴徒ニ關スル編冊」, 1907년 11월 12일, 「春川警察署의 內部警務局長에의 報告」, 『韓國獨立運動史資料』 8, 111쪽 (別紙) 第三號

(전서가 너무 창졸하여 하고 싶은 말을 다 못했더니 귀서를 받아보고 피눈물이 떨어지는 줄도 몰랐습니다. 오늘날 우리나라의 형세를 말한다면 內修하는 정치가 펼쳐지지 못하고, 外攘하는 책략이 나타나지 않을 뿐더러 학문은 나라를 빛내지 못하고, 무력은 변방을 튼튼히 하지 못하여, 어느덧 오늘에 이르도록 수습을 할 수 없어서, 외인의 압력이 심한 경우에 이르렀으니 누가 가슴을 치고 통곡하지 않으리오마는 사람으로서 천하의 대세를 밝게 보지 못하면 지혜롭다고 말을 할 수 없을 것입니다. 목전의 박해를 헤아리지 못하고, 공연히 필부처럼 분쟁만 벌린다면 용맹스럽다고 말할 수 없을 것이며, 백성들의 피폐함을 바라보지 않고, 오로지 자기 욕심만을 챙기면 仁하다고 말할 수 없을 것입니다. 대체로 智仁勇 세 가지 것은 천하의 큰 도리니, 귀하도 아마 익히 알고 있을 것입니다.

실험삼아 말해보건대 갑오년 청일전쟁과 갑진년 노일전쟁에 대하여 그 원인을 규명해 보면, 모두 우리 대한이 외교를 잘못하였기 때문인 것이니, 어찌 이루 다 말하겠습니까? 대저 우리 제국이 檀箕로부터 羅麗 이전에 이르기까지 다만 남을 의뢰할 마음만 있고, 독립할 마음이 없어서, 뿌리가 견고하지 못하고 枝葉이 조잔하니, 志士의 걱정이 여기에 이르러서 어떠할 것입니까?

貴書가 이르기를 온 나라 臣庶가 맨손과 백의로 장차 열국의 공사들에게 담판을 하여, 국제공법에 質正을 하려고 한다는 것은 필시 지난날 해아평화회의 문제로 이렇게 떠든 것이나, 그러나 이것은 국제법상 허용치 아니하는 바요, 서생이 책상을 마주 대하여 공담에 지나지 않는 일이니 어떠하겠습니까? 이준의 할복과 이위종이 돌아오지 않는 것이 이미 전일의 거울이 되었으니, 비록 독립의 의지가 있다 하더라도, 무거운 쇠로 배를 만들어 바다를 건너는 것과 같이 불가능한 것입니다.

경서에 이르기를 사람은 자신이 자신을 모독하고 후에 남들이 모독을 한다 하였습니다. 나라도 자국을 해친 후에 남의 나라가 해친다고 하니, 썩은 나무에 좀이 생기고 냄새나는 썩은 고기에 구더기가 생기는 것이 어찌 명약관화한 일이 아니겠습니까? 오늘을 헤아려 보건대 이해를 명백히 분석하여, 이에 취사선택하는 것이 지혜롭다고 말할 것이요, 좋은 말을 들으면 스스로 느끼어 전의 허물을 고치기를 꺼리지 않는 것이 용맹스럽다고 말할 것이요, 남의 걱정스러운 일을 걱정해주고 남의 슬픔을 슬프다고 생각해 주는 것이 仁하다고 말할 수 있을 것입니다. 그러므로 本使가 사랑하는 뜻을 저버리지 아니하고, 장차 도내 횡성군수 심홍택을 파견하여 血誠으로 고하오니, 번연히 改悟하여 위로는 황상폐하의 걱정에 보답하시고, 아래로는 본사의 바람에 보답하여 무력을 지향하고, 덕을 닦으면 반드시 대성할 날이 머지않을 것이니, 재삼 이해하여 이런 뜻을 部衆에게 알리시고, 마음을 바꾸어 귀순하면 함께 태평을 누리기에 오늘이 좋은 기회입니다. 그러나 만약 뉘우치지 않고 본사의 성의를 거절하면 후일에 뉘우친들 어찌 소용이 있겠습니까? 아무리 써도 할 말을 다 못하겠습니다.)

황철은 민긍호의 1차 회답공한의 내용을 제대로 이해하지 못하고 있는 것 같다. 대세에 편승하여 일제에 순종하는 것만이 지혜로운 행동이라는 점, 독립은 무거운 쇠로 배를 만들어 바다를 건너는 것처럼 불가능하다는 점, 청일전쟁과 노일전쟁의 원인은 우리의 외교를 잘못한데에 기인한다는 점, 귀순하여 일제 밑에서 함께 태평성세를 누리자는 점 등 친일파의 궤변을 늘어놓고 있다. 이런 인물이 어찌 강원도관찰사 자리에 앉게 되었는지 의심스러우며, 이는 일제의 비호가 없으면 어려웠을 것이다. 난세일수록 인재가 필요함을 새삼 느끼게 한다.

2) 민긍호의 2차 회답공한

필자가 소장했던 11월 9일(양력)에 쓴 2차 회답공한은 얇은 한지로 세로 27.7cm, 가로 24.2cm이다. 역시 필사과정에서 필사가 용이하도록 국문으로 된 부분은 많이 생략하였다. 앞서의 1차 회답공한과 동일인에 의해 쓰여 진 것이다.

前日 下諭하 시믈 掩泣仰復 ᄒᆞ엿삽더니 閤下 眷眷하시기를 마지 못ᄒᆞ셔 上憂國家 ᄒᆞ시고 下念民情 ᄒᆞ오셔 橫城郡守沈興澤을 派送 ᄒᆞ와 一封書角으로 又爲勉諭 ᄒᆞ시니 肯鎬雖愚나 豈不知至誠惻怛之至意乎잇가 第有一言仰陳 ᄒᆞ노니 肯鎬愚意則彼倭雖强이나 洞知其必亡乃已 ᄒᆞ노니 幷呑六國而强秦이 不久 ᄒᆞ고 求地三晋而智伯이 先亡 ᄒᆞ니 此豈非兵讖이 務廣地者亡之之理耶

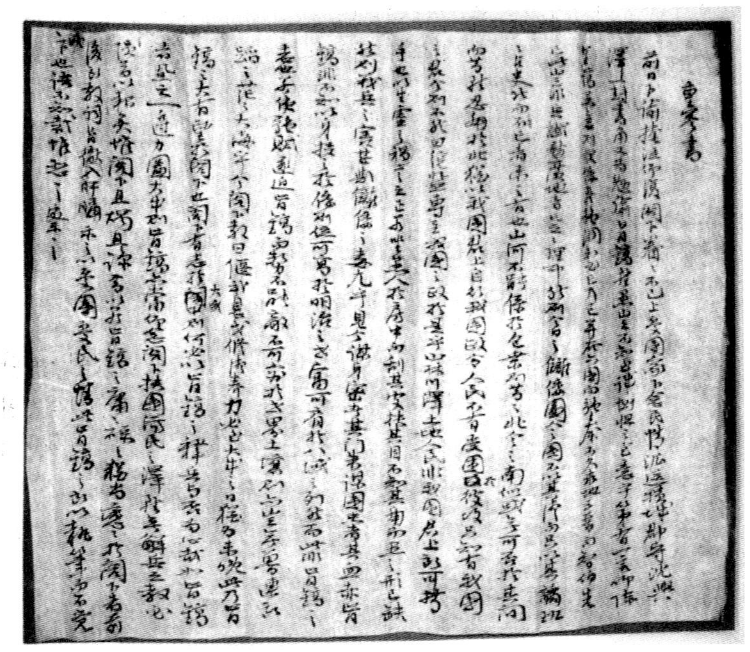

<사진 2> 민긍호의 2차 회답공한

然則 今日之讐倭가 圖人之國을 不以其德而只以其譎 ᄒᆞ니 班班古史의 然而不亡者未之有也 夫山河를 不能係於包桑則昔之北과 今之南이 似或無可否於其間而昔雖忍痛於北이나 猶以我國

知有 我國之君이러니 今則不然 ᄒᆞ야 日統監而專主我國之政ᄒᆞ니 於是乎山林川澤과 土地人民이 非我國

君上의 所可措乎也以生靈之禍로 言之컨ᄃᆡ 正若坐偶人於房中而刮其皮抉其目 ᄒᆞ야 不知其痛而偶之形이 已缺 ᄒᆞ니 然則義兵之害가 甚歟잇가 讐倭之毒이 尤乎잇가 見今謀身密者는 其門이 朱 ᄒᆞ고 謀國忠者는 其血이 赤 ᄒᆞ니 肯鎬가 非不知以身授之於倭則位可高於明治之世요 富可肩於八逆之列이나 然而此非肯鎬

之志也 若使强賊으로 逐迫肯鎬而勢不能敵 ᄒᆞ야 不可容於世界土壤則亦豈無魯連所蹈之茫茫大海乎잇가 今 閤下敎曰偃武息戈修德養力이면 必至大成之日이 猶爲未晩이라ᄒᆞ시니 此乃肯鎬之大有望於閤下也로소니

閤下有志於大成則何必以肯鎬之釋兵與否로 爲心哉잇가 如肯鎬者는 置之一邊 ᄒᆞ고 力圖大成則肯鎬亦當仰念 閤下의 挾國濟民之澤 ᄒᆞ야 雖無解兵之敎라도 必隕首以報矣리니 惟閤下는 且燭且諒焉 ᄒᆞ소셔 以若肯鎬之庸庸碌碌으로도 猶尙戀戀於 閤下者는 前後所敎詞旨가 徹人肝膈 ᄒᆞ야 示之以憂國憂民之情 ᄒᆞ시니 此肯鎬之所以執筆而不覺淚下也로소이다 語不知裁 ᄒᆞ니 惟恕之察之

丁未 十月 初四日

鎭衛營倡義司令部大將

前特務正校 閔肯鎬

江原道觀察使 黃銕 閤下248)

(전일에 칙유를 내려주시어 눈물을 가리고 우러러 회답을 올립니다. 합하의 사랑하는 마음은 그지 없어 위로 국가를 걱정하고, 아래로는 民情을 생각하시어 횡성군수 심홍택을 보내시고 또 서신 한 장을 보내시어 효유해 주시니, 긍호가 비록 어리석지만 어찌 그 지성과 측달한 지극한 뜻을 모르겠습니까? 그러나 한 말씀 우러러 아뢰겠습니다.

긍호의 어리석은 생각으로는 저 왜적이 비록 강하다 하더라도 반드시 망하고야 말 것이라는 것을 잘 알고 있습니다. 六國을 병탄했던 강력한 秦나라도 오래 지속하지 못 하였고, 三晉에게 토지를 요구했던 智伯(智瑤 혹은 知瑤, 춘추시대 晉人 : 필자)도 먼저 망하였으니, 이것은 어찌 兵識에서 말한 "국토를 넓히려고 힘쓰는 자는 망한다."는 이치가 아니겠습니까? 그렇다면 오늘날의 원수인 왜적들은 남의 나라를 노리어 그 덕을 베풀지 않고, 다만 譎計를 펴고 있는 것입니다. 이것은 고사를

---

248) 이 공한도 『暴徒ニ關スル編冊』의 「春秘發 第44號」(別紙) 第四號에 실려 있다. 본고에서는 (別紙) 第四號를 바탕으로, 필사본에서 빠진 국문 부분과 생략한 끝 부분을 보완하였다.

상고해 보더라도 그렇게 하고서 망하지 않는 경우는 있지 않았습니다. 산하를 내 소유로 매어두지 못하므로, 말하자면 옛날의 북쪽과 오늘날의 남쪽이 그 사이에 북과 남과 차이가 없을 것 같으나, 그러나 옛날에 비록 북쪽에서 고통을 참고 있더라도, 오히려 우리나라 君上이 우리나라의 정령을 집행하여 인민들이 그들에게 곤욕을 당하지 않았으므로 다만 우리나라의 임금이 있는 줄만 알았지만, 지금 그러지 않아 일본인 統監이 오로지 우리나라의 국정을 주관하고 있습니다. 이에 그 산림 · 천택 · 토지 · 인민을 우리나라 君上이 손을 댈 수 없습니다. 인민의 화를 말한다면 바로 어리석은 사람을 방 가운데 앉혀 놓고, 그 가죽을 벗기고 눈을 빼고 하면 그 아픔을 느끼지 못하고, 그 어리석은 사람의 형체가 이미 이그러진 것과 같습니다. 그렇다면 의병의 피해가 심하다고 할 수 있겠습니까, 원수인 왜적의 해독이 더 심하다고 하겠습니까?

지금 자신의 영달을 은밀하게 꾀하고 있는 사람은 그의 대문이 붉은 색으로 칠해져 있고, 나라의 국권회복을 꾀하여 충성을 다하는 사람은 그 피를 붉게 쏟고 있습니다. 긍호가 왜적에게 투신하면, 그 직위를 명치시대에 높일 수 있고, 부유하게 사는 것도 八逆의 대열에 낄 수 있다는 것을 모르는 것이 아닙니다. 그러나 이것은 긍호의 뜻이 아닙니다. 만일 그 강적들이 이 긍호를 협박하여 그 형세를 당하지 못하고, 세계의 土壤에서 용납되지 못한다면, 어찌 魯連처럼 망망한 大海를 밟지 않을 수 있게 습니까?

그리고 지금 합하께서 내리신 교시에는 무력을 중지하고 德과 힘을 기르면 반드시 대성할 날이 있을 것이며, 지금도 늦지 않았다고 하였습니다. 이것은 긍호가 합하에게 매우 바라던 일입니다. 합하께서 大成의 뜻이 있으면, 어찌 긍호의 釋兵 여부에 관심을 갖고 있습니까? 긍호 같은 사람은 한쪽에 두고, 강력히 대성을 꾀하시면, 긍호도 합하의 扶國濟民하는 은택을 생각하여 비록 의병을 해산하라는 하교가 없더라도, 반드시 머리를 베어 보답하겠으니, 합하께서는 깊이 통촉하시기 바랍니다.

긍호처럼 용열한 사람이 합하를 그리워하는 것은 전후에 걸쳐 내려진 敎示의 詞旨가 심중을 파고 들어 愛國憂民의 뜻을 보였기 때문입니다. 이런 점에서 긍호는 붓을 잡고 있으면서도 눈물이 떨어진 줄도 모르고 있었습니다. 말을 어떻게 지어가야 할 줄도 모르고 마치오니 용서하시고 살피어 주시기 바랍니다.)

첫째, 남의 나라를 노리어 덕을 베풀지 않고 간사한 꾀를 펴고 있는 일제는 비록 지금은 세력이 강하지마는 반드시 망하리라는 신념을 표명하였다. 민긍호의 예견대로 일제는 2차대전에서 패전하였다.

둘째, 일본인 통감이 우리나라 국정을 모두 주관하여 산림, 천택, 토지, 인민을 우리나라 황제가 손을 댈 수 없게 하고, 우리나라 인민을 심하게 속박하는데 이러한 일제의 심한 해독이 의병의 피해보다 심하다고 지적하였다.

셋째, 지금 자신의 영달을 은밀하게 꾀하고 있는 친일파들은 대문이 붉은 색으로 칠해져 있고, 국권회복을 위해 충성을 다하여 항일무장투쟁을 하는 의병들은 산야에서 피를 붉게 쏟고 있다. 만일 자기가 일제에게 투신하면 그 직위를 높일 수 있고, 부유하게 사는 것도 八逆의 대열에 낄 수 있겠으나, 이것은 자기가 원하는 바가 아니라고 하였다.

넷째, 강적들이 자기를 협박하여 그 형세를 당하지 못하고 세계의 토양에서 용납되지 못한다면, 자신도 전국시대 魯仲連[249]처럼 망망한 大海를 밟겠다는 비장한 각오를 토로하고 있다.

다섯째, 황철이 무력을 지향하고 극을 닦으면 반드시 대성할 날이 멀지 않을 것이라고 회유한데 대해, 그대가 대성을 꾀하면 자기도 황철이 부국제민하는 은택을 생각하여 비록 의병을 해산하라는 하교가 없더라도, 반드시 자기의 머리를 베어 보답하겠다고 하였다.

하여튼 민긍호의 공한은 그의 도량과 내면세계를 알 수 있

249) 노중련은 전국시대 齊人으로 魯連이라고도 부른다. 일찍이 趙나라를 유람할 때 秦이 조나라를 포위하여 급박하여지자, 魏使가 진나라를 천자로 모시자고 하였는데, 노중련은 극력 불가함을 말하였다. 마침 信陵君이 魏兵을 이끌고 도착하자 진군은 퇴각하였다. 후에 燕나라 장수가 聊城을 함락시키자, 제나라가 일 년여를 공격하였으나 함락시키지 못하였는데, 노중련이 편지로 연나라 장수를 설득하여 요성을 되찾았다. 이에 齊王이 노중련에게 작위를 주려고 하였으나, 그는 海上으로 숨어버렸다고 한다.

는 소중한 자료라고 하겠다.

한편 황철과 민긍호의 공한들은 신문지상에도 보도되었다.[250] 우리나라의 뜻 있는 사람들은 민긍호의 공한에 담겨진 애국충정에 감동하여 공한을 베껴서 보기도 하였던 것 같다. 현재 황철의 필사본은 전하지 않고, 민긍호의 필사본만이 전하는 것을 보면, 민긍호의 공한은 당시에 유명한 공한이었다고 볼 수가 있다. 그러나 일제는 민긍호의 회답공한에 대해 민긍호의 陋劣한 肺肝이 노출된 것으로 판단하고,[251] 이들은 도저히 의리로서 선유할 수 없는 자들이므로 뿌리부터 쳐서 다 없애지 않으면, 한국의 안녕은 바랄 수 없고, 위정상 심대한 영향을 입는다고 판단하였다.[252] 이에 조선주차군사령관은 민긍호의 체포를 명하고,[253] 민긍호 의병부대에 대한 토벌작전을 강화해 나갔다.

Ⅳ. 순국

「暴徒ニ關スル編冊」에는

> 1908년 2월 29일 오전 6시 폭우를 무릅쓰고 講林을 출발하였다. 이곳 하천이 홍수로 범람하여 건널 수 없어, 산록을 보행하여 獅子山 및 九龍山 방면으로 길을 바꾸어 登子峙에 도착하여 수색하니, 그곳으로부

---

250) 『皇城新聞』 1907년 11월 23 · 24일. 『大韓每日申報』 1907년 11월 26 · 27 · 28일.

251) 『駐韓日本公使館記錄』, 1907년 江原道地方自衛團援護會視察報告書提示件.

252) 「春秘發 第44號」 「暴徒ニ關スル編冊」, 1907년 11월 12일, 「春川警察署의 內部警務局長에의 報告」, 『韓國獨立運動史資料』 8, 112쪽. 「警秘 第58號」 「暴徒ニ關スル編冊」, 1907년 11월 15일, 「內部警務局長의 統監에의 報告」, 『韓國獨立運動史資料』 8, 121~122쪽.

253) 「電報」 「暴徒ニ關スル編冊」, 1907년 11월 25일, 「春川 森警部에 電報案」, 『韓國獨立運動史資料』 8, 143쪽.

터 북쪽으로 약 10리(韓里) 지점인 蕨德里에 민긍호가 부하 87명을 인솔하고 숨어 있는 것을 탐지하였다. 궐덕리 등자치간 일대는 홍수가 범람하여 지름길로 가는 길이 심히 곤란하였다. 같은 날 오전 11시 순사 崔弘林으로 하여금 순사 6명을 인솔하고 蕨德谷 동방고지를 점령하게 하여 적의 우측면을 사격케 하고, 동시에 小宮은 나머지 7명의 순사로써 궐덕곡 남방고지를 점령하고 전투를 개시하니, 적의 일부는 그곳 서방고지인 朴達山을 점령하고, 우리들을 향하여 용감하게 응사하였다. 또 적의 일부는 궐덕촌 민가의 담장을 방패삼아 맹렬한 응사를 하였다. 약 2시간의 교전을 하였으나, 적은 완강히 움직이지 않고 응사하였다. 1시간의 급한 사격을 계속한 후 최홍림이 인솔하는 순사대에게 돌격을 명하였으나, 적의 맹렬한 화력으로 효력을 보지 못하고, 오후 2시 30분에 이르러 우리는 전력으로 돌격하니, 박달산을 점령한 적은 퇴각을 개시하였다. 그때 우리는 돌격하여 용맹이 추격하였던 바 적괴 민긍호는 궐덕촌 민가에서 잠복하였음을 수색 포박하였다. 적은 그곳 동북방인 雪雲村을 향해 퇴각하였다. 적의 죽은 자는 궐덕골 7명과 박달산록 하천에 표류한 것 십 수 명을 발견하였다. 박달산 산상은 조사하지 못하였다. 당 수비대는 경상 4명, 총 2정을 잃었다. 노획품은 30년식 연발총 1정, 동 탈환 55발, 모젤총 1정, 동 탈환 48발, 피스톨 1정,[254] 동 탄환 7발, 망원경 1개, 수통 1개, 혁대 2개, 은시계 1개, 금화 19원, 서류 약간, 外雜品 약간 이었다.[255] 동일 오후 5시 궐덕촌으로부터 서쪽 약 10리(한리)에 있는 강림에 도착, 숙영하였다. 同夜 박달산 동북방으로부터 민긍호의 좌우군 약 50, 60명이 내습하여 우리 숙사를 포위하고(약 50m의 거리에 접근) 큰 소리를 지르며 맹렬한 사격을 시작하였다. 우리 부대는 이 적의 습격을 당하여 거의 혼란케 되었으나, 전원 결사적으로 변소나 우물 등을 장애물로 이용하여 맹렬히 응사하기 약 1시간에 겨우 적의 포위를 풀고, 일부는 該村 서남고지로 올라가고, 일부는

---

254) 노획품 중에는 민긍호의 소지품이 많이 포함되었으리라고 추정된다.

255) 노획한 총기류가 신식 총류로 재래의 화승총이 보이지 않는 점은 민긍호 의병부대의 무장상태를 엿보게 한다. 특히 군대 해산 후 대부분 자기 무기를 가지고 봉기했기 때문에 비교적 현대 무기와 장총으로 무장되었다. 아주 드물게는 洋銃을 사용하고, 활, 창, 칼 등을 사용하는 경우까지 있었다. 화승총은 사정거리가 불과 10보인데다 散彈이기 때문에 적에게 치명상을 입힐 수 가 없었다. 그러나 화약과 철환을 쉽게 구할 수 있는 이점은 있었으나, 일본군의 29식 장총과 맞서 싸우는데 가장 불리한 점은 비가 오거나 바람이 불면 화승총을 쓸 수 없다는 데 있었다(朴成壽, 「정미의병」, 『한국사』 43, 국사편찬위원회, 467쪽).

그 촌락 가운데의 河溝岸을 이용하여 격퇴에 크게 노력하였다. 적은 동 11시경에 이르기까지 연속 맹사격을 하면서 "우리 대장 민씨여,[256] 어딘가 그 있는 곳에서 소리를 지르라" 고 소리쳤다. 이때 포박한 민긍호는 도주하려는 행동을 취함으로써 부득이 사살하였다. 다음날 未明 무렵부터 겨우 적의 주력은 퇴각을 개시하였다. 적의 사상자는 11명이고, 우리의 사상자는 없다. 민긍호의 시체는 이를 확인하기 위하여 원주수비대로 운반하여, 원주수비대와 경찰서에서 이를 조사하여 확실함을 보증 받았다.[257]

『朝鮮暴徒討伐誌』에는

충주수비대 배속 한국순사대 權警視 이하 15명은 2월 이래 원주 부근을 수색하다가, 2월 28일 강림에 숙영 중 강림 동쪽 약 10리(한리)인 登子峙 부근에서 민긍호의 무리가 잠복하여 있는 것을 정탐하고, 다음날 29일 오전 6시 폭풍우를 무릅쓰고 강림을 출발해서 獅子山, 九龍山 방면을 우회하여 등자치로 전진 중 이곳으로부터 북쪽으로 약 10리(한리)의 궐덕리에 민긍호가 부하 90명과 함께 잠복하고 있는 것을 탐지하였다. 오전 11시 궐덕리 동 · 남 양 방면으로부터 궐덕리를 포위하는 것과 같이 공격을 개시하자, 폭도의 일부는 그곳 서방고지를 점령하고, 대부분은 촌락의 담벽에 의지하여 완강히 저항하였다. 순사대는 여러 차례의 돌격을 반복하여 20명을 죽이고, 오후 2시 30분 궐덕리를 점령하고, 가옥 안을 수색함으로써 민긍호를 포박하고, 나머지 폭도들은 동북쪽으로 패주하였다. 순사대는 同夜 강림에 도착하여 숙영하였다. 同夜 만긍호의 부하 약 60명이 강림에 역습해 와서 용감한 동작으로 민긍호를 탈환하려고 하자, 순사대는 아침부터의 싸움에서 약간 부상하고 피로가 심하였음으로, 자칫하면 혼란의 상태에 빠지지 않을까 하여, 권경시는 결사자를 선발하여 그 마을 서남고지를 점령하고 폭도의 측면을 공격하였으며, 주력은 촌락 내에서 극력 방어하였다. 彼我의 거리가 겨우 10수미터에 접근하자, 폭도 중에서 "우리 대장 민씨여, 어디 있는가. 있는 곳에서 소리를 지르라" 고 크게 소리치는 자가 있었다. 이

---

256) 여기서 대장은 민긍호의 별호인 진위영 창의사령부의 대장을 지칭한다.
257) 「暴徒討伐景況 第42號」 「暴徒ニ關スル編冊」, 1908년 3월 12일, 「第13師團參謀部의 警務局에의 通報」, 『韓國獨立運動史資料』 10, 1981, 42~44쪽.

때 포박된 민긍호는 도망하려고 함으로써 사살하였다. 폭도들은 민긍호를 구할 수 없는 것을 깨닫고 시체 11구를 남기고 북쪽으로 퇴각하고, 이 전투에서 우리 한국순사 4명이 행방불명이 되었다.[258]

민긍호는 1908년 2월 22일 원주에 도착한 시종원시종 강원도 선유위원 朴善斌으로부터,[259] 자기가 머무는 원주군 石逕寺[260]에서 회견을 갖자는 전갈을 받고 부하를 인솔하고 박선빈에게로 가는 도중,[261] 2월 27일 오전 11시 講林 朴達峙 부근에서 일본군과 조우하여 치열한 전투 끝에 이를 격퇴하고, 이어 강원도 영월군 수주면 궐덕리(현 고비덕)에서 住宿하게 되었다. 이때 민긍호가 거느린 의병은 87~90명 정도였다.

전투는 궐덕리전투와 강림전투로 나눌 수 있다. 우선 궐덕리 전투는 충주수비대는 2월 28일 강림에서 숙영 중 궐덕리에 민긍호 의병부대가 있다는 정보를 입수하고,[262] 29일 오전 6시 폭풍우 속에 충주수비대장의 인솔 하에 충주수비대와 충주수비대에 배속된 한국순사대 15명은 강림(본 覺林)을 출발하여 사자산(해발 1166.8m)과 구룡산(해발 955.3m) 방면을 우회하여 오전 11시 궐덕리에 도착하였다. 이들은 곧 궐덕리 동방과 남방고지를 점령하고, 궐덕리 마을을 포위하여 공격을 개시하였다. 불의에 충주수비대의 기습을 받은 민긍호 의병부대는 일부는 서방

---

258) 「朝鮮暴徒討伐誌」, 『朝鮮獨立運動』 1, 174~175쪽.

259) 일제는 1908년 2월 5일 조칙과 훈령 제68호를 내려 귀순을 독려하였다. 한편 선유위원과 각 부윤, 군수에게도 免罪文憑을 발급토록 하였다(「報告書 第5號」 「暴徒ニ關スル編冊」, 1908년 2월 9일, 「平海郡守의 內部大臣에의 보고」, 『韓國獨立運動史資料』 10, 53쪽).

260) 『輿地圖書』 原州牧 寺刹條에는 석경사는 관아에서 동쪽으로 15리에 있으며, 규모는 14칸이라고 하였다. 원주시 행구동에 위치한다.

261) 「暴徒史編輯資料」 江原道編, 『독립운동사자료집』 3, 598쪽.

262) 민긍호는 춘천군 실은면에서 음력 정월을 맞고, 상순에 일본군의 습격을 받아 퇴각하였다고 한다(「江秘發 第4號」 「暴徒ニ關スル編冊」, 1908년 2월 29일, 「江陵分署長의 警務局長에의 報告」, 『韓國獨立運動史資料』 9, 64쪽).

고지인 박달산을 거점으로 삼고 완강하게 저항하고, 대부분의 의병들은 마을의 담벽을 의지하며 저항하였다. 그러나 결국 3시간 30분만인 오후 2시 30분경에 탄환이 떨어져 궐덕리 마을이 점령되고, 민긍호도 포박되고 말았다.[263] 한편 민긍호는 순국 전 약 60여 명의 의병을 이끌고 원성군 소초면 의관리 능머루버덩에서 일본군과 싸우다 부상을 당하였다고 한다.[264] 이 때문에 민긍호는 『梅泉野錄』에서처럼 전에 입은 부상으로 행동이 자유롭지 못했던 것은 아닌지 모르겠다.

강림전투는 원주수비대로 호송하던 민긍호를 구출하기 위한 전투였는데, 이날 밤 강림(현 횡성군 강림면 월현리)에 도착하여 숙영하던 충주수비대에 대해 민긍호 의병부대의 의병 50, 60명이 이들 숙사를 습격하여 치열한 전투가 벌어졌다. 양군은 겨우 10수 m이내까지 접근하게 되었는데, 11시경에 이르기까지 연속 맹사를 가하면서, 우리 대장 민씨여 어디 있는가, 있는 곳에서 소리를 지르라고 크게 소리치는 의병의 소리를 들은 민긍호는 포박된 채 도주하려고 하자, 급박해진 수비대는 민긍호를 의병들에게 빼앗길까 두려워 마침내 사살하고 말았다. 이때 흉부에 관통상을 입었다고 한다.[265]

이처럼 민긍호는 항일무장투쟁을 전개한지 7개월만인 1908년 2월 29일(양력) 밤에 44세로 강림에서 순국하였다.[266] 민긍호의 순국 소식이 전해지자,[267] 사람들은 모두 슬퍼했다고 전한다.[268] 이는 민긍호 의병부대의 항일무장투쟁이 민중을 바탕으

---

263) 민긍호 의병부대는 1908년 2월에는 탄약이 극도로 고갈되어, 큰 작전을 수행하기 어려운 처지에 있었다.

264) 原州文化院, 『原州 · 原城鄕土誌』, 1976, 228쪽.

265) 이곳 횡성군 강림면 월현리에 2004년에 강림면민이 세운 閔肯鎬戰蹟碑가 있다.

266) 정부는 1962년에 그의 공적을 기려 건국훈장 대통령장을 추서하였다.

267) 『皇城新聞』 1908년 3월 4일.

268) 朴周大, 『羅巖隨錄』 第四冊 丙申國恤時殉節錄(國史編纂委員會 韓國史料叢書 27, 1980).

로, 민중의 지지를 받으며 전개되었음을 보여 주는 것이다.[269]

민긍호가 순국하자마자 부장인 鄭秉和[270]와 劉秉薰 등은 민긍호의 원한을 갚고자 잔여 부대원들을 이끌고 한 부대는 횡성으로, 한 부대는 영월로 이동하였다.[271] 또 그의 부하 金致永은 민긍호가 죽자 대단히 분개하여 金顯國[272]으로 개명하고, 韓相說·琴基哲 등과 함께 잔여 의병을 규합, 민긍호의 복수를 절규하고, 4월 20일 횡성수비대를 습격하기도 하였다.[273]

민긍호의 유해는 원주 읍민과 선유위원 박선빈이 읍내로 운구하여 장례를 치렀다.[274] 본래 원주군 본부면 하동리(현 원주시 학성동)에 안장되었던 것인데, 1939년 이곳에 농업학교가 들어서는 관계로 원성군 흥업면 무실리(현 원주시 무실동)로 이장

---

269) 민긍호는 주민들로부터 인심을 얻었기 때문에, 행동 상에 다대한 편의가 있어 토벌 상 많은 곤란을 겪었다고 한다(「暴徒史編輯資料」 江原道編, 『독립운동사자료집』 3, 573쪽).

270) 정병화는 1907년 8월에는 500여 명을 이끌고 횡성군 抱腹寺에서 일본군 토벌대와 교전하고, 11월에는 이강년, 윤기영과 함께 1,200명을 이끌고 신림, 주천 등지에 유진하며 冬服과 군량을 마련하고(『大韓每日申報』 1907년 11월 9일), 1908년 2월에는 덕초에서 활동하였다.

271) 정병화는 그 후 원주수비대에 패하여 단신으로 퇴주한 후 소재를 모르고, 이들 두 부대의 잔여 병력은 원주와 횡성의 협곡에서 잠복하였다고 한다. 이는 강원도 선유위원 박선빈이 1908년 3월 3일 및 3월 22일에 내각총리대신에게 보고한 내용이다(『各司謄錄』 근대편 各道郡來報 1).

272) 김현국은 원주군 소초면 일실리 출생으로 농업을 하였으며, 그의 형이 무관인 先達의 직에 있었기 때문에 주민들이 복종하였으므로, 민긍호가 불러 召募係로 삼았다. 1907년 10월부터는 따로 일단을 이루어 의병장이 되고, 가장 우세할 때는 약 100명의 부하를 거느렸다. 주로 원주, 횡성, 홍천 등지에서 활동하고, 영월, 평창, 여주, 충주 지역에서도 활동하였다. 1909년에 56세로 교수형으로 순국하였다(독립운동사편찬위원회, 『독립운동사자료집』 별집1, 257~260쪽).

273) 「暴徒史編輯資料」 江原道編, 『독립운동사자료집』 3, 599쪽.

274) 원주 읍민과 박선빈이 상의하고, 원주수비대와 교섭하여 유해를 메워 왔는데, 순국한지 7일이 되었는데도 얼굴빛이 변하지 않았다. 읍민들이 부의금을 내어 장례비를 마련하고, 원주수비대에서도 관을 보내왔다. 장례일에 사람들이 산과 같이 모여 슬픈 눈물이 비를 이루었으며, 부의금이 남아 묘소에 딸린 전답을 마련하였다고 한다(『大韓每日申報』 1908년 5월 19일).

하였다.275) 1954년에는 북부지구 경비사령관인 육군준장 權準이 현재의 묘소인 원주시 봉산동 산 5~8번지로 이장하였다.276)

민긍호의 순국이후에 강원도 지역에서의 항일무장투쟁은 급속히 쇠퇴되었다. 일제 측의 자료이기는 하지만 "전년 8월부터 강원도를 중심으로 충청 · 경북에 걸쳐 가장 창궐하고 또한 폭동의 首唱者였던 전 원주진위대 특무정교 민긍호가 죽은 이후, 기타의 수괴 任馨順277), 李延年278), 한상렬, 韓甲復 등이 전후하여 죽음으로써 賊狀이 점차 靜穩하게 되었다." 279)라든가, "그가 죽은 후 적세는 갑자기 쇠약해지고, 반면 수비대의 행동이 왕성하여 토벌을 계속하였으므로, 사방의 폭도는 산란 혹은 잠복하고, 혹은 귀순하여 다시는 폭도의 소리를 들을 수 없는 듯한 느낌이었다. 閔의 세력도 또 큰 것이라 할 것이다." 280)고

275) 민긍호 친척의 증언에 의하면, 가족이 국내에 없기 때문에, 원주에 사는 친척이 일제강점기부터 벌초도 하며 묘소를 돌보아 왔다고 한다. 이 때문에 다행히 묘소가 실전되지 않은 것이다. 한편 민긍호 의병장은 전황이 나빠지자 순국을 예견하고, 순국 두 달 전에 가족을 연해주에서 활동하던 안중근 의사에게 부탁하게 된다. 즉 1908년 1월(양력)에 일본군의 보복을 염려하여 의병들과 상의한 후 가족들을 비밀리에 횡성군 본부에 잠입시키고, 안 의사에게 가족을 부탁하는 편지를 지참시켜, 부인 漢陽趙氏와 6살 딸, 3살인 아들 閔泳旭(콘스탄찐)을 안내자에게 딸려서 만주로 보내게 된다. 가족들은 북간도에서 민긍호 의병장의 순국 소식을 듣고, 신변의 위협을 느껴 안 의사에게 부탁하여 연해주로 가게 된다. 여기서 이곳에 거주하는 한인들의 보호를 받았다(민덕식, 「閔肯鎬 義兵將의 생애와 활동」, 『毅菴學研究』 10, 毅菴學會, 2013, 44~46쪽).

276) 1954년 3월에 추모비가 건립되었다(『東亞日報』 1954년 3월 25일).

277) 임형순은 1908년 강원도 일대에서 활동하다가 전사한 의병장이다.

278) 이연년은 35세로 지평군 하서면 출생으로 양반출신이며, 농업에 종사하였다. 부하 200여 명을 거느리고 지평, 양근, 홍천, 여주 등지에서 활동하였다. 1907년 10월 24일 여주군 대송면 곡수에서 순사 金年相을 잡아 살해하였다. 1908년 3월 지평수비대에 의해 체포되어 경성으로 이송되었다(「暴徒史編輯資料」 江原道編, 『독립운동사자료집』 3, 509쪽). 처음 지평군의 金春洙 義陣에서 활동하고, 1908년 5월에 平理院에서 유형 10년을 언도 받았다.

279) 「朝鮮暴徒討伐誌」, 『朝鮮獨立運動』 1, 175쪽.

280) 「暴徒史編輯資料」 江原道編, 『독립운동사자료집』 3, 598쪽.

한 것이 그 예이다.

그러나 민긍호 연합의병부대는 각자의 의병장들이 각지에서 각각 유격전을 전개하며 독립적 활동을 했으므로, 하나의 통일된 지도자를 잃었지만 이들 의병장들에 의해 항일무장투쟁은 계속해서 전개되었다. 횡성 동북부로부터 홍천 지방에 걸쳐 의병부대를 지휘한 韓相說(부하 200여명), 金顯國(부하 100여명), 鄭明善(부하 70여명), 劉秉勳(부하 40여명), 盧勉相(부하 30여명),[281] 朴化南(부하 30여명),[282] 尹在玉(부하 30여명), 申順模(부하 30여명) 등이 그들이었다.[283]

하여튼 1908년 전국적으로 귀순한 인원 5,129명 중 강원도 지역에서 귀순한 인원은 1,805명으로 전체의 35.2%나 차지하며, 원주경찰서에 귀순한 원주지역의 의병참여자들은 856명으로 16.7%로, 대부분 민긍호 휘하 원주진위대 출신 해산군인과 민인들의 의병참여자로 추측된다.[284] 하여튼 일제의 강압적인 의병

281) 노면상은 인제군 내면 3리 창동, 한의동에서 1908년 음력 정월을 맞아 화약을 제조하고 의병 규합의 계획을 하였으나, 부하 중군장이 인제수비대에 체포되어 포수의 주소, 성명이 밝혀지게 되고, 그 다수는 권유에 의해 귀순함으로써, 음력 1월 중순에는 부하 20명 정도를 거느리고 양구군 방면으로 이동하였다(「江秘發 第4號」 「暴徒ニ關スル編冊」, 1908년 2월 29일. 「江陵警察分署의 警務局長에의 報告」, 『韓國獨立運動史資料』 10, 164쪽. 「警秘 第445號」 「暴徒ニ關スル編冊」, 1908년 3월 16일, 「江陵警察分署의 警務局長에의 報告」, 『韓國獨立運動史資料』 9, 358쪽).

282) 박화남이 1907년 12월 상순에 횡성 埋突街에서 일본군과의 전투에서 전사하고, 부하는 각지로 흩어졌다는 기록은 잘못이다(「江秘發 第4號」 「暴徒ニ關スル編冊」, 1908년 2월 29일, 「江陵警察分署의 警務局長에의 報告」, 『韓國獨立運動史資料』 10, 64쪽. 「警秘 第445號」 「暴徒ニ關スル編冊」, 1908년 3월 16일, 「江陵警察分署의 警務局長에의 報告」, 『韓國獨立運動史資料』 9, 358쪽).

283) 「原秘發 第68號의 1」 「暴徒ニ關スル編冊」, 1908년 3월 24일, 「原州警察分署의 警務局長에의 報告」, 『韓國獨立運動史資料』 9, 1980, 371~372쪽. 「警秘 第542號」 「暴徒ニ關スル編冊」, 1908년 3월 31일, 「局長의 副統監에의 報告」, 『韓國獨立運動史資料』 9, 379~380쪽.

284) 왕현종, 「1907년 이후 원주 진위대의 의병 참여와 전술 변화」, 158~159쪽.

귀순정책으로, 민긍호의 순국이후 의병부대원들은 대부분 대열에서 이탈하여 귀순하였다. 민긍호의 순국 후 강원도의 의병활동은 급격히 쇠퇴하였음을 알 수가 있다.

맺음말

강원도와 경기도 · 충청북도의 일부 지역을 중심으로 광범위한 작전지역에서 치열한 항일무장투쟁을 전개하여 큰 성과를 올린 민긍호 연합의병부대는 1907년 8월 12일 여주읍 점령 전투를 시작으로, 청동 부근 전투까지 수많은 전투를 전개하여 일본군에게 큰 손실과 심대한 타격을 입혔다. 민긍호는 그의 지휘아래 강원도, 경기도 · 충청북도 일부지역에서 24~32개 의병조직을 거느리고 있었으며, 연합의병부대원은 7,000~8,000명에 이르렀다. 연합의병부대는 1907년 8~9월의 전투에서는 연전연승을 하고, 1907년 10월~12월은 탄환의 부족으로 여러 곳에 화약제조장을 만들어 탄환을 공급하면서, 유격전으로 승세와 기선을 잡았고, 1908년 1월 이후는 탄환의 고갈과 쌓인 눈으로 고전을 하였다.[285]

민긍호 의병부대는 해산 군인이 주축이 된 의병부대로 농민, 포수, 유생들도 다수 참가하였다. 전투력이 막강하여 단위부대로서는 전국에서 가장 실질적인 전투력이 강하였고, 기동력이 빠르고 지리와 지형에 익숙하였고, 또 유격전을 전술로 삼고, 1905년 이후 퇴조하고 있던 의병운동에 전국적으로 의병 봉기를 유도하며 선도하는데 결정적 영향을 준 의병부대였다.[286] 또 후기 의병

285) 愼鏞廈, 「閔肯鎬義兵部隊의 抗日武裝鬪爭」, 101쪽.
286) 愼鏞廈, 위의 논문, 97~99쪽.

운동에서 전략과 전술의 변화에 커다란 영향을 끼쳤다.

민긍호는 항일무장투쟁을 전개한지 7개월만인 1908년 2월 29일(양력) 밤에 44세로 강림에서 순국하였다. 순국 3개월 후인 5월경에는 위용을 자랑하던 민긍호 의병부대도 구심점을 잃은 채, 10개월 만에 사실상 해체되고 말았다.

<사진 3> 1940년대 전반의 민긍호 가족(부인, 아들, 며느리, 큰손녀)

<사진 4> 1970년대 후반의 민긍호 가족(며느리, 큰손자, 작은손자, 큰손녀, 작은손녀)